나날이 심각해지는 취업 대란 속에서 공사·공단 등 공기업 입사를 희망하는 취업 준비생들이 늘어나고 있습니다. 공기업 및 공공기관의 채용 절차에서는 인성(성격)검사, 직무적성(능력)검사, 직무지식검사, 직업기초능력평가, 논술, 면접 등 다양하고 구조화된 절차를 통해서 채용을 진행하고 있습니다. 필기시험 과목 중에서 일반상식은 변별력을 확인하고 수험생의 시사상식이나 기본지식에 대한 것을 평가하기 위한 필기시험 과목입니다.

매일 새롭게 추가되는 용어는 매번 뉴스나 신문기사를 통해 확인하기에는 영역이 넓고 양도 방대한 일반상식 과목의 필기시험을 준비하는 수험생들에게 부담스러울 수밖에 없습니다.

최근 공기업, 공공기관 기출키워드를 분석하여 문제를 수록한 것은 물론이고 최대한 상세하게 해설을 수록하여 문제를 풀면서 학습까지 함께 될 수 있도록 구성하였습니다.

방대한 양의 학습을 효율적으로 대비하고자 본서를 기획하였습니다. 방대한 양의 일반상식 영역을 체계적으로 구분하여 핵심 문제를 엄선하고, 실제 시험에 출제가 예상되는 문제를 다각도로 분석하여 수록하였습니다. 최근 들어 중요성이 강조되고 있는 한국사 상식 또한 별도로 정리하여 수록하였습니다.

합격을 향해 고군분투하는 학습자분들에게 힘이 되는 교재가 되기를 바라며 서원각이 진심으로 응원합니다.

3

STRUCTURE

1

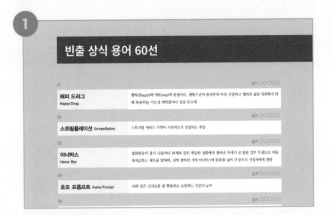

빈출 상식 용어 60선

출제된 용어와 출제 가능성이 높은 용어들을 선별하여 정리하였습니다. 핵심 설명과 함께 빠르고 쉽게 암기해보세요.

2

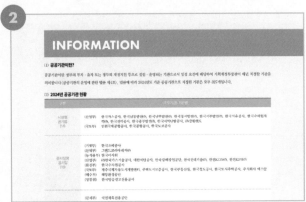

공공기관 정보

공공기관에 대한 정의와 최신 공공기관 현황을 수록하였습니다. 이를 참고하여 우리나라 공공기관의 현황을 확인해보세요!

5

파트별 학습 TIP

파트별로 학습 TIP을 수록하였습니다. 해당 파트별 학습 TIP을 확인하여 학습해보세요.

6

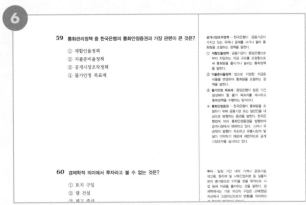

상세한 해설

매 문제마다 해설과 보충설명을 추가하였으며, 한 권만으로도 상식 시험에 부족함이 없도록 구성하였습니다. 혼자서도 방대한 양의 일반상식을 최단기간에, 최대의 효과를 얻을 수 있습니다.

일반상식

접근은 쉬워도 범위가 넓은 일반상식을 과목별 분류하여 체계화하였습니다. 꼭 알아두어야 할 상식과 최근에 이슈가 된 상식을 응용하여 다양하게 출제하였으며, 실제 출제되었던 기출복원문제는 [기출]이 표시된 아이콘을 통해 확인하실 수 있습니다. 기출문제와 예상문제로 실전에 대비해보세요.

한국사

최근 공사·공단 공기업 채용시험에서 중요하게 다뤄지고 있는 한국사 분야를 별도로 분류하여 수록하였습니다. 단기간에 다양한 난이도와 많은 양의 한국사를 학습할 수 있습니다.

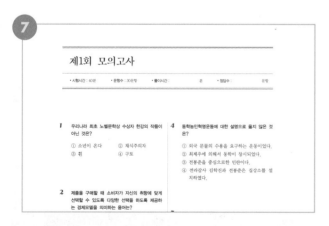

모의고사

다년간 출제되었던 공사·공단 일반상식 기출문제를 분석한 후 비슷한 유형과 난이도의 문제를 수록하였습니다. 실제 출제된 키워드를 변형하여 합격에 한 걸음 다가갈 수 있도록 정성껏 구성하였습니다.

OMR 카드

실전 대비 모의고사 학습에 도움이 되기 위해서 해당 모의고사의 OMR 카드를 수록하였습니다. OMR 카드를 작성하면서 시간에 맞춰서 문제를 풀어보세요!

CONTENTS

1 일 반 상 식

2 한 국 사

3 모 의 고 사

4 정 답 및 해 설

INFORMATION

(1) 공공기관이란?

공공기관이란 정부의 투자·출자 또는 정부의 재정지원 등으로 설립·운영되는 기관으로서 일정 요건에 해당하여 기획재정부장관이 매년 지정한 기관을 의미합니다〈공공기관의 운영에 관한 법률 제4조〉. 법률에 따라 2024년도 기준 공공기관으로 지정된 기관은 모두 327개입니다.

(2) 2024년 공공기관 현황

구분	(주무기관) 기관명	
시장형 공기업 (14)	(산업부)	한국가스공사, 한국남동발전㈜, 한국남부발전㈜, 한국동서발전㈜, 한국서부발전㈜, 한국석유공사, 한국수력원자력㈜, 한국전력공사, 한국중부발전㈜, 한국지역난방공사, ㈜강원랜드
	(국토부)	인천국제공항공사, 한국공항공사, 한국도로공사
준시장형 공기업 (18)	(기재부)	한국조폐공사
	(문체부)	그랜드코리아레저㈜
	(농식품부)	한국마사회
	(산업부)	㈜한국가스기술공사, 대한석탄공사, 한국광해광업공단, 한국전력기술㈜, 한전KDN㈜, 한전KPS㈜
	(환경부)	한국수자원공사
	(국토부)	제주국제자유도시개발센터, 주택도시보증공사, 한국부동산원, 한국철도공사, 한국토지주택공사, 주식회사 에스알
	(해수부)	해양환경공단
	(방통위)	한국방송광고진흥공사
기금관리형 준정부기관 (12)	(문체부)	국민체육진흥공단
	(산업부)	한국무역보험공사
	(복지부)	국민연금공단
	(고용부)	근로복지공단
	(중기부)	기술보증기금, 소상공인시장진흥공단, 중소벤처기업진흥공단
	(금융위)	신용보증기금, 예금보험공사, 한국자산관리공사, 한국주택금융공사
	(인사처)	공무원연금공단
위탁집행형 준정부기관(43)	(교육부)	한국장학재단
	(과기부)	(재)우체국금융개발원, 우체국물류지원단, 한국방송통신전파진흥원, 한국연구재단, 한국인터넷진흥원, 한국지능정보사회진흥원
	(외교부)	한국국제협력단
	(행안부)	한국승강기안전공단
	(보훈부)	한국보훈복지의료공단
	(문체부)	한국관광공사
	(농식품부)	축산물품질평가원, 한국농수산식품유통공사, 한국농어촌공사
	(산업부)	대한무역투자진흥공사, 한국가스안전공사, 한국산업기술진흥원, 한국산업기술기획평가원, 한국산업단지공단, 한국석유관리원, 한국에너지공단, 한국원자력환경공단, 한국전기안전공사, 한국전력거래소
	(복지부)	건강보험심사평가원, 국민건강보험공단, 한국사회보장정보원
	(환경부)	국립공원공단, 국립생태원, 한국환경공단, 한국환경산업기술원
	(고용부)	한국고용정보원, 한국산업안전보건공단, 한국산업인력공단, 한국장애인고용공단
	(국토부)	국가철도공단, 국토안전관리원, 한국교통안전공단, 한국국토정보공사
	(해수부)	한국해양교통안전공단
	(공정위)	한국소비자원
	(경찰청)	도로교통공단
	(산림청)	한국산림복지진흥원

기타 공공기관 (240)	(국조실)	경제·인문사회연구회, 과학기술정책연구원, 건축공간연구원, 국토연구원, 대외경제정책연구원, 산업연구원, 에너지경제연구원, 정보통신정책연구원, 통일연구원, 한국개발연구원, 한국교육개발원, 한국교육과정평가원, 한국교통연구원, 한국노동연구원, 한국농촌경제연구원, 한국법제연구원, 한국보건사회연구원, 한국여성정책연구원, 한국조세재정연구원, 한국직업능력연구원, 한국청소년정책연구원, 한국해양수산개발원, 한국행정연구원, 한국형사·법무정책연구원, 한국환경연구원
	(기재부)	한국수출입은행, 한국재정정보원, 한국투자공사
	(교육부)	강릉원주대학교치과병원, 강원대학교병원, 경북대학교병원, 경북대학교치과병원, 경상국립대학교병원, 국가평생교육진흥원, 동북아역사재단, 부산대학교병원, 부산대학교치과병원, 사립학교교직원연금공단, 서울대학교병원, 서울대학교치과병원, 전남대학교병원, 전북대학교병원, 제주대학교병원, 충남대학교병원, 충북대학교병원, 한국고전번역원, 한국교육학술정보원, 한국사학진흥재단, 한국학중앙연구원
	(과기부)	(재)우체국시설관리단, (재)한국우편사업진흥원, 과학기술사업화진흥원, 국립광주과학관, 국립대구과학관, 국립부산과학관, 기초과학연구원, 연구개발특구진흥재단, 정보통신산업진흥원, 한국과학기술기획평가원, 한국과학창의재단, 한국나노기술원, 한국데이터산업진흥원, 한국여성과학기술인육성재단, 한국원자력의학원
	(외교부)	한국국제교류재단
	(통일부)	(사)남북교류협력지원협회, 북한이탈주민지원재단
	(법무부)	대한법률구조공단, 정부법무공단, 한국법무보호복지공단,
	(국방부)	국방전직교육원, 전쟁기념사업회, 한국국방연구원
	(행안부)	(재)일제강제동원피해자지원재단, 민주화운동기념사업회
	(보훈부)	88관광개발㈜, 독립기념관
	(문체부)	(재)예술경영지원센터, 게임물관리위원회, 국립박물관문화재단, 국제방송교류재단, 대한장애인체육회, 대한체육회, 세종학당재단, 영상물등급위원회, 영화진흥위원회, 예술의전당, 재단법인 국악방송, 태권도진흥재단, 한국공예디자인문화진흥원, 한국도박문제예방치유원, 한국문학번역원, 한국문화관광연구원, 한국문화예술교육진흥원, 한국문화예술위원회, 한국문화정보원, 한국문화진흥㈜, 한국언론진흥재단, 한국영상자료원, 한국예술인복지재단, 한국저작권보호원, 한국저작권위원회, 한국체육산업개발㈜, 한국출판문화산업진흥원, 한국콘텐츠진흥원
	(농식품부)	가축위생방역지원본부, 국제식물검역인증원, 농림수산식품교육문화정보원, 농림식품기술기획평가원, 농업정책보험금융원, 한식진흥원, 축산환경관리원, 한국식품산업클러스터진흥원
	(산업부)	재단법인 한국에너지재단, 전략물자관리원, 한국디자인진흥원, 한국로봇산업진흥원, 한국산업기술시험원, 한국세라믹기술원, 한국에너지기술평가원, 한국에너지정보문화재단, 한국전력국제원자력대학원대학교, 한국제품안전관리원, 한국탄소산업진흥원, 한전MCS, 한전원자력연료주식회사
	(복지부)	(재)한국보건의료정보원, 국가생명윤리정책원, 국립암센터, 국립중앙의료원, 대구경북첨단의료산업진흥재단, 대한적십자사, 아동권리보장원, 오송첨단의료산업진흥재단, 의료기관평가인증원, 재단법인 한국공공조직은행, 재단법인 한국자활복지개발원, 재단법인 한국장기조직기증원, 한국건강증진개발원, 한국국제보건의료재단, 한국노인인력개발원, 한국보건복지인재원, 한국보건산업진흥원, 한국보건의료연구원, 한국보건의료인국가시험원, 한국보육진흥원, 한국사회복지협의회, 한국의료분쟁조정중재원, 한국장애인개발원, 한국한의약진흥원
	(환경부)	국립낙동강생물자원관, 국립호남권생물자원관, 수도권매립지관리공사, 한국상하수도협회, 한국수자원조사기술원, 한국환경보전원
	(고용부)	건설근로자공제회, 노사발전재단, 학교법인한국폴리텍, 한국고용노동교육원, 한국기술교육대학교, 한국사회적기업진흥원, 한국잡월드
	(여가부)	한국건강가정진흥원, 한국양성평등교육진흥원, 한국여성인권진흥원, 한국청소년상담복지개발원, 한국청소년활동진흥원
	(국토부)	건설기술교육원, 공간정보품질관리원, 국립항공박물관, 국토교통과학기술진흥원, 새만금개발공사, 재단법인 대한건설기계안전관리원, 주택관리공단㈜, 코레일관광개발㈜, 코레일네트웍스㈜, 코레일로지스㈜, 코레일유통㈜, 코레일테크㈜, 한국도로공사서비스㈜, 항공안전기술원, 한국해외인프라도시개발지원공사
	(해수부)	국립해양과학관, 국립해양박물관, 국립해양생물자원관, 부산항만공사, 여수광양항만공사, 울산항만공사, 인천항만공사, 한국수산자원공단, 한국어촌어항공단, 한국항로표지기술원, 한국해양과학기술원, 한국해양수산연수원, 한국해양조사협회, 한국해양진흥공사, 해양수산과학기술진흥원
	(중기부)	㈜공영홈쇼핑, 신용보증재단중앙회, 재단법인 장애인기업종합지원센터, 중소기업기술정보진흥원, 중소기업유통센터, 중소벤처기업연구원, 창업진흥원, 한국벤처투자
	(공정위)	한국공정거래조정원
	(금융위)	서민금융진흥원, 중소기업은행, 한국산업은행
	(방통위)	시청자미디어재단
	(원안위)	한국원자력안전기술원, 한국원자력안전재단, 한국원자력통제기술원
	(식약처)	식품안전정보원, 한국마약퇴치운동본부, 한국식품안전관리인증원, 한국의료기기안전정보원, 한국의약품안전관리원
	(관세청)	한국원산지정보원
	(제외동포청)	재외동포협력센터
	(방사청)	국방과학연구소, 국방기술품질원
	(소방청)	한국소방산업기술원
	(문화재청)	한국문화재재단
	(농진청)	한국농업기술진흥원
	(산림청)	한국등산·트레킹지원센터, 한국수목원정원관리원, 한국임업진흥원, 한국치산기술협회
	(특허청)	한국발명진흥회, 한국지식재산보호원, 한국지식재산연구원, 한국특허기술진흥원, 한국특허전략개발원, 한국특허정보원
	(기상청)	(재)차세대수치예보모델개발사업단, (재)APEC기후센터, 한국기상산업기술원

빈출 상식 용어 60선

01 암기 ○○○○○

해피 드러그
Happy Drug
행복(Happy)와 약(Drug)의 합성어로, 생활수준이 올라감에 따라 건강하고 행복한 삶을 영위하기 위해 복용하는 기능성 의약품이나 건강 보조제

02 암기 ○○○○○

스트림플레이션 Streamflation
스트리밍 서비스 가격이 지속적으로 인상되는 현상

03 암기 ○○○○○

아너박스
Honor Box
경찰관들이 흉기 난동이나 화재와 같은 위급한 상황에서 장비나 복제가 손상될 경우 무상으로 이를 재지급하는 제도를 말하며, 심의 절차만 거쳐 아너박스에 물품을 넣어 무상으로 신청자에게 전달

04 암기 ○○○○○

호모 프롬프트 Homo Prompt
AI와 같은 신기술을 잘 활용하고 소통하는 인간의 능력

05 암기 ○○○○○

홀드백 Holdback
극장에서 영화가 처음 상영된 후, 다른 플랫폼으로 이동하기까지 소요되는 기간

06 암기 ○○○○○

리퀴드폴리탄 Liquidpolitan
액체(Liquid)와 도시(Politan)의 합성어로, 현대 도시와 농촌이 서로 긴밀하게 협력하며 독창적인 가치를 만들어내는 새로운 형태의 도시화 개념

07 암기 ○○○○○

유저 제너레이티드 콘텐츠
UGC(User Generated Contents)
사용자가 직접 제작한 콘텐츠로, 블로그 글, 사진, 동영상 등 다양한 형식으로 소셜 미디어나 플랫폼에서 공유

08 암기 ○○○○○

커리어 노마드 Career Nomad
직장이나 직업에 얽매이지 않고 다양한 직업 및 프로젝트를 자유롭게 이동하며 경력을 쌓는 사람

09   암기 ○○○○○

아젠다 세팅
Agenda Setting

언론이 특정 이슈나 사건을 반복적으로 보도함으로써 대중의 관심을 이끌어내고, 해당 이슈를 중요한 문제로 인식하게 만드는 과정

10   암기 ○○○○○

토핑경제 Topping Economy

제품을 구매할 때 소비자가 취향에 맞게 선택할 수 있도록 다양한 선택을 하도록 제공하는 경제모델

11   암기 ○○○○○

슈링크플레이션
Shrinkflation

Shrink(줄어들다)와 Inflation(인플레이션)의 합성어로 기존 제품 가격은 동일하지만 크기와 중량을 줄여 사실상 가격 인상 효과를 내는 것

12   암기 ○○○○○

그린 스완
Green Swan

기후 변화로 인해 발생할 수 있는 금융 시스템의 불안정성을 의미하는 용어로, 예상치 못한 환경적 요인이 금융 시장에 미치는 영향을 강조

13   암기 ○○○○○

디파이 DeFi(Decentralized Finance)

블록체인 기술을 활용하여 중개자 없이 금융 서비스를 제공하는 탈중앙화 금융 시스템을 지칭

14   암기 ○○○○○

빨대 효과 Straw Effect

좁은 빨대로 컵 안의 내용물을 빨아들이듯, 대도시가 주변 도시를 흡수하는 대도시 집중 현상

15   암기 ○○○○○

텐트폴 Tentpole

흥행 가능성이 높고 영화사에 수익을 보장하는 영화

16   암기 ○○○○○

아포칼립스 Apocalypse

성경의 요한계시록의 영어명으로 세상의 종말이라는 의미를 가지며, 인류가 멸망한 세계관을 그린 SF 장르

13

50　　　　　　　　　　　　　　　　　　　　　　　　　　　　　　　암기 ○○○○○

엔젤계수 Angel Coefficient　　　아이들(유아~ 초등학생) 가계에서 지출하는 비용 중 아이들을 위해 사용되는 돈이 차지하는 비중

51　　　　　　　　　　　　　　　　　　　　　　　　　　　　　　　암기 ○○○○○

MCN Multi Channel Network　　　유튜버와 같은 인터넷 스타들의 콘텐츠와 채널을 관리해주는 역할을 하는 기획사

52　　　　　　　　　　　　　　　　　　　　　　　　　　　　　　　암기 ○○○○○

퍼스트 펭귄 First Penguin　　　불확실성을 감수하고 용감하게 도전하는 선구자

53　　　　　　　　　　　　　　　　　　　　　　　　　　　　　　　암기 ○○○○○

추가경정예산 追加更正豫算　　　예산이 성립된 후에 국회를 통과하여 그 내용을 변경하는 것

54　　　　　　　　　　　　　　　　　　　　　　　　　　　　　　　암기 ○○○○○

그래프저널리즘 Graph Journalism　　　사진을 중심으로 편집된 간행물

55　　　　　　　　　　　　　　　　　　　　　　　　　　　　　　　암기 ○○○○○

재핑 효과 Zapping Effect　　　채널을 바꾸다가 중간에 있는 다른 채널의 시청률이 높아지는 현상

56　　　　　　　　　　　　　　　　　　　　　　　　　　　　　　　암기 ○○○○○

테이퍼링 Tapering　　　정부가 경제 위기에 대처하기 위해 취했던 양적 완화의 규모를 점진적으로 축소해 나가는 것

57　　　　　　　　　　　　　　　　　　　　　　　　　　　　　　　암기 ○○○○○

데이터 커머스
Data Commerce　　　구매이력, 상품정보, 인구통계학 데이터, 방송 시청 데이터 등의 데이터를 정밀 분석하여 개인에게 맞는 상품을 모바일, TV상에서 편리하게 쇼핑하도록 유도하는 것

58　　　　　　　　　　　　　　　　　　　　　　　　　　　　　　　암기 ○○○○○

레드라이닝
Redlining　　　은행·보험 회사가 특정한 지역에 붉은 선을 그어 경계를 지정하고, 그 지역에 대해 대출·보험 등의 금융 서비스를 거부하는 행위

59　　　　　　　　　　　　　　　　　　　　　　　　　　　　　　　암기 ○○○○○

독성 스트레스 Toxic Stress　　　내신체나 정신에 지속적이고 해로운 영향을 주는 스트레스

60　　　　　　　　　　　　　　　　　　　　　　　　　　　　　　　암기 ○○○○○

RE100 & CF100　　　기후 위기 대응을 위한 전략으로, RE100은 기업이 사용하는 전력을 100% 재생에너지로 전환하겠다는 목표를 의미하며 CF100은 100% 탄소 배출 없는 에너지로 전환하겠다는 목표를 의미

P A R T

01

일반상식

본 PART의 구성

- **01** 정치 · 법률 · 외교
- **04** 지리 · 환경 · 보건
- **07** 매스컴
- **02** 경제 · 사회 · 노동
- **05** 세계사 · 철학 · 교육
- **08** 문화 · 예술 · 스포츠
- **03** 과학 · 기술 · 정보통신
- **06** 국어 · 문학 · 한자

일반상식 학습 TIP

일반상식 학습방법은 최신 경제 뉴스나 시사 이슈를 주기적으로 읽거나 스크랩하면서 관련된 배경 지식을 쌓는 것이 중요합니다. 특히 최근 이슈를 다루는 문제들이 많으므로, 자투리 시간에 다양한 자료를 통해 학습하는 것이 필요합니다. 또한 일반상식 문제의 범위가 넓고 기출 문제가 자주 변하기 때문에, 여러 번 기출 문제를 풀어보며 개념을 반복 학습하는 것이 유리합니다.

CHAPTER
01

정치·법률·외교

회독 | 1 | 2 | 3 | 정답 수 | 개 / 75개 |

---

1 ( ) 안에 들어갈 말로 알맞은 것을 고르시오.

> ( )는 법률적으로 두 가지 수단이 있다. 하나는 최초의 매매계약을 할 때에 매도인이 ( )할 권리를 유보하고 그 목적물을 ( )할 수 있다고 약속하는 것이고, 다른 하나는 한 번 보통의 매매계약을 체결하고 나서 다시 매도인이 장래의 일정 기간 내에 매수인으로부터 매수할 수 있다고 예약을 하는 것이다.

① 전매(轉買)   ② 환매(還買)
③ 판독(判讀)   ④ 투기(投機)

빈칸에 들어갈 알맞은 단어는 환매이다.
① 전매 : 구입한 부동산을 단기적 이익을 목적으로 하여 다시 파는 것
③ 판독 : 부동산권리의 하자(흠) 유무를 문서와 도면상으로 확인하는 작업
④ 투기 : 상품이나 유가증권의 시세변동에서 발생하는 차익획득을 목적으로 하는 거래행위

---

2 정책결정권자나 선거입후보자가 지역주민을 모아 정책이나 주요 이슈를 설명하면서 의견을 교류하는 비공식적인 공개회의로 미국 뉴잉글랜드 지역에서 유래된 회의를 의미하는 것은?

① 브라운백 미팅
② 타운홀 미팅
③ 워크아웃미팅
④ 도어스테핑

① 브라운백 미팅 : 간단한 점심식사와 함께 하는 토론을 의미한다.
③ 워크아웃미팅 : 자유로운 분위기의 회의를 의미한다.
④ 도어스테핑 : 출근길에 기자들과 가지는 약식회견을 의미한다.

3 헌법상 대통령이 주재해야 하는 국무회의는?

① 국가안전보장회의
② 국가원로자문회의
③ 국민경제자문회의
④ 민주평화통일자문회의

국가안전보장에 관련되는 대외정책 · 군사정책과 국내정책의 수립에 관하여 국무회의의 심의에 앞서 대통령의 자문에 응하기 위하여 국가안전보장회의를 둔다. 국가안전보장회의는 대통령이 주재한다〈헌법 제91조 제1항 및 2항〉.
② 국정의 중요한 사항에 관한 대통령의 자문에 응하기 위하여 국가원로로 구성되는 국가원로자문회의를 둘 수 있다〈헌법 제90조 제1항〉.
③ 국민경제의 발전을 위한 중요정책의 수립에 관하여 대통령의 자문에 응하기 위하여 국민경제자문회의를 둘 수 있다〈헌법 제93조 제1항〉.
④ 평화통일정책 수립에 관한 대통령의 자문에 응하기 위하여 민주평화통일자문회의를 둘 수 있다〈헌법 제92조 제1항〉.

4 외국인 계절근로자의 최대 체류기간으로 옳은 것은?

① 5개월
② 6개월
③ 7개월
④ 8개월

외국인 계절근로제 … 농어업 인력 부족 문제를 해결하기 위해 2015년부터 시행하고 있는 제도로, 계절근로자의 체류 기간을 기존 5개월에서 1회에 한 해 3개월 범위 내에서 연장을 하여 최대 8개월간 체류기간이 가능하다.

기출 **5** 지식인이나 종교계 인사 등이 나라의 시대 상황에 대해서 자신들의 우려를 표명하며 해결하기를 촉구하는 것을 일컫는 용어는?

① 분당선언
② 시국선언
③ 양심선언
④ 공동선언

시국선언 … 정치 혹은 사회적으로 큰 혼란이 있거나 심각한 문제가 있다고 판단될 때 지식인이나 종교계 인사 등이 한날한시에 정해진 장소에 모여 현안에 대한 우려를 표명하고 사태 해결을 촉구하는 것을 말한다.
① 분당선언 : 사상과 지역 등에 따른 정당 분리를 말한다.
③ 양심선언 : 비리나 부정을 양심에 따라 드러내어 알리는 일을 말한다.
④ 공동선언 : 서로의 주장이나 방침에 대하여 합의한 사항을 널리 알리는 일을 말한다.

6 정부의 대규모 재정 지원이 투입되는 신규 사업에 대해 정책적 · 경제적으로 검토하여 사업성을 판단하는 제도는?

① 마타도어
② 매니페스토
③ 예산회계법
④ 예비타당성조사

예비타당성조사 … 우리나라는 1999년 김대중 정부 때 도입되어, 국가재정법상 총 사업비 500억 원 이상, 국고 지원 300억 원이 넘는 사업 등을 대상으로 한다.
① 마타도어 : 근거 없는 사실을 조작하여 상대를 중상모략하거나 흑색선전의 의미로 정치계에서 사용되는 용어다.
② 매니페스토 : 구체적인 예산과 추진 일정을 갖춘 선거 공약으로 우리나라에서는 2006년에 처음 사용되었다.
③ 예산회계법 : 1961년 12월에 공포된 국가의 예산과 회계에 관한 기본법으로, 2006년에 국가재정법 제정으로 폐지되었다.

7 국민연금을 의무적으로 가입해야 하는 나이는?

① 만 18세
② 만 19세
③ 만 20세
④ 만 21세

국민연금제도 … 노령이나 불의의 사고·질병으로 인한 장해 또는 사망 등으로 소득 상실 또는 축소된 경우에 공공기관에서 본인이나 그 유족에게 평생 정기적으로 일정 액을 지급하는 소득보장제도를 말한다. 우리나라에서는 1988년부터 만 18세 이상 60세 미만 국내 거주 국민이 일정 기간 가입하여 혜택을 받는다. 단 공무원이나 국인 등 특수직 종사자는 제외한다.

8 헌법재판소의 관장 사항으로 옳지 않은 것은?

① 법원의 제청에 의한 법률의 위헌여부 심판
② 탄핵의 심판
③ 대통령의 사면권 행사에 대한 심판
④ 정당의 해산 심판

헌법재판소 관장 사항(헌법 제111조 제1항)
㉠ 법원의 제청에 의한 법률의 위헌여부 심판
㉡ 탄핵의 심판
㉢ 정당의 해산 심판
㉣ 국가기관 상호간, 국가기관과 지방자치단체간 및 지방자치단체 상호간의 권한 쟁의에 관한 심판
㉤ 법률이 정하는 헌법소원에 관한 심판

기출 **9** 엽관주의와 관련 있는 것은?

① 권력행정의 강화
② 실적제의 확립
③ 정치·행정의 분리
④ 정당정치의 발전

엽관주의 … 19세기 미국에서 발달하였다. 정당에 대한 기여도, 충성도를 기준으로 공직을 임면하는 제도로서 정당정치의 발전과 연계된다.

ANSWER
5.② 6.④ 7.① 8.③ 9.④

10 선거의 4대 원칙이 아닌 것은?

① 보통 선거
② 비밀 선거
③ 평등 선거
④ 자유 선거

기출 **11** 국제연합안전보장이사회에 대한 설명으로 바르지 않은 것은?

① 상임이사국은 미국, 프랑스, 영국, 러시아, 중국이다.
② 국제평화와 안전유지가 주목적이다.
③ 분쟁 발생 시 평화적 해결이 불가하면 강제적 개입도 가능하다.
④ 비상임이사국의 임기는 3년이다.

12 권리를 행사할 수 있음에도 이를 행사치 않아 권리가 소멸됨을 인정하는 제도는?

① 플리바겐
② 감청영장
③ 소멸시효
④ 복권

자유 선거 … 선거 활동을 하는 데 간섭을 받지 않고, 유권자가 자유롭게 의사를 나타낼 수 있는 조건과 환경에서 이루어지는 선거를 말한다.

※ 민주 선거 4대 원칙

⊙ **보통 선거** : 만 18세 이상 대한민국 국민은 누구나 선거권을 가진다.
ⓛ **평등 선거** : 차별 없이 누구나 평등하게 한 표씩 투표권을 가진다.
ⓒ **직접 선거** : 자신의 투표권으로 대통령·국회의원을 직접 선출한다.
ⓔ **비밀 선거** : 투표 내용을 비공개로 한다.

국제연합안전보장이사회 … 5개의 상임이사국(미국·영국·프랑스·러시아·중국)과 10개의 비상임이사국으로 구성된다. 국제연합헌장에 의거하여 안전보장이사회는 국제평화를 위협하는 분쟁을 심사·중개·조정함에 있어 분쟁당사국들이 평화적 방법으로 해결하도록 권고할 수 있으며, 그 권고가 효력이 없을 때에는 간섭 또는 강제적이고 적극적인 개입을 할 수 있다. 한편 비상임이사국은 5개의 상임이사국을 제외한 나라로, 임기는 2년이고 거부권이 없으며, 연임은 불가능하다.

소멸시효 … 취득시효에 대비되는 개념으로 권리자가 권리행사를 할 수 있음에도 일정 기간 동안 권리를 행사하지 않으면 그 권리가 실효되는 제도이다.

① **플리바겐** : 사전 형량 조정 제도이다. 검찰이 수사 편의상 관련자나 피의자에 대해 유죄를 인정하거나 증언을 하는 대가로 형량을 낮추거나 조정한다.
② **감청영장** : 수사상 필요할 때만 제한적으로 피의자 등의 통화내용을 엿들을 수 있도록 합법화된 도청을 말한다.
④ **복권** : 형의 선고나 파산으로 인하여 상실 또는 정지된 자격을 회복시키는 제도를 말한다.

13 NPT에 대한 설명으로 바르지 않은 것은?

① 핵무기 보유국은 핵무기나 기폭 장치 또는 그에 대한 관리를 제3국에 양도하지 않을 것을 약속한다.

② 조약상 핵을 보유하고 있지 않은 국가가 정당한 대가를 지불한다면 핵무기를 판매하는 것이 허용된다.

③ 국제사회의 핵무기 확산을 적극 억제하는 역할을 한다.

④ NPT에서 핵보유국으로 인정받지는 못하지만 사실상 핵무기 보유국으로 인식되고 있는 나라가 있다.

기출 14 국가 상호 간 특별한 관계가 있어서 일반적으로 적용되는 규제나 조건을 면제하기 위해 만든 대상 국가의 목록을 뜻하는 용어는?

① 버킷리스트
② 블루리스트
③ 블랙리스트
④ 화이트리스트

15 UN 헌장의 기초가 된 것은?

① 얄타 회담
② 모스크바 선언
③ 샌프란시스코 회의
④ 덤버튼 옥스 제안

NPT(Nuclear Nonproliferation Treaty) … 핵확산금지조약을 이르는 말로, 핵을 보유하고 있지 않은 국가가 새로이 핵무기를 보유하는 것과 보유국이 비보유국에 핵무기를 넘기는 것을 동시에 금지하는 조약이다. 이 조약은 1968년 7월 UN에서 채택되어 1970년 3월에 발효되었다. 최근 북핵 문제에 대해 구테흐스 UN 사무총장은 NPT 준수를 촉구하며 국제사회에 NPT 체제 강화 필요성을 제기하였다.

화이트리스트 … 안전보장 우호국이라고도 하는데 일반적으로 적용되는 조건이나 규제, 장벽, 제한 등에 대해 특정한 대상에 한정하여 차별적으로 접근을 허용하거나 특혜를 제공하기 위함이다. 화이트리스트에 오른 국가들은 안전보장에 위협이 될 수 있는 첨단 기술이나 물품 및 전자 부품을 수출 할 때에 상호 신뢰 관계가 형성되어 있기 때문에 허가 신청이 면제된다.
① **버킷리스트** : 죽기 전에 해보고 싶은 일을 적은 목록을 일컫는다.
② **블루리스트** : 문화·예술계 블랙리스트에 빗대어 박근혜 정부 때 박근혜 전 대통령과 교육부의 눈 밖에 난 국공립대 총장 후보자들을 일컫는 말이다.
③ **블랙리스트** : 감시가 필요한 위험인물을 적은 명단을 말한다.

덤버튼 옥스 제안 … 1944년 8월 미국·영국·중국·소련 4개국 회담에서 공표된 '일반적 국제기구 설립'을 위한 제안이다.
① **얄타 회담** : 제2차 세계대전 종전을 앞두고 소련 얄타에서 미국·영국·소련의 수뇌부가 모여 독일의 패전과 이후 관리에 대하여 의견을 나눈 회담이다.
② **모스크바 선언** : 1943년 미국·영국·소련 3개국의 외무장관 회담에서 발표한 선언이다.
③ **샌프란시스코 회의** : UN 헌장 채택을 위해 샌프란시스코에서 개최된 회의이다.

16 다음의 사건을 연대순으로 바르게 나열한 것은?

> ㉠ 7 · 7 선언
> ㉡ 7 · 4 남북 공동 성명
> ㉢ 6 · 15 남북 공동 선언
> ㉣ 10 · 4 선언(10 · 4 남북 정상 선언)
> ㉤ 9 · 19 평양 공동 선언(9월 평양 공동 선언)

① ㉡ − ㉢ − ㉠ − ㉤ − ㉣
② ㉡ − ㉠ − ㉢ − ㉣ − ㉤
③ ㉢ − ㉤ − ㉠ − ㉣ − ㉡
④ ㉣ − ㉡ − ㉤ − ㉠ − ㉢

㉡ 7 · 4 남북 공동 성명(1972년 7월 4일) : 북한이 국토분단 이후 최초로 통일과 관련하여 합의 발표한 공동 성명이다.
㉠ 7 · 7 선언(1988년 7월 7일) : 민족자존과 통일번영을 위한 대통령 특별 선언이다.
㉢ 6 · 15 남북 공동 선언(2000년 6월 15일) : 남북 관계 개선과 평화통일 노력을 위한 공동 선언이다.
㉣ 10 · 4 선언(2007년 10월 4일) : 10 · 4 남북 정상 선언이라고도 하며 남북 관계 발전과 평화번영을 위한 선언이다.
㉤ 9 · 19 평양 공동 선언(2018년 9월 19일) : 9월 평양 공동 선언이라고도 하며 비핵화 협력을 우선으로 한반도 평화 정착과 공동번영을 위한 선언이다.

기출 17 무기징역 또는 무기금고에 해당하는 범죄는 몇 년인가?

① 3년
② 7년
③ 10년
④ 15년

① 장기 5년 이상의 자격정지에 해당하는 범죄는 3년이다.
② 장기 10년 미만의 징역 또는 금고에 해당하는 범죄는 7년이다.
③ 장기 10년 이상의 징역 또는 금고에 해당하는 범죄는 10년이다.
※ **공소시효** … 어떤 범죄 사건이 일정한 기간의 경과로 형벌권이 소멸하는 제도이다. 살인죄에 대한 공소시효는 2015년 7월 31일에 폐지되었으나 모든 범죄에 대한 공소시효가 폐지된 것은 아니다.

18 다음은 벌금에 대한 설명이다. ( ) 안에 들어갈 숫자는?

> 벌금은 ( )만 원 이상으로 한다. 다만, 감경하는 경우에는 ( ) 만 원 미만으로 할 수 있다.

① 5
② 4
③ 3
④ 2

벌금은 5만 원 이상으로 한다. 다만, 감경하는 경우에는 5만 원 미만으로 할 수 있다〈형법 제45조〉.

19 국가의 정보활동에 관한 기본 정책을 수립하고 집행하는 대통령 직속의 국가 최고정보기관은?

① 공수처
② 국방부
③ 국정원
④ 중앙수사부

국정원 … 국가정보원의 약칭으로 국가기밀 정보 및 중요 산업정보 방어, 간첩 색출, 국가안보 관련 범죄 수사, 국가를 위해 필요한 해외정보 수집 · 분석 · 배포 등 국가의 정보활동에 관한 기본정책을 수립하고 집행하는 업무를 수행한다.
① 공수처 : 고위공직자 비리 수사처의 약칭으로 전직 대통령 · 국회의원 · 법관 · 지방자치단체장 · 검사 등 고위공직자 및 그 가족의 비리를 수사, 기소할 수 있는 독립기관을 말한다.
② 국방부 : 국방에 관련된 군정 및 군령, 기타 군사에 관한 사무를 관장하는 중앙 행정기관이다.
④ 중앙수사부 : 검찰총장의 직할 수사조직으로 2013년에 전면 폐지되었다.

기출 20 필리버스터의 설명으로 옳지 않은 것은?

① 의회 안에서 다수파의 독주를 막기 위하여 불법적 수단으로 의사 진행을 지연시키는 무제한 토론을 말한다.
② 우리나라에서는 국회의원 발언시간에 제한을 두는 규정을 설정하였다.
③ 본회의에 부의된 안건에 대해 무제한 토론을 하려는 경우 재적의원 3분의 1 이상의 요구서를 의장에게 제출해야 한다.
④ 무제한 토론은 1인당 1회에 한해 토론할 수 있다.

필리버스터 … 합법적인 방법과 수단으로 국회에서 고의적으로 의사진행을 지연시키는 무제한 토론 행위를 말한다. 오랜 시간 연설을 하거나 규칙발언을 반복하는 등의 방법으로 무제한으로 토론을 진행한다. '다수당의 독주를 막는 최후의 보루', '다수결 원리를 약화시키는 독'으로 평가되고 있다.

21 헌법 또는 법률에 특별한 규정이 없는 경우, 의회에서 가부동수일 때 해당 의안의 가부 여부는 어떻게 결정되는가?

① 가결된 것으로 본다.
② 부결된 것으로 본다.
③ 국회의장의 직권으로 결정된다.
④ 재투표를 실시한다.

국회는 헌법 또는 법률에 특별한 규정이 없는 한 재적의원 과반수의 출석과 출석의원 과반수의 찬성으로 의결한다.
①③④ 가부동수인 때에는 부결된 것으로 본다.

22 미국과 중국 그리고 북한과 한국이 한반도 안보 현안에서 일본을 배제하는 것으로 1998년 빌 클린턴 전 미국 대통령이 일본을 건너뛰고 곧장 중국만 방문하고 돌아갔을 때 처음 사용한 용어는?

① 차이나 패싱
② 재팬 패싱
③ 글로벌 패싱
④ 아시아 패싱

재팬 패싱 … 일본 소외, 일본 배제라는 뜻으로 최근 한반도를 둘러싼 국제 정세에서 일본이 빠진 채 논의하는 현상을 뜻한다. 일본은 김정은 위원장의 2018년 1월 1일 신년사를 통해 한반도에 극적인 대화 국면이 시작된 뒤에도 한동안 "북한의 미소 외교에 넘어가선 안 된다"라고 주장하며 한 — 미 — 일이 강하게 연대해 북한에 대한 압박을 강화해야 한다는 '강경 노선'을 유지해 왔다. 그러나 도널드 트럼프 대통령이 2018년 3월 8일 김 위원장의 정상회담 제안을 받아들이자, 부랴부랴 미 — 일 정상회담을 추진하고 문재인 대통령과 수차례 전화회담을 하는 등 '재팬 패싱'을 막기 위해 안간힘을 써왔다.

23 다음 중 가족이 대신해서 주장할 수 있는 권리는?

① 신원권
② 청원권
③ 항변권
④ 참정권

신원권 … 가족 중 한사람이 중대한 인권을 침해받은 경우 그 가족이 진실을 규명할 수 있도록 보장하는 권리이다.
② **청원권** : 국민이 국가기관에 대하여 어떤 희망사항을 청원할 수 있는 권리이다.
③ **항변권** : 청구권의 행사를 저지하여 연기하는 권리이다.
④ **참정권** : 국민이 주권자로서 정치에 참여할 수 있는 권리이다.

24 FTA에 대한 설명으로 옳지 않은 것은?

① 우리나라가 처음으로 FTA를 체결한 나라는 칠레이다.
② 상품무역 이외에 서비스 · 투자에 관한 분야에서는 적용되지 않는다.
③ 보다 다양한 종류의 품목이 이전보다 저렴한 가격으로 수입됨에 따라 국민의 소비자 후생이 높아질 수 있다.
④ 지역별 FTA활용센터를 이용하여 중소기업의 활용도를 증대할 수 있다.

FTA(자유무역협정) … 협정 체결국 간 상품 관세장벽뿐만 아니라 서비스 · 투자 등 다양한 분야에서의 비관세장벽까지도 완화하는 특혜무역협정이다.

25 레임덕(Lame Duck)에 관한 설명으로 옳은 것은?

① 임기 말기에 나타나는 권력 누수 현상이다.
② 임기 중 일을 추진하기보다는 무사안일하게 시간이 흐르기만을 기다리는 현상이다.
③ 임기 말기에 나타나는 권력 공백 현상이다.
④ 정치세력이 상호지원의 차원에서 투표 거래나 투표 담합을 하는 행위이다.

26 유엔군이 회담이 결렬되자 일방적으로 설정한 남북 간 해상경계선은?

① DMZ
② JSA
③ NLL
④ 휴전선

27 쿼드(Quad)에 참여하지 않는 국가는?

① 미국
② 일본
③ 중국
④ 호주

레임덕(Lame Duck) ⋯ 공직자의 임기 말에 나타나는 권력 누수 현상을 일컫는다. 대통령을 배출한 집권당이 중간 선거에서 다수 의석을 확보하지 못하여 대통령의 정책이 의회에서 잘 관철되지 않는 경우를 가리킬 때 사용하기도 한다.
② 님투현상(NIMTOO) : 쓰레기 매립장, 원자력 발전소, 소각장, 유류 저장소, 분뇨 처리장, 하수 처리장 등 지역 주민에게 혐오감을 주거나 주변 지역의 환경을 훼손하는 사업을 가급적 시행하지 않으려는 무사안일 행태를 지적하는 것이다.
③ 데드덕(Dead Duck) : 레임덕보다 심각한 권력 공백 현상이다.
④ 로그롤링(Log Rolling) : 자신의 선호와는 무관한 대안에 투표하거나 암묵적인 동의를 하는 의사결정 행태이다.

NLL(Northern Limit Line, 북방한계선) ⋯ 1953년 정전 협정 이후 UN 사령관에 의해 일방적으로 설정된 남북 간의 해양 경계선이다. 동해는 군사분계선 끝점에서 정동으로 200마일, 서해는 서해 5도(백령도 · 대청도 · 소청도 · 연평도 · 우도)를 따라 그어져 있다.
① DMZ : 우리나라 비무장 지대이다.
② JSA : 공동경비지역이다.
④ 휴전선 : 육상 경계선으로 휴전선이라고 한다.

쿼드(Quad) ⋯ 대(對)중국 경제 협의체로서, 미국, 일본, 호주, 인도 4개국이 참여하고 있으며, 여기에 한국, 베트남, 뉴질랜드 3개국을 더한 것을 쿼드 플러스라고 한다.

28 헌법을 개헌하지 않더라도 개정이 가능한 것은?

① 대통령의 임기
② 헌법재판소 재판관의 수 변경
③ 선거구 획정 변경
④ 지방자치단체의 의회제도 폐지

선거구 획정 … 대표를 선출하기 위하여 선거구를 분할하는 것을 말한다. 전국적인 인구조사 이후 의석 재분배와, 재분배된 의석 수에 따라 그 단위 지역 안에서 새로운 선거구의 경계선을 획정한다. '공직선거법'에 따르면 국회의원 지역 선거구의 공정한 획정을 위해 중앙선거관리위원회에 선거구 획정위원회를 둔다. 선거구 획정위원회는 당해 국회의원의 임기 만료에 의한 총선거의 선거일 전 1년까지 선거구 획정안을 작성하여 국회의장에게 제출하고, 국회는 이 획정안을 존중하도록 규정하고 있다. 그러나 우리나라는 국회의원 정수 및 지역구와 비례구 의석 간의 비율이 고정되어 있지 않고 법률로 정하도록 되어 있기 때문에 선거를 앞두고 국회의원 수 등에 늘 변동이 생긴다.

① **대통령의 임기** : 5년 단임제로 「헌법」 제70조에서 규정하고 있다.
② **헌법재판소 재판관의 수** : 9명으로 「헌법」 제111조 제2항에서 규정하고 있다.
④ **지방자치단체의 기초의회** : 「헌법」 제118조 제2항에 규정하고 있어 헌법 개정 없이 의회를 폐지할 수 없다.

29 특정 품목의 수입이 급증하면서 자국 산업에 중대한 피해가 발생했거나 그럴 우려가 있을 경우 취하는 긴급 수입 제한 조치는?

① 규제 샌드박스
② CVID
③ 위수령
④ 세이프가드

세이프가드 … 수입 급증 시 자국 산업에 중대한 피해가 발생했거나 그럴 우려가 있을 경우 취하는 긴급 수입 제한 조치이며, 공정 무역관행에 따라 수입을 했을지라도 자국 산업에 심각한 피해가 발생했거나 예상되는 경우 해당 수입을 일시적으로 제한할 수 있다.

① **규제 샌드박스** : 새로운 제품이나 서비스가 출시될 때 일정 기간 동안 기존 규제를 면제하고 유예시켜 주는 제도이다.
② **CVID** : Complete(완전한) · Verifiable(검증할 수 있는) · Irreversible Dismantlement(되돌릴 수 없는 폐기)의 약자로 미국이 북한에 대해 유지하고 있는 비핵화 원칙을 말한다.
③ **위수령** : 육군 부대가 한 지역에 계속 주둔하면서 해당 지역의 경비나 군대의 질서 및 군기 감시, 시설물을 보호하기 위해 제정된 대통령령이다.

[기출] **30** 형법상 형벌이 아닌 것은?

① 과태료　　　　　② 구류
③ 몰수　　　　　　④ 벌금

과태료 … 행정상의 질서벌에 해당한다.
② **구류** : 형법상의 형벌, 자유형에 해당한다.
③④ **몰수** : 형법상의 형벌, 재산형에 해당한다.

31 TRQ(시장접근물량)에 대한 설명으로 옳지 않은 것은?

① UR 협정 결과 약 63개 품목에 대해 설정하였다.
② 수출국들에게 낮은 세율로 일정량의 시장접근 기회를 보장한다.
③ 비관세 장벽을 관세화하는 과정에서 야기되는 과도한 수입증가로 인한 부정적 영향을 줄이기 위한 제도이다.
④ 쇠고기, 돼지고기, 닭고기, 오렌지주스는 별도로 수입관리를 하고 있다.

TRQ(시장접근물량) … 정부가 허용한 일정 물량에 대해서만 낮은 관세를 부과한다. 농산물의 경우 저율관세 할당이 증가하면 그만큼 저율의 관세가 부과된 수입 농산물도 증가한다. UR 협정의 결과 쌀, 고추, 마늘 등 주요 농축산물 약 63개 품목에 대해 시장접근물량이 설정되어 별도로 수입관리를 하고 있으며 쇠고기('01), 돼지고기('97), 닭고기('97), 오렌지주스('97)는 폐지되었다.

32 ASEAN에 대한 설명으로 옳지 않은 것은?

① 부분 대화상대국으로는 한국, 미국, 일본을 포함한 11개국이 있다.
② 동남아시아 국가 간 상호협력 증진을 위한 국제기구이다.
③ 동남아시아의 국제 정세가 급변함에 따라 공동 대응의 필요성이 거론되면서 결성되었다.
④ 경제·문화 등 비정치적인 분야에 대해 협력할 뿐만 아니라 정치·경제 분야의 협력도 강화되었다.

ASEAN(동남아국가연합)
㉠ **회원국**(10개국) : 말레이시아, 필리핀, 싱가포르, 인도네시아, 태국, 브루나이, 베트남, 라오스, 미얀마, 캄보디아
㉡ **완전 대화상대국**(11개국) : 한국, 미국, 일본, 중국, 러시아, 캐나다, 호주, 뉴질랜드, 인도, EU, 영국
㉢ **부분 대화상대국**(8개국) : 브라질, 모로코, 노르웨이, 파키스탄, 남아프리카공화국, 스위스, 튀르키예, 아랍에미리트

33 대통령이 내란·외환의 죄 이외의 범죄에 대하여 임기기간 중 형사상 소추(訴追)를 받지 않는 권한은?

① 불소추특권
② 사면권
③ 임명권
④ 국군통수권

불소추특권 … 외국에 대하여 국가를 대표하는 지위에 있는 대통령의 신분과 권위를 유지하고 국가원수 직책의 원활한 수행을 보장하기 위함이다.
② **사면권** : 대통령의 특권으로 범죄인에 대한 형벌권 전부 혹은 일부는 면제하거나 형벌로 상실된 자격을 회복시켜 주는 행위이다.
③ **임명권** : 대통령은 헌법과 법률이 정하는 바에 따라서 공무원을 임명 또는 파면시킬 수 있는 권한이 있다.
④ **국군통수권** : 대통령이 국군의 총지휘권자로서 국군을 통수할 수 있는 권한을 말한다.

34 일반 국민들을 배심원으로 선정하여 유죄 및 무죄의 평결을 내리게 하는 한국형 배심원 재판제도를 일컫는 말은?

① 소액심판제도
② 이행권고결정제도
③ 국민 참여재판제도
④ 재산명시신청제도

국민 **참여재판제도** … 2008년 1월부터 시행된 배심원 재판제도로 만 20세 이상의 국민 가운데 무작위로 선정된 배심원들이 형사재판에 참여하여 유죄 및 무죄 평결을 내리지만 법적인 구속력은 없다.
① **소액심판제도** : 분쟁 금액이 2,000만 원 이하의 금액(대여금, 물품대금, 손해배상청구 등)으로 비교적 단순한 사건에 대하여 신속하고 간편하며 경제적으로 심판을 받을 수 있도록 하는 제도이다.
② **이행권고결정제도** : 법원이 확정판결을 내리기 전 피고에게 원고의 요구를 이행하라고 권고하는 민사사건 처리제도이다.
④ **재산명시신청제도** : 재산이 있음에도 빚을 갚지 않는 채무자의 재산을 명확하게 알 수 있도록 신청하는 제도이다.

35 우리나라에서 제작한 국산 1호 구축함은?

① 광개토대왕함
② 이종무함
③ 김좌진함
④ 장보고함

광개토대왕함 … KDX(한국형 구축함)의 1번함으로 상세 설계에서 건조까지 우리 기술로 만들어진 본격적인 헬기 탑재 구축함이다. 한편, 1986년부터 시작된 KDX의 결과로 광개토대왕함, 을지문덕함, 양만춘함 등이 구축되었다.
② **이종무함** : 다섯 번째로 진수(進水)한 잠수함이다.
③ **김좌진함** : 네 번째로 진수(進水)한 잠수함이다.
④ **장보고함** : 한국 최초의 잠수함이다.

36 우리나라와 최초로 수교를 맺은 사회주의 국가는?

① 중국
② 베트남
③ 쿠바
④ 헝가리

1948년 남·북한 동시에 사회주의 국가인 헝가리와 최초로 수교를 맺었으며, 이후 1989년 우리나라와 단독 수교를 맺었다.

37 제4세계(LDDC)에 대한 설명으로 옳은 것은?

① 유럽경제공동체를 중심으로 새롭게 형성된 유럽통합국가군을 말한다.
② 개방조치에 반대하는 중국, 북한, 루마니아 등을 지칭하는 말이다.
③ 개발도상국 중에서도 석유와 같은 유력한 자원을 가지지 못한 국가를 말한다.
④ 제1·2·3세계에 포함되지 않는 영세중립국가군을 말한다.

38 국제정치에 있어서 도미노 이론이란?

① 도미노 블록이 차례로 넘어지듯이 한 나라가 공산화되면 인접국가도 공산화된다.
② 국제세력 균형에 있어서 공동시장결성이 중요하다.
③ 적국과 국교를 맺는 나라와는 외교관계를 끊는다.
④ 이념에 상관없이 모든 나라와 외교관계를 수립하는 외교이론이다.

기출

39 아그레망(Agrement)에 대한 설명으로 옳은 것은?

① 외교사절 임명에 앞서 행하는 접수국의 동의절차이다.
② 외교사절 임명에 앞서 자국 원수의 동의절차이다.
③ 남아프리카에서 행해져 온 인종차별과 인종격리정책을 말한다.
④ 유엔가입 신청 시 안전보장이사회에서 동의하는 절차이다.

40 G7에 포함되지 않는 나라는?

① 중국
② 독일
③ 이탈리아
④ 일본

41 팍스 시니카(Pax Sinica)는 무엇을 의미하는가?

① 미국의 지배에 의한 세계평화
② 미·소 간의 새로운 세계평화 질서 확립
③ 중국이 주도하는 세계평화
④ 세계 곡물 수출을 통한 미국의 경제부흥

기출 **42** 한국, 중국, 일본 동북아 3개국과 동남아시아 ASEAN 회원국, 유럽연합이 참여하는 아시아와 유럽 간 정상회의는?

① APEC
② ASEM
③ AFTA
④ EEA

43 헌법재판소의 심판 대상에 해당하지 않는 것은?

① 검사가 내린 불기소처분
② 법률이 헌법에 위반되는지의 여부
③ 대통령에 대한 탄핵 여부
④ 대법원 판결이 헌법에 위반되는지의 여부

헌법재판소 … 법률의 위헌 여부와 탄핵 및 정당해산에 관한 심판을 담당하는 국가기관이다. 현행헌법상 위헌법률심판권, 탄핵심판권, 위헌정당해산심판권, 권한쟁의심판권, 헌법소원심판권의 권한이 있다.

44 정보 민주주의의 구성 요소가 아닌 것은?

① 정보 참가권
② 정보 사용권
③ 정보 수정권
④ 프라이버시권

정보 민주주의의 구성 요소
㉠ 알리지 않을 권리(프라이버시권)
㉡ 알 권리(정보의 공개 및 공유)
㉢ 알릴 권리(표현의 자유)
㉣ 정보 사용권
㉤ 정보 참가권

45 다음 사건을 시기 순으로 옳게 나열한 것은?

> ㉠ 제1차 남북 탁구 협회 회담
> ㉡ 제1차 남북 체육 회담
> ㉢ 남북 UN 동시 가입
> ㉣ 제1차 남북 고위급 회담

① ㉠ - ㉡ - ㉣ - ㉢
② ㉠ - ㉢ - ㉣ - ㉡
③ ㉡ - ㉢ - ㉠ - ㉣
④ ㉢ - ㉡ - ㉣ - ㉠

㉠ 남북 탁구 협회 회담(1979년 2월 27일) : 평양 세계탁구선수권 대회 남북 단일팀 구성 문제 협의를 위한 회의로 총 4차례 열렸다.
㉡ 제1차 남북 체육 회담(1984년 4월 9일) : LA 올림픽에서 단일팀으로 출전하기 위해 진행한 회의였으나 아웅산 테러사건과 최은희·신상옥 납치사건이 수면 위로 오르며 결렬되었다.
㉣ 제1차 남북 고위급 회담(1990년 9월 4일) : 우리 정부가 국제정세의 변화에 대응하여 민족 전체가 이익이 되는 방향으로 남북관계를 정립하기 위한 노력의 단초를 열었다는 의의를 갖는 회의이다.
㉢ 남북 UN 동시 가입(1991년 9월 17일) : 남북 UN 동시 가입은 한반도에서 양측의 정통성 및 합법성 논쟁에 종지부를 찍고, 화해와 공존의 시대를 연 역사적 의의를 갖는다.

정당해산결정권을 가진 기관은?

① 법원
② 헌법재판소
③ 대통령
④ 국회

헌법재판소 … 법률의 위헌 여부와 탄핵 및 정당해산에 관한 심판을 담당하는 국가기관이다.

①③④ 헌법재판소의 권한으로는 위헌법률심판권, 탄핵심판권, 위헌정당해산심판권, 권한쟁의심판권, 헌법소원심판권이 있다.

47 행정권을 견제하기 위해 국회에 주어진 권한이 아닌 것은?

① 특별사면동의권
② 국군해외파견동의권
③ 국무총리임명동의권
④ 조약체결 · 비준동의권

특별사면 … 형을 선고받은 자를 대상으로 형의 집행이 면제되는 것을 말하는데, 특별한 사정이 있을 때에는 이후 형 선고의 효력을 상실하게 할 수 있다. 일반사면을 명하려면 국회의 동의를 얻어야 한다〈헌법 제79조 제2항〉. 특별사면, 특정한 자에 대한 감형 및 복권은 대통령이 한다〈사면법 제9조〉.

② **국군해외파견동의권** : 국회는 선전포고, 국군의 외국에의 파견 또는 외국군대의 대한민국 영역 안에서의 주류에 대한 동의권을 가진다〈헌법 제60조 제2항〉.

③ **국무총리임명동의권** : 국무총리는 국회의 동의를 얻어 대통령이 임명한다〈헌법 제86조 제1항〉.

④ **조약체결 · 비준동의권** : 국회는 상호원조 또는 안전보장에 관한 조약, 중요한 국제조직에 관한 조약, 우호통상항해조약, 주권의 제약에 관한 조약, 강화조약, 국가나 국민에게 중대한 재정적 부담을 지우는 조약 또는 입법사항에 관한 조약의 체결 · 비준에 대한 동의권을 가진다〈헌법 제60조 제1항〉.

48 우리나라 국가인권위원회에 대한 설명으로 바르지 않은 것은?

① 행정부 소속 일반기관이 아닌 독립적인 기관이다.
② 법적, 제도적 해결을 위한 절차와 제공뿐 아니라 고통에 대한 공감과 대안을 모색할 수 있도록 도와준다.
③ 인권침해를 받은 당사자만이 진정할 수 있다.
④ 신체활동이 자유롭지 못한 구금, 보호시설 수용자들을 위해 해당 시설을 직접 방문하여 인권상담과 진정접수를 한다.

③ 진정접수는 제3자가 한다. 그러나 제3자가 진정을 접수할 경우에는 진정사건의 당사자가 거부하면 접수가 성사되지 않는다.

※ **국가인권위원회** … 모든 개인이 가지는 불가침의 기본적 인권을 보호 및 증진하여 인간으로서 존엄과 가치를 구현하고 민주적 기본질서 확립을 위한 인권 전담 독립 국가기관이다.

49 국가의 의무에 해당하는 것은?

① 국방의 의무
② 교육의 의무
③ 환경보전의 의무
④ 기본권 보장의 의무

①②③ 국민의 의무이다. 국민의 6대 의무로는 국방의 의무, 납세의 의무, 근로의 의무, 공공복리에 적합한 재산권 행사 의무, 환경보전의 의무가 있으며 4대 의무라 하면 국방의 의무, 근로의 의무, 교육의 의무, 납세의 의무를 말한다.

※ 헌법이 규정하는 국가의 의무
  ㉠ 국가는 법률이 정하는 바에 의하여 재외국민을 보호할 의무를 진다〈제2조 2항〉.
  ㉡ 모든 국민은 인간으로서의 존엄과 가치를 가지며, 행복을 추구할 권리를 가진다. 국가는 개인이 가지는 불가침의 기본적 인권을 확인하고 이를 보장할 의무를 진다〈제10조〉.
  ㉢ 국가는 청원에 대하여 심사할 의무를 진다〈제26조 2항〉.
  ㉣ 국가는 사회보장·사회복지의 증진에 노력할 의무를 진다〈제34조 2항〉.
  ㉤ 국가는 노인과 청소년의 복지 향상을 위한 정책을 실시할 의무를 진다〈제34조 4항〉.
  ㉥ 국가는 지역 간의 균형 있는 발전을 위하여 지역경제를 육성할 의무를 진다〈제123조 2항〉.

50 어떤 범죄나 사건을 해결할 때 나오는 확실하고 결정적인 증거를 일컫는 용어는?

① 훌리건
② 스모킹 건
③ 호킹지수
④ 서스펜스

스모킹 건 … 가설을 증명하는 과학적 근거라는 뜻으로도 쓰이며 살해 현장에 있는 용의자의 총에서 연기가 피어난다면 이는 틀림없이 명백한 증거가 된다는 의미에서 붙여진 이름이다. 과거에는 범죄 행위에 대한 결정적 증거로 사용되는 물건이나 사실을 스모킹 건이라 표현하였으나, 현재는 특정 현상이나 가설을 뒷받침하는 과학적 근거를 가리키는 말로도 쓰인다. 스모킹 건은 영국의 유명 추리소설 「셜록 홈즈」에 나오는 대사에서 유래되었다. 1974년 리처드 닉슨 대통령의 워터게이트 사건을 조사한 미 하원 사법위원회의 뉴욕주 하원의원 바버 코너블이 닉슨 대통령과 수석보좌관 사이에 오간 대화가 담긴 녹음테이프(증거물)를 가리켜 스모킹 건이라는 말을 쓰면서, 이 용어가 일반적으로 사용되기 시작했다.

① 훌리건 : 축구장의 난동꾼들을 가리킨다.
③ 호킹지수 : 책 전체 페이지를 100페이지로 가정하고 독자가 처음부터 끝까지 읽은 비율을 계산한 것으로, 책을 구입한 독자가 실제로도 책을 읽었는지 측정하는 지수이다.
④ 서스펜스 : 영화나 연극에서 불안과 긴장감을 조성하여 관객들의 흥미를 유발하는 기법을 말한다.

ANSWER
46.② 47.① 48.③ 49.④ 50.②

51 반의사불벌죄에 해당하는 것은?

① 모욕죄

② 명예훼손죄

③ 퇴거불응죄

④ 친족 간의 재산죄

반의사불벌죄 … 피해자가 처벌을 원하지 않으면 처벌할 수 없는 죄이다. 피해자의 고소 없이도 처벌할 수 있으나 피해자가 적극적으로 처벌을 원치 않을 경우에는 형벌권이 없어지므로, 해제조건부범죄라고도 한다. 기소 후 불처벌 의사표시를 하면 공소기각의 판결을 해야 한다.

①③④ 반의사불벌죄에는 명예훼손죄, 폭행죄, 협박죄, 교통사고 처리특례법에 의한 범죄, 외국의 국기 국장의 모독 등이 있다.

[기출] **52** 1968년 무장공비침투사건을 계기로 실시된 것으로 국가비상사태에 대처하기 위해서 각급 행정기관이 상호연계하여 수행하는 훈련이다. 군사연습과 연계하여 실시되는 정부연습으로 「비상대비자원관리법」을 근거로 실시되고 있는 것은?

① 재난대비훈련

② 민방위

③ 충무훈련

④ 을지연습

① **재난대비훈련** : 재난상황에 수행해야 하는 임무와 역할을 계획 및 준비하여 대응능력을 제고시키는 재난대비활동이다.

② **민방위** : 비상사태나 재난에 대비하기 위해 국민과 민방위대가 함께 참여하는 대피훈련이다. 비상상황에 대비한 국민행동요령을 익히고 생활밀착형 안전교육을 통해 국민의 안전을 확보한다.

③ **충무훈련** : 전쟁과 같은 비상 대비 종합훈련으로 국민·공무원·군인이 합동으로 실시하는 실제훈련이다. 비상대비계획의 각종 제원산출, 시행 간 문제점을 도출하기 위해 매년 4개 시·도에서 실시하고 있다.

---

53 기업이 소비자를 상대로 하여 물품 및 서비스를 직접적으로 제공하는 전자상거래 방식은?

① B2E

② B2G

③ B2B

④ B2C

B2C … 기업과 개인 간의 거래로, 직접 거래를 하기 때문에 중간 단계의 거래가 제외되어 소비자는 할인된 가격으로 물품을 구입할 수 있는 장점이 있다.

① **B2E** : 기업과 임직원 간의 전자상거래를 말한다. 주로 기업들의 복리후생을 대행해 주는 서비스, 직원들에게 교육을 제공하는 서비스 등이 있다.

② **B2G** : 기업과 정부 간의 전자상거래를 말한다. G는 정부뿐만 아니라 지방정부, 공기업, 정부투자기관, 교육기관 등을 의미하기도 한다. 조달청의 '나라장터'가 그 예이다.

③ **B2B** : 기업과 기업 간의 전자상거래를 말한다. 각종 산업재뿐만 아니라 제조, 유통, 서비스 등을 포함한다.

54 비정부기구(NGO)에 대한 설명으로 옳지 않은 것은?

① UN 헌장에 따라 UN의 사업에 참가하는 단체이다.
② 자원단체는 물론 다국적 기업도 포함된다.
③ 평화 · 환경 분야에서 국가의 기능을 보완 또는 협력한다.
④ 국경을 초월한 시민활동단체로서 인권 · 반핵 분야에서 활동하지만 군축 분야는 활동영역에서 제외된다.

비정부기구(NGO) … 비정부기구 또는 비정부단체라고도 하며 정부기관이나 관련된 단체가 아닌 순수한 민간조직이다. 넓은 의미로는 기업과 시민단체를 모두 포괄한다.

55 헌법상 규정 중 옳지 않은 것은?

① 대통령의 임기가 만료되는 때에는 임기만료 70일 내지 40일 전에 후임자를 선거한다.
② 국회에서 의결된 법률안은 정부에 이송되어 15일 이내에 대통령이 공포한다.
③ 대통령으로 선거될 수 있는 자는 국회의원 피선거권이 있고 선거일 현재 40세에 달하여야 한다.
④ 통신 · 방송의 시설기준과 신문의 기능을 보장하기 위해 필요한 사항은 대통령령으로 정한다.

통신 · 방송의 시설기준과 신문기능 보장에 대한 사항은 법률로 정한다〈헌법 제21조 제3항〉.
① 대통령의 임기가 만료되는 때에는 임기만료 70일 내지 40일 전에는 후임자를 선거한다〈헌법 제68조 제1항〉.
② 국회에서 의결된 법률안은 정부에 이송되어 15일 이내에 대통령이 공포한다〈헌법 제53조 제1항〉.
③ 대통령으로 선거될 수 있는 자는 국회의원 피선거권이 있고 선거일 현재 40세에 달하여야 한다〈헌법 제67조 제4항〉.

56 양형의 조건으로 옳지 않은 것은?

① 범인의 연령, 성행, 지능과 환경
② 피해자에 대한 관계
③ 범행의 동기, 수단과 결과
④ 범행 전의 정황

양형의 조건〈형법 제51조〉
㉠ 범인의 연령, 성행, 지능과 환경
㉡ 피해자에 대한 관계
㉢ 범행의 동기, 수단과 결과
㉣ 범행 후의 정황

57 다음 설명으로 옳은 것은?

> 국회의원은 현행범이 아닌 이상 회기 중 국회의 동의 없이 체포 또는 구금되지 아니하며, 회기 전에 체포 또는 구금된 때에도 현행범이 아닌 한 국회의 요구가 있으면 회기 중에도 석방되는 특권이다.

① 불체포특권
② 면책특권
③ 게리멘더링
④ 옴부즈만

불체포특권 … 면책특권과 더불어 헌법에서 보장한 국회의원의 2대 특권 중 하나이다.
② **면책특권** : 국회의원이 국회에서 직무상 행한 발언과 표결에 관하여 국회 밖에서는 책임을 지지 않는 특권을 말한다.
③ **게리멘더링** : 특정 정당이나 특정 후보자에게 유리하도록 자의적으로 선거구를 정하는 것을 말한다.
④ **옴부즈만** : 정부나 의회에 의해 임명된 관리로서, 시민들이 제기한 각종 민원을 수사하고 해결해주는 민원조사관을 말한다.

58 다음 설명 중 옳지 않은 것은?

① 입법부, 사법부, 정부의 3권으로 나누어 각각을 담당하는 자를 상호 분리·독립시켜 견제시킴으로써 국민의 자유를 보장하는 자유적인 통치원리는 권력분립론이다.
② 권력분립론은 로크의 2권분립과 몽테스키외의 3권분립이 있다.
③ 다원주의는 현대사회기능의 세분화, 전문화에 기인되었다.
④ 권력분립제는 사회제도이며 다원주의는 정치제도이다.

권력분립제 … 민주정치의 제도원리. 다원주의는 민주주의의 운영원리이다. 국가의 권력을 나누어 각각 다른 기관에 분담시키는 것으로, 서로 견제와 균형을 통해 국민의 자유와 권리를 보장하려는 제도이다.

기출 ★★★ **59** 직접민주정치제도만을 모두 고른 것은?

> ㉠ 국민소환   ㉡ 국민대표
> ㉢ 국민발안   ㉣ 국민투표
> ㉤ 대통령제

① ㉠㉡㉢   ② ㉠㉢㉣
③ ㉠㉢㉤   ④ ㉡㉢㉣

직접민주정치 … 국가의사를 결정하는 데 있어 시민이 직접 주권을 행사하는 정치형태를 말한다. 직접민주정치 방법에는 국민투표, 국민발안, 국민소환이 있다.

60 인권발달의 약사(略史)를 시기 순으로 올바르게 나열한 것은?

> ㉠ 대헌장(영국)
> ㉡ 권리청원(영국)
> ㉢ 권리장전(영국)
> ㉣ 독립선언(미국)
> ㉤ 인권선언(프랑스)
> ㉥ 바이마르헌법(독일)

① ㉠ - ㉡ - ㉢ - ㉣ - ㉤ - ㉥
② ㉠ - ㉡ - ㉢ - ㉤ - ㉣ - ㉥
③ ㉠ - ㉢ - ㉡ - ㉣ - ㉤ - ㉥
④ ㉠ - ㉣ - ㉡ - ㉤ - ㉢ - ㉥

㉠ **영국 대헌장**(1215년) : 국왕의 절대 권력 행사에 최초로 제한을 두고 국민 인권을 보장하는 발판을 마련하였다.

㉡ **영국 권리청원**(1628년) : 영국 하원에서 기초하여 찰스 1세의 승인을 얻은 국민 인권에 관한 선언이다.

㉢ **영국 권리 장전**(1689년) : 명예혁명 이후 국왕의 권력 행사에 의회의 동의를 받도록 규정함으로써 시민의 자유와 권리를 보장하였다.

㉣ **미국의 독립 선언**(1776년) : 미국 독립 혁명 과정에서 발표되어 천부 인권과 저항권 등을 명시하였다.

㉤ **프랑스 인권선언**(1789년) : 혁명 과정에서 선포된 인권으로 자유권, 재산권, 저항권 등으로 규정하였다.

㉥ **독일 바이마르헌법**(1919년) : 모든 국민이 인간다운 생활을 누릴 수 있도록 하기 위해 노동자의 권리, 교육받을 권리, 사회 보장권 등 최초로 사회권을 규정하였다.

61 현행 대통령 선거에 대한 설명 중 옳지 않은 것은?

① 전임자의 임기가 만료된 후에 실시하는 선거와 궐위로 인한 선거에 의한 대통령의 임기는 당선이 결정된 때부터 개시된다.

② 선거일 현재 5년 이상 국내에 거주하고 있는 40세 이상의 국민은 대통령으로 선거될 수 있는 자격이 있다.

③ 대통령 선거에 있어서 후보자가 1인인 때에는 그 득표수가 선거권자총수의 3분의 1 이상에 달하여야 당선인으로 결정한다.

④ 최고득표자가 2인 이상일 때에는 연장자를 당선인으로 결정한다.

최고득표자가 2인 이상인 때에는 중앙선거관리위원회의 통지에 의하여 국회는 재적의원 과반수가 출석한 공개회의에서 다수표를 얻은 자를 당선인으로 결정한다(공직선거법 제187조 2항).

① 「공직선거법」 제14조 제1항
② 「공직선거법」 제16조 제1항
③ 「공직선거법」 제187조 제1항

62 현대정치에서 압력단체의 수가 많아지고 그 기능이 강화되는 이유는?

① 정부의 기능이 축소되고 있기 때문이다.
② 집권을 원하는 집단이 많아졌기 때문이다.
③ 개인과 집단의 이익이 다원화되고 있기 때문이다.
④ 정당 내부에 민주화가 진행되고 있기 때문이다.

압력단체 … 자신의 이익을 달성하거나 보호하기 위해 정치 과정 특히 정부의 의사 결정과 정책 집행 과정에 압력을 행사한다. 현대사회에서 압력단체가 수행하는 다양한 기능에는 순기능과 역기능이 존재한다. 현대사회의 세분화 및 전문화 경향에 따라 계층 간의 이익이 다원화되고 있는 한편, 구성원들의 이익을 정책에 반영하는 정당의 역량이 부족하고 정부의 기능이 강화됨에 따라 규제도 강화되고 있어서 사회 구성원들의 다양한 이익을 대변할 수 있는 단체의 필요성이 높아졌다.

63 특정 정당이나 특정 후보자에게 유리하도록 선거구를 정하는 것을 방지하기 위해 우리나라에서 채택하고 있는 제도는?

① 다수대표제
② 비례대표제
③ 선거구 법정주의
④ 선거공영제

선거구 법정주의 … 선거구를 공정하게 분할하기 위해 선거구법률안에 의거하여 선거구를 획정하는 제도를 말한다. 특정 정당이나 후보자에게 유리하도록 선거구를 정하는 게리맨더링을 방지하기 위하여 우리나라에서는 선거구획정위원회에서 선거구를 합리적으로 획정한다.
① 다수대표제 : 여러 명의 후보자 가운데 가장 많은 표를 얻은 한 명을 대표로 선출하는 선거제도를 말한다.
② 비례대표제 : 정당의 총득표 수의 비례에 따라 당선자 수를 결정하는 선거제도를 말한다.
④ 선거공영제 : 선거운동의 자유방임에서 오는 폐단을 방지하기 위한 제도를 말한다.

64 출구조사에 있어, 여론조사 결과 우세한 것으로 나타난 후보나 정당의 지지도가 상승하는 것을 나타내는 말은?

① 언더독 효과
② 밴드왜건 효과
③ 데킬라 효과
④ 스티그마 효과

밴드왜건 효과 … 정치학에서는 소위 말하는 대세론으로 후보자가 일정 수준 이상의 지지율을 얻으면 그 후보를 따라가게 되는데 이를 밴드왜건 효과라고 한다. 경제학에서는 대중적으로 유행하는 상품을 따라서 소비하는 성향을 일컫는다.
① 언더독 효과 : 여론조사 결과 열세에 있는 후보를 지지하는 현상을 말한다.
③ 데킬라 효과 : 1995년에 발생한 멕시코의 금융위기가 다른 중남미 국가에 미친 파급효과를 지칭한다.
④ 스티그마 효과 : 부정적으로 낙인찍히면 점점 더 나쁜 행태를 보이고, 부정적인 인식이 지속되는 현상으로 낙인 효과라고도 한다.

65 미국 대통령 리처드 닉슨은 소련이나 제3세계에 자신을 비이성적이고 예측 불가능한 인물로 인식시켰으며 언제든 핵전쟁을 일으킬 수도 있다는 공포감을 조성하면서 전쟁 도발을 억제했다는 이론은?

① 미치광이 이론
② 통찰 이론
③ 상황 이론
④ 엘리트 이론

미치광이 이론 … 자신을 미치광이로 인식시켜 협상을 유리하게 이끄는 전략을 의미하며, 미국 대통령이었던 리처드 닉슨의 외교정책으로 유래되었다.

② **통찰 이론** : 학습은 문제에 대한 통찰에 의해 이루어진다는 형태심리학의 이론이다.

③ **상황 이론** : 구체적 상황에 따른 효과적인 조직구조나 관리방법을 찾는 연구방법을 말한다.

④ **엘리트 이론** : 국가뿐만 아니라 사회조직에서도 정책과정에 참여하는 세력은 소수로 국한되며 이들에 의해 정책이 좌우된다는 이론이다.

66 사고나 오해로 인한 우발적 전쟁을 막기 위해 1963년 8월에 개통한 미국과 구소련 사이에 설치된 직통전화는?

① 핫라인
② 쿨라인
③ 화이트라인
④ 레드라인

핫라인 … 쿠바 미사일 위기를 계기로 미국과 구소련 간의 긴급 의사소통의 필요성을 느껴 개통한 직통전화로, 우리나라 남북한 역시 2002년 9월 17일 개최된 남북한 군사실무회담 합의에 따라 2002년 9월 24일에 남북한 군 핫라인이 개통되었다.

기출 **67** 패스트트랙에 대한 설명으로 옳지 않은 것은?

① 일정 기간 내 해당 법안이 해당 특위에 회부되어야 진행된다.
② 정치에서 법안이나 정책의 신속한 처리와 관련한 용어로 사용한다.
③ 긴급하고 중요한 안건을 신속하게 처리하기 위해 도입하였다.
④ 법사위 심사 기간은 최장 90일이다.

패스트트랙 … 사전적으로는 '목표를 달성하기 위한 지름길'을 의미한다. 패스트트랙은 긴급하고 중요한 안건을 신속하게 처리하기 위해 2015년 도입한 제도로, 일정 기간 내 해당 법안이 본회의에 상정되도록 만들었다.

기출 68 선거를 도와주고 그 대가를 받거나 이권을 얻는 행위를 일컫는 용어는?

① 매니페스토(Manifesto)
② 로그롤링(Logrolling)
③ 게리맨더링(Gerrymandering)
④ 플레비사이트(Plebiscite)

69 헌법재판소의 권한을 바르게 묶은 것은?

> ㉠ 법원의 위헌법률심사제청이 있을 때 법률이 헌법에 위반되는지의 여부를 심판한다.
> ㉡ 국회로부터 탄핵소추를 받은 자가 있을 경우 이를 심판한다.
> ㉢ 명령·규칙·처분이 헌법이나 법률에 위반되는지의 여부를 최종적으로 심판한다.

① ㉠
② ㉠㉡
③ ㉡㉢
④ ㉠㉡㉢

70 권력분립제도를 발전시켜 입법·사법·행정의 3권분립을 정식화한 사람은?

① 로크(Locke)
② 루소(Rousseau)
③ 몽테스키외(Montesquieu)
④ 보댕(Bodin)

로그롤링(Logrolling) … 서로 협력하여 통나무를 모으거나 강물에 굴려 넣는 놀이에서 비롯되었다.

① **매니페스토**(Manifesto) : 선거 시에 목표와 이행 가능성, 예산확보의 근거를 구체적으로 제시한 유권자에 대한 공약을 말한다.
③ **게리맨더링**(Gerrymandering) : 선거구를 특정 정당이나 후보자에게 유리하게 인위적으로 획정하는 것을 말한다.
④ **플레비사이트**(Plebiscite) : 직접민주주의의 한 형태로 국민이 국가의 의사결정에 국민투표로 참여하는 제도이다.

헌법재판소 … 법률의 위헌 여부와 탄핵 및 정당해산에 관한 심판을 담당하는 국가기관이다. 명령·규칙·처분 등의 심사권은 대법원의 권한이다.

권력분립이론 … 17 ∼ 18세기 자연법사상의 산물로, 로크에 의하여 처음으로 주장되었다. 그는 「통치 2론」에서 국가권력을 입법권·집행권·동맹권의 셋으로 나누었으나, 이는 군주와 의회의 권한을 대립시킨 2권 분립이다. 이 이론을 프랑스의 몽테스키외가 「법의 정신」에서 3권 분립론으로 완성하였다.

① **로크**(Locke) : 경험론을 주장한 영국의 철학자이다.
② **루소**(Rousseau) : 인간의 자유와 평등을 주장한 프랑스 사상가이자 소설가이다.
④ **보댕**(Bodin) : 근대적 국가론을 주장한 프랑스 정치 철학자이다.

71 2050년까지 기업이 사용하는 전력량 100%를 재생에너지로 충당하겠다는 환경 캠페인은?

① 쿼드 플러스
② RE100
③ 그린메일
④ ESG

RE100 ⋯ 2050년까지 기업이 사용하는 전력량 100%를 태양광, 풍력 등의 재생에너지로 충당하겠다는 환경 캠페인이다. 2014년 영국 런던의 다국적 비영리기구 '더 클라이밋 그룹'에서 발족된 것으로 애플, 인텔 등 글로벌 기업이 참여하고 있으며 한국에서는 SK그룹 계열사 8곳과 LG에너지솔루션, 네이버 등이 참여한다.

① **쿼드 플러스** : 미국, 인도, 일본, 호주 4개국이 참여하는 비공식 안보회의체 쿼드에 한국과 베트남, 뉴질랜드 3개국을 더한 구상을 말한다.
③ **그린메일** : 경영권을 담보로 보유주식을 시가보다 비싸게 되파는 행위를 말한다.
④ **ESG** : 친환경, 사회적 책임 경영, 지배구조를 개선하는 등 기업활동을 투명하게 경영해야만 기업발전이 지속 가능하다는 경영방식을 의미한다.

72 입법권으로부터 기본적 인권이 침해되었을 때 가장 유효한 구제수단은?

① 형사보상청구권
② 위헌법률심사제도
③ 행정소송제도
④ 손해배상청구권

위헌법률심사제도 ⋯ 법률이 상위규범인 헌법에 합치하는가 여부를 사법기관이 심사하여 헌법에 위배될 시 그 효력을 상실하게 하거나 법률의 적용을 거부하는 제도를 말한다. 법률이 헌법에 규정된 기본적 인권을 침해한다는 것은 위헌법률의 판단 문제를 의미한다.

① **형사보상청구권** : 형사피의자나 혹은 형사피고인으로 구금되었던 자가 불기소처분이나 무죄판결을 받은 경우 물리적 · 정신적 피해를 보상해 줄 것을 국가에 대하여 청구하는 권리를 말한다.
③ **행정소송제도** : 행정법규의 적용에 관련된 분쟁이 있는 경우 소송 제기에 의거하여 판정하는 소송 절차이다.
④ **손해배상청구권** : 채무의 불이행이나 불법 행위로 생긴 손해를 메우고 원래의 상태로 복귀되도록 요구하는 권리이다.

73 NATO에 관한 설명으로 옳지 <u>않은</u> 것은?

① 미국 워싱턴에서 북대서양조약을 토대로 발족한 집단방위기구이다.
② 최초에는 소련과 동유럽에 대항하기 위해 미국, 캐나다, 벨기에 등 총 12개국이 참가하였다.
③ 유럽과 아시아 국가의 동맹관계를 위한 것이다.
④ NATO 회원국 중에 하나가 공격받으면 모두에 대한 공격으로 간주한다.

NATO … 회원국에 자유와 안전을 보장하기 위한 목적으로 하는 집단방위기구이다. 유럽과 북미 국가의 동맹관계를 위한 것으로 국방과 안보를 협의하고 함께 위기를 관리하고자 한다.

74 「청년기본법」에 대한 설명으로 옳지 <u>않은</u> 것은?

① 청년정책의 수립 · 조정 및 청년지원 등에 관한 기본적인 사항을 규정함을 목적으로 한다.
② 「청년기본법」상 청년이란 19세 이상 34세 이하인 사람이다.
③ 국무총리는 3년마다 청년정책의 기본계획을 수립하여야 한다.
④ 국가와 지방자치단체는 청년발전에 필요한 법적 · 제도적 장치를 마련하여 시행하여야 한다.

① 「청년기본법」 제1조
② 「청년기본법」 제3조 제1호
④ 「청년기본법」 제4조 제1항

75 다음에서 설명하는 '이곳'은?

> 이곳은 미국의 대통령이 휴가를 보내는 장소이기도 하지만 1947년 노르망디 상륙작전 등의 종전 논의, 미소 양국 첫 장상회담, 1978년 중동평화를 위해서 미국 · 이집트 · 이스라엘 간에 협정을 외교장소이기도 하다. 우리나라는 2008년 이명박 대통령이 최초로 초정되어 부시 대통령과 정상회담을 했고, 2023년에는 윤석열 대통령이 참가하여 한미일 정상회의가 개최되었다.

① 캠프데이비드   ② 포츠담
③ 오슬로   ④ 얄타

캠프데이비드는 메릴랜드에 위치한 미국 대통령의 별장으로, 2023년 한미일 정상회담이 열린 곳이다. 3국 정상이 북한의 핵 · 미사일 위협에 대해 공조를 하고 경제 안보 및 글로벌 이슈에 편안한 분위기에서 자유롭게 이야기하는 방식으로 진행하였다.

경제 · 사회 · 노동

회독 | 1 | 2 | 3 |　　　정답 수 |　개 / 160개 |

1 매년 미국 캔자스시티 연방 준비은행이 개최하는 경제정책 심포지엄으로, 전 세계 경제 전문가와 중앙은행 총재들이 모여 경제정책을 논의하는 연례 회의를 의미하는 용어는 무엇인가?

① 타운 홀 미팅
② 잭슨 홀 미팅
③ 올 핸즈 미팅
④ 킥 오프 미팅

잭슨 홀 미팅 … 미국 캔자스시티 연방 준비은행이 매년 개최하는 경제정책에 관한 심포지엄으로, 와이오밍주 잭슨 홀에서 열린다. 주요 중앙은행 총재와 경제학자들이 참석하여 세계 경제 동향과 정책 방향을 논의하는 중요한 행사로, 글로벌 경제에 큰 영향을 미친다.

2 재활용할 수 있는 소재를 이용해 디자인이나 활용도를 더하여 전혀 다른 제품으로 생산하여 가치를 높이는 일은?

① 제로웨이스트
② 플로깅
③ 뉴사이클링
④ 업사이클링

업사이클링 … Upgrade와 Recycling의 합성어로, 버려지는 물건을 재활용하여 필요한 제품으로 재탄생시키며 최근에는 착한 소비, 가치 있는 소비로 새로운 소비 트렌드가 되었다.

ANSWER
73.③　74.③　75.① / 1.②　2.④

3 유한회사에 대한 설명으로 옳지 않은 것은?

① 유한회사에는 1인 또는 수인의 이사를 두어야 한다.
② 유한회사는 사원의 지분에 관하여 지시식 또는 무기명식의 증권을 발행하지 못한다.
③ 출자 1좌의 금액은 1,000원 이상으로 균일하게 하여야 한다.
④ 유한회사가 주식회사와 합병하는 경우에 합병후 존속하는 회사 또는 합병으로 인하여 설립되는 회사가 주식회사인 때에는 법원의 인가를 얻지 아니하면 합병의 효력이 없다.

③ 출자 1좌의 금액은 100원 이상으로 균일하게 하여야 한다(상법 제546조).
① 「상법」 제561조
② 「상법」 제555조
④ 「상법」 제600조

4 기존 호봉제와 달리 입사 순서가 아닌 능력에 따라 급여를 결정하는 방식, 즉 임금을 근속연수와 직급이 기준이 아닌 한 해 개인별 성과에 따라 차등을 두는 제도는?

① 성과연봉제
② 호봉제
③ 임금피크제
④ 포괄임금제

성과연봉제 ⋯ 직원들의 업무능력 및 성과를 등급별로 평가하여 임금에 차등을 두는 제도이다.
② 호봉제 : 직계(職階)나 연공(年功)을 기본으로 정해지는 급여 체계를 말한다.
③ 임금피크제 : 근로자의 임금을 삭감하지 않고 근무시간을 줄여 고용을 보장하는 제도를 말한다.
④ 포괄임금제 : 시간외 근로 등의 수당을 급여에 포함시켜 일괄적으로 지급하는 제도이다.

5 소득분배의 불균등도를 측정하는 방법이 아닌 것은?

① 로렌츠곡선
② 엥겔의 법칙
③ 지니계수
④ 지브라의 법칙

엥겔의 법칙 ⋯ 독일의 통계학자 엥겔이 1875년 근로자의 가계조사에서 발견한 법칙이다. 이 법칙은 저소득가정일수록 전체의 생계비에 대한 식료품비가 차지하는 비중이 높아지는 현상을 말한다. 소득이 증가함에 따라 전체의 생계비 중에서 음식비가 차지하는 비중이 감소하는 현상으로 소득분배와는 무관하다.
① 로렌츠곡선 : 미국의 경제학자 로렌츠가 소득분포의 상태를 나타내기 위하여 작성한 도표로, 소득이 사회계층에 어떤 비율로 분배되는가를 알아볼 수 있다.
③ 지니계수 : 계층 간 소득분포의 불균형과 빈부격차를 보여주는 수치이다. 0에서 1까지의 값을 가지는 것으로 이 값이 클수록 소득분배가 불균등하다
④ 지브라의 법칙 : 소득분포가 대수 정규분포에 따른다는 이론이다.

6 복지지표로서 한계성을 갖는 국민총소득(GNI)을 보완하기 위해 미국의 노드하우스(W. Nordhaus)와 토빈(J. Tobin)이 제안한 새로운 지표를 무엇이라고 하는가?

① 소비자동향지표
② 경제활동지표
③ 경제후생지표
④ 고용보조지표

경제후생지표(Measure Of Economic Welfare) … 국민총소득에 후생요소를 추가하면서 비후생요소를 제외함으로써 복지수준을 정확히 반영하려는 취지로 제안되었지만, 통계작성에 있어 후생 및 비후생 요소의 수량화가 쉽지 않아 널리 사용되지는 못하고 있는 실정이다.

기출 **7** 주가지수선물, 주가지수옵션, 개별주식옵션의 만기가 동시에 겹쳐 어떤 변화가 일어날지 아무도 예측할 수 없어 혼란스럽다는 의미로부터 파생된 용어는?

① 소비자 기대지수
② 트리플 위칭 데이
③ 사이드 카
④ 서킷 브레이커

트리플 위칭 데이 … 현물시장의 주가가 다른 날보다 출렁일 가능성이 상존하는데 이를 가리켜 만기일 효과라고도 한다. 결제일이 다가오면 현물과 연계된 선물거래에서 이익을 실현하기 위해 주식을 팔거나 사는 물량이 급변하거나 주가가 이상 폭등락하는 현상이 나타날 가능성이 크다.

① 소비자 기대지수 : 지금으로부터 6개월 후의 소비자 동향을 나타내는 지수이다.

③ 사이드 카 : 현물시장을 안정적으로 운용하기 위해 도입한 프로그램 매매호가 관리제도이다.

④ 서킷 브레이커 : 주가가 갑자기 큰 폭으로 변화할 경우 시장에 미치는 충격을 완화시키기 위해 주식매매를 일시 정지하는 제도이다.

8 주택담보대출을 취급했던 은행계에서 상품을 없애자 자금융통이 급급한 고객들이 제2금융권으로 몰리는 현상과 관련이 있는 것은?

① 풍선 효과
② 칵테일파티 효과
③ 피그말리온 효과
④ 스티그마 효과

풍선효과 … 풍선의 한 곳을 누르면 다른 곳이 튀어 나오는 것처럼 한 가지 문제가 해결되면 또 다른 문제가 생겨나는 현상을 말한다. 정부가 강남 집값을 잡기 위해 재건축 아파트 규제를 강화하자 일반 아파트로 수요가 몰려 집값이 오르는 현상 등이 풍선효과에 해당한다.

② **칵테일파티 효과** : 여러 사람들이 모여 한꺼번에 이야기 하고 있음에도 자신이 관심을 갖는 이야기만 골라 들을 수 있는 것으로 시끄러운 곳에서 한 화자에게만 집중하고 다른 대화는 선택적으로 걸러내는 능력을 묘사하는 용어이다.

③ **피그말리온 효과** : 타인의 기대나 관심으로 인하여 능률이 오르거나 결과가 좋아지는 현상으로 로젠탈 효과, 자성적 예언, 자기 충족적 예언이라고도 한다.

④ **스티그마 효과** : 다른 사람들에게 무시당하고 부정적인 낙인이 찍히면 행태가 나쁜 쪽으로 변해가는 현상을 말한다.

9 가구의 소득 흐름은 물론 금융 및 실물 자산까지 종합적으로 고려하여 가계부채의 부실위험을 평가하는 지표로, 가계의 채무상환능력을 소득 측면에서 평가하는 원리금상환비율(DSR)과 자산 측면에서 평가하는 부채/자산비율(DTA)을 결합하여 산출한 지수는?

① 가계부실위험지수　　② 가계수지
③ 가계순저축률　　④ 가계신용통계지수

가계부실위험지수 … DSR과 DTA가 각각 40%, 100%일 때 100의 값을 갖도록 설정되어 있으며, 지수가 100을 초과하는 가구를 '위험가구'로 분류한다. 위험가구는 소득 및 자산 측면에서 모두 취약한 '고위험가구', 자산 측면에서 취약한 '고DTA가구', 소득 측면에서 취약한 '고DSR가구'로 구분한다.

10 일정 시기에 따라 증시가 좋아지거나 나빠지는 주식 이상 현상은?

① 소외기업 효과
② 외부 효과
③ 캘린더 효과
④ 낙수 효과

캘린더 효과 … 증시가 특정한 시기에 일정한 상승세와 하락세 흐름을 보이는 현상을 말한다. 대표적인 캘린더 효과로 1월 효과, 서머랠리, 산타랠리 효과가 있다.

① **소외기업 효과** : 투자자들의 관심이 없는 기업의 수익률이 높게 나타난다.

② **외부 효과** : 경제활동과 관련하여 타인에게 의도치 않은 효과를 발생시키는 현상으로, 시장 가격과 별개로 다른 소비자에게 의도하지 않은 혜택이나 손해를 입히는 경우를 말한다.

④ **낙수 효과** : 고소득층의 소득 증대가 소비 및 투자 확대로 이어져 궁극적으로 저소득층의 소득도 증가하게 되는 효과를 가리키는 말이다.

11 경제주체들이 돈을 움켜쥐고 시장에 내놓지 않는 상황을 가리키는 용어는?

① 디플레이션
② 피구 효과
③ 톱니 효과
④ 유동성 함정

유동성 함정 … 시장에 현금이 흘러 넘쳐 구하기 쉬우나 기업의 생산 및 투자와 가계의 소비가 늘지 않아 경기가 나아지지 않고 마치 함정에 빠진 것처럼 보이는 상태를 말한다.
① **디플레이션** : 물가가 하락하고 경제활동이 침체되는 현상을 말한다.
② **피구 효과** : 물가하락에 따른 자산의 실질가치 상승이 소비를 증가시키는 현상을 말한다.
③ **톱니 효과** : 생산 또는 수준이 일정 수준에 도달하면 이전의 소비 성향으로 돌아가기 힘든 현상을 말한다.

12 ( ) 안에 들어갈 알맞은 말은?

> 니콜라스 탈레브는 그의 책에서 ( )을/를 '과거의 경험으로 확인할 수 없는 기대 영역 바깥쪽의 관측 값으로, 극단적으로 예외적이고 알려지지 않아 발생 가능성에 대한 예측이 거의 불가능하지만 발생하면 엄청난 충격과 파장을 가져오고, 발생 후에야 적절한 설명을 시도하여 설명과 예견이 가능해지는 사건'이라고 정의했다. 이것의 예로 20세기 초에 미국에서 일어난 경제대공황이나 9 · 11 테러, 구글(Google)의 성공 같은 사건을 들 수 있다. 전 세계를 강타한 미국발 세계금융위기도 포함된다.

① 블랙 스완
② 그레이 스완
③ 어닝 쇼크
④ 더블 딥

블랙 스완 … 극단적 예외사항이라 발생 가능성이 없어 보이지만 발생하면 엄청난 충격과 파급효과를 가져오는 것을 말한다.
② **그레이 스완** : 이미 알고 있는 사항이지만 대처 방법이 모호하여 위험 요인이 계속 존재하는 상태를 말한다.
③ **어닝 쇼크** : 기업이 예상보다 저조한 실적을 발표하여 주가에 영향을 미치는 현상을 말한다.
④ **더블 딥** : 경기침체 후 잠시 회복기를 보이다가 다시 침체에 빠지는 이중침체 현상을 말한다.

하나의 물건을 갖게 되면 그것에 어울리는 다른 물건들을 계속 구매하게 되는 현상은?

① 디드로 효과   ② 캘린더 효과

③ 채찍 효과   ④ 쿠퍼 효과

② 캘린더 효과 : 일정 시기에 증시가 등락하는 현상이다.
③ 채찍 효과 : 수요정보가 전달될 때마다 왜곡되는 현상이다.
④ 쿠퍼 효과 : 금융정책 효과의 시기가 다르게 나타나는 현상이다.

14 경영에서 목표에 의한 관리(MBO)의 효용과 한계에 관한 설명으로 옳지 않은 것은?

① 목표의 명확한 설정 및 성과의 계량적 측정이 어렵다.
② 수평적 의사소통체계보다 수직적 의사소통체계를 개선하는 데 더욱 유리하다.
③ 단기적 목표보다 장기적 목표에 대한 조직구성원들의 관심을 유도하는 데 도움을 준다.
④ 상·하 계급에 관계없이 모든 조직구성원들의 공동참여에 의한 목표설정을 통하여 목표에 대한 인식을 공유할 수 있다.

목표에 의한 관리는 목표 달성 결과를 측정하므로 단기적인 목표에 주안점을 두고 장기적 목표를 경시할 가능성이 있다.
※ MBO 이론 … 목표설정의 가장 대표적인 예로 1965년 피터 드러커가 「경영의 실제」에서 주장한 이론이다. 작업에 대한 구체적인 목표를 설정해야 하며 이때, 구성원들이 계획 설정에 참여한다. 실적 평가를 위한 계획기간이 명시되어 있으며 실적에 대한 피드백 기능이 있다.

15 다음이 설명하는 마케팅으로 옳은 것은?

> • 마트나 편의점 계산대 주변에 비교적 가격이 저렴한 껌이나 사탕, 음료 등의 상품을 진열하여 고객들이 추가로 구매하도록 유도한다.
> • 영화관 티켓 박스 근처에 매점을 두어 팝콘과 음료수를 구매하도록 유도한다.
> • 카드사에서 자동결제 시 1 ~ 3%를 할인하여 소비를 유도한다.

① 니치 마케팅   ② 엠부시 마케팅

③ 디 마케팅   ④ 넛지 마케팅

넛지 마케팅 … 제품의 특성을 강조하고 구매를 촉진하는 것과 달리 소비자가 제품을 선택할 때 보다 유연하게 접근하도록 하는 마케팅이다. 선택은 소비자가 하는 것이지만 원하는 방향으로 특정 행동을 유도한다. 직접적인 명령이나 지시를 내리지 않는다.
① 니치 마케팅 : 특정한 성향을 가진 소규모 소비자들을 대상으로 빈틈을 공략하는 마케팅이다.
② 앰부시 마케팅 : 대규모 스포츠 경기의 공식 후원업체가 아니면서 광고 문구 등으로 관련 업체인 것 같은 인상을 주는 등 규제를 교모하게 피해가는 간접 마케팅이다.
③ 디 마케팅 : 충성도가 높은 고객에게 집중하기 위해 자사 상품 구매를 의도적으로 줄이는 마케팅이다.

16 자유주의적 경제에 의한 생산불균형과 경제적 변화는 '보이지 않는 손'에 의하여 조정된다고 주장한 사람은?

① 마르크스(K. Marx)
② 리카도(D. Ricardo)
③ 슘페터(J.A. Schumpeter)
④ 스미스(A. Smith)

스미스(A. Smith) … 중산주의 정책을 비판하고 경제상의 자유방임주의를 주장하였다.
① 마르크스(K. Marx) : 헤겔의 변증법적 사상과 포이어바흐의 유물론에 바탕을 둔 변증법적 유물론을 논하였다.
② 리카도(D. Ricardo) : 비교우위론을 주장하였다.
③ 슘페터(J.A. Schumpeter) : 수리경제학의 영향을 받은 주관학파의 경제학자이다.

17 공급 스스로가 수요를 창출한다는 고전학파의 주장으로 옳은 것은?

① 세이의 법칙
② 수요의 법칙
③ 공급의 법칙
④ 일물일가의 법칙

세이의 법칙 … 고전학파는 공급이 수요를 창출한다고 보고 공급을 중시하여 주장한 법칙이다.
② 수요의 법칙 : 다른 조건이 변하지 않을 때 재화의 가격이 상승하면 그 재화의 수요량이 감소하는 법칙이다.
③ 공급의 법칙 : 다른 조건이 변하지 않을 때 어떤 재화의 가격이 상승하면 그 재화의 공급량이 증가하는 법칙이다.
④ 일물일가의 법칙 : 시장에서 같은 종류의 상품은 하나의 가격만 성립한다는 이론이다.

18 SWOT 분석에서 SWOT에 해당하지 않는 것은?

① Strength
② Weakness
③ Originality
④ Threat

SWOT 분석 … 기업을 강점(Strength), 약점(Weakness), 기회(Opportunities), 위협(Threats)의 상황·요인별로 분석하여 강점을 토대로 주어진 기회를 기업에 유리하게 이용하고 위협에는 적절하게 대처하거나 기업의 약점을 보완할 수 있는 전략이다. 기업의 목표 달성을 위한 전략의 특징으로는 SO전략(강점을 가지고 기회를 엿보는 전략), ST전략(강점을 가지고 위협을 회피하는 전략), WO전략(약점을 보완하여 기회를 엿보는 전략), WT전략(약점을 보완하여 위협을 회피하는 전략)이 있다.

ANSWER
13.① 14.③ 15.④ 16.④ 17.① 18.③

19 (　　) 안에 들어갈 알맞은 말은?

> 원래 프랑스에서 비롯된 제도이다. 독일은 제1차 세계대전 이후 엄청난 전쟁 배상금 지급을 감당할 수 없어 (　　)을/를 선언했고 미국도 1931년 후버 대통령이 전쟁 채무의 배상에 대하여 1년의 지불유예를 한 적이 있는데, 이를 후버 (　　)라/이라 불렀다고 한다. 이외에도 페루, 브라질, 멕시코, 아르헨티나, 러시아 등도 (　　)을/를 선언한 바가 있다.

① 모블로그   ② 모라토리엄 증후군
③ 서브프라임 모기지론   ④ 모라토리엄

모라토리엄 … 대외 채무에 대한 지불유예(支拂猶豫)를 말한다. 신용의 붕괴로 인하여 채무의 추심이 강행되면 기업의 도산이 격증하여 수습할 수 없게 될 우려가 있으므로, 일시적으로 안정을 도모하기 위한 응급조치로 발동된다.
① 모블로그 : 모바일과 블로그를 합친 신조어로 때와 장소에 구애받지 않고 블로그를 관리할 수 있어 인기를 끌고 있다.
② 모라토리엄 증후군 : 1960년대에 들어 지적, 육체적, 성적인 면에서 한 사람의 몫을 할 수 있으면서도 사회인으로서의 책임과 의무를 짊어지지 않는 것을 의미한다.
③ 서브프라임 모기지론 : 신용등급이 낮은 저소득층을 대상으로 주택자금을 빌려주는 미국의 주택담보대출 상품이다.

20 소셜커머스에 대한 설명으로 옳지 않은 것은?

① 전자상거래의 일환으로 볼 수 있다.
② 마케팅 비용이 고가라는 점이 단점이다.
③ MD가 상품을 선변하여 판매하는 방식이다.
④ SNS를 활용한 전자상거래이다.

소셜커머스 … SNS를 통한 전자상거래를 일컫는다. 대부분 구매자들 간의 자발적인 홍보가 이루어지므로 마케팅 비용이 크게 발생하지 않는다. 최근에는 오픈마켓과 소셜커머스의 구분이 많이 모호해지고 있는 추세이다.

21 고정된 직장이나 직업에 얽매이지 않고 다양한 직업이나 프로젝트를 자유롭게 이동하며 경력을 쌓는 사람을 무엇이라고 하는가?

① 퍼스널 브랜딩
② 커리어 노마드
③ 워케이션
④ 디지털 노마드

커리어 노마드(Career Nomad) … 고정된 직장이나 직업에 얽매이지 않고 다양한 직업이나 프로젝트를 자유롭게 이동하며 경력을 쌓는 사람을 말한다.
① 퍼스널 브랜딩 (Personal Branding): 자신을 하나의 브랜드로 만들어 가치를 높이는 것을 말한다.
③ 워케이션 (Workation): 일(work)과 휴가(vacation)를 병행하는 형태로, 여행지에서 일하면서 휴식을 취하는 것을 말한다.
④ 디지털 노마드(Digital Nomad) : 주로 인터넷과 디지털 기술을 활용해 원격으로 일하며 특정 장소에 얽매이지 않고 세계를 여행하면서 일하는 사람을 말한다.

22 물가상승에 대비하여 부동산에 투자한 경우 투자자들과 관련이 높은 용어는?

① 백워데이션
② 인플레이션 헤지
③ 서킷 브레이커
④ 나비 효과

인플레이션 헤지 … 인플레이션 시 실물자산의 가격 상승으로 화폐가치가 하락하는 경우에 대한 방어수단이다.
① 백워데이션 : 선물가격이 현물보다 낮아지는 현상을 말한다.
③ 서킷 브레이커 : 주가가 갑자기 큰 폭으로 변화할 경우 시장에 미치는 충격을 완화시키기 위해 주식매매를 일시 정지하는 제도이다.
④ 나비 효과 : 작은 변화나 사건이 엄청난 결과를 불러온다는 이론이다.

기출
23 은행의 예금 지급 불능 상태를 우려한 고객들이 대규모로 예금을 인출하는 사태를 무엇이라고 하는가?

① 전대차관
② 워크아웃
③ 뱅크런
④ 빅딜

뱅크런 … 예금주들이 은행에 맡긴 돈을 제대로 받을 수 없을지도 모른다는 공포감에서 발생하는 대규모 예금인출사태를 일컫는다. 금융당국은 은행이 예금 지급 불능 사태가 되더라도 일정 규모의 예금은 금융당국이 보호해주는 예금보험제도를 시행하고 있다.
① 전대차관 : 외국환은행이 국내 거주자들에게 수입결제자금으로 전대할 것을 조건삼아 도입하는 외화자금이다.
② 워크아웃 : 기업의 재무구조 개선 작업을 말한다.
④ 빅딜 : 기업끼리 대규모 사업을 교환하는 것을 말한다.

24 경기침체와 물가 상승이 동시에 발생하고 있는 상태를 나타내는 용어는?

① 택스플레이션
② 스태그플레이션
③ 인플레이션
④ 디플레이션

스태그플레이션 … 경기불황 속에서 물가상승이 발생하는 상태로, 인플레이션과 디플레이션이 동시에 일어나는 경우를 일컫는다.
① 택스플레이션 : 높은 세율이 인플레이션을 일으키는 경우를 말한다.
③ 인플레이션 : 물가가 지속적으로 상승하는 현상을 말한다.
④ 디플레이션 : 물가가 하락하고 경제활동이 침체되는 현상을 말한다.

ANSWER
19.④ 20.② 21.② 22.② 23.③ 24.②

25 중소기업 적합 업종 권고 품목이 아닌 것은?

① 대리운전업
② 방역소독업
③ 문구소매업
④ 방화문 제조업

중소기업 적합 업종 제도 … 대기업의 무분별한 진출로 중소기업 경영악화를 초래한 경우 사회적 합의를 통해 다양한 역할분담 기준을 제시하고, 중소기업이 경쟁력을 확보할 수 있는 기회를 제공하기 위해 「대·중소기업 상생협력 촉진에 관한 법률」 제20조의2 제2항 제2호의 법률에 근거하여 이행된다. 2023년 중소기업 적합 업종 권고 품목은 방화문 제조업, 자동차단기대여서비스업, 고소작업대임대업, 대리운전업, 방역소독업이다. 문구소매업은 2022년 7월 31일자로 권고 기간이 만료되었다.

기출 26 주식시장에서 주가와 등락폭이 갑자기 커질 경우 시장에 미치는 영향을 완화하기 위해 주식매매를 일시 정지하는 제도는?

① 서킷 브레이커
② 섀도 보팅
③ 공개매수(TOB)
④ 사이드 카

서킷 브레이커 … 서킷 브레이커가 발동되면 20분 동안 모든 종목의 호가 접수 및 매매거래가 정지되며 향후 10분 동안 새로 동시호가가 접수된다. 하루 한 번만 발동되며 장 종료 40분 전에는 발동될 수 없다.

② 섀도 보팅 : 주주가 주주총회에 참석하지 않아도 투표한 것으로 간주하여 투표 비율에 따라 결의에 적용하는 제도를 말한다.

③ 공개매수(TOB) : 특정 기업의 주식을 주식시장 외에서 공개적으로 매수하는 적대적 M&A 공격수단이다.

④ 사이드 카 : 현물시장을 안정적으로 운용하기 위해 도입한 프로그램 매매호가 관리제도이다.

27 믹타(MIKTA)는 민주주의와 자유시장경제 등 핵심가치를 공유하며 국제 사회 공익 증대에 기여하는 의지와 역량을 보유한 중견국들의 협력 매커니즘이다. 믹타(MIKTA)에 포함되지 않는 나라는?

① 멕시코(Mexico)
② 인도네시아(Indonesia)
③ 튀르키예(Turkey)
④ 아르헨티나(Argentina)

믹타(MIKTA) … 멕시코(Mexico), 한국(Korea), 인도네시아(Indonesia), 튀르키예(Turkey), 호주(Australia)로 구성된 중견국 협의체이다. 믹타 회원국은 G20 회원국 중 G7이나 브릭스(BRICS)에 포함되지 않으며, 국제무대에서 활동한다는 공통점을 가진다.

28 국내 처음으로 해저에 건설되었으며 세계 140여 개 침매터널 가운데 가장 깊은 곳에 설치된 것은?

① 광안대교 ② 인천대교
③ 거가대교 ④ 철산대교

거가대교 ⋯ 부산과 거제를 잇는 길이 8.2km의 다리이다. 해상의 사장교와 해저의 침매터널 등으로 구성되어 있다.
① 광안대교 : 부산 수영구와 해운대구의 센텀시티를 잇는 다리이다.
② 인천대교 : 인천국제공항이 있는 영종도와 송도국제도시를 잇는 다리이다.
④ 철산대교 : 서울 금천구와 경기도 철산동을 잇는 다리이다.

29 다음이 설명하는 것으로 옳은 것은?

> 기관투자자들이 의결권 행사를 적극적으로 유도하기 위한 자율지침으로, 기관투자자들이 투자 기업의 의사결정에 적극 참여하여 주주와 기업의 이익 추구, 성장, 투명한 경영 등을 이끌어 내는 것이 목적이다.

① 리디노미네이션 ② 스튜어드십코드
③ 머천다이징 ④ 메디컬 푸어

① 리디노미네이션 : 화폐 단위를 하향 조정하는 것을 말한다.
③ 머천다이징 : 적당한 상품을 적당하게 제공하기 위한 상품화 계획이다.
④ 메디컬 푸어 : 과도한 의료비로 경제적 어려움을 겪는 사람들을 말한다.

기출 30 경기침체 시 물가가 급속히 하락하고 화폐량의 실질가치가 증가하여 민간의 부(Wealth)가 증가하고 소비 및 총수요가 증대되는 효과를 무엇이라 하는가?

① 전시 효과
② 톱니 효과
③ 피구 효과
④ 속물 효과

피구 효과 ⋯ 경기불황이 동반하는 물가하락으로 인해 자산의 실질가치가 높아지게 되고 그에 따른 소비 증대가 총수요를 회복시키기 때문에 시장경제가 정부의 적극적인 개입 없이도 경기불황을 해소할 수 있다는 입장이다.
① 전시 효과 : 미디어 등 사회의 소비 영향을 받아 타인의 소비를 모방하려는 성향을 말한다.
② 톱니 효과 : 생산 또는 수준이 일정 수준에 도달하면 이전의 소비 성향으로 돌아가기 힘든 현상을 말한다.
④ 속물 효과 : 특정 상품에 대한 소비 증가 시 수요가 줄어드는 현상이다.

ANSWER
25.③ 26.① 27.④ 28.③ 29.② 30.③

31 기업의 인수 · 합병 등에서 고용상태가 그대로 옮겨지는 것은?

① 워크아웃
② 인사고과
③ 론 리뷰
④ 고용승계

고용승계 … 합병에 따라 존속 또는 신설되는 회사는 소멸되는 회사의 권리와 의무를 포괄적으로 승계하도록 되어있다. 따라서 근로자의 고용관계도 당연히 승계된다. 합병 당사자 사이에 근로자의 전부 또는 일부를 승계하지 않기로 합의했어도 이는 무효이다.
① 워크아웃 : 기업의 재무구조 개선 작업을 말한다.
② 인사고과 : 직원의 능력이나 성적, 태도를 종합적으로 평가하여 인원 비치 및 임금 책정, 교육하는 제도를 말한다.
③ 론 리뷰 : 대출거래가 있는 기업에 대한 신용위험 재평가를 의미한다.

32 국방 · 경찰 · 소방 · 공원 · 도로 등과 같이 정부에 의해서만 공급할 수 있거나, 또는 정부에 의해서 공급되는 것이 바람직하다고 사회적으로 판단되는 재화 또는 서비스는?

① 시장실패
② 공공재
③ 사유재
④ 보이지 않는 손

공공재 … 보통 시장가격은 존재하지 않으며 수익자부담 원칙도 적용되지 않는다. 따라서 공공재 규모의 결정은 정치기구에 맡길 수밖에 없다. 공공재의 성질로는 어떤 사람의 소비가 다른 사람의 소비를 방해하지 않고 여러 사람이 동시에 편익을 받을 수 있는 비경쟁성 · 비선택성, 대가를 지급하지 않은 특정 개인을 소비에서 제외하지 않는 비배제성 등을 들 수 있다.
① 시장실패 : 시장 정보의 불완전성, 외부효과, 공공재 등으로 인해 자원이 효율적으로 배분되지 못한 상태를 말한다.
③ 사유재 : 개인이나 법인 소유한 재산을 이르는 말이다.
④ 보이지 않는 손 : 영국 경제학자 애덤 스미스가 주장한 이론으로 개인의 모든 이해는 누가 의도하거나 계획하지 않아도 궁극적으로 조화를 이룬다는 가설이다.

33 국제증권 및 외환시장에 투자해 단기이익을 올리는 민간 투자기금은?

① 헤지펀드
② 방카슈랑스
③ 코리아 펀드
④ 랩 어카운트

헤지펀드 … 100명 미만의 투자가들로부터 개별적으로 자금을 모아 파트너십을 결성한 후 조세회피지역에 위장거점을 설치하고 자금을 운영하는 투자신탁이다.
② 방카슈랑스 : 은행이나 보험사가 다른 금융부문의 판매채널을 이용하여 자사 상품을 판매하는 마케팅 전략이다.
③ 코리아 펀드 : 한국증권시장에서 투자활동을 할 수 있는 외국인들의 수익증권이다.
④ 랩 어카운트 : 증권사에서 운용하는 자산 종합관리계좌이다.

34 다음 중 연결이 옳지 않은 것은?

① 정크본드 – 열등채
② 헤지펀드 – 퀀텀펀드
③ 벌처펀드 – 부실기업
④ 뮤추얼펀드 – 역외펀드

뮤추얼펀드 … 미국 투자신탁의 주류를 이루고 있는 형태로 개방형·회사형의 성격을 띤다. 역외펀드는 특정 국가 또는 여러 나라의 주식·채권·수익증권 등 각종 금융상품에 대한 투자를 위해 제3국에서 조성된 자금이다.

① **정크본드** : 신용등급이 낮은 기업이 발행하는 고위험·고수위 채권을 말한다. '고수익채권' 혹은 '열등채'라고도 부른다.
② **헤지펀드** : 소수의 투자자로부터 자금을 모아 운영하는 사모펀드의 종류로 퀀텀펀드 역시 이에 해당한다.
③ **벌처펀드** : 부실기업이나 부실채권에 투자하여 차익을 얻는 것을 말한다.

---

35 소비자의 욕구 및 경쟁 환경 변화에 따라 기존제품이 가지고 있던 포지션을 분석하여 새롭게 조정하는 활동을 무엇이라고 하는가?

① 6시그마
② B2C
③ 리포지셔닝
④ 시티노믹스

① **6시그마** : 1987년 마이클해리가 통계기법을 활용하여 고안한 품질경영 혁신기법이다.
② **B2C** : 기업이 소비자를 상대로 인터넷 상점을 오픈하여 판매하는 형태이다.
④ **시티노믹스** : 자연과 상상력을 동원해 도시의 경제와 가치를 높이는 신개념 도시 경제학이다.

---

36 대외거래 중 국제수지 통계상 자본수지항목에 포함되지 않는 것은?

① 외국인 직접투자
② 사업차관 도입
③ 단기 무역신용 공여
④ 외채이자 지급

외채이자 지급은 무역외수지(단, 해외차관의 원금은 자본수지에 해당)항목이다.

※ **자본수지** … 자본의 유출입차를 나타내는 항목이다. 크게 투자수지와 기타 자본수지로 나눌 수 있으며 외국인 직접투자, 내국인의 해외직접투자와 관련된 직접투자, 사업차관, 무역관련 신용 등이 계상된다.

37 후진국이나 저소득자가 선진국이나 고소득자의 소비양식을 모방하여 소비를 증대시키는 경향은?

① 가격 효과

② 시너지 효과

③ 전시 효과

④ 대체 효과

전시 효과 … 미디어 등 사회의 소비 영향을 받아 타인의 소비를 모방하려는 성향을 말한다.

① 가격 효과 : 재화의 가격변화가 그 재화의 수요량에 미치는 효과이다.

② 시너지 효과 : 기업 전체가 가져오는 효과는 기업 각 부문들의 효과들을 단순히 합하는 것보다 크다는 효과이다.

③ 대체 효과 : 실질소득에는 영향을 미치지 않는 상대가격의 변화에 의한 효과이다.

38 통신사업자가 대도시나 아파트 단지 등 고수익 – 저비용 지역에만 서비스를 제공하는 현상에 빗댄 것으로 기업이 이익을 창출할 것으로 보이는 시장에만 상품과 서비스를 제공하는 현상은?

① OSJD

② 스마일 커브

③ 코드 커팅

④ 크림 스키밍

크림 스키밍 … 원유에서 맛있는 크림만을 골라 먹는 데서 유래한 단어로 기업이 이익을 창출할 것으로 보이는 시장에만 상품과 서비스를 제공하는 현상을 뜻한다. 1997년 WTO 통신협상 타결 뒤 1998년 한국 통신 시장이 개방하면 자본과 기술력을 갖춘 다국적 통신사가 국내 통신사업을 장악한다는 우려와 함께 '크림 스키밍'이 사용되었다.

① OSJD : 1956년 사회주의 국가 및 동유럽 국가를 중심으로 구성된 국제철도협력기구로 철도 교통 신호, 표준 기술, 통행료, 운행 방식 등에서 통일된 규약을 마련한다.

② 스마일 커브 : 제품의 연구개발 단계부터 생산 및 마케팅에 이르기까지의 부가가치를 곡선으로 나타낸 것이다.

③ 코드커팅 : 유료 방송 시청자가 가입을 해지하고 새로운 플랫폼으로 이동하는 것을 말한다.

기출 **39** 기업이 제품 · 서비스의 생산 · 공급을 담당하는 것이 아닌 플랫폼만을 제공하는 형태로, 정보를 가진 기업이 중개업자 역할을 하여 주도하는 경제 구조는?

① 플랫폼 경제

② 프로토콜 경제

③ 공유 경제

④ 디지털 경제

플랫폼 경제 … 정보를 가진 기업이 플랫폼을 제공하며 중개업자 역할을 하여 주도하는 경제 구조로서, 거래 당사자들이 플랫폼을 거칠 때마다 수수료를 지불하기 때문에 참여자가 많을수록 유리한 구조이다.

40 제1종 일반주거지역에 건축할 수 있는 건축물이 아닌 것은?

① 단독주택
② 아파트
③ 유치원
④ 노인복지시설

② 공동주택은 가능하지만 제1종 일반주거지역에서 아파트는 제외된다.

※ 일반주거지역 … 「국토의 계획 및 이용에 관한 법률 시행령」에 따라서 편리한 주거환경을 조성하기 위하여 필요한 지역이다. 제1종은 저층주택, 제2종은 중층주택, 제3종은 중고층주택을 의미한다.

기출 **41** 리카도의 비교생산비설에서 주장하는 무역이 왜 발생하는가에 대한 부분에 있어 해당되는 무역은?

① 국제무역
② 관세동맹
③ 자유무역
④ 바터무역

국제무역 … 국가 간 행해지는 상품 교환으로, 리카도의 비교생산비설은 국제무역이 이루어지는 원리를 설명한 이론이다. 국제 분업의 이익을 설명하며 무역이 왜 발생하는가를 명확하게 한다.

② 관세동맹 : 경제적 · 정치적으로 이해관계가 깊은 나라끼리 관세에 관한 협정을 체결하며 교역의 자유를 도모하는 제도이다.
③ 자유무역 : 국가가 외국무역에 어떠한 제한도 없는 무역을 말한다.
④ 바터무역 : 물물교환으로 행하는 무역을 말한다.

42 특정 상품에 대한 소비가 증가하면 오히려 수요가 줄어드는 현상을 무엇이라고 하는가?

① 스놉 효과
② 바넘 효과
③ 호손 효과
④ 로젠탈 효과

② 바넘 효과 : 보편적인 성격 묘사들을 자신만의 특성이라고 여기는 심리를 말한다.
③ 호손 효과 : 타인의 시선을 인식했을 때 행동에 차이가 나타나는 현상을 말한다.
④ 로젠탈 효과 : 칭찬의 긍정적 효과를 말한다.

ANSWER
37.③ 38.④ 39.① 40.② 41.① 42.①

기출 **43** 생산의 3요소에 해당하지 않는 것은?

① 노동
② 경영
③ 토지
④ 자본

생산의 3요소 … 토지, 노동, 자본

기출 **44** 국가와 화폐 단위의 연결이 잘못된 것은?

① 인도네시아 – 루피아
② 체코 – 리엘
③ 베트남 – 동
④ 쿠웨이트 – 디나르

체코의 화폐단위는 코루나(CZK)이며 리엘 (KHR)은 캄보디아의 화폐단위이다.

45 지니계수를 증가시켜 소득분배를 불균등하게 하는 요인은?

① 금리 인상
② 무료급식제도
③ 상속세
③ 의무교육제도

지니계수 … 계층 간 소득분포의 불균형과 빈 부격차를 보여주는 수치이다. 0에서 1까지의 값을 가지는 것으로 이 값이 클수록 소득분 배가 불균등하다.
②③④ 소득을 평등하게 만드는 요인이다.

46 통화지표는 통화의 총량을 가늠하는 척도이다. 다음 중 가장 범위가 넓은 통화지표는?

① M1
② M2
③ Lf
④ 현금통화

Lf … 전체 금융기관의 자금상황을 나타내는 지표를 의미한다. 과거 M3라 하였으나 Lf로 변경되었다.
① M1 : 민간부문이 보유하는 현금과 예금은행 요구불예금의 합계를 일컫는다.
② M2 : M1보다 넓은 의미의 통화지표로 현금, 요구불예금뿐만 아니라 저축성예금과 거주자 외화예금까지 포함한다.
④ 현금통화 : 지급수단으로 사용되는 기본적인 통화를 일컫는다.

47 환율이 상승함으로써 수입과 수출에 미치는 영향을 바르게 나타낸 것은?

① 수출 촉진, 수입 억제
② 수출 억제, 수입 억제
③ 수출 촉진, 수입 촉진
④ 수출 억제, 수입 촉진

환율이 상승하면 수출이 증가하고, 수입은 줄어들게 된다. 환율이 하락할 시 물가 안정 및 외채 부담 감소 등의 긍정적인 효과가 있는 반면에 수출과 해외 투자가 줄어들고 핫머니 유입 등 부정적인 효과를 가져올 수 있다.

48 암호화폐와 같은 가상자산의 가격이 급락하고 시장에서의 자금 유출이 지속되는 현상으로, 코인 거래량이 줄어드는 현상은?

① 발롱데세
② 멜팅팟
③ 크립토 윈터
④ 빅블러

① 발롱데세 : 시험기구나 관측기구를 뜻하는 기상용어에서 비롯된 용어로 반향이 확실치 않은 논리에 대해 시험적으로 특정 의견이나 정보를 언론에 흘림으로써 여론의 방향을 탐색하려는 여론관측 수단이라는 의미를 갖는다.
② 멜팅팟 : 다양한 민족과 문화 등이 융합하고 동화되는 현상을 일컫는다.
④ 빅블러 : 빠른 변화로 기존에 존재하던 경계가 모호해지는 현상을 말한다.

ANSWER
43.② 44.② 45.① 46.③ 47.① 48.③

49 물가상승률과 실업률 사이에는 상충관계가 있기 때문에 완전고용과 물가안정이라는 두 가지 정책 목표를 동시에 달성시킬 수 없음을 보여주는 것은?

① 필립스 곡선
② 구축 효과
③ 거미집 이론
④ 풀코스트 원리

> 필립스 곡선 … 실업률과 화폐임금상승률 간의 상반되는 관계를 나타낸 것이다. 각국은 자국의 고유 필립스 곡선을 가진다. 원래 필립스 곡선은 임금상승률과 실업률 간의 관계를 표시했으나 현재는 물가상승률과 실업률 간의 반비례 관계를 나타내는 것이 일반적이다.
> ② 구축 효과 : 수요의 반응에 비해 공급의 반응이 지체되어 일어나는 현상이다.
> ③ 거미집 이론 : 재정투자는 민간투자를 감소시키기 때문에 기대한 만큼 소득증대를 가져오지 못한다는 이론이다.
> ④ 풀코스트 원리 : 평균비용에다 몇 %에 해당하는 이윤액을 부가해서 가격을 결정하는 가격결정 원리를 말한다.

50 국내에서 최초로 개발된 기술을 평가하여 인증하는 마크는?

① NT마크
② KT마크
③ Q마크
④ GD마크

> NT마크 … 국내에서 최초로 개발된 기술을 평가하여 인증하는 데 필요한 사항을 정하는 것을 목적으로 한다.
> ② KT마크 : 국산 신기술 인정마크로 국내에서 개발된 신기술의 기업화를 촉진하는 데 목적이 있다.
> ③ Q마크 : 공산품의 품질향상과 소비자를 보호하기 위해 분야별 국가공인시험기관에서 제품의 품질검사에 이상이 없을 때 소비자에게 품질을 보증함을 알리는 마크이다.
> ④ GD마크 : 상품의 디자인, 품질, 기능, 안정성 등을 종합적으로 심사하여 우수성이 인정된 상품에 우수상품 상표를 붙여 팔도록 하는 제도이다.

51 우리나라의 현행 조세체계는 크게 중앙정부의 국세와 지방정부의 지방세로 나누어진다. 다음 중 그 성격이 다른 조세는?

① 종합토지세
② 재산세
③ 소득세
④ 취득세

> 우리나라의 조세체계는 국세(소득세, 법인세, 부가가치세, 상속제, 증여세, 특별소비세)와 지방세(종합토지세, 재산세, 취득세, 등록세 등)으로 구분할 수 있다.

52 케인스주의에 해당하지 않는 설명은?

① 적자재정정책에 반대한다.
② 경기조절식(Anticyclical) 경제정책을 추진한다.
③ 정부의 시장개입기능을 활성화한다.
④ 수요관리를 통하여 임금생활자의 구매력을 높인다.

케인스주의 … 경기 순환을 안정시키고 완전 고용을 실현하기 위해서는 국가의 적극적인 개입이 필요하다는 주의이다. 금융정책을 불신하고 적자재정에 의한 보정적 재정정책 시행을 주장하였다.

53 인플레이션의 원인을 모두 고른 것은?

㉠ 과소 생산	㉡ 생산비 증가
㉢ 화폐 남발	㉣ 유효수요 확대

① ㉠㉡
② ㉢㉣
③ ㉠㉢㉣
④ ㉠㉡㉢㉣

인플레이션 … 상품거래량에 비해 통화량이 과잉 증가하여 물가가 오르고, 화폐가치는 떨어지는 현상이다. 과잉투자, 적자재정, 과소 생산, 화폐 남발, 수출 초과, 생산비 증가, 유효수요 확대 등이 원인으로 작용한다. 이를 해결하기 위한 대책으로는 소비 억제, 저축 장려, 통화량 수축, 생산 증가 등이 있다.

54 동일 제품을 통해 각국 통화의 구매력과 환율 수준을 단순 비교하여 산출하는 지수는?

① 버거지수
② 치킨지수
③ 빅맥지수
④ 와퍼지수

빅맥지수 … 전 세계에 점포를 둔 맥도날드의 빅맥 가격으로 각국 통화의 구매력과 환율 수준을 비교·평가하여 버거노믹스(버거 경제학)라고 이름 붙인 빅맥지수를 매년 발표하고 있다.

마찰적 실업을 줄이기 위한 방법 중 가장 효율적인 것은?

① 임시직을 정규직으로 전환한다.
② 임금상승을 생산성 증대 수준 이하로 억제한다.
③ 노동시장의 수급상황에 대한 정보활동을 강화한다.
④ 근로자의 직업교육을 확대한다.

마찰적 실업 … 노동자가 자신에게 더 나은 조건의 직장을 찾기 위해 갖는 일시적 실업 상태를 말한다. 마찰적 실업은 노동시장에 대한 정보부족 내지는 노동의 이동성 부족이 원인이므로 취업에 대한 정보를 적절한 시기에 효율적으로 제공하는 것이 중요하다.

SNS상에서 자신의 생각과 다르거나 특히 공인이 논란을 불러일으키는 발언 및 행동을 했을 때 팔로우를 취소하고 외면하는 행동을 무엇이라고 하는가?

① 팝콘브레인
② 맨아워
③ 줌바밍
④ 캔슬 컬처

캔슬 컬쳐(Cancel Culture) … SNS상에서 자신의 생각과 다르거나 특히 공인이 논란을 불러일으키는 발언 및 행동을 했을 때 팔로우를 취소하고 외면하는 행동을 말한다.

① 팝콘브레인 : 스마트폰과 같은 전자기기의 지나친 사용으로 뇌에 큰 자극이 지속적으로 가해지면서 단순하고 잔잔한 일상생활에는 흥미를 잃게 되는 것을 말한다.

② 맨아워 : 한 사람이 한 시간에 생산하는 노동(생산성) 단위를 일컫는다.

③ 줌바밍 : 화상회의 혹은 비대면 수업 공간에 초대받지 않은 제3자가 들어와 욕설과 혐오 등 방해하는 것을 의미한다.

57 무역형태 중 녹다운(Knockdown) 방식이란?

① 해외 진출 시 부분품을 수출하여 현지에서 조립하여 판매하는 것
② 해외 수출자가 덤핑하는 행위
③ 경쟁기업을 넘어뜨리기 위하여 품질개선 등의 비가격경쟁으로 대항하는 것
④ 경쟁기업을 넘어뜨리기 위하여 가격인하정책을 쓰는 것

녹다운(Knockdown) 방식 … 상품의 부품 또는 반제품 형태로 해외에 수출하여 현지에서 조립·판매하는 것으로 주로 자동차 수출에 적용되고 있다.

② 덤핑은 해외 수출자가 정상가격보다 낮은 가격으로 수출하는 것이다. 해외수출자의 덤핑 행위로 인해 국내산업에 피해를 주는 경우 국내산업을 보호하기 위해 덤핑방지관세를 부과한다.

③ 과점 혹은 독점적 경쟁관계에 있는 기업들이 시장 선점을 하기 위한 경쟁방법이다.

④ 경쟁기업을 시장에서 몰아내거나 새로운 기업의 시장 진입을 막기 위한 약탈적 가격 책정이다.

58 포터의 5 Force Model로 옳지 않은 것은?

① 대체재의 협상력

② 구매자의 협상력

③ 기존 경쟁자 간의 경쟁 정도

④ 잠재적 경쟁업자의 진입 가능성

포터의 5 Force Model … 마이클 포터 교수가 제시한 다섯 가지 경쟁 요인으로 특정 산업 분야의 현황 및 미래를 분석하는 기법이다. 기존 경쟁자 간의 경쟁 정도, 대체재의 위협성, 잠재적 경쟁업자의 진입 가능성, 구매자의 협상력, 판매자의 협상력이 해당한다.

59 통화관리정책 중 한국은행의 통화안정증권과 가장 관련이 큰 것은?

① 재할인율정책

② 지불준비율정책

③ 공개시장조작정책

④ 물가안정 목표제

공개시장조작정책 … 한국은행이 금융기관이 가지고 있는 국채나 공채를 사거나 팔아 통화량을 조절하는 정책을 말한다.

① 재할인율정책 : 금융기관이 중앙은행으로부터 차입하는 자금 규모를 조정함으로써 통화량을 줄이거나 늘리는 통화정책을 말한다.

② 지불준비율정책 : 법으로 지정한 지급준비율을 변경하여 통화량을 조절하는 정책을 말한다.

④ 물가안정 목표제 : 중앙은행이 일정 기간 달성해야 할 물가 목표치를 제시하고 통화정책을 수행하는 방식이다.

※ 통화안정증권 … 한국은행이 통화량을 조절하기 위해 금융기관 또는 일반인을 대상으로 발행하는 증권을 말한다. 한국은행법에 따라 통화안정증권을 발행하여 공개시장에서 매매하고 있다. 그러나 국공채의 발행이 저조하고 유통시장의 발달이 미약하기 때문에 제한적으로 공개시장조작을 실시하고 있다.

60 경제학적 의미에서 투자라고 볼 수 없는 것은?

① 토지 구입

② 댐 건설

③ 재고 증가

④ 설비 구입

투자 … 일정 기간 내의 기계나 공장시설, 재고품, 원자재 및 사회간접자본 등 실물자본의 증가분으로 이익을 얻을 목적으로 사업 등에 자금을 출자하는 것을 말한다. 경제학에서는 기존 자산의 구입은 교체(현금자산에서 고정자산으로의 변환)를 의미하므로 투자에 해당하지 않는다.

ANSWER

55.③ 56.④ 57.① 58.① 59.③ 60.①

61 기업의 도산과 관련한 다음 법적 조처 가운데 옳지 않은 것은?

① 워크아웃은 정부의 주도하에 은행을 참여시키는 구조조정 작업이다.

② 법정관리란 회사정리 절차를 일컫는 것으로, 파탄에 직면하였으나 갱생 가망성이 있는 주식회사를 대상으로 한다.

③ 화의란 채무정리를 법원의 관여 아래 집단적 화해에 의하여 해결하는 절차로서 기업의 파산을 예방할 수 있다.

④ 파산이란 채무자가 채무를 완제 불능한 상태에 놓여 있을 때 다수 채권자 사이에서 공평한 변제를 받도록 하고, 잔여 채무에 대해서는 면제받도록 하는 절차이다.

도산 … 기업이 재정적으로 위기에 직면하는 형태를 말한다. 통합도산법은 파산 위기의 기업과 개인채무자들의 회생을 돕기 위한 화의법, 파산법, 회사정리법을 한데 모아 만든 법률이다.

※ 워크아웃 … 은행의 주도하에 재무구조를 개선하여 기업의 채무상환능력을 향상시키기 위한 일련의 작업이다. 금융기관과 기업이 부실기업을 파산시키는 것보다 사적인 계약 및 협의를 통해 회생시키는 것이 유리하다고 판단할 때 시행된다.

62 자금세탁 방지제도(AML)로 옳지 않은 것은?

① 일정 금액 이상의 현금거래를 FIU에 보고해야 하는 제도이다.

② 자금세탁 위험에 대한 노출 정도와 관리 수준을 5단계로 평가한다.

③ 1일 거래일 동안 1천만 원 이상의 현금을 입금하거나 출금할 경우 거래자의 신원, 거래일시, 금액 등을 자동 보고한다.

④ 가상자산사업자는 현재 관련법이 제정되지 않아 의무가 배제된다.

자금세탁 방지제도(AML) … 국내외적으로 이루어지는 불법자금의 세탁을 적발하고 예방하기 위해 제정한 법적·제도적 장치이다. 전자금융업자·대부업자는 2019년 7월, 가상자산사업자는 2021년 3월, 온라인투자연계금융업(P2P) 사업자는 2021년 5월부터 각각 자금세탁방지 의무가 부과됐다.

63 소득이 떨어져도 소비수준이 변하지 않는 현상은?

① 가격 효과
② 잠재가격
③ 의존 효과
④ 관성 효과

관성 효과 … 소득이 높았을 때 굳어진 소비 성향은 소득이 낮아져도 변하지 않는 현상으로 톱니 효과라고도 한다. 관성 효과가 작용하면 소득이 감소하여 경기가 후퇴할 때 소비 성향이 일시에 상승한다.

① 가격 효과 : 재화의 가격변화가 수요(소비)량에 미치는 현상을 말한다.

② 잠재가격 : 상품의 기회비용을 반영한 가격을 말한다.

③ 의존 효과 : 소비자의 수요가 소비자 자신의 욕망에 의존하는 것이 아니라 광고 등에 의존하여 이루어지는 현상을 말한다.

기출 **64** X축은 상대적 시장점유율, Y축은 시장성장률을 놓고 각각 높음·낮음의 두 가지 기준을 정한 매트릭스로 구성하고 이 두 가지 요소가 높고 낮음에 따라 4가지 유형으로 사업이나 상품을 구분하는 Business Portfolio는?

① STP전략
② 4P(마케팅 믹스)
③ GE매트릭스
④ BCG매트릭스

BCG매트릭스 … 기업의 경영전략 수립에 있어 기본적인 분석도구로 활용되는 사업포트폴리오 기법으로 점유율과 성장성으로 구분하여 네 가지로 분류한다. X축은 '상대적 시장점유율'을 Y축을 '시장성장률'로 한다. 미래가 불투명한 산업을 물음표(Question Mark), 점유율과 성장성이 모두 좋은 사업을 별(Star), 투자에 비해 수익이 월등한 사업을 현금 젖소(Cash Cow), 점유율과 성장률이 둘 다 낮은 사업을 개(Dog)로 분류한다.
① STP 전략 : 시장 세분화와 표적시장의 선정, 포지셔닝 활동을 일컫는다.
② 4P(마케팅 믹스) : 기업이 마케팅 목표의 효과적인 달성을 위해 사용하는 마케팅 도구의 집합이다. 제품(Product), 가격(Price), 유통(Place), 촉진(Promotion)으로 분류된다.
③ GE매트릭스 : GE와 맥킨지가 공동으로 개발한 사업포트폴리오 기법이다. BCG매트릭스보다 발전된 기법으로 시장 매력도와 사업 단위의 경쟁력측면에서 평가한다.

65 교역조건에 대한 설명 중 옳지 않은 것은?

① 교역조건이란 수출상품가격을 수입상품가격으로 나눈 것을 말한다.
② 환율이 상승(1달러 800원에서 1달러 1,200원으로 상승)하면 교역조건은 악화된다.
③ 교역조건이 악화되면 국제수지도 반드시 악화된다.
④ 소득교역조건이란 단순상품교역조건에 수출물량을 곱하여 산출한다.

교역조건 … 수출상품과 수입상품과의 교환 비율을 의미한다. 교역조건에 의해 무역이익의 크기를 알 수 있다. 수출가격이 하락하더라도(순상품교역지수 악화) 가격경쟁력에 의해 수출물량이 큰 폭으로 커질 경우 소득교역조건은 좋아질 수 있다.

66 다음 중 6차 산업의 개념을 가장 잘 설명한 것은?

① 1차 산업과 2차 산업의 결합으로 농산물을 가공해 판매하는 산업

② 1차 산업, 2차 산업, 3차 산업을 융합하여 생산(1차) + 가공(2차) + 체험 및 관광 서비스(3차)를 결합한 산업

③ 1차 산업을 중심으로 농산물을 대량 재배하는 산업

④ 2차 산업과 3차 산업을 결합하여 제조업과 서비스업을 병행하는 산업

6차 산업 … 6차 산업은 1차 산업인 농림수산업에 2차 산업(가공)과 3차 산업(서비스)을 결합해 부가가치를 창출하는 산업이다. 예를 들어, 농산물 생산과 더불어 이를 가공하고 체험 프로그램을 운영하여 농업의 수익성을 높이고 지역 경제 활성화에 기여하는 것이 6차 산업의 특징이다.

※ 산업의 발전
- ㉠ 1차 산업 : 농림수산업 · 목축수렵업
- ㉡ 2차 산업 : 광업 · 제조업 · 건축토목업
- ㉢ 3차 산업 : 상업, 금융 · 보험, 운송 · 통신, 기타 서비스업
- ㉣ 4차 산업 : 의료, 교육, 서비스 산업
- ㉤ 5차 산업 : 패션, 오락 및 레저산업

---

67 평가절하 시 수출 가격은 즉시 하락하나, 이로 인한 수출물량의 증가는 서서히 이루어지므로 일시적으로 국제수지가 악화되는 현상과 가장 관련이 큰 것은?

① 피구 효과

② 승수 효과

③ J커브 효과

④ 마샬 – 러너의 조건

J커브 효과 … 환율의 변동과 무역수지와의 관계를 나타낸 것으로, 무역수지 개선을 위하여 환율 상승을 유도하더라도 그 초기에는 무역수지가 오히려 악화되다가 어느 정도 기간이 지난 후에야 개선되는 현상을 말한다.

① 피구 효과 : 임금과 가격의 변화가 현금 잔액을 통해 유효수요에 미치는 효과를 말한다. 물가가 하락함에 따라 자산의 실질가치가 상승하면서 경제주체자들의 소비를 증가되어 시장경제가 정부의 적극적인 개입 없이도 불황을 해소할 수 있다는 입장이다.

② 승수 효과 : 어떠한 변수가 변화함에 따라 다른 변수가 몇 배만큼 변화하는가를 나타내는 효과를 말한다.

④ 마샬 – 러너의 조건 : 무역수지(국제수지)를 개선시키기 위해서는 자국과 외국이 지니는 수입수요 탄력성의 합이 1보다 커야 한다는 조건을 말한다.

---

68 자본주의 경제발전의 원동력을 혁신(Innovation)이라고 주장한 학자는?

① 제임스 밀(J.S. Mill)

② 슘페터(J.A. Schumpeter)

③ 앨프레드 마셜(A. Marshall)

④ 애덤 스미스(A. Smith)

슘페터(J.A. Schumpeter) … 경제발전이론의 이론적 중핵은 이윤을 추구하기 위하여 기업가가 행하는 새로운 생산 방법과 새로운 상품개발 등 이른바 기술혁신이라고 주장하였다.

① 제임스 밀(J.S. Mill) : 영국의 경제학자로 영국 경제학교과서의 구성이 된 4분법(생산 · 분배 · 교환 · 소비)을 처음 사용하였다.

③ 앨프레드 마셜(A. Marshall) : 영국의 경제학자로서 신고전학파의 창시자이다.

④ 애덤 스미스(A. Smith) : 자신의 저서에서 보이지 않는 손을 주장하였다.

69 UNDP(유엔개발계획)에서 1990년부터 발표하고 있는 인간개발지표의 산출대상이 아닌 것은?

① 평균수명　　　　　② 1인당 GNP
③ 교육달성도　　　　④ 국민의 구매력

인간개발지수(HDI) … HDI는 1인당 GNP만으로는 국가 간 개발정도나 생활상을 비교하는 데 한계가 있어 여러 가지 요소들을 감안하여 산출하는 새로운 지수이다. UNDP(유엔개발계획)이 매년 세계 각국을 상대로 평균수명, 교육수준, 구매력 기준 1인당 국내총생산 등을 바탕으로 각국의 선진화 정도를 평가한다.

70 영업비밀 보호전략의 일종으로, 특허출원으로 인한 자사의 기술지배력이 떨어지는 것을 막기 위해 핵심기술의 특허출원을 하지 않는 전략은?

① 블랙박스 전략
② 블루오션 전략
③ 사우스웨스트 효과
④ 앰부시 마케팅

② 블루오션 : 차별화와 저비용을 통해 포화 상태인 기존 시장에서 벗어나 새로운 시장을 창출하려는 경영전략이다.
③ 사우스웨스트 효과 : 미국 '사우스웨스트' 항공사의 초저가 서비스 제공 전략에서 유래되었다. 가격이 하락함에 따라 이용객이 늘어나는 현상이다.
④ 앰부시 마케팅 : 2002 한 · 일 월드컵을 계기로 주목받기 시작하였다. 스포츠 이벤트에서 공식적인 후원업체가 아니면서도 광고 문구 등을 통해 스포츠 이벤트와 관련이 있는 업체라는 인상을 주어 고객의 시선을 끌어 마케팅 효과를 극대화하는 판촉 전략이다.

71 수출국이 공정가격으로 수출을 하더라도 수입국의 산업에 큰 피해를 줄 경우 한시적으로 관세를 부과하여 수입국의 업자를 보호해 주는 제도는?

① 반덤핑관세
② 조정관세
③ 상계관세
④ 할당관세

조정관세 … 일시적으로 일정한 기간 동안 세율을 조정하여 부과하는 관세를 말한다.
① 반덤핑관세 : 수출국의 기업이 시장점유율 확대를 목적으로 부당하게 낮은 가격으로 수출입국의 산업이 피해를 보았을 때 수입국 정부가 정상가격과 부당염가가격의 차액만큼 관세를 부과하는 것을 말한다.
③ 상계관세 : 수출국이 특정 수출산업에 대해 장려금이나 보조금을 지급하여 수출상품의 가격경쟁력을 높일 경우 수입국은 그 수입상품에 대해 보조금액에 해당하는 만큼의 관세를 부과하는 것을 말한다.
④ 할당관세 : 물가안정, 물자의 원활한 수급, 산업경쟁력 강화 및 유사물품 간 세율불균형 시정 등을 목적으로 40%의 범위에서 기본세율을 가감하여 운영하는 탄력관세이다.

72 현재와 비교하여 6개월 후의 경기, 생활형편, 소비지출 등에 대한 소비자들의 기대를 나타내는 지표는?

① 소비자물가지수
② 경기종합지수
③ 소비자신뢰지수
④ 소비자기대지수

소비자기대지수 … 경기에 대한 소비자들의 기대심리를 반영한 지수를 말한다. 기준점수를 100으로 하고 이를 웃돌면 6개월 이후의 경기가 현재보다 개선될 것으로 보는 가구가 나빠질 것으로 보는 가구보다 많다는 것을 의미한다.
① 소비자물가지수 : 소비자가 구입하는 상품이나 서비스의 가격변동을 나타내는 지수를 말한다.
② 경기종합지수 : 국민경제 전체의 경기 동향을 쉽게 파악하고 예측하기 위하여 주요 경제지표의 움직임을 지수로 나타낸 것을 말한다.
③ 소비자신뢰지수 : 미국 경제상태를 나타내는 경기선행지수이다.

73 농산물의 값이 오르면서 식품을 비롯한 일반 물가가 동반 상승하는 현상의 원인으로 볼 수 없는 것은?

① 농산물 경작지의 감소
② 기상 악화 등으로 인한 농산물의 생산량 감소
③ 국제 유가 급등으로 인한 곡물 생산 및 유통 비용의 증가
④ 화석 연료의 활성화

애그플레이션 … 농산물 가격 급등으로 일반 물가가 상승하는 현상이다. 원인으로는 '지구온난화와 기상 악화로 인한 농산물의 작황 부진, 이에 따른 생산량 감소', '바이오 연료 등 대체연료 활성화', '농산물 경작지 감소', '육식 증가로 인한 가축 사료 수요의 증가', '국제 유가 급등으로 곡물 생산, 유통 비용 증가' 등이 있다.

기출 74 악화가 양화를 구축한다는 이론은?

① 엥겔의 법칙
② 그레셤의 법칙
③ 기술혁신
④ 비교우위론

그레셤의 법칙 … 영국의 재정가인 그레셤이 "악화(惡貨)가 양화(良貨)를 구축(驅逐)한다"고 표현하여 그레셤의 법칙이라고 한다. 나쁜 돈이 좋은 돈을 몰아낸다는 뜻으로, 그레셤의 법칙은 소재의 가치가 서로 다른 화폐가 동일한 명목 가치를 가진 화폐로 통용되면 소재 가치가 높은 화폐(양화)는 유통시장에서 사라지고 소재 가치가 낮은 화폐(악화)만 유통되는 것을 뜻한다.
① 엥겔의 법칙 : 소득수준이 낮을수록 전체 생계비에서 식료품 소비 비율이 높아진다는 엥겔이 발견한 법칙이다.
③ 기술혁신 : 새로운 생산기술의 획기적인 발전을 비롯한 새로운 상품의 도입이 경제구조를 개편한다는 슘페터의 주장이다.
④ 비교우위론 : 한 국가에서 모든 재화가 상대국보다 절대 우위에 있다고 하더라도 상호 무역을 통하여 이익을 창출할 수 있다는 리카도의 이론이다.

75 변동환율제의 이점이 아닌 것은?

① 환율의 자동변동
② 국제수지 불균형의 자동조정
③ 무역과 자본거래의 증진
④ 외화준비축적의 불필요

변동환율제 … 각국의 통화가치를 고정시키지 않고 외환시장의 수급상태에 따라 자유롭게 변동되도록 하는 제도이다. 내경제에 큰 타격 없이 국제수지의 균형을 달성하게 하며, 자유로운 환율조정에 의해 각국의 물가의 영향을 상쇄하고 준비통화 보유를 불필요하게 하는 이점이 있다.

76 분식결산에 대한 설명으로 옳은 것은?

① 대규모 기업집단이 계열사의 영업실적을 한데 합쳐 결산한 것
② 기업들이 자기회사의 영업실적을 부풀려 결산한 것
③ 기업들이 자기회사의 영업실적을 줄여 결산한 것
④ 기업들이 남의 회사의 영업실적을 빌려 결산한 것

분식결산 … 기업이 고의로 자산이나 이익 등을 크게 부풀려 계산한 결산이다.

①③④ 자기 회사의 영업실적을 올려 금전융통 등을 쉽게 하기 위해 비실현매출의 계상, 자산의 과대평가, 비용과 부채의 과소계상, 가공매출의 계상 등의 방법을 쓴다.

77 고위험, 고수익의 채권전용펀드로 신용등급이 투자부적격한 BB+이하 채권을 편입해 운용하기 때문에 발행자의 채무불이행위험이 높은 펀드는?

① 뮤추얼펀드(Mutual Fund)
② 역외펀드(Off Shore Fund)
③ 스폿 펀드(Spot Fund)
④ 그레이 펀드(Gray Fund)

그레이펀드(Gray Fund) … 수익률은 매우 높지만 신용도가 낮아 정크본드라고 불리는 고수익·고위험 채권을 편입하는 펀드를 말한다. 채권의 신용등급이 투자 부적격(BB+이하)인 채권을 주로 편입해 운용하는 펀드이므로 발행자의 채무불이행위험이 정상채권보다 상당히 높다.

① 뮤추얼펀드(Mutual Fund) : 투자자들이 맡긴 돈을 굴려 수익을 돌려주는 간접 투자 상품으로 각각의 펀드가 하나의 독립된 회사로 만들어지고 투자자는 여기에 출자하는 방식이어서 회사형으로 분류된다.

② 역외펀드(Off Shore Fund) : 외국의 자산 운용 회사가 국내에서 자금을 모아 외국에 투자하는 펀드로, 해외에서 만들어 운용하므로 국내법의 적용을 받지 않는다.

③ 스폿펀드(Spot Fund) : 투자신탁들이 일정한 수익률을 올려주겠다고 고객들에게 약속한 후 목표수익률을 달성하면 만기 이전이라도 환매수수료 없이 투자자에게 원금과 이자를 돌려주는 초단기 상품이다.

78 주식과 사채(社債)의 차이점으로 적절하지 않은 것은?

① 주식은 채무가 아니나 사채는 회사 채무이다.

② 사채권자는 주주총회에서의 의결권이 없으며 경영에 참가할 수 없다.

③ 회사는 사채에 대해 일정 기간 동안의 이자를 지불하고 만기일에 사채의 시가(時價)를 상환해야 한다.

④ 회사가 해산되었을 경우 사채가 완불되지 않으면 주주는 잔여재산분배를 받을 수 없다.

사채는 일정 기간 내에 일정 금액으로 상환된다.

※ **주식** … 주식회사가 발행한 출자증권이며 사채(社債)는 주식회사가 일반 대중에게 자금을 모집하기 위해 발행하는 채권을 말한다.

79 구매자에게 최하의 가능한 선에서 결정되었다는 인상을 주기 위해 제품 가격을 10,000원, 300,000원으로 하지 않고 9,990원, 299,900원으로 하는 가격 전략은?

① 가격 라인 전략(Price Lining)

② 단수 가격 전략(Odd Pricing)

③ 명성 가격 전략(Prestige Pricing)

④ 관습 가격 전략(Customary Pricing)

단수 가격 전략(Odd Pricing) … 단수가격전략을 의미하며 소비자의 심리를 고려한 가격 결정 방법 중 하나이다.

① **가격 라인 전략**(Price Lining) : 가격라인을 결정하는 방법이다.

③ **명성 가격 전략**(Prestige Pricing) : 가격 결정 시 해당 제품의 주 소비자 층이 지불할 수 있는 가장 높은 가격을 설정하는 전략을 말한다.

④ **관습 가격 전략**(Customary Pricing) : 오랜 기간 동안 사회적 · 일반적으로 인정하는 가격을 유지하는 전략을 말한다.

80 외국인을 포함하여 국내에서 거주하는 모든 사람이 생산하는 부가가치의 총액을 무엇이라고 하는가?

① 국민순생산

② 국내총생산

③ 국민소득

④ 국민총생산

국내총생산 … 외국인을 포함하여 국내에서 거주하는 모든 사람이 생산하는 부가가치의 총액이며, GDP에서 해외지불소득을 빼고 해외수취소득을 합하면 GNP가 된다.

① **국민순생산** : 일정 기간에 국민경제의 모든 분야에서 생산된 생산물의 총계를 나타낸 것이다.

③ **국민소득** : 한 국가의 생산물 가치를 일정 기간 두고 집계하여 합산한 총소득을 말한다.

④ **국민총생산** : 일정 기간 동안 생산한 최종 생산물(재화와 서비스)을 시장가격으로 평가한 총액을 말한다.

81 재무관리의 궁극적 목적에 해당하는 것은?

① 재무유동성 향상
② 기업의 안정 · 지속성 향상
③ 경영의 투명성 보장
④ 기업의 재무상태 확인

재무관리 … 기업 운영에 필요한 자금의 조달과 운용에 관련된 모든 의사결정을 효율적으로 수행하기 위한 것을 말한다.

82 투기가 우려되는 특정 지역의 아파트, 각종 회원권 등을 대상으로 국세청이 고시하여 양도세나 상속세의 기준으로 삼는 것은?

① 공시지가
② 기준시가
③ 감정가
④ 과세기준가격

기준시가(基準時價) … 소득세법에 의한 양도소득세 계산 시 양도가액 및 취득가액의 산정과 상속세 및 증여세법에 의한 상속증여재산가액의 산정 기준이 되는 정부가 정한 가액이다.

① 공시지가(公示地價) : '지가공시 및 토지 등의 평가에 관한 법률'에 따라 산정하여 공시되는 토지의 단위면적당 가격을 말한다.
③ 감정가 : 금융기관에서 융자를 위해 평가하거나 경매법원 혹은 자산관리공사에서 경매 및 공매를 하기 위한 가격을 말한다.
④ 과세기준가격 : 이자 또는 배당소득 지급 시 과세표준 산정의 기준이 되는 가격을 말한다.

83 중국이 주도하는 '신 실크로드 전략 구상'으로, 내륙과 해상의 실크로드 경제벨트를 의미하는 용어는?

① 메이드 위드 차이나
② 일대일로
③ 중국몽
④ 동북공정

① 메이드 위드 차이나 : 중국 기업들과 단순히 협력하는 수준을 넘어 공동으로 중국 내수 시장으로의 진출을 꾀하는 전략이다.
③ 중국몽 : 시진핑 시기의 대표적인 통치 이념으로, '위대한 중화민족의 부흥'을 의미한다.
④ 동북공정 : 중국 국경 안에서 전개된 모든 역사를 중국 역사로 만들기 위해 2002년부터 중국이 추진하고 있는 역사 왜곡 연구 프로젝트이다.

84 다음 설명이 뜻하는 용어는?

> 대규모의 자금이 필요한 석유, 탄광, 조선, 발전소, 고속도로 건
> 설 등의 사업에 흔히 사용되는 금융지원의 일종이다. 은행 등 금
> 융기관에서 특정사업의 사업성과 장래의 현금흐름만을 보고 자
> 금을 지원하는 것이다.

① 프로젝트 파이낸싱   ② 트리플 위칭데이
③ 파생금융상품   ④ 액면병합

85 다음이 설명하는 용어는?

> 일정 수준의 직급 및 연봉을 받는 사무직 노동자들을 대상으
> 로, 근로시간이 나닌 성과를 기준으로 임금을 지불하는 제도이
> 다. 노동시간의 제한, 연장근로수당, 최저임금과 같은 규제를
> 전부 또는 일부 적용하지 않는다.

① 화이트 칼라 이그젬션   ② 블루 칼라 이그젬션
③ 골드 칼라 이그젬션   ④ 르네상스 칼라 이그젬션

86 현대 도시와 농촌이 서로 긴밀하게 협력하며 독창적인 가치를 만
들어내는 새로운 형태의 도시화 개념을 무엇이라고 하는가?

① 글로컬
② 메가리전
③ 리퀴드폴리탄
④ 메트로폴리탄

프로젝트 파이낸싱(PF) … 은행은 부동산 담
보나 지급보증이 있어야 대출이 가능하지
만 프로젝트 파이낸싱은 담보 없이 미래의
대규모 투자사업의 수익성을 보고 거액을
대출해준다.
② **트리플 위칭데이** : 주가지수선물 · 주가지
수옵션 · 개별주식옵션의 만기가 동시에
겹치는 날을 일컫는 용어이다.
③ **파생금융상품** : 외환 · 예금 · 채권 · 주식
등과 같은 기초자산으로부터 파생된 금
융상품이다.
④ **액면병합** : 액면분할의 상대적 개념으로
액면가가 적은 주식을 합쳐 액면가를
높이는 것을 말한다.

노동자 구분
㉠ **화이트 칼라** : 육체적 노력이 요구되더라
도 생산과 전혀 무관한 일을 하는 샐러
리맨이나 사무직 노동자를 말한다.
㉡ **블루 칼라** : 생산, 제조, 건설, 광업 등
생산현장에서 일하는 노동자를 말한다.
㉢ **골드 칼라** : 두뇌와 정보를 황금처럼 여
겨 창의적인 일로 부가가치를 창출하는
인재로서 고도 전문직 종사자를 말한다.
㉣ **르네상스 칼라** : 세계 정치 · 경제 · 문
화의 다양한 콘텐츠들을 섭렵하여 자신
의 꿈을 좇아 변신한 인터넷 사업가를
말한다.

리퀴드폴리탄(Liquidpolitan) … 액체(Liquid)
와 도시(Politan)의 합성어로, 현대 도시와
농촌이 서로 긴밀하게 협력하며 독창적인
가치를 만들어내는 새로운 형태의 도시화
개념을 일컫는다.
② **메가리전** : 사회 기반 시설을 공유하고
경제적으로도 연계가 긴밀한 인구
1,000만 명 이상의 도시 연결 권역을
말한다.
④ **메트로폴리탄** : 대도시가 그 밖 주변 지
역에 영향을 미쳐 중심이 될 때, 그 대
도시와 주변 지역을 아우르는 말이다.

87 포드주의에 대한 설명 중 옳은 것은?

① 유연생산체계를 극복하기 위해 고안된 생산방식이다.
② 과학적 관리법으로 노동자들의 숙련지식을 박탈하고 노동을 단순화시킨다.
③ 노동자들의 업무를 최대한 세분화하고 각 업무를 표준화시킴으로써 노동에 대한 구상기능과 실행기능을 분리시켜 작업에 대한 관리와 성과측정을 용이하게 한다.
④ 컨베이어 벨트라는 자동화설비를 도입하여 작업의 흐름을 기계의 흐름에 종속시켜 높은 생산성을 유지하게 하는 생산방식으로, 대량생산·소비체제를 구축한다.

포드주의(Fordism) … 미국 포드 자동차 회사에서 처음 개발된 것으로 포디즘적 생산방식에 있어 부품들의 흐름은 기계(컨베이어벨트, 운반기, 이동조립대)에 의해 이루어진다. 근대적 생산 시스템으로 대량 생산과 대량소비를 가능하게 하였다.
① 수공업 기반의 생산방식을 극복하기 위해 고안된 대량생산 공정이다.
②③ 조립 라인에 따라 작업을 표준화, 분업화하여 대량생산을 가능하게 하였으며, 노동자는 더 이상 모든 공정에 익숙해질 필요가 없기 때문에 기술과 경영 전반에 참여할 수 있는 기회는 축소되었다.

88 브레인스토밍(Brainstorming)에 대한 설명으로 옳지 않은 것은?

① 즉흥적이고 자유분방하게 여러 가지 아이디어를 창안하는 활동이다.
② 오스본(A.F. Osborn)에 의하여 제안되었다.
③ 원래는 문제의 여러 가지 해결책을 고안하려는 목적에서 시작되었다.
④ 관련분야 최고의 전문가들만 참여한다.

브레인스토밍(Brainstorming) … 한 가지 문제를 집단적으로 토의하여 제각기 자유롭게 의견을 말하는 가운데, 정상적인 사고방식으로는 도저히 생각해낼 수 없는 독창적인 아이디어가 나오도록 하는 것이다. 이를 성공하기 위해서는 자유분방한 아이디어를 환영하고 타인의 아이디어를 비판하지 말 것, 되도록 많은 아이디어를 서로 내놓을 것 등이 중요하다며 고안한 회의 방식으로, 구성원 모두가 참여하는 팀별 회의에 효율적이다.

89 벤처기업(Venture Business)에 대한 설명으로 옳지 않은 것은?

① 기동성은 풍부한 동태적, 유기적 조직의 성격을 띤다.
② 개발된 아이디어의 판매만 수행하며, 본격적인 생산은 하지 않는다.
③ 마케팅 전개능력을 갖고 있지만 시장지향적은 아니다.
④ 지식집약적 신기술을 기업화하거나 새로운 마케팅기법을 이용하는 중소기업형 경영형태이다.

벤처기업(Venture Business) … 신기술이나 노하우 등을 개발하고 이를 기업화함으로써 사업을 하는 창조적인 기술집약형 중소기업을 말한다. 연구개발형과 시장전개형으로 나뉘며 지식집약형의 산업, 특히 일렉트로닉스·정보산업·공해방지산업·마케팅·디자인·유통 관계가 많다.

ANSWER
84.① 85.① 86.③ 87.④ 88.④ 89.③

90 자원의 희소성이 존재하는 한 반드시 발생하게 되어 있으며 경제문제를 발생시키는 근본 요인은?

① 기회비용
② 매몰비용
③ 한계효용
④ 기초가격

기회비용 … 인간의 욕구에 비해 자원이 부족한 현상을 희소성이라 하는데, 희소한 자원을 가지고 인간의 모든 욕구를 충족시킬 수 없기 때문에 인간은 누구든지 부족한 자원을 어느 곳에 우선으로 활용할 것인가를 결정해야 한다. 이렇게 다양한 욕구의 대상들 가운데서 하나를 고를 수밖에 없는데 이때 포기해 버린 선택의 욕구들로부터 예상되는 유·무형의 이익 중 최선의 이익을 일컫는다.

② **매몰비용** : 의사결정과 실행 이후 회수할 수 없는 비용을 말한다. 함몰비용이라고도 한다.

③ **한계효용** : 소비량이 추가로 증가하면서 소비자가 얻는 주관적인 충족을 말한다.

④ **기초가격** : 대상 재화의 기초가 되는 가격을 말한다.

91 최신경영혁신기법에 관한 설명 중 옳지 않은 것은?

① 벤치마킹은 보다 우수한 사람이나 시스템의 실행방법을 모방하여 자신의 발전을 도모하는 프로세스이다.
② 팀제도는 중간관리자의 역할을 강조하는 만큼 중간관리층의 역할강화와 인원 확대가 뒤따른다.
③ 학습조직은 환경변화에 대처하는 능력배양을 위해 조직구성원의 학습활동을 촉진시켜 조직변화를 도모한다.
④ 리엔지니어링은 기존 업무추진 프로세스를 검토하여 조직을 근본적으로 재설계하는 것이다.

벤치마킹(Bench Marking) … 기업들이 특정 분야에서 뛰어난 업체를 선정, 상품이나 기술·경영방식을 배워 자사의 경영과 생산에 합법적으로 응용하는 것을 말한다. 잘하는 기업의 장점을 배운 후 새로운 생산방식을 재창조한다는 점에서 단순모방과는 다르다.

② **팀제도** : 상호유기적관계의 소수가 공동의 목표를 달성하기 위해 노력하는 수평적 조직이다. 팀장을 중심으로 동등한 책임 하에 구분된 일을 하며, 조직의 유연성으로 탄력적 운영이 가능하다.

③ **학습조직** : 조직구성원에 의해 지식이 창출되고 새로운 환경에 적응할 수 있도록 계속 변화할 수 있는 조직을 말한다. 전통적인 조직과 달리 문제 해결이 핵심 가치이다.

④ **리엔지니어링** : 업무 재구축을 의미한다. 기업의 근본적인 체질개선을 위하여 기업공정을 획기적으로 다시 디자인하는 것으로 마이클 해머 박사가 「하버드 비즈니스 리뷰」에 처음 소개하였다.

92 경영자 지배를 가능하게 한 경영환경과 관련이 적은 것은?

① 소유와 경영의 분리현상
② 전문경영자의 출현
③ 기술수준의 급속한 발전
④ 주식분산과 소액주주의 확산

경영자 지배 … 주식회사의 경영체제가 종전의 소유경영으로부터 전문경영으로 이행됨을 의미한다. 경영 규모가 확대되고 생산기술의 고도화, 주식회사 제도의 발전 등에 따라 전문경영자가 필요하게 되었다.

93 해당 기업이 기관투자자들이나 개인투자자들에게 새로운 경영지표와 사업계획 같은 기업정보를 정확하게 알려주는 제도는?

① IR(Investor Relation)
② PR(Public Relation)
③ OR(Operation Research)
④ DR(Design Round)

IR(Investor Relation) … 기업이 자본시장에서 정당한 평가를 얻기 위하여 주식 및 사채투자자들을 대상으로 실시하는 홍보활동이다. 투자자관계·기업설명활동이라고 한다. IR은 주식시장에서 기업의 우량성을 확보해 나가기 위해서 투자자들만을 대상으로 기업의 경영활동 및 이외 관련된 정보를 제공하는 홍보활동으로 기관투자가를 상대로 하고, 회사의 장점뿐만 아니라 단점까지도 전달된다.
② PR(Public Relation) : 불특정 다수를 대상으로 상품의 이미지나 특징을 홍보하는 활동을 말한다.
③ OR(Operation Research) : 과학적인 방법을 통한 의사결정을 말한다.
④ DR(Design Round) : 디자인을 지적소유권으로 인정하여 타인의 무분별한 사용을 규제하자는 협상이다.

94 직함이 바르게 연결된 것은?

① CIO – 최고마케팅경영자
② CHO – 최고인사책임자
③ CTO – 최고개발책임자
④ CRO – 최고채무책임자

이사 직함

구분	내용	구분	내용
CIO	최고정보책임자	CMO	최고마케팅경영자
COO	최고집행책임자	CTO	최고기술경영자
CFO	최고채무책임자	CHO	최고인사책임자
CRO	최고위기관리책임자	CBO	최고브랜드경영자
CDO	최고개발책임자	CEO	최고경영자

기출 **95** MBO에 대한 설명으로 옳지 않은 것은?

① 실질적 성과와 질적 경영을 추구하는 내부경쟁프로그램이다.
② 조직의 성과 및 종업원의 만족을 증대시키기 위해 장기적인 목표를 강조한다.
③ 목표와 성과에 대한 통제와 지속적인 피드백(Feedback)이 이루어진다.
④ 목표는 결과지향적이며, 객관적이고 측정 가능한 형태를 지닌다.

MBO … 상위계층의 명령 없이 구성원들의 자주적 결정에 필요로 하는 정보 제공과 구성원 상호 간의 조정만을 관리한다. 단기간의 목표만을 강조하며, 효과적인 목표달성을 위해 많은 시간을 투자해야 한다.

96 다음 중 상장법인의 유상증자 시 가장 먼저 행하는 절차는?

① 신주발행이사회 결의
② 주주명부 확정
③ 신주배정기준일 공고
④ 유가증권신고서 제출

유상증자 ··· 회사가 사업을 영위하는 도중 자금이 필요하여 신주를 발행하고 주주로부터 자금을 납입 받아 자본을 늘리는 것을 말한다.
②③④ 유상증자를 하려면 우선 이사회의 결의를 거쳐야 한다. 이사회에서는 발행주식수, 배정기준일, 청약일정 등을 정한다.

97 주변에서 뛰어나다고 생각되는 상품이나 기술을 선정하여 자사의 생산방식에 합법적으로 근접시키는 방법의 경영전략은?

① 벤치마킹(Bench Marking)
② 리스트럭쳐링(Restructuring)
③ 리엔지니어링(Reengineering)
④ 리포지셔닝(Repositioning)

벤치마킹(Bench Marking) ··· 초우량기업이 되기 위해 최고의 기업과 자사의 차이를 구체화하고 이를 메우는 것을 혁신의 목표로 활용하는 전략이다.
② 리스트럭쳐링(Restructuring) : 기업들이 변화에 적극적으로 대응하고, 경쟁우위를 확보하기 위해 사업 구조를 개혁하는 전략이다.
③ 리엔지니어링(Reengineering) : 업무재구축을 의미한다. 기업의 근본적인 체질개선을 위하여 기업공정을 획기적으로 다시 디자인하는 것으로 마이클 해머 박사가 「하버드 비즈니스 리뷰」에 처음 소개하였다.
④ 리포지셔닝(Repositioning) : 소비자의 욕구나 경쟁환경 변화에 따라 기존 상품의 포지션을 새롭게 조정하는 전략을 말한다.

98 100ppm 운동이 의미하는 것은?

① 제품 10만 개 중 불량품의 수를 10개 이하로 줄이고자 하는 품질향상운동이다.
② 제품 100만 개 중 불량품의 수를 50개 이하로 줄이고자 하는 품질향상운동이다.
③ 제품 100만 개 중 불량품의 수를 100개 이하로 줄이고자 하는 품질향상운동이다.
④ 그린 기업 주도하에 진행되는 대대적인 품질혁신운동이다.

100ppm 품질혁신운동 ··· 제품 100만 개 중 불량품의 수를 100개 이하로 줄이기 위해 조직구성원 전원이 참여하는 품질향상운동이다.

99 금융기업 구조조정에 사용되는 용어와 거리가 먼 것은?

① 워크아웃
② 베일아웃
③ 어드바이저리 그룹
④ 론 리뷰

론 리뷰 … 여신재분석을 의미한다. 부실여신 방지를 위해 여신거래처를 상환능력 위주로 재분석하는 것으로 대출 사후 심의이다.
① 워크아웃 : 법정관리나 화의 등 법원에 의한 강제절차에 들어가기 전 채권단과 대상기업 간에 채무조건 완화 등 사적(私的) 화의를 시도하는 것으로 기업개선작업이라고도 한다.
② 베일아웃 : 긴급자금지원을 의미한다.
③ 어드바이저리 그룹 : 외부경영자문단으로 채무상환 연기교섭을 담당하는 가운데서 선출된 거액 채권은행들로 조직된다.

100 다음이 설명하는 제도의 실시 목적으로 옳은 것은?

> 정부가 농산물 가격을 결정함에 있어서 생산비로부터 산출하지 않고 일정한 때의 물가에 맞추어 결정한 농산물 가격이다.

① 생산자 보호
② 소비자 보호
③ 독점의 제한
④ 사재기 제한

패리티 가격 … 농산물 생산자 소득을 다른 생산자 소득과 균등하게 보장하기 위해 농민, 즉 생산자를 보호하려는 데 그 목적이 있다.

기출 101 M&A가 무엇을 의미하는가?

① 기업의 인수·합병
② 증권사에서 운용하는 종합자산관리 방식의 상품
③ 건물이나 설비 등 고정자산의 가격 감소를 보상하기 위한 비용
④ 1997년에 설립된 세계 최대의 미국 투자은행

M&A … 기업의 인수·합병의 약칭으로, 경영환경의 변화에 대응하기 위한 기업의 업무 재구축의 유효한 수단이다.
② 랩 어카운트
③ 감가상각비
④ 모건스탠리

ANSWER
96.① 97.① 98.③ 99.④ 100.① 101.①

102 Taylor(테일러)의 과학적 관리법의 목표는 무엇인가?

① 인간관계의 개선
② 기계화의 지속적인 발전
③ 인간노동의 능률화
④ 개인목표와 조직목표의 합치

기출 **103** 자유시장경제를 추구하는 국가들이 모여 세계경제의 주요 현안들을 협의하여 해결방안을 도출하는 기구는?

① OECD
② NAFTA
③ WTO
④ EFTA

104 개인의 저축 증가가 국가적 저축 증가로 연결되지 않는 현상은?

① 승자의 저주
② 구축 효과
③ 저축의 역설
④ 유동성의 함정

105 경제활동에 있어서는 합리적인 선택과 결정이 항상 필요하다. 다음의 내용과 관련하여 중요한 판단기준 두 가지를 고른다면?

> - 인간의 욕망은 무한한데 자원은 희소하므로 항상 선택의 문제에 직면한다.
> - 누구를 위하여 생산할 것인가의 문제에는 공공복리와 사회정의의 실현을 함께 고려해야 한다.

① 효율성과 형평성
② 타당성과 실효성
③ 안정성과 능률성
④ 희소성과 사회성

자원의 희소성과 분배의 문제에 대해 언급하고 있다. 자원의 희소성 때문에 선택의 문제가 발생하므로 최소의 비용으로 최대의 만족을 추구하는 효율성이 판단기준이 되고, 분배의 경우 가장 바람직한 상태인 형평성이 판단기준이 된다.

106 지방 소멸 고위험을 의미하는 소멸 위험 지수의 값은?

① 1.0 ~ 1.5 미만
② 0.5 ~ 1.0 미만
③ 0.2 ~ 0.5 미만
④ 0.2 미만

소멸 위험 지수 … 고령인구(65세 이상 인구) 대비 20~39세 여성 인구의 비중을 의미, 즉 한 지역의 20~39세 여성 인구를 65세 이상 인구로 나눈 값을 뜻한다. 소멸 위험 지수의 값이 1.5 이상인 경우에는 소멸 위험이 매우 낮음. 1.0 ~ 1.5 미만인 경우 보통, 0.5 ~ 1.0 미만인 경우 주의, 0.2 ~ 0.5 미만인 경우 진입, 0.2 미만인 경우 소위험을 의미한다.

107 납부해야 할 세액이나 납세고지서상의 납부세액이 일정 금액을 초과하는 때에 납세 담보를 제공하고 일정 기간 세금을 나눠 낼 수 있도록 한 제도는?

① 연부연납
② 가업상속공제
③ 납세자 보호관
④ 세대생략증여

② 가업상속공제 : 거주자인 피상속인이 생전에 10년 이상 영위한 중소기업 등을 상속인에게 정상적으로 승계한 경우 최대 500억 원까지 상속공제를 하여 가업 승계에 따른 상속세 부담을 크게 경감시켜주는 제도이다.

③ 납세자 보호관 : 납세자의 권리가 보호되고 실현될 수 있도록 과세관청의 위법·부당한 처분을 해결하고 납세와 관련하여 어려움이 있을 시 도움을 주는 제도이다.

④ 세대생략증여 : 수증자가 증여자의 자녀가 아닌 직계비속인 증여 방법이다. 20억 원을 초과하는 경우 40%, 그 외의 경우에는 30%의 할증 세액이 적용된다.

108 자폐증이나 지적 장애를 가진 사람이 특정 영역에서 매우 우수한 능력을 나타내는 증후군은?

① 서번트 증후군
② 아스퍼거 증후군
③ 헌터 증후군
④ 거스트만 증후군

서번트 증후군 … 자폐뿐만 아니라 뇌손상 등으로 인한 정신질환이 있는 사람에게 나타난다. 좌뇌 성장 중 손상으로 인해 우뇌 기능이 두드러짐으로써 증상이 발생할 수 있다. 출생 후 강한 충격 혹은 치매로 인하여 발생하는 경우도 있다.

② 아스퍼거 증후군 : 자폐 스펙트럼 장애의 양상 중 하나로, 사회적 상호작용이 어렵고 반복되고 제한적인 행동 문제를 보인다.

③ 헌트 증후군 : 털이 많고 키가 작으며 독특한 얼굴을 가지고 있는 형제를 특징으로 한다. 지능 저하, 점진적 청력 소실 등의 증상이 나타나며 출생 시부터 발생하는 대사 장애로 인해 발생한다.

④ 거스트만 증후군 : 계산 장애, 손가락 인식 불능, 좌우 혼동 등의 증상이 나타나며 소아에서는 발달장애에서 동반되는 경우가 많다.

기출 **109** 경찰관들이 흉기 난동이나 화재와 같은 위급한 상황에서 장비나 복제가 손상될 경우 무상으로 이를 재지급하는 제도를 무엇이라고 하는가?

① 폴리스박스   ② 아너박스
③ 플리바겐   ④ 태스크포스

아너박스(Honor Box) … 경찰관들이 흉기 난동이나 화재와 같은 위급한 상황에서 장비나 복제가 손상될 경우 무상으로 이를 재지급하는 제도를 말하며, 심의 절차만 거쳐 아너박스에 물품을 넣어 무상으로 신청자에게 전달한다.

---

110 인근 지역 거주 노인 인력을 활용한 택배 서비스를 일컫는 말은?

① 실버라이프
② 하이티즘
③ 실버택배
④ 노플라이

실버택배 … 택배사가 아파트 단지 입구까지 수화물을 배송하면 단지 내 실버택배 요원이 각 세대에 방문 배송하는 식으로 이루어진다. 노년층의 일자리 확충이라는 공익적인 목적으로 도입되었다.

① 실버라이프 : 실버세대의 생활방식을 일컫는다.

② 하이티즘 : 키가 큰 사람을 선호하는 사회 현상을 일컫는다.

④ 노플라이 : 항공 안전을 방해하는 승객을 일시적 혹은 영구적으로 탑승 거부하는 제도이다.

111 '자유의 의지'에서 비롯되어 보수 없이 자발적으로 참여하는 자원봉사자 혹은 자원봉사활동을 의미하는 용어는?

① 발롱데세
② 볼런티어리즘
③ 퍼블리즌
④ 프로보노

볼런티어리즘… 보수를 바라지 않고 자발적 참여로 이루어진다. 최근 시니어 봉사단이 늘고 있는 추세이다.
① **발롱데세** : 시험기구나 관측기구를 뜻하는 기상 용어에서 비롯된 용어로 반향이 확실치 않은 논리에 대해 시험적으로 특정 의견이나 정보를 언론에 흘림으로써 여론의 방향을 탐색하려는 여론 관측수단이라는 의미를 갖는다.
③ **퍼블리즌** : 인터넷을 통해 자신을 대중에게 적극적으로 노출하는 사람들을 말한다.
④ **프로보노** : 전문가들이 자신의 전문성을 활용하여 사회적 약자와 소외계층을 돕는 활동을 의미한다. 이는 '공익을 위하여'라는 의미의 라틴어에서 나온 용어이다.

112 직장폐쇄에 대한 설명으로 옳지 않은 것은?

① 직장폐쇄기간 동안 임금을 지급하지 않아도 된다.
② 직장폐쇄를 금지하는 단체협약은 무효이다.
③ 사용자의 적극적 권리를 의미한다.
④ 직장폐쇄를 노동쟁의를 사전에 막기 위해 실시하는 경우에는 사전에 해당관청과 노동위원회에 신고해야 한다.

직장폐쇄… 노동쟁의가 일어났을 때 사용자가 업무의 정상적인 운영을 방해하는 행위이다. 노동쟁의는 사전이 아니라 사후에 신고해야 한다.

113 계속고용제도에 대한 설명으로 옳은 것은?

① 참여자 특성 진단을 토대로 최장 1년간 단계별 맞춤형으로 제공하는 제도
② 일정한 연령에 이르면 근로관계가 종료되는 제도
③ 60세 정년 이후에도 계속 일할 수 있는 의무를 기업에 부과하는 제도
④ 노사 공동의 이해관계에 속하는 노동조합의 활동에 대해 유급을 인정하는 제도

계속고용제도 … 기업에 일정 연령까지 고용 의무를 부과하되 재고용. 정년연장 등 다양하게 고용을 책임질 수 있도록 한 제도이다.
① 국민취업제도
② 정년제도
④ 근로시간 면제제도

114 사회보장제도에 대한 설명으로 옳은 것은?

① 우리나라 사회보장제도는 사회보험, 공공부조, 사회복지서비스로 구분된다.
② 공공부조의 대상자는 보험료 부담 능력이 있는 사람이다.
③ 사회보험은 강제성을 띠지 않는다.
④ 사회보험은 비용을 국가에서 부담하는 반면, 공공부조는 피보험자가 부담한다.

국제노동기구에서는 사회보장의 내용을 사회보험과 공공부조로 보고 있는 것에 비해, 우리나라와 일본에서는 사회보험, 공공부조, 사회복지서비스로 구분하여 보고 있다.
② 공공부조는 보험료의 부담 능력이 없는 생활 무능력자를 대상으로 한다.
③ 사회보험은 강제가입, 능력별 부담, 근로의욕 고취 등의 특징을 보인다.
④ 사회보험은 피보험자나 기업주 또는 국가에서 비용을 부담하고 공공부조는 국가에서 전액 부담한다.

기출 **115** 국민연금에 대한 설명으로 바르지 않은 것은?

① 국민연금은 가입 이후 20년 이상 납입하여야 수령의 자격이 발생한다.
② 국민연금의 종류로 노령연금, 장애연금, 유족연금 등이 있다.
③ 병역의무를 이행한 자에게 6개월의 가입기간을 추가로 인정해 준다.
④ 2자녀 이상 출산 시 가입기간을 추가로 인정해 준다.

국민연금 … 나이가 들거나 장애나 사망으로 인해 소득이 감소할 경우 일정한 급여를 지급하여 소득을 보장하는 사회보험이다. 가입 이후 10년 이상 납입하면 수령할 수 있다.
② 급여의 종류는 노령연금(분할연금), 장애연금, 유족연금, 반환일시금, 사망일시금 등이 있다.
③ 출산 및 군복무에 대해 연금 가입기간을 추가 인정해주는 크레딧 제도를 통해 노령연금수급기회를 확대하고 있다.
④ 2자녀 이상 출산 시 가입기간을 추가 인정하고 해당기간의 소득은 평균소득 월액의 전액을 인정한다.

116 사회보장의 기능과 형평성에 대한 설명으로 옳지 않은 것은?

① 사회보장제도는 소득의 재분배를 통한 국민의 생존권의 실현과 최저생활 확보를 전제로 한다.
② 소득재분배의 형태는 수직적, 수평적, 세대 간 재분배의 세 가지로 구분할 수 있다.
③ 수직적 재분배는 소득이 높은 계층으로부터 낮은 계층으로 재분배되는 것으로 분배의 형평성을 지향한다.
④ 공적연금제도는 수평적 재분배의 대표적 예라고 할 수 있다.

공적연금제도는 재정조달 방식이 부과방식일 경우 현재의 노령세대는 근로세대로부터, 현재의 근로세대는 미래세대로부터 소득이 재분배되기 때문에 세대 간 재분배라고 할 수 있다.
※ **사회보장** … 질병 · 장애 · 노령 · 실업 · 사망 등 각종 사회적 위험으로부터 모든 국민을 보호하고 빈곤을 해소하며 국민생활의 질을 향상시키기 위하여 제공되는 사회보험 · 공공부조 · 사회복지 서비스 및 관련 복지제도를 말한다〈사회보장기본법 제3조 1호〉.

117 연금에 대한 설명으로 옳지 <u>않은</u> 것은?

① 농지연금은 신청일 기준으로부터 과거 5년 이상 영농경력 조건을 갖추어야 한다.

② 주택연금은 부부 중 한 명이 만 60세 이상으로 1가구 1주택 소유자면 신청 가능하다.

③ 기초연금은 만 65세 이상 전체 노인 중 소득과 재산이 적은 70%의 어르신에게 지급한다.

④ 유족연금은 가입기간에 따라 일정률(40 ~ 60%)의 기본연금액에 부양가족연금액을 합산하여 지급한다.

주택연금 …만 55세 이상(주택소유자 또는 배우자)의 대한민국 국민(주택소유자 또는 배우자)이 소유주택을 담보로 맡기고 평생 또는 일정 기간 동안 매월 연금방식으로 노후 생활 자금을 지급받는 국가 보증의 금융 상품이다.

① 농지연금 : 고령 농업인이 농지를 담보로 연금을 지급받는 제도이다.

③ 기초연금 : 생활형편이 어려운 노년층에게 생활비를 보조해주는 제도로, 공무원연금, 사립학교교직원연금, 군인연금, 별정우체국직원연금의 수급자 및 배우자는 대상에서 제외한다.

④ 유족연금 : 가장이 사망한 경우 유족의 생활을 보장하기 위해 지급되는 연금이다.

118 다음이 설명하는 공공부조의 기본원리로 옳은 것은?

> 빈곤하고 생활 능력이 없는 국민에 대해 궁극적으로 국가가 책임지고 보호한다.

① 생존보장의 원리
② 국가책임의 원리
③ 자립조성의 원리
④ 최저생활 보호의 원리

공공부조의 6대 기본원리

㉠ 생존권 보장의 원리 : 국민은 생활이 어렵게 되었을 때 자신의 생존을 보장받을 수 있는 권리가 법적으로 인정된다.

㉡ 국가책임의 원리 : 빈곤하고 생활 능력이 없는 국민에 대해서는 궁극적으로 국가가 책임지고 보호한다.

㉢ 최저생활 보호의 원리 : 단순한 생계만이 아니라 건강하고 문화적인 수준을 유지할 수 있는 최저한도의 생활이 보장되어야 한다.

㉣ 무차별 평등의 원리 : 사회적 신분에 차별 없이 평등하게 보호받을 수 있어야 한다.

㉤ 자립 조성의 원리 : 자립적이고 독립적으로 사회생활에 적응해 나갈 수 있도록 돕는다.

㉥ 보충성의 원리 : 수급자가 최저한도의 생활을 유지할 수 없는 경우에 최종적으로 그 부족분을 보충한다.

119 미국과 프랑스가 주창하는 노동운동으로, 근로 조건을 국제적으로 표준화하려는 목적으로 추진되는 다자간 무역 협상은?

① 블루 라운드
② 우루과이 라운드
③ 그린 라운드
④ 기술 라운드

블루 라운드 … 1995년 1월 세계무역기구의 출범을 전후하여 새로운 통상문제가 계속 제기되었다. 이에 선진국들이 개발도상국에 비해 우위에 있는 환경권·노동권·경제정책 등의 문제를 무역과 연계하려는 움직임이 활발해졌다. 블루 라운드는 국가 간의 통상 문제에 노동기준과 무역을 연계시키기 위한 선진국들의 무역정책 중 하나이다.

② 우루과이 라운드 : 관세 및 무역에 관한 일반 협정하에 논의되었던 제8차 다자 간 무역협상이다.

③ 그린 라운드 : 지구의 환경을 보존하고 오염된 환경을 개선하기 위하여 세계 여러 국가가 국제 무역 거래와 연계하여 벌이는 다자간 협상이다.

④ 기술 라운드 : 각국 정부의 연구개발 투자에 대한 지원이 공정무역 질서에 혼란을 줄 시 이를 국가 간에 규제하려는 움직임이다.

120 각국의 삶의 질을 평가하기 위한 것으로, 물질적인 지표 이외에 교육수준이나 평균수명, 유아사망률을 종합적으로 평가한 지수는?

① BSI
② AIIB
③ HDI
④ ROHS

HDI … 인간개발지수를 의미한다. 선진국을 가르는 척도로 유엔 개발계획에서 조사한다. 순위 조사 기준은 국민소득과 교육수준, 평균 수명, 유아사망률 등을 더하여 평가한다.

① BSI : 기업경기실사지수로 기업체가 느끼는 체감경기를 나타낸다.

② AIIB : 아시아·태평양 지역의 대규모 인프라 투자를 위해 설립된 은행이다.

④ ROHS : EU에서 제정한 전기 및 전자장비 내에 특정 유해물질 사용에 관한 제한 지침 기준을 말한다.

기출 **121** 정체된 조직에 위협 요인이 투입되면 정체현상을 극복할 수 있다는 이론은?

① 넛지 효과
② 루핑 효과
③ 메기 효과
④ 나비 효과

① 넛지 효과 : 팔을 잡아끄는 것처럼 강제적인 억압보다 팔꿈치로 툭 치는 정도의 부드러운 개입을 의미한다.

② 루핑 효과 : 사람들이 평소 관심을 보이지 않던 특정 사실이 매스컴을 통해 보도되면서 관심이 집중되고 새로운 사실로 받아들이며 그에 대해 영향을 받고 확대되는 현상을 나타내는 용어이다.

④ 나비 효과 : 작은 변화나 사건이 엄청난 결과를 불러온다는 이론이다.

122 대도시에 취직한 시골 출신자가 고향으로 돌아가지 않고 지방 도시로 직장을 옮기는 형태의 노동력 이동은?

① J턴 현상
② U턴 현상
③ 도넛 현상
④ 스프롤 현상

J턴 현상 … U턴 현상에 비해 출신지에서 고용기회가 적을 경우 나타나는 현상이다
② U턴 현상 : 대도시에 취직한 지방 출신자가 고향으로 되돌아가는 노동력 이동 현상을 말한다.
③ 도넛 현상 : 대도시의 거주공간과 업무의 일부가 외곽지역으로 집중되고 도심에는 상업기관 및 공공기관만 남게 되어 도심이 도넛모양으로 텅 비어버리는 현상을 말한다.
④ 스프롤 현상 : 도시의 급격한 팽창에 따라 대도시의 교외가 무질서하고 무계획적으로 주택화되는 현상이다.

123 근로자의 쟁의행위가 아닌 것은?

① 태업
② 사보타주
③ 직장폐쇄
④ 파업

직장폐쇄 … 노사쟁의가 일어났을 때 사용자가 자기의 주장을 관철시키기 위하여 공장이나 작업장을 폐쇄하는 일을 말한다.
① 태업 : 표면적으로는 작업을 하면서 집단적으로 작업능률을 저하시켜 사용자에게 손해를 주는 쟁의행위이다.
② 사보타주 : 단순한 태업에 그치지 않고 의식적이고 고의적으로 사유재산을 파괴하고 생산설비 손상을 통한 노동자 쟁의행위이다.
④ 파업 : 노동자들이 자신들의 요구를 실현시키기 위해 집단으로 생산 활동이나 업무를 중단함으로써 맞서는 투쟁 방식이다.

124 타임오프제에 대한 설명으로 옳은 것은?

① 노조전임자에 대한 사용자의 임금지급을 원칙적으로 인정하는 제도이다.
② 노조전임자의 노무관리 업무에 한해서 근로한 것으로 인정하는 제도이다.
③ 조합원의 노무관리 업무에 한해서 사용자의 임금지급을 원칙적으로 인정하는 제도이다.
④ 조합원의 노무관리 업무에 한해서 사용자의 임금지급을 원칙적으로 금지하는 제도이다.

타임오프제 … 노조전임자에 대한 사용자의 임금지급은 원칙적으로 금지하지만 노동자의 고충처리 · 노사 간의 단체교섭 준비 및 체결에 관한 활동 · 노동자의 산업안전에 관한 활동 등 노무관리 업무에 한해서 근무한 것으로 인정하여 근로시간에 대한 임금을 지급하는 제도이다.

기출 **125** 고등교육을 마쳤음에도 불구하고 안정된 일자리를 찾지 못해 불안정한 일자리에서 일하거나 실업 상태에 놓여 있는 청년들을 지칭하는 말로, 경력을 쌓을 기회를 얻지 못해 미래에 대한 전망이 불투명하고, 사회적, 경제적 불안감을 겪고 세대를 무엇이라고 하는가?

① 캥거루세대

② 부메랑세대

③ 알파세대

④ 림보세대

126 다음 설명으로 옳은 것은?

> 사무실 근무를 벗어나 언제 어디서나 효율적으로 일할 수 있는 업무 개념을 말한다. 모바일 기기를 이용해 업무를 수행할 수 있는 모바일 오피스, 영상회의 시스템 등을 활용하는 원격근무, 재택근무 등이 포함된다. 코로나19 이후 우리나라에도 보편화되었다.

① 워크셰어링   ② 스마트워크

③ 코피스족   ④ 퍼플잡

127 일상적으로 일어나는 고유한 사실이나 문제임에도 평소에 잘 느끼지 못하다가 미디어에 의해 순식간에 부각되는 현상은?

① 베르테르 효과

② 매스미디어 효과

③ 루핑 효과

④ 샤워 효과

림보세대 … 고등교육을 마쳤음에도 불구하고 안정된 일자리를 찾지 못해 불안정한 일자리에서 일하거나 실업 상태에 놓여 있는 청년들을 지칭하는 말로, 경력을 쌓을 기회를 얻지 못해 미래에 대한 전망이 불투명하고, 사회적 경제적 불안감을 겪고 세대를 말한다.

① **캥거루세대**: 경제적·정신적으로 부모에 의존해 생활을 즐기는 젊은 세대를 말한다.

② **부메랑세대**: 사회에 진출했다가 곧 독립을 포기하고 부모의 보호 아래로 돌아가는 젊은이들을 말한다.

③ **알파세대**: 2010년 초반 ~ 2020년대 중반에 출생한 세대로, 어려서부터 기술적 진보를 경험하여 AI나 로봇 등에 익숙한 세대이다.

① **워크셰어링**: 노동자들의 임금을 삭감하지 않고 고용을 유지하는 대신 근무시간을 조정하는 제도이다.

③ **코피스족**: 커피전문점에서 업무를 보는 사람들을 일컫는 말이다.

④ **퍼플잡**: 근로시간과 근로장소를 탄력적으로 선택하는 근로방식을 말한다.

루핑 효과 … 사람들이 평소 관심을 보이지 않던 특정 사실이 매스컴을 통해 보도되면서 관심이 집중되고 새로운 사실로 받아들이며 그에 대해 영향을 받고 확대되는 현상을 나타내는 용어이다.

① **베르테르 효과**: 유명인이 자살할 경우 그 여파로 사회의 자살률이 증가하는 현상을 말한다.

② **매스미디어 효과**: 매스커뮤니케이션이 끼치는 효과의 크기에 관한 이론을 말한다.

④ **샤워 효과**: 백화점 등 최고층에 소비자를 유인하여 아래층 매장까지 매출을 상승하게 하는 효과를 말한다.

128 다음이 설명하는 이론으로 옳은 것은?

> 미국 시카고의 레이크쇼어 도로가 곡선 구간이 많아 사고가 빈발하자 시 당국은 속도가 높아진다는 착각이 들도록 커브가 시작되는 지점부터 흰 선을 가로로 그렸다. 커브에 가까이 갈수록 선의 간격을 점점 좁아지도록 하자 사고 건수가 줄었다.

① 래칫 효과　　　　② 편승 효과
③ 넛지 효과　　　　④ 파노플리 효과

129 디지털 네이티브에 대한 설명으로 옳은 것은?

① 태어날 때부터 디지털 기기에 둘러 싸여 성장한 세대를 말한다.
② 디지털 자료들을 적극적으로 활용해 예술이나 기타 창조 활동을 하는 사람을 말한다.
③ 디지털 사회에서 계층 간 정보의 불균형을 나타내는 말이다.
④ 디지털 기술을 적극 활용하여 단일한 고정 사무실 없이 근무하고 살아가는 사람을 말한다.

130 벨기에에서 큰 효과를 거뒀던 혁신적 청년 실업 대책으로, 종업원 50명 이상인 기업에서는 고용인원의 3%에 해당하는 청년노동자를 의무적으로 채용하도록 하는 청년실업대책 제도는 무엇인가?

① 마셜 플랜
② 로제타 플랜
③ 그랜드 바겐
④ 몰로토프 플랜

131 다음이 설명하는 용어는?

> 제조업체가 제공한 조리법을 따르지 않고 창의적으로 제조법을 창조해 자신만의 스타일로 제품을 즐기는 소비자를 일컫는다. 대표적으로 짜파구리(짜파게티＋너구리)가 그 예인데, 이들에게 제조업체가 제공하는 조리법은 참고용에 지나지 않는다. 주로 SNS, TV 등을 통해 이색적인 레시피를 공유하며 최근 이를 활용한 마케팅이 뜨고 있다.

① 그린슈머
② 블루슈머
③ 리뷰슈머
④ 모디슈머

① 그린슈머 : 자연을 상징하는 말인 그린(Green)과 소비자(Consumer)의 합성어로, 친환경 제품을 구매하는 소비자를 말한다.
② 블루슈머 : 블루오션(Blue Ocean)과 소비자(Consumer)의 합성어로, 경쟁자가 없는 미개척 시장을 주도하는 소비자를 말한다.
③ 리뷰슈머 : 리뷰(Review)와 소비자(Consumer)의 합성어로, 제품을 남들보다 먼저 사용해보고 인터넷에 상품에 대한 평가 글을 전문적으로 올리는 소비자를 말한다.

기출 132 프로슈머(Prosumer)란 무엇을 의미하는가?

① 생산자와 소비자의 합성어이다.
② 상습적으로 악성 민원을 제기하는 소비자이다.
③ 경쟁자가 없는 새로운 시장의 소비자이다.
④ 광고의 제작과정에 참여하는 소비자이다.

프로슈머(Prosumer) … 생산에 참여하는 소비자를 의미한다.
② 블랙컨슈머
③ 블루슈머
④ 애드슈머

133 오늘날의 실업유형 중 K. Mark가 주장한 산업예비군과 유사한 것은?

① 마찰적 실업
② 구조적 실업
③ 기술적 실업
④ 계절적 실업

산업예비군 … 마르크스는 자본의 기술가치적인 구조의 변화로 인하여 상대적으로 과잉되어 나타나는 노동인구를 산업예비군이라고 정의했다. 즉, 산업예비군은 오늘날의 기술적 실업과 비슷한 개념이다.
① 마찰적 실업 : 직장을 옮기는 과정에서 일시적으로 실업 상태에 놓여있는 것을 말한다.
② 구조적 실업 : 산업구조의 변화와 함께 나타나는 실업이다.
④ 계절적 실업 : 재화의 생산이나 수요가 계절에 따라 변화를 가져올 때 발생하는 실업이다.

134 산재보험제도에 관한 내용으로 옳지 않은 것은?

① 4대 사회보험제도 가운데 우리나라에서는 가장 먼저 도입된 제도이다.
② 상시 1인 이상 사업장은 적용대상에 해당한다.
③ 다른 사회보험제도와 같이 보험료를 노·사가 동등하게 납부한다.
④ 개별사업장의 보험료는 사업종류별 보험료율과 개별실적요율을 모두 적용하여 결정된다.

산업재해보상보험상의 보험료는 사용자가 부담한다.

※ **산업재해** … 업무상의 사유로 재해(사고·질병·사망 등)가 발생하면 국가(근로복지공단)가 근로자와 사용자의 과실 유무와는 무관하게 보상해 준다.

135 실업을 줄일 수 있는 대책으로 옳지 않은 것은?

① 농촌의 가내공업 육성
② 직업정보의 효율적 제공
③ 직업기술교육 및 인력 개발
④ 사회보장제도의 확충으로 최저생계 유지

④ 근로의욕이 저하되고 오히려 실업률이 높아질 수 있다. 완전고용 상태에서도 존재할 수 있는 자발적 실업과 어떠한 환경적인 조건에 의해 일자리를 얻지 못한 상태인 비자발적 실업을 줄이기 위한 대책으로, 시장의 직업정보를 원활하게 제공하며 기술 및 인력 개발 등이 있다.

기출 **136** 베버는 어떠한 사람의 계층을 분류하는 데 3가지 요소를 종합적으로 고려하여 분류할 것을 주장하였다. 베버의 3P 분류에 속하지 않는 것은?

① 재산(Property)
② 위신(Prestige)
③ 성격(Personality)
④ 권력(Power)

베버는 사회계층화가 계급, 지위, 권력의 세 가지 측면으로 이루어진다고 하였다.

137 스칸디나비아 반도에 사는 설치류의 일종으로, 이동 시에 우두머리만 보고 따라가다 집단적으로 호수나 바다에 빠져 죽기도 하는데 이를 빗대어 맹목적인 집단행동을 나타내는 용어는?

① 스톡홀름 신드롬
② 테네시티 신드롬
③ 레밍 신드롬
④ 쿠바드 신드롬

레밍 신드롬 … 자신의 생각 없이 남들이 하는 행태를 무작정 따라하는 집단행동 현상을 의미하는 것으로 레밍 신드롬은 맹목적인 집단행동을 비난할 때 종종 인용되며, 다른 말로 레밍 효과(The Lemming Effect)라고도 한다.
① 스톡홀름 신드롬 : 극도의 공포심이 긍정적인 감정을 갖게 하는 현상으로, 범죄 심리학에서는 인질이 인질범에게 동화되는 현상을 의미한다.
② 테네시티 신드롬 : 사소한 것이라도 한 번 시작하면 끝까지 집착하는 현상을 말한다.
④ 쿠바드 신드롬 : 임신한 아내와 함께 남편도 입덧을 하는 등 심리적, 신체적 증상을 보이는 현상을 말한다.

138 상대방을 앞에 두고도 스마트폰에만 집중하는 무례한 행위를 뜻하는 것은?

① 퍼빙
② 샤빙
③ 데빙
④ 무빙

퍼빙 … 스마트폰을 사용하느라 같이 있는 사람을 소홀히 대하거나 무시하는 현상을 나타내는 용어이다. 예를 들어 스마트폰을 계속 보면서 대화를 이어가거나 메시지가 올 때마다 회신을 하는 등의 행위가 퍼빙에 해당한다.

139 '공익을 위하여'라는 라틴어 줄임말로 미국에서 소외 계층을 위해 무료 변론을 하는 변호사를 일컫는 말로 쓰이면서 대중화된 개념은?

① 프로보노(Probono)
② 페르소나 논 그라타(Persona Non Grata)
③ 애드호크(Ad Hoc)
④ 매니페스토(Manifesto)

프로보노(Probono) … 라틴어 'Pro Bono Publico'의 줄임말로서 '정의를 위하여'라는 뜻이다. 지식이나 서비스 등을 대가없이 사회 공익을 위하여 제공하는 활동을 말한다.
② 페르소나 논 그라타(Persona Non Grata) : 외교상 기피 인물을 가리킨다.
③ 애드호크(Ad Hoc) : 특정 사건을 해결하기 위해 모였다가 해체하는 일시적인 팀을 가리킨다.
④ 매니페스토(Manifesto) : 구체적인 선거 공약을 말한다.

140 기업의 생산활동에서 합리적인 선택이 필요한 이유로 옳은 것은?

① 소비자의 권익을 보호하기 위하여
② 이윤 극대화 추구를 위하여
③ 국민의 복지 증진을 위하여
④ 기업의 사회적 책임을 다하기 위하여

기업의 목적은 극대 이윤 추구이다. 따라서 기업은 이 목적을 달성하기 위하여 합리적인 생산방법을 선택한다.

[기출] 141 대도시가 주변 도시의 인구 및 경제력을 흡수하는 대도시 집중현상을 무엇이라고 하는가?

① 빨대 현상
② 스프롤 현상
③ 도넛 현상
④ U턴 현상

빨대 현상 … 좁은 빨대로 컵 안의 내용물을 빨아들이듯, 대도시가 주변 도시의 인구 및 경제력을 흡수하는 대도시 집중현상을 일컫는다. 교통여건의 개선이 균형 있는 지역 개발이 아닌 지역 쇠퇴를 초래하는 부작용으로, 1960년대에 일본 고속철도 신칸센이 개통된 후에 도쿄와 오사카 도시로 인구와 경제력이 집중되어 제3의 도시 고베가 위축되는 현상에서 비롯되었다.

② 스프롤 현상 : 도시의 급격한 팽창에 의해 대도시의 교외가 무질서·무계획적으로 주택화가 되어가는 현상을 말한다.
③ 도넛 현상 : 대도시의 거주공간과 업무의 일부가 외곽지역으로 집중되고 도심에는 상업기관 및 공공기관만 남게되어 도심이 도넛모양으로 텅 비어버리는 것을 말한다.
④ U턴 현상 : 대도시에 취직한 지방 출신자가 고향으로 되돌아가는 노동력 이동 현상을 말한다.

[기출] 142 사회집단에 대한 다음 설명 중 옳지 않은 것은?

① 준거집단은 행위나 판단의 기준을 제공해 주는 집단이다.
② 집단과의 동일시 여부에 따라 내집단과 외집단으로 나눌 수 있다.
③ 외집단에서는 유대감, 협동심 등의 소속의식이 강조된다.
④ 원초집단은 개인과 사회를 연결해 주며, 사회통제의 기능을 담당한다.

준거집단 … 어떤 판단이나 행동을 할 때 기준으로 삼는 집단을 준거 집단이라고 한다. 개인이 어떤 집단을 준거 집단으로 하고 있으며, 집단의 특성이 어떠한가는 개인을 이해하는 데 중요한 정보가 된다. 사회학자 섬너는 사회집단을 소속감과 태도를 기준으로 하여 내집단과 외집단으로 분류하였다. 외집단에서는 이질감을 가지거나 적대감 또는 적대적 행동까지 가지게 되는 경우로, 타인집단과 같은 의미이다. 내집단과 외집단은 미국의 사회학자 섬너에 의한 분류이다.

143 자녀에게 기대지 않고 부부끼리 여가생활을 즐기며 독립적인 생활을 하려는 노인세대를 일컫는 용어는?

① 텔테크족
② 키덜트족
③ 통크족
④ 예티족

통크족 … 'Two Only No Kids'의 약칭이다. 경제수준의 향상과 각종 연금제도의 발달 등이 이들의 출현을 가능하게 하였다.

① **텔테크족** : 호텔(Hotel)과 전문직 종사자(Technician)가 합성된 신조어로 주로 호텔을 이용하는 전문직 종사자를 의미한다.

② **키덜트족** : 20·30대의 성인들이 어린 시절에 경험했던 갖가지 취미나 추억이 깃든 물건에 애착을 가지고 다시 구입하는 성인 분류로, 키드(Kid)와 어덜트(Adult)가 합성된 신조어이다.

④ **예티족** : 기업가적(Entrepreneurial)이며, 젊고(Young), 기술을 바탕으로 한(Tech Based) 인터넷 엘리트를 말한다.

144 잠재적 실업에 관한 설명으로 옳은 것은?

① 형식적·표면적으로는 취업하고 있으나 실질적으로는 실업상태에 있는 실업형태
② 노동에 대한 수요와 공급이 일시적으로 일치하지 못하는 데서 생기는 실업형태
③ 자본주의 경제구조와 내재적 모순에서 오는 만성적·고정적 실업형태
④ 산업의 생산과정이 계절적 조건에 의해 제약되어 노동의 투입이 계절적으로 변동하는 경우에 생기는 실업형태

잠재적 실업 … 일반적으로 일할 의사와 능력이 있음에도 기회가 없어 저소득과 저생산성을 특징으로 하는 열악한 취업상태에 놓인 것을 말한다. 사실상 실업이나 실업으로 기록되지 않는다.
② 마찰적 실업
③ 구조적 실업
④ 계절적 실업

145 집단의 성격이 같은 것끼리 연결된 것은?

① 내집단 – 공동사회 – 지역사회
② 외집단 – 우리집단 – 계약사회
③ 내집단 – 1차 집단 – 공동사회
④ 외집단 – 타인집단 – 신분사회

㉠ **내집단** : 한 개인이 그 집단에 소속한다는 느낌을 가지며 구성원 간에 '우리'라는 공동체의식이 강한 집단이다.

㉡ **1차 집단** : 구성원 간의 대면접촉과 친밀감을 바탕으로 결합되어 전인격적 관계를 이루는 집단이다.

㉢ **공동사회** : 구성원의 상호이해와 공동의 신념 및 관습이 집단구성의 바탕을 이룬다.

146 심한 불안 발작과 이에 동반되는 다양한 신체 증상들이 예고 없이 갑작스럽게 발생하는 불안장애는?

① 공황장애
② 망상장애
③ 강박증
④ 조현병

② **망상장애** : 왜곡된 해석으로 자신의 잘못된 신념이 고정되어 있는 상태이다.
③ **강박증** : 본인의 의지와 무관하게 불안하여, 그 불안을 없애기 위해 반복적으로 행동하는 것을 말한다.
④ **조현병** : 정신분열병이라고도 불리며 사고(思考), 감정, 지각(知覺), 행동 등 인격의 여러 측면에 걸쳐 이상증상을 일으키는 정신 질환이다. 환청이나 환시 등의 환각이 나타난다.

147 온라인 동영상 서비스(OTT) 가격이 지속적으로 인상되는 현상을 무엇이라고 하는가?

① 오버플레이션
② 슬로플레이션
③ 스트림플레이션
④ 온라인플레이션

스트림플레이션(Streamflation) … 스트리밍(Streaming)과 인플레이션(Inflation)의 합성어로, 스트리밍 서비스 가격이 지속적으로 인상되는 현상을 일컫는다.
② **슬로플레이션(slowflation)** : 경기가 회복하는 속도는 둔화가 되는 상황에서 물가는 계속 상승하는 현상을 말한다.

148 세계 자폐증 인식의 날은?

① 4월 2일
② 3월 22일
③ 10월 16일
④ 3월 8일

세계 자폐증 인식의 날 … 2007년 UN에서 만장일치로 매년 4월 2일 세계 자폐증 인식의 날로 선정되었다. 조기진단 및 적절한 치료 등을 돕고 사회적 인식을 높이기 위함으로 지정되었다.
② UN에서 지정한 세계 물의 날이다.
③ FAO에서 지정한 세계 식량의 날이다.
④ UN에서 세계 여성의 지위 향상을 위하여 공식 지정한 기념일이다.

ANSWER
143.③ 144.① 145.③ 146.① 147.③ 148.①

기출 **149** 임금이나 교육 수준 등에 따라 경기침체에서 벗어나는 속도가 다른 형태를 무엇이라고 하는가?

① V자형 회복
② U자형 회복
③ K자형 회복
④ J자형 회복

K자형 회복 … 고학력·고소득 노동자는 경기침체에서 빠르게 회복하는 반면에 저학력·저소득 노동자는 회복이 어렵거나 오히려 소득이 감소하는 등의 양극화 현상을 일컫는다. 보통은 경기하락이 급격하게 나타났다가 회복되는 V자형, 일정 기간 동안은 침체되다가 회복되는 U자형으로 나타나나 코로나19 이후 임금과 교육수준, 인종 등에 따른 새로운 형태의 경제회복이 나타났다. 고소득층에서는 정보기술을 중심으로 교육과 노동에 타격이 거의 없는 반면, 저소득층에서는 사실상 불가능하여 빈부격차가 악화되고 있다.

150 정보화 사회를 'C&C'라고 표현한 학자는?

① 다니엘 벨
② 마샬 맥루한
③ 나이스비트
④ 고바야시

정보화 사회를 표현하는 대표적 용어
㉠ 마샬 맥루한(캐나다) : 지구촌 (Global Village)
㉡ 로라&밍끄이(프랑스) : 텔레마띠끄 (Telematique)
㉢ 고바야시(일본) : C&C

151 우리나라의 실업자를 추계하는 방법으로 옳은 것은?

① 실업수당을 받고 있는 사람들
② 직업안정소에 등록된 구직자수
③ 표본조사에서 1주 동안 1시간 이상 일하지 않은 구직자수
④ 기업에서 요구하는 구인수를 뺀 구직자수

경제활동측면에서 본 취업자와 실업자
㉠ 취업자
• 조사대상기간 일주일 동안 소득, 이익, 봉급, 임금 등 수입을 목적으로 1시간 이상 일한 자
• 자기에게 직접적으로 소득이나 수입이 오지 않더라도 가구 단위에서 경영하는 농장이나 사업장의 수입을 높이는 데 협력한 가사종사자로서 주당 18시간 이상 일한 자
• 직업 또는 사업체는 가졌으나 조사 대상 기간 중 일시적인 병, 일기불순, 휴가, 연가, 노동쟁의의 등의 이유로 일하지 못한 일시휴직자
㉡ 실업자 : 일할 능력과 의사는 가지고 있으면서도 조사 대상 기간 중 수입이 있는 일에 종사하지 못한 자

152 화이트 칼라 범죄에 대한 설명으로 옳지 않은 것은?

① 주로 직업과 관련된 범죄이다.
② 대부분 발견되어 처벌받는다.
③ 중산층 또는 상류층이 많이 저지른다.
④ 공금횡령, 문서위조, 탈세 등을 예로 들 수 있다.

화이트 칼라 범죄 … 화이트 칼라 계층이 자신의 직업적 지위에 내재한 권력을 직무와 관련시켜 남용함으로써 저지르는 범죄로, 뇌물증여 · 정보누설 · 위조 및 법인범죄 등이 해당되나 발견되어 중벌을 받는 일이 드물다.

153 최저임금법상 최저임금의 결정기준이 아닌 것은?

① 근로자의 생계비
② 유사근로자의 임금
③ 노동생산성
④ 기업의 지급능력

최저임금은 근로자의 생계비, 유사근로자의 임금, 노동생산성 및 소득분배율 등을 고려하여 정한다(최저임금법 제4조 제1항).

154 업무 시간에 주식, 게임 등 업무 이외의 용도로 인터넷을 이용하는 것을 무엇이라 하는가?

① 싱커즈족
② 사이버슬래킹
③ 쿼터리즘
④ 시피족

사이버슬래킹 … 인터넷을 업무에 활용하는 것이 보편화되면서 업무 이외의 용도로 사용하는 사례가 증가하고 있다. 사이버슬래킹은 업무 시간에 인터넷과 E - 메일 등 업무를 위해 설치한 정보인프라를 개인적 용도로 이용하면서 업무를 등한시하는 행위를 말한다. 특히 최근에는 멀티미디어 콘텐츠가 크게 증가하는 등 대용량 정보가 많아지면서 단순히 개인 업무 공백이 아닌 조직 전체에 차질을 주는 사태로 이어져 문제가 되고 있다.

① 싱커즈족 : 결혼 후 맞벌이를 하며 아이를 낳지 않고 일찍 정년퇴직해 노후를 즐기는 신계층
③ 쿼터리즘 : 인내심을 잃어버린 요즘 청소년들의 사고 · 행동양식을 지칭한다.
④ 시피족 : 지적 개성을 강조하고 심플 라이프를 추구하는 신세대 젊은이를 지칭한다.

155 사회복지 개념의 변화에 대한 설명으로 옳지 않은 것은?

① 19세기 중반을 전후로 자선적 관점에서 시민권적 관점으로 변화했다.
② 빈민에 대한 특별 서비스적 성격에서 점차 많은 사람들이 보편적으로 가지고 있는 욕구를 충족시키는 프로그램화되었다.
③ 최저생계비에서 적정생계비로 확대되었다.
④ 제도적 개념에서 잔여적 개념으로 변화하고 있다.

사회복지 … 인류사회 삶의 질 향상의 의미를 담고 있다. 산업혁명으로 인하여 자본주의 사회발전 이후 물질적으로 삶의 질이 향상했으며 19세기 중엽부터는 자본주의체제의 소외층이 급격히 증가하였다. 사회복지는 응급적이고 일시적인 잔여적 개념에서 정당한 지위를 가진 정상적인 사회제도적 개념으로 변화하고 있다.

156 「근로기준법」이 정한 근로자 최저 연령은?

① 13세   ② 14세
③ 15세   ④ 17세

15세 미만인 자는 근로자로 사용하지 못한다. 다만, 대통령령으로 정하는 기준에 따라 고용노동부장관이 발급한 취직인허증을 지닌 자는 근로자로 사용할 수 있다(근로기준법 제64조 제1항).

157 다음과 관련된 조사방법은?

> • 언어소통이 어려운 종족에 대한 자료를 수집할 때 쓰인다.
> • 관찰자의 편견이 개입될 가능성이 크며, 예상하지 못했던 변수를 통제하기 어렵다.

① 질문지법
② 면접법
③ 참여관찰법
④ 문헌연구법

참여관찰법 … 연구자가 직접 참여하여 사회현상을 보고 듣고 느끼면서 자료를 수집하는 방법으로, 질문지법이나 면접법을 실시하기 어려운 어린이나 언어소통이 어려운 종족에 대한 자료를 수집하기 위해 많이 쓰인다. 단점으로는 관찰자의 편견이 개입될 가능성이 크고, 자료를 수집하고자 하는 현상이 나타날 때까지 기다려야 하며, 예상치 못했던 변수통제의 어려움 등이 있다.
① 질문지법 : 연구자가 작성한 일련의 질문을 피험자가 기술할 수 있도록 하는 조사방법이다.
② 면접법 : 특정 상대와 직접 대면하는 조사방법이다.
④ 문헌연구법 : 존재하는 문헌자료를 바탕으로 필요한 정보를 수집하는 조사방법이다.

158 지방자치제가 실시되면서 대두된 그 지방의 댐, 쓰레기, 핵처리장소 등을 거부하는 지역이기주의를 무엇이라 하는가?

① 스프롤 현상
② 님비 현상
③ 아노미 현상
④ 소외 현상

님비 현상 … 'Not In My Back Yard'의 약어로, 혐오시설이 자기 지역 내에 설치되는 것을 반대하는 현상이다.
① **스프롤 현상** : 도시의 급격한 팽창에 의해 대도시의 교외가 무질서하고 무계획적으로 주택화 되어가는 현상을 말한다.
③ **아노미 현상** : 급격한 사회변동 과정에서 규범의 혼란을 느끼는 상태를 말한다.
④ **소외 현상** : 개인이 사회로부터 감정적 단절을 느끼는 현상을 말한다.

159 입사지원서 작성 시 출신지와 가족관계 등을 기재하지 않는 채용 방식은?

① 블라인드 채용
② 오픈 채용
③ 공정 채용
④ 스펙 채용

블라인드 채용 … 입사지원서 또는 면접 등에서 편견이 개입되어 불합리한 차별을 유발할 수 있는 출신지, 가족관계, 학력, 신체적 조건 (키, 체중, 사진), 외모 등 항목을 기재하지 않음으로써 지원자들의 개인적 배경이 심사위원들에게 영향을 미치지 않고, 편견에서 벗어나 실력인 직무능력을 평가하여 인재를 채용할 수 있도록 시스템을 구축하여 지원하는 채용 제도를 말한다.

160 스낵컬쳐(Snack Culture)에 대한 설명으로 옳지 않은 것은?

① 짧은 시간에 소비할 수 있는 문화 컨텐츠이다.
② 음악회, 공연장을 찾거나 평소에 도전해보지 못한 두꺼운 책을 읽는 활동이 그 예이다.
③ 시간과 장소에 구애받지 않고 즐길 수 있다.
④ 스마트 기기를 활용하여 즐기는 방식이 늘어났다.

스낵컬쳐(Snack Culture) … 스낵처럼 출퇴근 시간이나 점심시간 등 짧은 시간에 간편하게 문화생활을 즐기는 새로운 문화 트렌드이다. 과자를 먹듯 5~15분의 자투리 시간을 이용하여 가볍게 문화생활을 즐기고자 하는 욕구가 커지면서 생겨났다. 웹툰, 웹소설 등이 그 예이다.

1 세계 3대 운하로 옳지 않은 것은?

① 수에즈 운하
② 파나마 운하
③ 코린토스 운하
④ 베니스 운하

세계 3대 운하
㉠ **수에즈 운하** : 이집트 동북부에 있는 지중해와 홍해를 연결하는 수평식 운하로 최근에 좌초 사고가 일어났었다.
㉡ **파나마 운하** : 중앙아메리카 동남쪽에서 태평양과 대서양을 잇는 운하로 1914년에 건설되었다.
㉢ **코린토스 운하** : 그리스 남쪽 펠로폰네소스반도의 코린트 지협에 있는 운하이다. 1893년에 개통되었다.

2 다음 설명에 해당하는 것은?

> • 기질 특이성이 있다.
> • 온도와 pH의 영향을 받는다.
> • 생물체 내 화학반응이 잘 일어나도록 촉매 역할을 한다.

① 핵산
② 효소
③ 뉴런
④ ATP

효소의 특징
㉠ 효소가 작용하는 물질을 기질이라 하며, 한 종류의 효소는 특정한 기질에만 반응하는 기질 특이성이 있다.
㉡ 효소는 적절한 pH 범위에서 활성이 크게 나타나며, 효소마다 최적 pH가 다르다.
㉢ 효소는 적절한 온도 범위(이 때 최적의 온도는 35 ~ 40℃)에서만 활성을 나타낸다.

3 차량 내 인공지능(AI)으로 차량 주변 사람 및 사물을 파악하고 어떻게 대처할지를 결정하며 이를 보행자에게 알리는 시스템은?

① 보행자 토크
② 보행자 알림
③ 보행자 인지
④ 보행자 신호

보행자 알림 ⋯ 무인 자동차가 주변 행인에게 음성이나 전광판으로 위험을 알리는 기술로 구글에서 개발했다.

4 기존 전력망에 ICT 기술을 접목하여 에너지를 효율적으로 극대화하는 차세대 전력망은?

① 필터 버블
② 넷제로 시티
③ 사물 인터넷
④ 스마트 그리드

① **필터 버블** : 사용자에게 맞춤형 정보만을 제공하는 현상을 말한다.
② **넷제로 시티** : 온실가스 배출량이 없는 도시를 말한다.
③ **사물 인터넷** : 사람과 사물, 사물과 사물끼리 인터넷으로 연결되어 정보를 생성, 수집, 공유, 활용하는 기술을 말한다.

5 AI와 같은 신기술을 잘 활용하고 소통하는 인간의 능력을 무엇이라고 하는가?

① 호모 디지털리쿠스
② 호모 콘넥투스
③ 호모 프롬프트
④ 호모 모빌리쿠스

호모 프롬프트(Homo Prompt) … 인간의 '호모'와 입력할 명령을 기다리는 '프롬프트'의 합성어로, AI와 같은 신기술을 잘 활용하고 소통하는 인간의 능력을 말한다.
④ **호모 모빌리쿠스(Homo Mobilicus)** : 모바일 기술 중심으로 시대를 살아가는 인간을 이야기한다.

6 1989년 국제학회에서 미국의 환경과학자 아모리 로빈스에 의해 처음 사용된 것으로 '절약한 전기'를 의미하며 시장에서도 거래가 가능한 상품을 의미하는 용어는?

① 쿼크
② 네가와트
③ HDR
④ 각분해능

네가와트 … 부정적인 · 소극적이라는 의미의 네거티브(Negative)와 전력 단위인 메가와트(Megawatt)의 합성어이다. 이는 새롭게 전기를 생산하는 대신 공장, 빌딩 등의 시설에서 전기를 절약하는 것을 말한다. 공장이나 대형마트 등 전력을 아낄 수 있는 기관 및 일반 소비자가 전기 기존 사용량보다 적게 사용하고, 줄인 전력을 한국 전력에 판매하고 수익을 나누는 방식이다.
① **쿼크** : 물질을 구성하는 가장 기본적인 입자로, 업 · 다운 · 스트레인지 · 참 · 보텀 · 톱의 6종류가 있다. 이 입자는 중성자, 양성자, π중간자 등 일반적으로 하드론(강입자)이라고 불린다.
③ **HDR** : 디지털 영상에서 밝은 부분은 더 밝게하고 어두운 부분은 더 어둡게 표현할 수 있는 기술이다.
④ **각분해능** : 천문관측에서 천체의 모습을 분해하여 볼 수 있는 가장 작은 각크기를 의미한다.

ANSWER
1.④ 2.② 3.② 4.④ 5.③ 6.②

기출 7 멘델의 유전법칙에 해당하지 않는 것은?

① 우열의 법칙
② 분리의 법칙
③ 잠재의 법칙
④ 독립의 법칙

8 기름 저장 시설, 탱커, 유조선 등에서 흘러나온 기름이 퍼지는 것을 막고 제거할 목적으로 일정 수역에 설치한 저지선은?

① 오일스키퍼
② 오일스테이닝
③ 오일펜스
④ 오일달러

9 조종사 없이 무선전파의 유도에 의해서 비행 및 조종이 가능한 비행기나 헬리콥터 모양의 군사용 무인항공기를 총칭한다. 카메라, 센서, 통신시스템 등이 탑재되어 있으며 25g부터 1,200kg까지 무게와 크기도 다양한 이것은?

① 드론
② CV – 22
③ THAAD
④ 틸트로터 항공기

멘델의 유전법칙 ··· 멘델은 완두콩으로 유전의 원리를 연구하여 유전법칙을 통계학적으로 증명하였다. 멘델의 유전법칙은 우열의 법칙(우성과 열성 두 개의 형질이 있을 때 우성 형질만 드러난다)와 분리의 법칙(순종을 교배한 잡종 제1대를 자가 교배 했을 경우, 우성과 열성이 나뉘어 나타난다), 독립법칙(서로 다른 형질은 독립적으로 우열의 법칙과 분리의 법칙을 만족한다)로 구분할 수 있다.

① **우열의 법칙** : 우성과 열성 두 개의 형질이 있을 때 우성 형질만 드러난다.
② **분리의 법칙** : 순종을 교배한 잡종 제1대를 자가 교배 했을 경우, 우성과 열성이 나뉘어 나타난다.
④ **독립의 법칙** : 서로 다른 형질은 독립적으로 우열의 법칙과 분리의 법칙을 만족한다.

오일펜스 ··· 바다에 유출된 기름이 퍼지는 것을 막기 위해 울타리 모양으로 설치하는 것을 말한다. 이를 설치한 다음 흡착포를 사용하여 기름을 제거한다.

① **오일스키퍼** : 기름을 퍼올리는 기구를 말한다.
② **오일스테이닝** : 기름에 절어 생긴 변색을 말한다.
④ **오일달러** : 산유국이 석유 수출입에 따라 벌어들인 잉여 외화를 말한다.

드론 ··· 조종사 없이 비행 및 조종이 가능한 군사용 무인항공기를 총칭하는 것으로 용도는 산업부터 군사용까지 다양하다.

② **CV – 22** : 특수작전 부대용의 V – 22 오스프리 틸트로터기이다.
③ **THAAD** : 군사기지를 적의 미사일 공격으로부터 보호할 목적으로 제작된 공중방어시스템이다.
④ **틸트로터 항공기** : 헬리콥터처럼 떠서 비행기처럼 날아가는 축소형 스마트 무인항공기이다.

10 전류와 자기장 전류가 흐르는 도선에는 자기장이 형성되는데 이처럼 전류의 방향과 자기장의 방향과의 관계를 나타내는 법칙은?

① 쿨롱의 법칙
② 앙페르의 법칙
③ 옴의 법칙
④ 렌츠의 법칙

앙페르의 법칙 … 전류와 자기장의 관계를 나타내는 법칙이다.
① 쿨롱의 법칙 : 전하를 가진 두 물체 사이에 작용하는 힘의 크기는 두 전하의 곱에 비례하고 거리의 제곱에 반비례한다는 법칙이다.
③ 옴의 법칙 : 전류의 세기는 두 점 사이의 전위차에 비례하고, 전기저항에 반비례한다는 법칙이다.
④ 렌츠의 법칙 : 유도기전력과 유도전류는 자기장의 변화를 상쇄하려는 방향으로 발생한다는 전자기법칙이다.

11 물의 특성에 대한 설명이 옳지 않은 것은?

① 영양소의 용매로서 체내 화학반응의 촉매 역할과 삼투압을 조절하여 체액을 정상으로 유지시킨다.
② 체온의 항상성을 유지한다.
③ 신체의 노폐물을 대·소변, 땀, 호흡 등을 통해 배설시킨다.
④ 신체의 새로운 조직을 만드는 데 필요한 성분으로 체중의 약 16%를 차지하고 있다.

단백질은 신체의 새로운 조직을 만드는 데 필요한 성분으로 체중의 약 16%를 차지한다.
※ 물의 역할
㉠ 완충제, 윤활제로서 음식을 삼킬 때 타액이 분비되며, 관절 활액을 형성하여 인체 각 관절의 완충제로 작용한다.
㉡ 눈, 코, 귀, 입 등 피부와 점막을 건조하지 않게 적셔 준다.
㉢ 영양소(아미노산, 포도당, 비타민, 미네랄)를 용해시켜 소화 흡수하게 한다.
㉣ 산소와 영양분을 혈관을 통해 혈액을 매개로 60조 개의 세포로 빠짐없이 운반한다.

12 기술복제시대에 아우라(Aura)가 상실된다고 주장한 학자는?

① 라캉
② 발터 벤야민
③ 샤르트르
④ 쇼펜하우어

아우라(Aura) … 발터 벤야민의 저서 「기술복제시대의 예술작품」에서 소개한 개념이다. 기술 복제 시대가 가져올 부작용에 대해서도 경계했지만 20세기 초 영화 예술의 잠재력을 예로 들면서 기술 복제는 제의(祭儀)적 기능으로서의 예술이 가지는 아우라를 제거함으로 귀족이나 가진 자들에 의해 독점되었던 예술의 감동을 대중에게 나누어 줄 수 있는 가능성을 가진다고 주장하였다.

13 다음 (   ) 안에 들어갈 알맞은 말은?

> QR코드는 흔히 보는 바코드 비슷한 것인데, 활용성이나 정보성 면에서 기존의 바코드보다는 한층 진일보한 코드 체계이다. 기존의 바코드는 기본적으로 가로 배열에 최대 (   )만 넣을 수 있는 1차원적 구성이지만, QR코드는 가로, 세로를 활용하여 숫자는 최대 7,089자, 문자는 최대 4,296자, 한자도 최대 1,817자 정도를 기록할 수 있는 2차원적 구성이다.

① 20자 정보   ② 50자 정보
③ 100자 정보   ④ 1,000자 정보

바코드는 최대 20자 내외의 숫자 정보만 저장할 수 있다.

14 스마트 폰, 개인 정보 단말기, 기타 이동 전화 등을 이용한 은행 업무, 지불 업무, 티켓 업무와 같은 서비스를 하는 비즈니스 모델은?

① M커머스   ② C커머스
③ U커머스   ④ E커머스

M커머스 … 전자상거래의 일종이다. 가정이나 사무실에서 유선으로 인터넷에 연결하고 상품이나 서비스를 사고파는 것과 달리 이동 중에 거래할 수 있는 것을 말한다.
② C커머스 : 온라인 공간에서 다른 기업과 기술이나 정보를 공유하여 수익을 창출하는 전자상거래방식을 말한다.
③ U커머스 : 모든 기기로 빠르게 비즈니스를 수행할 수 있는 전자상거래를 말한다.
④ E커머스 : 온라인 네트워크를 통해 상품이나 서비스를 사고파는 것을 말한다.

15 무선 주파수를 이용하여 반도체 칩이 내장된 태그, 라벨, 카드 등의 데이터를 비접촉으로 읽어내는 근거리 통신 기술은?

① MST
② PSTN
③ RFID
④ VoIP

① MST : 마그네틱 신용카드 정보를 무선으로 전송시켜 결제하는 방식으로서, 신용카드 정보를 담은 기기가 장착된 스마트폰을 결제 단말기에 대면 신용카드 정보를 자동으로 읽고 결제한다.
② PSTN : 공공 통신 사업자가 제공하는 공중 교환 전화망이다.
④ VoIP : 초고속인터넷과 같이 IP망을 기반으로 패킷 데이터를 통해 음성통화를 구현하는 통신기술로, 즉 인터넷 전화를 일컫는다.

16 사용자가 컴퓨터와 정보 교환 시 키보드를 통한 명령어 작업이 아닌 그래픽을 통해 마우스 등을 이용하여 작업할 수 있는 환경은?

① Hotspot
② Bluetooth
③ GUI
④ P2P

GUI … 그래픽 사용자 인터페이스(Graphical User Interface)로 사용자가 컴퓨터와 정보를 교환할 때, 문자가 아닌 그래픽을 이용해 정보를 주고받는다.

① Hotspot : 무선으로 초고속 인터넷을 사용할 수 있도록 전파를 중계하는 무선랜 기지국을 말한다.
② Bluetooth : 각각의 휴대폰끼리 또는 휴대폰과 Pc끼리 사진 등의 파일을 전송하는 무선 전송기술을 말한다.
④ Peer To Peer : 인터넷상에서 개인과 개인이 직접 연결되어 파일을 공유하는 것을 말한다.

17 모바일 신분증에 대한 설명으로 옳지 않은 것은?

① 개인 스마트폰에 신분증을 저장하고 사용하는 것이다.
② 블록체인 기반의 분산 DID 기술을 적용한다.
③ 온라인과 오프라인에서 구분 없이 서비스를 사용할 수 있다.
④ 모바일 운전면허증은 실물 운전면허증에 비해서 제한적인 효력을 가진다.

④ 「도로교통법」 제85조 및 「도로교통법 시행규칙」 제77조에 따라 실물 운전면허증과 동일한 효력을 가진다.
② 모바일 신분증은 신원보증을 위해 블록체인 기반의 DID(Decentralized Identity)는 신원증명 기술을 적용한다.

18 기압의 단위인 헥토파스칼(hPa)에 대한 설명 중 옳지 않은 것은?

① 밀리바(mb)와 같은 값이다.
② 수치가 낮을수록 바람의 위력은 더 세다.
③ 국제기압단위인 파스칼(Pa)의 1백 배를 뜻한다.
④ 세계기상기구의 권고로 우리나라는 1994년부터 이 단위를 채용했다.

헥토파스칼(hPa) … 종전의 밀리바(mb)를 대신하는 새로운 기압단위로, 1㎡ 면적당 1뉴턴(N)의 힘이 작용하여 압력을 1파스칼(Pa)로 정의할 때 100배에 해당되는 값이다. 우리나라에서는 1993년 1월 1일부터 채택하였다. 태풍은 기압이 낮은 상태에서 형성되므로 헥토파스칼의 수치가 낮을수록 바람은 더 세다.

19 서버 과부하로 인한 트래픽을 감소시키고 대기시간을 줄이는 기술은?

① 딥 웹
② 웹캐싱
③ 다크 웹
④ 서피스 웹

① 딥 웹 : 검색이나 접근이 어렵거나 넷플릭스처럼 유료화에 막힌 곳을 말한다.
③ 다크 웹 : 접속을 위해서는 특정 프로그램을 사용해야 하는 웹을 가리키며 인터넷 지하세계라고도 부른다. 일반적인 방법으로 접속자나 서버를 확인할 수 없기 때문에 사이버상에서 범죄에 활용된다.
④ 서피스 웹 : 네이버, 구글같은 일반적인 검색엔진을 말한다.

20 다음 단어의 알파벳 첫 글자를 조합하여 연상할 수 있는 단어는?

> ㉠ 최초의 소셜커머스 사이트
> ㉡ 물을 구성하는 것으로 16족 원소
> ㉢ 삼성전자가 세계 최초로 개발한 고성능 DDR4

① QOOK
② DOOR
③ GOOD
④ HOME

㉠ 최초의 소셜커머스 사이트 : 그루폰(Groupon) → G
㉡ 물을 구성하는 것으로 16 원소 : 산소(Oxygen) → O, O
㉢ 삼성전자가 세계 최초로 개발한 고성능 DDR4 : D램 → D

기출 21 뉴턴의 운동법칙에서 물체에 힘을 가할 때 나타나는 작용과 반작용은 크기가 같고 방향은 반대이며, 동일직선 상에서 작용하는 것과 관련성이 높은 것은?

① 제1법칙
② 제2법칙
③ 제3법칙
④ 제4법칙

제3법칙 … 작용반작용의 법칙이다. 물체에 힘을 작용시키면 원래의 상태를 유지하기 위해 물체는 반대 방향으로 힘을 작용(반작용)하게 된다.

※ 뉴턴의 운동법칙
 ㉠ 운동제1법칙 : 관성의 법칙
 ㉡ 운동제2법칙 : 가속도의 법칙
 ㉢ 운동제3법칙 : 작용 − 반작용 법칙

기출 22 컴퓨터 관련 용어가 아닌 것은?

① 푸가
② 서버
③ 데몬
④ 미러

푸가 … 모방대위법에 의한 악곡형식 및 그 작법을 말한다.
② 서버 : 근거리통신망(LAN)에서 집약적인 처리기능을 서비스하는 서브시스템이다.
③ 데몬 : 주기적인 서비스 요청을 처리하기 위해 계속 실행되는 프로그램이다.
④ 미러 : 컴퓨터 그래픽에서 표시면상의 하나의 직성을 축으로 하여 전체 또는 일부분을 180° 회전시켜서 화면에 표시하는 것을 말한다.

23 방사성 원소가 아닌 것은?

① 헬륨
② 라듐
③ 토륨
④ 우라늄

방사성 원소 … 방사능을 가지고 있어 방사선을 방출·붕괴하여 새로운 안정된 원소로 되는 원소로, 우라늄·라듐·악티늄·토륨 등이 있다.

24 다음 중 분산된 네트워크 환경에서 컴퓨팅 자원을 통해 데이터를 처리하고 관리하는 기술을 의미하는 용어는 무엇인가?

① 엣지 컴퓨팅
② 클라우드 컴퓨팅
③ 디지털 트윈
④ 빅데이터 분석

엣지 컴퓨팅 … 데이터가 발생하는 현장에서 가까운 디바이스나 네트워크의 가장자리에서 데이터를 처리하는 기술로, 실시간 데이터 처리가 가능하고 지연 시간을 줄이는데 효과적이다.

25 인터넷 사이트를 방문하는 사람들의 컴퓨터로부터 사용자 정보를 얻어내기 위해 사용되는 것으로, ID와 비밀번호 등의 정보를 담은 임시파일을 말한다. 암호화되어 있긴 하나 개인 신상정보가 노출될 위험을 가지고 있는 것은?

① 프락시(Proxy)
② 쿠키(Cookie)
③ 캐시(Cache)
④ KSS

쿠키(Cookie) … 이용자가 특정 홈페이지에 접속할 때 생성되는 정보를 담은 임시파일이다.
① 프락시(Proxy) : 인터넷에서 한 번 요청한 데이터를 대용량 디스크에 저장해두고, 반복하여 요청하는 경우 디스크에 저장된 데이터를 제공해 주는 서버이다.
③ 캐시(Cache) : 컴퓨터의 성능을 향상시키기 위해 사용되는 소형 고속 기억장치이다.
④ KSS : 실시간으로 업데이트된 정보를 제공하는 기술이자 규약이다.

26 물리학의 양자론을 처음으로 블랙홀(Black Hole)에 적용하여 주장한 물리학자는?

① 아인슈타인
② 플레밍
③ 호킹
④ 플랭클린

블랙홀(Black Hole) … 물질이 중력수축을 일으켜 그 크기가 임계반지름 이하로 줄어든 천체를 의미하며 이는 물리학자 호킹이 주장하였다.

27 방사성 폐기물 처리방법에 대한 설명으로 옳은 것은?

① 고준위 방사성 폐기물은 폐기물로 간주한다.
② 고준위 방사성 폐기물은 원자력발전소에서 사용한 장갑, 작업법, 각종 교체부품, 관련 산업체, 병원, 연구기관에서 나오는 폐기물이다.
③ 방사능 준위에 따라 고준위, 중준위, 저준위 방사성 폐기물로 구분할 수 있다.
④ 저준위 방사성 폐기물 중에서 원자력발전소에서 발생하는 폐기물을 원전수거물이라고 하며 기체, 액체, 고체로 구분하는데, 저장방법에는 차이가 없다.

방사성 폐기물 … 방사성을 가지고 있으므로 충분한 주의가 필요하다. 처리에는 법률적인 허용량, 기타 각종 규제가 있으며 소각, 고형화한 후 해양투기, 장기보관에 의한 감쇠, 물에 의한 희석, 폐수처리 등이 있다.
① 고준위 방사성 폐기물은 핵연료로 사용하고 난 후의 핵연료와 이것의 재처리과정에서 나오는 폐기물로 95% 이상을 재활용할 수 있기 때문에 폐기물로 간주하지 않는다.
② 저준위 방사성 폐기물에 대한 설명이다.
④ 기체, 액체, 고체 등 그 형태에 따라 저장방법에 차이가 있다.

28 다음 중 화성 탐사 로버가 아닌 것은?

① 스피릿
② 오퍼튜니티
③ 큐리오시티
④ 뉴 호라이즌

④ 뉴 호라이즌은 화성이 아닌 명왕성 및 태양계 외곽 탐사를 목적으로 한 NASA의 우주 탐사선이다.

29 알츠하이머 치료제 '레켐비'는 뇌에 쌓이는 어떤 물질을 제거하는 역할을 하는가?

① 혈중 칼슘
② 베타 아밀로이드 단백질
③ 아세틸콜린
④ 콜레스테롤

레카네맙 성분의 레켐비는 치매 원인 물질 중에 하나인 뇌 단백질 베타 아밀로이드를 제거하는 역할을 한다.

30 네트워크에서 도메인이나 호스트 이름을 숫자로 된 IP주소로 해석해주는 TCP/IP 네트워크 서비스의 명칭으로 알맞은 것은?

① 라우터
② 모블로그
③ CGI
④ DNS

계층적 이름 구조를 갖는 분산형 데이터 베이스로 구성된다. https://www.goseowon.com일 경우 뒷부분 com의 주소, goseowon의 주소, www의 주소 순서로 해석한다.
① 라우터(Router) : 둘 혹은 그 이상의 네트워크를 연결해 한 통신망에서 다른 통신망으로 통신할 수 있도록 도와주는 장치이다.
② 모블로그(Moblog) : 휴대전화를 이용하여 컴퓨터상의 블로그에 글·사진 등의 콘텐츠를 올릴 수 있는 서비스이다.
③ CGI(Common Gateway Interface) : 웹서버가 외부프로그램과 데이터를 주고받을 수 있도록 정의한 표준안이다.

31 사진이나 동영상 등의 디지털 콘텐츠에 저작권자나 판매자 정보를 삽입하여 원본의 출처 정보를 제공하는 기술은?

① 디지털 사이니지
② 디지털 워터마킹
③ 디지털 핑거프린팅
④ 콘텐츠 필터링

① 디지털 사이니지 : 움직이고 소리가 나는 옥외 광고다.
③ 디지털 핑거프린팅 : 인간의 감지 능력으로는 검출할 수 없도록 사용자의 정보를 멀티미디어 콘텐츠 내에 삽입하는 기술이다.
④ 콘텐츠 필터링 : 콘텐츠 이용 과정에서 저작권 침해 여부 등을 판단하기 위해 데이터를 제어하는 기술이다.

32 미국의 1인승 유인 우주선을 발사하여 지구궤도를 선회한 뒤 귀환시키는 계획은?

① 매리너계획
② 오즈마계획
③ 머큐리계획
④ 서베이어계획

머큐리계획 … 미국 최초의 유인위성 발사계획이다.
① 매리너계획 : 미국의 금성 및 화성에 대한 자료 수집을 위한 계획이다.
② 오즈마계획 : 우주인의 신호를 전파망원렌즈로 포착하려는 계획이다.
④ 서베이어계획 : 달의 표면이 아폴로 유인 우주선의 착륙을 견딜 수 있는가의 여부 및 달의 지질 등의 탐사를 위해 달이 무인기계장치를 설치하는 계획이다.

33 유체의 열팽창으로 인한 밀도변화에 의해 일어나는 물질의 순환 운동을 무엇이라고 하는가?

① 소류 ② 중류

③ 대류 ④ 복사

대류 … 열이 유체를 통해 이동하는 현상을 의미한다.
① 소류 : 강바닥에 있는 토사가 세굴되어 유출 하는 것을 말한다.
② 중류 : 기류(氣流)의 중간을 말한다.
③ 복사 : 물질을 구성하는 원자 집단이 열에 의해 전자기파를 복사하는 현상이다.

34 번개불이 보이고 난 후 약 5초 뒤에 천둥소리가 들렸다. 벼락은 약 얼마의 거리에서 떨어졌는가?

① 약 0.9km ② 약 1.7km

③ 약 2.5km ④ 약 3.9km

소리의 속도는 340㎧이다. 벼락이 떨어진 거리는 340㎧ × 5s이므로, 1,700m, 약 1.7 km이다.

35 양자 컴퓨터에서 정보의 기본 단위로 사용되는 것은 무엇인가?

① 비트 (Bit)

② 큐비트 (Qubit)

③ 바이트 (Byte)

④ 트랜지스터 (Transistor)

② 양자컴퓨터의 기본 단위는 큐비트(Qubit)이다. 큐비트는 비트(Bit)와 달리 양자역학의 중첩(superposition) 원리를 이용해 0과 1을 동시에 표현할 수 있다. 이 덕분에 큐비트는 여러 상태를 동시에 처리할 수 있어 복잡한 연산을 병렬로 수행하게 된다. 또 다른 중요한 원리인 얽힘(entanglement)을 통해 큐비트 간 정보 공유가 이루어져 고성능의 연산 능력을 발휘할 수 있다.

ANSWER
30.④ 31.② 32.③ 33.③ 34.② 35.②

36 물질을 구성하고 있는 가장 작은 소립자는?

① π 중간자   ② μ 중간자
③ 뉴트리노   ④ 쿼크

37 세계 최초로 달 뒷면에 착륙한 달 탐사선으로 알맞은 것은?

① 루나 1호
② 찬드라얀 2호
③ 바이킹 2호
④ 창어 4호

38 다음 중 잘못 짝지어진 것은?

① 린네 – 생물분류법의 체계화
② 드 브리스 – 자연돌연변이 발견
③ 로버트 브라운 – 세포의 발견
④ 크라메르 – 태양에 의한 새의 이동에 관한 연구

39 일론 머스크는 뇌에 칩을 이식한 거트루드(Gertrude)를 공개하였다. 거투르드의 뇌에서 보낸 신호를 컴퓨터로 전송하여 모니터에서 볼 수 있는 것을 가능하게 만들 때 사용된 기술은?

① ANN(Artificial Neural Network)
② VR(Virtual Reality)
③ GAN(Generative Adversarial Network)
④ BCI(Brain Computer Interface)

BCI(Brain Computer Interface) … 뇌 – 컴퓨터 인터페이스로 뇌파를 이용하여 컴퓨터에서 해석할 수 있는 인터페이스를 말한다.
① ANN(Artificial Neural Network) : 인공 신경망으로 인간의 신경처리 과정을 모방하여 만든 알고리즘을 말한다.
② VR(Virtual Reality) : 컴퓨터에서 만들어진 가상현실을 말한다.
④ GAN(Generative Adversarial Network) : 생성적 대립 신경망으로, 딥러닝 알고리즘으로 진짜와 똑같은 가짜를 생성하여 이를 판별하고 학습하고 진짜와 같은 가짜를 만드는 기술이다.

기출 40 옴의 법칙(Ohm's Law)이란?

① 전류의 세기는 전기저항에 반비례한다.
② 전류의 세기는 전기저항에 비례한다.
③ 전기저항은 도선의 길이에 비례한다.
④ 전기저항은 도선의 길이에 반비례한다.

옴의 법칙(Ohm's Law) … 도체에 흐르는 전류의 세기는 전압에 비례하며 전기저항의 반비례한다는 법칙이다.

41 지구는 하나의 거대한 유기체이며 지구생물권은 단순히 주위환경에 적응하기만 하는 소극적인 존재가 아니라, 오히려 지구의 물리화학적 환경을 적극적으로 변화시키는 능동적인 존재라는 주장은?

① 진화론
② 마크로가설
③ 가이아가설
④ 지구생물론

가이아가설 … 1978년 영국의 과학자 제임스 러브록이 주장한 새로운 가설로 지구를 생물과 무생물이 상호작용하는 생명체로 바라보면서 지구가 생물에 의해 조절되는 하나의 유기체임을 강조한다. 이 이론은 하나의 가설에 지나지 않지만, 지구온난화현상 등 최근의 지구환경문제와 관련해 새롭게 주목받고 있다.

42 다음 중 연결된 것이 서로 맞지 않는 것은?

① 원자설 – 달턴(Dalton)
② 전자의 발견 – 톰슨(Thomson)
③ 양성자의 발견 – 러더포드(Rutherford)
④ 중성자의 발견 – 게이 루삭(Gay Lussac)

중성자의 발견 … 1932년 채드윅이 베릴륨 (Be)박판에 α 선을 충돌시켜 전하가 없는 입자가 튀어나오는 것을 발견하여 전하를 띠지 않는 입자라는 뜻으로 중성자로 명명하였다. 게이 루삭(Gay Lussac)은 기체의 압력은 온도에 비례한다는 법칙을 주장하였다.

기출 43 다음 (　　) 안에 들어갈 것을 순서대로 적으면?

> 천연가스를 그 주성분인 메탄의 끓는점 이하로 냉각하여 액화시킨 것을 (　　)라 하고, 프로판이나 부탄 등 탄화수소를 주성분으로 하는 가스를 액화한 것을 (　　)라 한다.

① LNG, SNG
② LPG, LNG
③ LNG, LPG
④ SNG, LPG

LNG와 LPG의 비교
㉠ LNG : 천연가스를 대량수송 및 저장하기 위해 그 주성분인 메탄의 끓는점 이하로 냉각하여 액화시킨 것이다.
㉡ LPG : 일반적으로 프로판가스로 통칭되며, 프로판이나 부탄 등 탄화수소물질을 주성분으로 액화시킨 것이다.

44 다음 중 이미지 파일 형식이 아닌 것은?

① JPEG
② PNG
③ WAV
④ GIF

③ WAV는 오디오 파일 형식으로, 이미지와 관련이 없다.

45 다음의 설명하는 용어에서 나타나는 숫자를 모두 합하면?

> • 6세대 이동통신 방식
> • IPv4에 이어서 개발된 인터넷 프로토콜 주소 표현 방식의 차세대 버전
> • 인터넷 거래 피해 신고 번호

① 129   ② 130
③ 141   ④ 148

46 제시된 단어와 같은 관계가 되도록 ( ) 안에 옳은 단어를 고르면?

> 보일의 법칙 : ( ) = 샤를의 법칙 : 온도

① 시간   ② 속도
③ 부력   ④ 압력

47 빛이 파동성을 갖기 때문에 일어나는 현상은?

① 굴절(屈折)
② 회절(回折)
③ 편광(偏光)
④ 반사(反射)

48 나침반이 남북방향을 가리키는 것은 지구의 자기장 때문이다. 지구 자기장의 3요소가 아닌 것은?

① 수평자기력
② 수직자기력
③ 편각
④ 복각

지구 자기장의 3요소
㉠ **수평자기력** : 지구 자기장 수평방향의 힘으로, 지구자기 수평분력이라고도 한다.
㉡ **편각** : 자오선과 자석이 나타내는 방향이 형성하는 각으로 편각의를 이용하여 측정한다.
㉢ **복각** : 수평면과 지구자기장이 이루는 각을 의미한다.

49 생물의 유전현상에서 중심역할을 하는 DNA에 대한 다음 설명 중 사실과 다른 것은?

① 주로 세포질에 존재한다.
② 2중 나선형의 분자구조를 하고 있다.
③ 1953년 영국의 왓슨과 크릭에 의해 밝혀졌고, 이들은 그 이후 노벨상을 수상했다.
④ 염기와 당류, 인산으로 구성된 고분자화합물이다.

진핵세포에서의 DNA는 핵 속에 주로 많이 들어 있고, 극미량이 미토콘드리아와 엽록체 속에 들어 있다. 뚜렷한 핵이 없는 세포(주로 미생물세포)를 원핵세포라고 하는데, 이런 세포에서의 DNA는 세포질 속에 흩어져 있다.

50 유전정보의 전달에 관여하는 핵산인 DNA와 RNA분자에 관한 설명 중 옳지 않은 것은?

① DNA분자는 이중나선구조이다.
② RNA분자는 단일구조이다.
③ 공통된 염기성분은 아데닌, 구아닌, 시토신이다.
④ 미국의 S. 오초와가 처음 발견하였다.

DNA는 왓슨과 크릭에 의해 발견되었다.

51 나로 우주센터가 건설된 지역은?

① 외나로도
② 한산도
③ 내나로도
④ 우이도

나로 우주센터 … 한국이 자체 기술로 인공위성을 우주 공간으로 쏘아 올리기 위해 건설된 한국 최초의 우주발사체발사기지이다. 1999년부터 안전성과 발사각, 부지 확보의 용이성 등에 대한 정밀 조사를 거쳐, 2001년 1월 전라남도 고흥군 봉래면(蓬萊面) 외나로도(예내리 하반마을)가 최종 건설기지로 선정되었다.

기출 52 지구상에서 날짜를 구분하기 위해 편의상 만든 날짜변경 기준선에 대한 설명으로 바르지 않은 것은?

① 날짜의 혼란을 피하기 위해 날짜변경선은 지도상에 세로로 직선을 긋고 이것을 기준으로 삼는다.
② 날짜변경선을 기준으로 하여 서에서 동으로 넘을 때는 날짜를 하루 늦추고, 동에서 서로 넘을 때는 하루를 더한다.
③ 경도 0°인 영국 그리니치 천문대의 180° 반대쪽인 태평양 한가운데(경도 180°)로 북극과 남극 사이 태평양 바다 위에 세로로 그은 가상의 선이다.
④ 지구에서 가장 늦게 해가 지는 남태평양의 사모아(미국령 사모아는 제외)가 2011년 연말부터 날짜변경선을 서쪽의 시간대로 변경해 사용하기로 했다.

날짜변경선은 관련 국가의 결정에 따르므로 실제 정확한 직선은 아니며 좀 더 복잡한 모습을 보인다.

53 전자파의 존재를 실험적으로 확인한 사람은?

① 헤르츠
② 패러데이
③ 맥스웰
④ 로렌츠

전자파의 존재 … 1888년 독일의 물리학자 헤르츠에 의해 불꽃 간극이 있는 전기 진동회로로부터 전자기파를 발생 시킴으로써 실험적으로 확인됐다.
② 패러데이 : 전자기 유도 법칙을 발견한 영국의 물리학자이다.
③ 맥스웰 : 전자기학의 기초가 되는 맥스웰 방정식을 고안해낸 영국의 물리학자이다.
④ 로렌츠 : 물리학자 제이만과 함께 노벨물리학상을 수상한 네덜란드의 물리학자이다.

54 다음 중 열역학에서 취급하는 것 가운데 H로 표기되며, 열함량을 나타내는 것은?

① 점성도
② 엔탈피
③ 칼로리
④ 산성도

엔탈피 … 어떤 물질이 일정한 압력에서 생성될 때 그 물질 속에 축적된 열에너지이다.

55 1982년 미국 물리학자 리처드 파인먼이 처음 개념을 제시한 것으로 컴퓨터처럼 0과 1의 이진법이 아니고 양자역학적 현상을 이용해서 자료를 처리하는 '꿈의 컴퓨터'라고 불리는 것은?

① 퍼스널 컴퓨터
② 슈퍼 컴퓨터
③ 양자 컴퓨터
④ 대형 컴퓨터

양자 컴퓨터 … 1982년 미국 물리학자 리처드 파인먼이 처음 개념을 제시한 것으로 컴퓨터처럼 0과 1의 이진법이 아니고 양자역학적 현상을 이용해서 자료를 처리하는 컴퓨터로 IBM 등에서 상용화에 성공하였으며, 기존 슈퍼 컴퓨터가 10억 년에 걸쳐 처리하는 소인수분해 문제를 단 100초 만에 풀 수 있는 등 차원이 다른 뛰어난 성능을 가지고 있는 덕분에 '꿈의 컴퓨터'라고 한다.
① 퍼스널 컴퓨터 : 마이크로 컴퓨터의 기능을 가진 개인용 컴퓨터를 말한다.
② 슈퍼 컴퓨터 : 백터계산 전용 프로세서를 갖춘 초고속 컴퓨터를 말한다.
④ 대형 컴퓨터 : 운영체제와 더불어 복잡하고 다양한 기능의 논리 회로로 구성되어 복잡한 프로그램을 수행할 수 있는 컴퓨터를 말한다.

56 시스템 소프트웨어에 대한 설명으로 옳지 않은 것은?

① 응용 소프트웨어의 실행이나 개발을 지원한다.
② 응용 소프트웨어에 의존적이다.
③ 컴퓨터의 운영 체계(OS), 컴파일러, 유틸리티 등이 있다.
④ 응용 소프트웨어와 대칭된다.

시스템 소프트웨어는 응용 소프트웨어에 의존적이지 않은 소프트웨어이다.
※ 소프트웨어 … 컴퓨터 프로그램 외에도 관련된 모든 문서를 총칭하며 하드웨어에 대응하는 개념이다.

57 아마존에서 사용하는 추천 알고리즘 기술로, 이용자의 행동을 분석해 맞춤정보를 제공하면서 클릭과 구매율을 높이는 광고 전략은?

① 애드센스
② 멀티태스킹
③ 협업필터링
④ 핀테크

협업필터링 … 알고리즘을 통해서 고객의 정보를 분석하여 다음에 선택하는 것을 미리 예측해 맞춤형 자료를 제공하는 것이다. 추천 알고리즘을 통해 소비자의 개인에 맞춘 정보를 제공하면서 소비자 충성도를 제고하기 위함이다. 초개인화가 목표이다.
① 애드센스 : 구글에서 운영하는 광고 중개 서비스이다.
② 멀티태스킹 : 하나의 컴퓨터가 여러 개의 작업을 동시에 수행하는 일을 말한다.
④ 핀테크 : 모바일, SNS, 빅데이터 등 새로운 IT 기술을 활용한 금융서비스를 말한다.

58 다음 빈칸에 들어갈 용어로 가장 적절한 것은?

> (   )는 인공지능 기술을 활용하여 생성된 가상 인물로, 실제 존재하는 사람처럼 보이지만 현실에는 존재하지 않는다. 이들은 광고, 방송, SNS 등 다양한 분야에서 활용되며, 특히 마케팅과 엔터테인먼트 산업에서 주목받고 있다.

① 메타버스
② 디지털 휴먼
③ 블록체인
④ 증강 현실

② 디지털 휴먼 … 인공지능과 3D 그래픽 기술을 통해 생성된 가상의 인물로, 실제 사람과 유사한 외모와 행동을 보인다. 이들은 광고, 방송, SNS 등 다양한 분야에서 활용되며, 특히 마케팅과 엔터테인먼트 산업에서 주목받고 있다.

59 지구 자전을 증명할 수 있는 것은?

① 광행차
② 별의 연주시차
③ 춘분점의 이동
④ 푸코진자의 진동면 이동

①②③ 지구 자전의 증거로는 푸코진자의 진동면 회전과 전향력, 인공위성궤도의 서편현상, 자유낙화 물체의 동편 현상이 있다.
※ 푸코진자 … 지구의 자전을 증명하기 위해 고안한 진동 장치이다. 가볍고 긴 줄에 매달린 무거운 추로 구성이 되어 있다.

60 대개 얕은 진원을 가진 진도 6.3 이상의 지진과 함께 일어나기도 하고, 해저의 화산 폭발 · 빙하의 붕괴 · 토사 함몰 · 핵 폭발 등으로 발생하기도 하는 것은?

① 판게아
② 블랙홀
③ 허리케인
④ 지진해일

지진해일 … 해저에서 급격한 지각변동으로 인해 해수가 급격히 이동할 때 형성되는 천해파이다.

61 가벼운 원자핵이 서로 충돌 · 융합하여 보다 무거운 원자핵을 만드는 과정에서 에너지를 만드는 핵융합 현상을 일으키는 원소는?

① 토륨
② 라듐
③ 우라늄 235
④ 중수소

핵융합은 중수소(D 또는 2H)와 삼중수소(T 또는 3H)의 가벼운 원소가 일으킨다.
① 토륨 : 토륨은 악티늄 계열의 방사성 금속 원소이다.
② 라듐 : 은백색의 고체 금속이다.
③ 우라늄 235 : 우라늄의 방사성 동위 원소 중의 하나이다.

62 극한기술(極限技術)에 대한 설명으로 바르지 못한 것은?

① 핵융합 · 초전도체 · 우주에서의 신소재 개발 등에 폭넓게 이용된다.
② 현재는 항공 · 우주 분야에만 쓰이고 있다.
③ 물리적 환경을 극한상태로 변화시켜 새로운 현상과 신물질을 창출해 내는 기술이다.
④ 초정밀 · 초고온 · 초고압 등의 기술을 의미한다.

극한기술(極限技術) … 극한적인 환경을 발생시켜 응용하는 기술혁신이다. 핵융합(초고온), 반도체(초정점). 신물질 창출(초고온, 초고압, 고진공) 등에 응용되고 있다.

63 바이오에너지(Bioenergy)에 대한 설명으로 옳지 않은 것은?

① 바이오가스와 알코올 연료로 나눌 수 있다.
② 기존의 에너지를 합성하여 얻어낸 에너지이다.
③ 생체에너지 또는 녹색에너지라고도 불린다.
④ 바이오매스(Biomass), 즉 양(量)의 생물체라고도 한다.

바이오에너지(Bioenergy) … 석유나 석탄 등의 유한한 화학연료가 아닌 농작물·목재·축분 등 생물·생체자원을 이용하여 연료로 사용하는 대체에너지이다.

64 예측 불가능한 현상, 즉 언뜻 보아 무질서하게 보이는 복잡한 현상의 배후에 있는 정연한 질서를 밝혀내는 이론은?

① 퍼지 이론
② 카오스 이론
③ 빅뱅 이론
④ 장 이론

퍼지(Fuzzy)가 주관적인 결정을 하는 데 비해 카오스(Chaos)는 객관적인 이론체계를 만든다.
① 퍼지 이론 : 양자택일이 아닌 인간의 두뇌처럼 다양하고 주관적인 결정을 할 수 있게 만든 이론이다.
③ 빅뱅 이론 : 우주 내 모든 물질을 포함하는 초원자가 폭발하여 우주가 생겨났다는 이론이다.
④ 장 이론 : 물리학에서 전자기력, 핵력, 중력 등의 힘이 장(Field)을 통하여 작용한다는 이론이다.

65 컴퓨터에서 데이터 송·수신 시 일반적으로 많이 사용되는 속도는?

① MIPS
② BPS
③ CPS
④ PPM

① MIPS : 1초당 100만 개 단위의 명령어 연산이란 뜻으로 컴퓨터의 연산속도를 나타내는 단위이다.
③ CPS : 1초당 처리하는 문자의 수이다.
④ PPM : 1분당 처리하는 페이지 수이다.

66 1997년 2월 탄생한 최초의 복제 포유류인 복제양 '돌리'는 유전공학 기술 중 어느 기법을 이용한 것인가?

① 핵이식법
② 세포융합법
③ 조직배양법
④ 핵치환기법

기출 67 다음 단위 중 크기가 가장 작은 것은?

① 테라
② 피코
③ 나노
④ 펨토

68 IAEA와 관계없는 것은?

① 원자력에 대한 정보교환을 촉진한다.
② 원자력의 평화적 이용을 추진한다.
③ 핵분열 물질이 군사목적에 사용되지 않도록 보장조치를 강구한다.
④ 1957년 발족되어 미국 워싱턴에 본부가 있다.

69 초전도체가 되는 조건 중 하나로, 물질의 저항이 사라지는 온도를 무엇이라고 하는가?

① 임계 온도
② 초전도 온도
③ 상온
④ 고온

① 임계 온도 ⋯ 초전도체가 되려면 특정 온도 이하로 온도를 낮춰야 하는데, 이 특정 온도를 임계 온도(critical temperature)라고 한다. 임계 온도 이하에서 물질은 전기 저항이 사라지며, 전류가 저항 없이 흐르게 되어 초전도 상태에 도달한다.

70 다음이 설명하는 별자리는?

> 끝으로 두 번째 별인 Mizar는 Alcor와 인접해 있으나 육안으로도 판별할 수 있다. 따라서 옛날 아라비아에서는 젊은이들을 군대에 징집할 때 이것을 시력검사에 이용하였다고 한다.

① 카시오페이아
② 큰곰자리
③ 작은곰자리
④ 오리온자리

큰곰자리 ⋯ 큰곰자리는 북두칠성을 중심으로 이루어진 북쪽 하늘의 큰 별자리이다. 큰 국자라고도 한다.
① 카시오페이아 : 에디오피아의 왕비 카시오페이아가 의자에 앉아 있는 모습으로 W자를 그리고 있다. 북극성을 축으로 북두칠성과는 서로 반대편에 있어, 하늘의 길잡이 역할을 한다. 특히 가을과 겨울에 잘 보인다.
③ 작은곰자리 : 북극성이 속한 별자리로, 1년 내내 북쪽 하늘에서 볼 수 있다. 큰 곰자리와 서로 대조를 이룬다. 작은 국자라고도 한다.
④ 오리온자리 : 겨울철 남쪽 하늘에서 볼 수 있는 별자리이다. 화려하고 가장 찾기 쉬운 별자리로 꼽힌다.

71 천문학계에서 추정하는 우주의 나이는?

① 약 50억 년
② 약 150억 년
③ 약 300억 년
④ 약 1,000억 년

우주의 나이는 허블(Hubble)연령이라고도 하며, 약 100 ~ 200억 년으로 추정된다.

72 정지궤도위성을 설명한 것 중 옳지 않은 것은?

① 적도 상공에서 정지한 상태로 작용하기 때문에 운영비를 대폭 줄일 수 있다.

② 정지궤도위성의 고도는 약 36,000km이다.

③ 통신 · 기상 분야뿐만 아니라 위성방송(DBS)도 정지위성을 이용한다.

④ 최근에 발사된 국산 과학위성 우리별 2호는 정지위성이 아니다.

정지위성 … 지구의 자전주기와 동일한 궤도주기를 가진 인공위성을 말한다. 적도 상공에서 원 또는 타원궤도를 선회하게 되는데, 지구가 자전하는 것과 같은 속도와 같은 방향으로 돌기 때문에 정지해 있는 것처럼 보인다.

기출 **73** 인류 최초의 인공위성은?

① 서베이어 1호
② 루나 1호
③ 보스토크 1호
④ 스푸트니크 1호

스푸트니크 1호 … 구소련에서 1957년 10월 발사된 세계 최초의 무인인공위성이다.

① **서베이어 1호** : 서베이어 계획은 미국의 무인 달 표면 탐사계획으로 서베이어 1호부터 7호까지 7대의 탐사선을 보냈다. 1호는 1966년 5월에 발사되었다.

② **루나 1호** : 러시아의 달 탐사 로켓이다. 1호는 1959년 1월 2일 월면에 명중시킬 것을 목표로 하였으나, 빗나가 태양 주위를 공전하는 인공위성이 되었다.

③ **보스토크 1호** : 1961년 4월에 구소련이 발사한 세계최초의 유인 우주선이다.

---

74 우주선이 지구의 인력권을 벗어난 후 달까지 도달하는 힘은?

① 원심력   ② 지구의 인력
③ 관성   ④ 달의 인력

지구 인력권과 달 인력권 사이는 무중력 상태이다.

①②④ 우주선은 로켓의 엔진가동을 중지시키더라도 관성이 작용하여 계속 운동하므로 달까지 도달할 수 있게 된다.

75 기체의 용해도와 관련된 현상에 대한 설명 중 옳지 않는 것은?

① 깊은 바다에서 잠수 도중 너무 급하게 물 위로 올라오면 잠수병에 걸린다.

② 수돗물을 끓여 먹으면 물속에 녹아 있던 염소 기체가 빠져나온다.

③ 겨울철에 사이다의 뚜껑을 열면 여름철보다 거품이 많이 발생한다.

④ 여름날 오후 연못의 물고기들은 수면 위로 올라와 뻐끔거린다.

기체의 용해도는 온도가 낮을수록, 압력이 높을수록 증가하게 된다. 일정한 온도에서 압력이 높아지면 기체의 용해도는 증가하고 일정한 압력에서 온도가 낮을수록 기체의 용해도는 증가한다. 따라서, 겨울철이 여름보다 거품이 적게 발생한다.

76 혜성에 대한 설명으로 옳지 않은 것은?

① 태양의 주위를 도는 태양계에 속한 소천체의 하나이다.

② 태양에 다가서면 꼬리가 태양 쪽으로 향한다.

③ 혜성의 본체를 핵이라고 한다.

④ 핵은 태양에 가까워지면 표면이 녹게 되고 이때 가스나 미립자가 방출되어 핵을 둘러싸는데, 이것을 '코마'라고 한다.

혜성 … 얼음과 먼지로 이루어져 있으며, 태양이나 큰 질량의 주위를 타원 혹은 포물선 궤도로 공전하는 작은 천체를 의미한다. 우리말로는 살별이라고 한다. 태양에 접근하면 혜성의 꼬리는 태양의 반대쪽으로 뻗는다.

77 페트병의 뚜껑을 열고 뜨거운 물에 담갔을 때 생기는 변화에 대하여 바르게 예측한 것은?

① 페트병 내부의 공기 분자의 부피가 커진다.

② 페트병이 가라앉는다.

③ 페트병 내 공기 분자의 운동이 위축된다.

④ 페트병 내 공기의 총 질량은 그대로이다.

질량은 불변의 성질을 갖는다.
① 공기 분자의 부피는 일정하다.
② 페트병이 위로 뜬다.
③ 공기 분자의 운동은 활발해진다.

78 다음 설명 중 옳지 않은 것은?

① 도메인 네임은 우선등록주의 원칙에 따라 먼저 등록한 자에게 주어지고 있어서 'com 도메인 네임'에 관한 상표권 문제가 종종 발생되고 있다.

② 카피레프트(Copyleft)란 존페리 바를로가 '모든 정보는 자유롭게 공유해야 한다'를 주장한 것으로 사이트마다 빨간 리본을 달도록 한 사이버스페이스상의 반(反)저작권운동이다.

③ Y2K란 밀레니엄버그의 별칭으로 컴퓨터의 연도 인식 오류에 관한 문제를 뜻한다.

④ 인터넷을 통해 음란물을 검색, 감상하고 전송받는 것은 위법이 아니다.

79 가전제품이나 전자기기를 인터넷에 연결하여 원격으로 제어하거나 데이터를 수집하고 분석할 수 있게 하는 기술을 의미하는 용어는 무엇인가?

① 스마트 디바이스
② 데이터 센싱
③ 커넥티드 디바이스
④ 자율 네트워크

80 첨단 기기에 익숙해진 현대인의 뇌에서 회백질 크기가 감소하여 현실에 무감각해지는 현상을 무엇이라고 하는가?

① 팝콘 브레인
② 디지털 치매
③ 필터 버블
④ 뉴럴링크

CHAPTER 04 지리 · 환경 · 보건

회독 | 1 | 2 | 3 | 정답 수 | 개 / 75개 |

---

1 갑작스러운 날씨 변화로 인해 사회 · 경제적 피해가 발생하는 현상은?

① 웨더 트랜스
② 웨더 쇼크
③ 웨더 스타
④ 웨더 스트립

웨더 쇼크 … 갑작스러운 날씨의 변화로 인해 사회적 또는 경제적인 피해가 발생하는 현상을 말한다. 예를 들면 지속적인 폭염으로 수박 가격이 폭등하는 경우, 급격한 수온 변화로 각종 어류가 집단 폐사 해 수산물의 가격이 높아지는 경우 등이 있다.

2 기술과 데이터로 도시의 효율성을 높이고, 생활의 질을 향상시키기 위해 설계된 첨단 도시를 의미하는 용어는 무엇인가?

① 사이버폴리스
② 테크노폴리스
③ 스마트시티
④ 에코타운

스마트시티(Smart City) … 첨단 정보통신기술(ICT)을 활용해 도시 자원을 효율적으로 관리하고, 에너지 절감, 교통 효율화, 환경 개선 등을 통해 생활의 질을 높이도록 설계된 첨단 도시이다. 친환경적이면서 기술적으로 발전된 도시를 목표로 한다.

3 순수 민간운동에서 만들어진 날로 지구 환경오염의 심각성을 사람들에게 각인시키기 위해서 자연보호자가 제정한 날짜로 매년 4월 2일에 해당하는 날은?

① 세계 환경의 날
② 지구의 날
③ 에너지의 날
④ 자원 순환의 날

① 세계환경의 날 : 1972년 6월 국제사회가 지구환경보전을 위해 제정한 날로 매년 6월 5일이다.
③ 에너지의 날 : 에너지 절약을 위한 취지로 제정된 날로 매년 8월 22일이다.
④ 자원순환의 날 : 환경부와 한국폐기물 협회가 지구환경 보호와 재활용의 중요성을 알리기 위해 제정한 날로 매년 9월 6일이다.

4　다음과 같은 내용을 특징으로 하는 것과 관련이 깊은 것은?

> 열대해양기단과 찬 대륙기단의 영향으로 여름철에는 비가 많고 고온다습하며 겨울철에는 춥고 맑은 날이 많으며 저온건조하다.

① 해양성 기후
② 계절풍 기후
③ 대륙성 기후
④ 열대우림 기후

계절풍 기후 … 한국 · 일본 · 중국 · 동남아시아 등 계절풍의 영향을 받는 지역의 기후로, 몬순기후라고도 하며, 우리나라 여름에는 남동 계절풍의 영향을 받아 고온다습하며, 겨울에는 북서 계절풍의 영향을 받아 한랭건조하다.
① 해양성 기후 : 대륙성 기후에 비하여 기온의 일변화와 연변화가 적고 연교차 또한 적다.
③ 대륙성 기후 : 대륙지방의 영향을 강하게 받는 기후로 겨울에는 고기압이 발달하여 맑은 날이 많고 바람이 약하지만 여름에는 기압이 낮아서 비가 내리는 일이 잦다.
④ 열대우림 기후 : 열대기후 중 건기 없이 매월 강수량이 풍부한 기후를 말한다.

기출 5　에볼라 바이러스에 대한 설명으로 옳은 것은?

① 돼지에서 기원한 인플루엔자 A 바이러스에 의한다. 바이러스는 감염된 환자의 호흡기로부터 기침, 재채기 등에 의해 감수성이 있는 다른 사람의 호흡기를 통하여 전파되며, 인자는 H1N1 70℃에서 사멸된다.
② 사스와 유사한 바이러스로 고열, 기침, 호흡곤란 등 심한 호흡기 증상을 일으키고 급성 신부전증을 동반하는 것이 특징이다. 치사율도 사스보다 6배가량 높은 바이러스이다.
③ 야생 들쥐의 배설물이 건조되면서 호흡기를 통해 전파되며, 신장에 감염되어 염증과 함께 급성 출혈을 일으킨다.
④ 급성 열성감염을 일으키는 바이러스로 감염에 의한 열성 질환은 갑작스러운 두통과 근육통, 발열이 발생한 후 전신 무력감과 허탈, 피부 발진, 저혈압, 그리고 흔히 전신성 출혈로 진행하며 사망률이 약 60%에 이르는 중증 감염병이다.

에볼라 바이러스 … 급성 열성감염을 일으키는 바이러스이다. 감염에 의한 열성 질환은 갑작스러운 두통과 근육통, 발열이 발생한 후 전신 무력감과 피부발진, 저혈압, 그리고 흔히 전신성 출혈로 진행된다. 사망률이 약 60%에 이르는 중증 감염병이다.
① 신종플루
② 메르스
③ 신증후군출혈열

6 컴퓨터를 많이 해서 손목이나 목이 아픈 증상을 무엇이라 하는가?

① ADD 증후군
② 둠 증후군
③ 헬러 증후군
④ VDT 증후군

VDT 증후군 … 컴퓨터 작업으로 인해 발생하는 목이나 어깨 결림 등의 경견완증후군과 근육이 뭉쳐 통증을 느끼는 근막동통증후군. 손목신경이 눌려 손가락까지 저리는 수근관 증후군 등의 증세를 말한다.
① **ADD 증후군** : 대규모 구조조정을 겪은 남은 조직 구성원들이 겪는 정신적 스트레스를 말한다.
② **둠 증후군** : 컴퓨터 게임에 중독된 상태를 말한다.
③ **헬러 증후군** : 2세 이후 구어퇴행을 시작으로 의사소통기술, 사회성, 운동성의 퇴행을 보이는 것을 말한다.

7 세계 환경의 날은?

① 3월 22일
② 5월 8일
③ 6월 5일
④ 5월 31일

세계 환경의 날 … 환경 보전을 위한 국제적 기념일로, 1972년에 국제 연합 환경 회의에서 6월 5일을 세계 환경의 날로 제정하였다.
① UN에서 지정한 세계 물의 날이다.
② 세계 난소암 연합(WOCD)에서 지정한 세계 난소암의 날이다.
④ 세계보건기구(WHO)에서 지정한 세계 금연의 날이다.

8 생활수준이 올라감에 따라 건강하고 행복한 삶을 영위하기 위해 복용하는 의약품을 무엇이라고 하는가?

① 헬시 드러그
② 해피 드러그
③ 위시 드러그
④ 라이프 드러그

해피 드러그(Happy Drug) … 행복(Happy)와 약(Drug)의 합성어로, 생활수준이 올라감에 따라 건강하고 행복한 삶을 영위하기 위해 복용하는 의약품을 말하며 비만 치료제나 자양 강장제 등이 있다.

9 구제역에 걸리는 동물이 아닌 것은?

① 사슴
② 돼지
③ 개
④ 양

구제역 … 소, 돼지, 양, 염소, 사슴 등 발굽이 둘로 갈라진 우제류에 감염되는 질병이다. 전염성이 매우 강하며 입술, 혀, 잇몸, 코, 발굽 사이 등에 물집이 생기고 체온이 급격히 상승하는 증세를 보이다 결국에는 폐사하게 된다. 국제사무국(OIE)에서 A급 질병으로 분류하였으며 우리나라에서도 제1종 가축전염병으로 지정되어 있다.

10 일교차가 가장 심한 곳은?

① 사막지방
② 극지방
③ 온대지방
④ 열대지방

일교차가 가장 큰 곳은 사막지방이며 해안보다는 내륙이, 흐린 날보다는 맑은 날 일교차가 더 크다.

11 우리나라 남서면에 여름철 비가 많이 내리는 이유는?

① 분지형이기 때문에
② 해안이 가까우므로
③ 원래 비가 많은 지역이므로
④ 여름에 계절풍을 받는 지역이므로

여름철에는 우리나라 남부에 고온다습한 열대성 저기압인 북태평양기단이 발생하여 남동계절풍이 불고, 7～9월 사이에 폭풍우를 일으키는 태풍 등으로 강우량이 많으며, 겨울철에는 한랭건조한 시베리아기단이 형성되어 북서계절풍이 불며 날씨는 맑고 기온이 낮다.

12 지도상에 나타난 산 높이의 기준이 되는 면은?

① 지구 타원체면
② 지구와 같은 부피를 가진 구의 표면
③ 표준중력을 나타내는 기상 타원체면
④ 지오이드

지오이드 … 지구의 각지에서 중력의 방향을 측정하여 이것에 수직한 면을 연결한 곡면으로서, 평균해수면과 일치하며 지구상의 여러 측정기준이 된다.

13 콜레라에 대한 설명으로 옳지 않은 것은?

① 수인성 전염병으로 물과 음식을 통해 감염된다.
② 설사, 구토와 같은 증세를 동반한다.
③ 예방 접종으로 예방할 수 있다.
④ 노약자의 경우 발병 위험이 높고 사망률도 10%가 넘는다.

콜레라 … 콜레라균 감염에 의한 급성 설사 질환이다. 분변, 구토물로 오염된 음식이나 물을 통해 감염되며 더러운 손으로 조리하거나 식사할 때에 감염될 수 있다. 해외 여행객이나 근로자의 증가로 콜레라균의 국내 유입이 증가하였다. 다른 전염병과 달리 예방 접종의 효과가 없지만, 열에 약하므로 물과 음식을 충분히 끓이고 익혀 먹으면 예방 할 수 있다.

14 적조(赤潮) 현상의 원인이 아닌 것은?

① 수온의 상승
② 해류의 정체
③ 질수(N), 인(P) 등의 유입
④ 염분농도의 상승

적조(赤潮) 현상 … 바닷물의 플랑크톤이 갑자기 이상 번식되어 해수가 적색이나 황색, 갈색으로 변화하는 현상이다. 도시 공장 폐수로 바다가 오염되어 질소·인 등이 많아지는 부영양화가 간접적인 영향이다.

15 온난화 현상에 대한 설명으로 옳지 않은 것은?

① 주된 원인은 이산화탄소이다.
② 지구 표면의 평균 온도가 상승하는 현상이다.
③ 우리나라는 기후변화협약에 가입되어 있지 않다.
④ 온난화에 의해 대기 중의 수증기량이 증가하면서 평균 강수량이 증가할 수 있다.

온난화 현상 … 대기 중의 탄산가스와 수증기가 파장이 긴 지구복사열을 통과시키지 못하고 흡수하여 지구 표면의 온도가 상승하는 현상이다. 우리나라는 1993년 12월에 기후변화협약에 가입하였다.

16 도심의 대기오염을 악화시키는 기상조건에 해당하지 않는 것은?

① 기온역전 현상
② 기압골의 접근
③ 이동성 고기압권
④ 지표면의 복사열

기압골이 접근하면 비구름이 형성된다. 비가 올 경우 대기 중의 먼지와 각종 오염물질이 제거된다.

※ **기온역전 현상** … 위로 올라갈수록 기온이 높아지는 현상으로, 날씨가 맑은 밤에 지면의 열이 식으면서 지면 근처의 공기가 그 위층의 공기보다 기온이 낮아지는 현상을 말한다. 기온역전은 그 층의 대기를 안정되게 하는데, 대기가 안정되면 오염물질이 대기 중에 그대로 머물러 오염이 악화된다.

17 고기압과 저기압의 구분 기준은?

① 900헥토파스칼
② 1,000헥토파스칼
③ 1,014헥토파스칼
④ 기준이 없다.

고기압과 저기압은 구분하는 기준이 따로 있는 것이 아니라 주위보다 상대적으로 높으면 고기압, 낮으면 저기압이라 한다.

18 다음 중 천연보호수역이 아닌 곳은?

① 설악산
② 한라산
③ 대암산과 대우산
④ 태백산

천연보호수역 … 홍도, 설악산, 한라산, 대암산과 대우산, 향노봉과 건봉산이다.

기출 19 금강산의 겨울 명칭은?

① 봉래산
② 송악산
③ 개골산
④ 풍악산

금강산은 계절에 따라 이름을 다르게 부르는데, 봄에는 금강석처럼 아름답다고 하여 금강산이라고 부르고 여름에는 계곡과 봉우리에 짙은 녹음이 깔린 신록의 경치를 볼 수 있어 봉래산이라고 부른다. 가을에는 산이 붉게 불탄다 하여 풍악산이라고 부르며 겨울에는 나무들이 나뭇잎이 다 떨어져 금강산의 바위가 드러난다 하여 개골산이라고 부른다.

20 다음 중 세계 5대 갯벌에 포함되지 않는 곳은?

① 유럽 북부 연안
② 캐나다 동부 연안
③ 한국의 서해안
④ 이탈리아의 서해안

세계 5대 갯벌 … 한국의 서해안, 독일의 북부 연안, 브라질의 아마존 강 유역, 미국의 동부 해안, 캐나다의 동부 해안 등을 말한다.

21 여름철 우리나라에 무더위를 몰고 오는 북태평양 고기압의 발생 원인은?

① 엘니뇨 현상
② 적도의 상승기류와 지구자전
③ 아열대지방의 해수온도 상승
④ 지구공전에 의한 계절 변화

북태평양 고기압의 중심부는 바람이 약해 상대적으로 기온과 습도가 보존되는 기단의 성격을 띤다. 북태평양 고기압은 여름철에 가장 강하고, 겨울철에는 적도 쪽으로 남하하는 특성을 가지며 지구자전과 적도의 상승기류로 발생한다.

22 쥐라기가 해당되는 지질시대는?

① 시생대
② 원생대
③ 중생대
④ 고생대

중생대 … 트라이아스기, 쥐라기, 백악기로 나뉘진다.

23 우리나라의 표준시는?

① 동경 105°
② 동경 120°
③ 동경 135°
④ 동경 150°

우리나라는 그리니치 표준시보다 9시간 빠른 동경 135°를 표준시로 삼고 있다.

ANSWER
16.② 17.④ 18.④ 19.③ 20.④ 21.② 22.③ 23.③

24 시민들의 자발적인 모금이나 기부, 증여를 통해 보존가치가 있는 자연자원 및 문화자산을 보전 관리하는 시민환경운동은?

① 넵튠계획
② 시빅트러스트
③ 브레인트러스트
④ 내셔널트러스트

내셔널트러스트 … 시민들의 자발적인 모금이나 기부·증여를 통해 보존가치가 있는 자연자원과 문화자산을 확보하여 시민 주도로 영구히 보전·관리하는 시민환경운동이다. 우리나라에서는 1990년대부터 각 지역의 특정 자연환경과 문화유산 보전을 위한 시민 성금모금, 그린벨트 보존 운동을 거쳐 2000년 한국 내셔널트러스트가 출범했다.
① 넵튠계획 : 영국 자연보호운동의 민간조직인 내셔널트러스트가 1965년부터 진행시키고 있는 해안선 매수운동(買收運動)이다.
② 시빅트러스트 : 환경 개선을 위해 지역주민이나 기업이 함께 출자하여 각종 사업을 벌이는 시민 환경운동단체이다.
③ 브레인트러스트 : 선거의 입후보자나 현직 공직자의 고문단으로서 정책집단 또는 두뇌집단이다.

25 주로 위도 40 ~ 60° 범위의 대륙 서안에 위치한 나라에서 볼 수 있어 서안 해양성 기후라고도 하는 이것은?

① 해양성 기후
② 북태평양 기단
③ 양쯔강 기단
④ 대륙성 기후

해양성 기후 … 해양의 영향을 받아 상대적으로 여름에는 서늘하고 겨울에는 따뜻한 기후이다. 연교차가 적고 연중 강수량이 고르며 편서풍이 탁월하다는 특징을 지니고 있다.

26 전력의 100%를 무탄소 에너지원으로 공급받아 사용하는 캠페인은?

① CF100
② RE100
③ 넷 제로
④ 그린 뉴딜

CF100 … 사용 전력의 100%를 태양력, 풍력, 수력, 지열, 원자력발전 등의 무탄소 에너지원으로 공급하는 캠페인을 말한다.
② RE100 : 기업이 사용하는 전력 100%를 재생에너지로 충당하겠다는 캠페인이다.
③ 넷 제로 : 개인이나 회사, 단체가 배출한 만큼의 온실가스를 다시 흡수해 실질 배출량을 '0(제로)'으로 만드는 것을 말한다.
④ 그린 뉴딜 : 환경과 사람이 중심의 지속가능한 발전을 의미한다.

27 페르시아만 연안 국가에서 생산되는 석유의 중요한 반출로이며, 우리나라의 원유 수입량의 90% 이상을 차지하는 전략적이나 경제적으로 매우 중요한 요충지인 항로는?

① 아덴만
② 호르무즈해협
③ 베링해협
④ 마젤란 해협

28 발트 3국에 속하지 않는 나라는?

① 폴란드
② 에스토니아
③ 리투아니아
④ 라트비아

29 이라크의 국경과 접해 있는 나라가 아닌 것은?

① 사우디아라비아
② 쿠웨이트
③ 시리아
④ 레바논

30 우리나라에 최초로 놓인 철도는?

① 호남선   ② 경인선

③ 경부선   ④ 중앙선

경인선 … 서울과 인천을 잇는 최초의 철도이다. 1899년에 인천과 노량진 사이에 부분 개통되었고 1900년 한강철교가 준공되자 완전 개통되었다. 경인선의 복선화는 1960년대에 이루어졌고 1974년 수도권 전철화 계획으로 전철화되었다.

31 국제협약에서 규제하는 물질과 목적을 잘못 연결한 것은?

① 염화불화탄소(CFC) – 엘니뇨 예방

② 이산화탄소(CO_2) – 온난화 방지

③ 유해산업폐기물 – 중금속 오염 방지

④ 변조동식물 – 생물종의 보존

염화불화탄소는 오존층 보호를 위해 규제되었다.

※ 국제환경협약
　⊙ 몬트리올 의정서 : 염화불화탄소의 생산 및 사용을 규제하는 협약이다.
　ⓒ 기후변화 방지협약 : 온실 기체 배출량을 억제하기 위한 협약이다.
　ⓒ 바젤협약 : 유해 폐기물 수출입과 처리 협약이며 생물다양성 보존협약은 생물종 보호 협약이다.

32 환경과 관련된 규격인 것은?

① ISO 9000Series   ② ISO 10000Series

③ ISO 11000Series   ④ ISO 14000Series

ISO 14000Series … 환경경영체제에 관한 국제표준화 규격이다. 기업 활동을 전반적으로 평가하여 환경경영체제를 객관적으로 인증한다.

① ISO 9000Series : 품질보증 및 품질관리를 위한 국제규격이다.

33 물 위에 뜬 꽃가루들이 무질서하게 움직이는 것을 관찰하여 발견한 결과로, 액체나 기체 등 유체 안에 존재하는 거대한 입자가 계속해서 불규칙적으로 움직이는 현상은?

① 브라운 운동

② 파스칼의 원리

③ 베르누이 정리

④ 체렌코프 효과

② 파스칼의 원리 : 밀폐된 공간 속 유체의 한쪽 부분에 압력이 주어지면, 세기에는 변함 없이 같은 크기로 각 부분에 골고루 전달된다는 법칙이다.

③ 베르누이 정리 : 유체의 위치에너지와 운동에너지의 합이 항상 일정하다는 성질을 이용하여 유체가 흐르는 속도와 압력, 높이의 관계를 수량으로 나타낸 법칙이다.

④ 체렌코프 효과 : 하전 입자가 투명한 매질 속을 빛의 속도보다 빠르게 통과할 때 매질이 빛을 내는 현상이다.

34 도시의 생물다양성을 높이기 위해 인공으로 조성하는 '소생물권'을 가리키는 용어는?

① 야생동물 이동통로
② 생태공원
③ 비오토프
④ 자연형 하천

비오토프 … 야생동물이 서식하고 이동하는 데 도움이 되는 숲, 가로수, 습지, 하천, 화단 등 도심에 존재하는 다양한 인공물이나 자연물로, 지역 생태계 향상에 기여하는 작은 생물서식공간이다.

35 재활용 가능한 폐기물로서 '재활용 마크'를 붙일 수 있는 것은?

① FAX용지
② 라면봉지
③ 비닐코팅이 된 전단
④ 페트병

재활용 마크

부착 가능 여부	해당 폐기물
가능	종이류, 캔류, 고철류, 유리류, 합성수지류
불가능	비닐코팅용지, FAX용지(감열지), 유백색 유리병, 창문유리, 전화기 · 소켓 등 경화플라스틱, 음 · 식료품 포장지 등

기출

36 배출부과금 부과대상 오염물질이 아닌 것은?

① 유해물질
② 색소
③ 부유물질
④ 분진

배출부과금 … 배출되는 오염물질이 수질환경에 피해를 입히는 일을 방지하고 배출허용기준의 준수를 확보하기 위하여 부과하는 일종의 벌금이다. 배출부과금 부과대상 오염물질에는 황산화물, 암모니아, 황화수소, 이황화탄소, 먼지, 불소화합물, 염화수소, 염소, 시안화수소, 악취 등이 있다.

37 무럭무럭 나는 김에 악취까지 풍기며 흘러나오는 시커먼 공장폐수를 떠서 오염상태를 알아보려면 어떤 수질항목을 측정하는 것이 적당한가?

① BOD(Biochemical Oxygen Demand)
② COD(Chemical Oxygen Demand)
③ SS(Suspended Solid)
④ DO(Dissolved Oxygen)

COD(Chemical Oxygen Demand) … 화학적 산소요구량으로 하수, 특히 폐수 중의 오염원이 될 수 있는 유기물을 산화제를 이용하여 직접 산화시키기 위해 필요한 산소요구량이다. 미생물의 활동이 제지되어 BOD(Biochemical Oxygen Demand)의 값을 모르는 폐수(유기물, 기타 산·알칼리·페놀·크롬 등)의 경우에 채택된다.
① BOD(Biochemical Oxygen Demand) : 생화학적 산소요구량으로 미생물이 물속의 유기물을 분해할 때 쓰는 산소의 양이다.
③ SS(Suspended Solid) : 부유물질이라고도 하며 물속에 현탁되어 있는 모든 불용성 물질 또는 입자를 가리킨다.
④ DO(Dissolved Oxygen) : 물 또는 용액 속에 녹아 있는 분자상태의 산소를 말한다.

38 면역 기능을 강화하고, 세포의 성장과 분열을 촉진하며, 상처 치유를 돕는 데 중요한 역할을 하는 인체에 필수적인 미네랄은 무엇인가?

① 칼슘
② 마그네슘
③ 아연
④ 철분

아연은 인체에서 여러 가지 중요한 생리적 역할을 하는 필수 미네랄로 특히 면역 기능을 강화하고, 세포의 성장과 분열을 촉진하며, 상처 치유를 돕는 데 매우 중요한 역할을 합니다.

39 대기오염 정도를 나타내는 데 ppm을 사용한다. 1ppm 단위로 옳은 것은?

① 십만 분의 1을 나타낸다.
② 백만 분의 1을 나타낸다.
③ 천만 분의 1을 나타낸다.
④ 일억 분의 1을 나타낸다.

ppm은 'parts per million'의 약자이다.

40 ( ) 안에 들어갈 말로 옳은 것은?

> ( )은/는 대기 중으로 배출한 온실가스의 양을 상쇄할 수 있을 정도로 온실가스를 흡수하여 총량을 0으로 만든다는 정책이다. 이를 시행하는 대책으로 숲을 조성하여 산소를 공급하거나 재생에너지를 생산, 온실가스 배출량에 상응하는 탄소배출권을 통해 구매하는 방법 등이 있다.

① 넷 제로
② 마이크로바이옴
③ 테라센티아
④ 바이오차

② 마이크로바이옴(Microbiome) : 인체에 서식하는 각종 미생물로 미생물(Micro)과 생태계(Biome)의 합성어이다.
③ 테라센티아(TerraSentia) : 작물 수를 세는 농업용 로봇이다.
④ 바이오차(Biochar) : 유기물과 숯의 중간 성질을 지니도록 만든 물질이다.

41 지구온난화와 가장 관련이 있는 국제단체는?

① Green Peace
② IPCC
③ UNEP
④ WMO

IPCC … 2,500여 명의 기후학자들의 모임인 기후변화에 관한 정부 간 회의로 지구온난화에 대한 내용을 발표하고 있다.
① Green Peace : 남태평양 폴리네시아에서의 프랑스 핵 실험에 항의하기 위해 선박을 출항시킨 운동을 계기로 1970년에 조직된 국제자연보호단체이다.
③ UNEP : 유엔환경계획으로 유엔인간환경회의의 결의에 따라 1973년 케냐에 사무국을 설치한 UN의 환경관련활동 종합조정기관이다.
④ WMO : 세계기상기구를 의미하며, UN의 전문기구이다.

42 오염의 정도를 나타내는 단위로 옳지 않은 것은?

① 대기 - ppm
② 소음 - dB
③ 매연 - pH
④ 수질 - COD

pH … 수소이온농도를 나타내는 것으로 용액의 산성도를 측정하는 단위이다. 용액의 pH가 7이면 중성, 7 이하면 산성, 7 이상이면 염기성임을 의미한다.

① ppm : 전체를 100만으로 볼 때 어떤 양이 차지하는 비율을 의미한다. 주로 신선한 공기의 양에 대한 유독가스의 비율과 같이 부피에 대해 사용한다.

② dB : 소리의 상대적인 크기를 나타내는 단위로, 기준이 되는 소리의 세기에 비해 측정하려는 소리의 세기가 갖는 비율 값을 상용로그 취한 후 10을 곱한다. 정상적인 귀로 들을 수 있는 가장 작은 소리의 크기를 0dB으로 보고 10 dB씩 증가하는 경우 소리의 세기는 10배씩 강해진다.

④ COD : 화학적 산소요구량의 약자로 물의 오염정도를 나타내는 기준 중 하나이다. 유기물 등의 오염물질을 산화제로 산화·분해시켜 정화하는 일에 소비되는 산소량을 ppm 또는 mg/L로 나타낸 것이다.

43 습지보전과 관련한 설명으로 옳지 않은 것은?

① 정부는 습지보호를 위한 람사협약에 가입하고, 대암산 용늪과 우포늪 그리고 주남저수지를 보호습지로 등록했다.
② 갯벌을 보전해 어업과 수산물 산란지, 관광지 등으로 활용하는 편이 이를 간척해 쌀을 생산하는 것보다 훨씬 생산성이 높다는 연구결과가 나왔다.
③ 우리나라에는 전국토의 3%인 30만 헥타르의 갯벌이 있으나, 이 가운데 12만 헥타르가 간척 매립되거나 앞으로 그럴 계획이 잡혀 있다.
④ 갯벌이 발달한 나라는 전 세계에서 한국을 비롯한 미국, 네덜란드, 독일 등 소수이며, 독일은 모두 갯벌을 국립공원으로 지정해 엄격히 관리하고 있다.

람사협약 … 물새서식지로 중요한 습지보호에 관한 협약으로 가입국은 보전가치가 있는 습지를 협약사무국에 등록하고 지속적인 보호정책을 펴도록 의무화하고 있다. 우리나라는 1997년에 람사협약이 국내에서 발효되어 용늪과 우포늪, 장도습지 등지를 '람사사이트(Ramsar Site)'로 등록하였다.

기출 **44** 지구온난화의 원인인 온실효과를 일으키는 가장 주된 물질은?

① 프레온가스
② 이산화탄소
③ 질소산화물
④ 오존

온실효과 … 대기 중의 탄산가스와 수증기는 일반적으로 파장이 짧은 태양광선은 잘 통과시키나 파장이 긴 지구복사는 거의 통과시키지 못하고 흡수하여 지구에너지의 방출을 막게 되는데, 이로 인하여 지구의 대기가 보온되는 효과를 말한다. 지구온난화의 원인물질로는 이산화탄소(50%), 프레온가스(20%), 메탄 등이 있다.

45 사지, 혀, 입술의 떨림, 혼돈, 그리고 진행성 보행 실조, 발음장애 등의 증상이 나타나는 미나마타병의 원인은?

① 납 중독
② 카드뮴 중독
③ 수은 중독
④ 방사능 중독

미나마타병 … 수은 중독으로 인해 발생하는 다양한 신경학적 증상과 징후를 특징으로 공해병으로, 1956년 일본의 구마모토현 미나마타시에서 메틸수은이 포함된 조개 및 어류를 먹은 주민들에게서 집단적으로 발생하면서 사회적으로 큰 문제가 되었다.

46 환경보전을 위한 다자간 협상을 의미하는 것은?

① 그린피스
② 람사협약
③ 그린 라운드
④ 녹색운동

그린 라운드 … 환경문제를 국제간 협상의 주요한 화제로 다룬다는 의미에서 붙여진 이름이다. 선진국들이 정한 기준보다 공해를 더 유발한 상품일 경우 관세를 더 물리도록 하겠다는 것이 주요 내용이다.

① 그린피스 : 핵 실험 반대와 자연보호 운동 등을 통하여 지구 환경을 보존하기 위해 결성된 국제 환경보호 단체이다.
② 람사협약 : 주요 습지를 보호하기 위해 국제적인 협력으로 맺은 조약을 말한다.
④ 녹색운동 : 환경을 살리고 자연을 보존하기 위한 운동이다.

ANSWER
42.③ 43.① 44.② 45.③ 46.③

47 태풍 중심부의 구름이 적으면서 고요한 무풍지대로서 중심부로 하강기류가 있어 상층운은 볼 수 없으나 하층에는 층적운이 있으며, 바람이 약한 원모양을 하고 있는 구역은?

① 태풍의 눈
② 루트 맵
③ 석호
④ 사빈

태풍의 눈 주변은 적란운의 벽이 있어 비가 많이 내리며 바람 또한 최대풍속을 기록한다.

48 인슐린(Insulin)에 대한 설명으로 옳은 것은?

① 혈당을 높이는 데 쓰인다.
② 혈액 속 산소를 이동시킨다.
③ 일반적으로 근육주사로 투여한다.
④ 췌장의 β 세포에서 분비되는 호르몬 단백질의 일종이다.

인슐린(Insulin) … 혈액 속의 포도당의 양을 일정하게 유지시킨다. 혈당량이 높아지면 분비되어 혈액 내의 포도당을 세포로 유입시켜 글리코겐의 형태로 저장하며 간세포의 글루코스를 억제한다. 인슐린은 대표적인 당뇨병 치료제로 사용된다.
① 혈당 양을 일정하게 유지시킨다.
③ 피하주사로 투여한다.

49 빌딩 증후군에 대한 설명으로 옳은 것은?

① 한 지역에 새 빌딩이 서면 잇따라 빌딩신축이 이루어지는 현상을 말한다.
② 높은 빌딩 사이에 자연 상태와는 다른 세기와 방향의 바람이 생기는 현상이다.
③ 빌딩이 들어섬으로써 교통체증이 빚어지는 현상을 가리킨다.
④ 밀폐된 공간에 오염된 공기로 인해 짜증과 피로가 심해지는 현상을 말한다.

빌딩 증후군 … 사무실에서는 두통이나 무력감을 느끼다가 퇴근 후에는 씻은 듯이 사라지는 증세를 일컫는 말이다. 컴퓨터나 복사기 등의 사무기기가 내뿜는 전자파, 벽지 및 카펫 등에서 나오는 극소량의 화학가스로 실내 공기가 오염되는 것이 원인이다.

50 AI(조류 인플루엔자)에 대한 설명으로 옳지 않은 것은?

① 야생조류나 닭, 오리 등 가금류에 감염되는 인플루엔자 바이러스이다.
② AI 확산을 방지하기 위해서는 축산농가 철새 도래지 방문을 자제한다.
③ AI 바이러스는 열에 강해 가열조리를 한 후에도 살아남는다.
④ AI 인체감염을 예방하기 위해서는 손을 자주, 30초 이상 씻고 가급적 손으로 눈, 코, 입을 만지지 않는다.

AI(조류 인플루엔자) … 야생조류나 닭, 오리 등이 감염되는 급성 바이러스성 전염병이다. 1997년부터 유행했으며 국내에서는 2003년부터 발생하였다. 전파 속도가 빠르고 치사율이 높다. 주로 닭이 가장 많이 걸리는데, 닭의 경우 벼슬이 파랗게 변하고 머리가 붓는다. 일반적으로 사람은 감염되지 않으나, 아주 드물게 감염되기도 하는데 감염될 경우 결막염, 발열, 기침, 근육통 등 인플루엔자 유사 증상부터 중증 호흡기 질환까지 그 증상은 다양하다.

51 산성비의 기준이 되는 근거는?

① pH 7.0 이상의 비
② pH 7.0 이하의 비
③ pH 5.6 이하의 비
④ pH 5.6 이상의 비

산성비 … 황 또는 질소의 화합물, 할로겐화합물, 탄화수소 등의 오염물질을 함유하여 pH 5.6 이하의 산성비를 말한다.

52 오염으로 인한 피해보상에 있어서 오염의 원인이 된 자가 보상을 부담하는 원칙은?

① WWF
② PPP
③ MRA
④ UNEP

PPP … 오염자 비용부담원칙으로 환경자원의 합리적인 이용과 배분을 조장하는 동시에 국제무역이나 투자의 왜곡현상을 바로잡기 위해 오염방지비용을 오염자에게 부담시키고자 한다.

① WWF : 세계자연기금은 세계의 야생동물 및 원시적 환경을 보호하기 위한 국제 환경단체이다.
③ MRA : 상대국에서 실시한 제품이나 공정 및 서비스의 적합성 평가결과와 절차를 자국에서 실시한 것과 동등하게 받아들이는 협정을 말한다.
④ UNEP : 유엔환경계획으로 UN인간환경회의의 결의에 따라 1973년 케냐에 사무국을 설치한 UN의 환경 관련 활동 종합조정기관이다.

53 대부분의 사람이 불쾌감을 심하게 느끼게 되는 불쾌지수는?

① 30 이상
② 40 이상
③ 60 이상
④ 80 이상

불쾌지수 … 날씨에 따라서 사람이 불쾌감을 느끼는 정도를 기온과 습도, 태양의 복사 등을 이용하여 나타내는 수치로 75 ~ 80이면 50%가, 80 이상이면 대부분의 사람이 불쾌감을 느낀다.

54 1996년 3월 미국에서 「잃어버린 미래(Our Stolen Future)」라는 책이 출판되면서 세계적인 관심을 끌게 된 이것은?

① 비오토프
② 환경호르몬
③ 그린 라운드
④ 글로벌 500

환경호르몬 … 정식 명칭은 외인성 내분비교란물질로 인체에 들어가면 여성호르몬과 똑같은 작용을 한다고 해서 이런 이름이 붙었다. 남성의 정자수를 감소시키고, 성장억제·생식이상 등을 일으키는 것으로 의심받고 있으며 다이옥신 등 70여 종의 화학물질이 이에 포함되는 것으로 알려져 있다.

① 비오토프 : 야생동물이 서식하고 이동하는 데 도움이 되는 숲이나 가로수, 습지, 하천, 화단 등 도심에 존재하는 다양한 인공물이나 자연물을 말한다.

③ 그린 라운드 : 지구의 환경을 보존하고 오염된 환경을 개선하기 위하여 세계 여러 국가가 국제 무역 거래와 연계하여 벌이는 다자간 협상이다.

④ 글로벌 500 : 유엔환경계획이 환경보호를 위해 개인 혹은 단체 500명을 선정하여 지구환경문제 해결에 앞장서도록 하는 명예제도이다.

★★★
기출 **55** 국제적으로 문제가 되고 있는 잔류성 유기오염물질(POPs)이 아닌 것은?

① 다이옥신
② 트리할로메탄
③ DDT
④ 알드린

잔류성 유기오염물질(POPs : Persistent Organic Pollutants) … 분해되지 않고 체내에 축적되어 중추신경계를 손상시키거나 면역체계를 교란시키는 물질로 주로 폐기물의 소각 중에 발생한다. 환경과 인체에 미치는 피해가 커 POPs 규제협약이 채택되었으며, 다이옥신, 알드린, 퓨란, DDT, 염화폐비닐 등 12가지 POPs를 규제대상으로 선정하고 있다.

56 세계의 48개국 보건장관들이 모여 AIDS에 대해 논의하고 채택한 선언은?

① 런던 선언
② 파리 선언
③ 제네바 선언
④ 로마 선언

런던 선언 … 1988년 1월 영국 런던에서 열린 세계보건장관회의에서 에이즈 예방을 위한 정보 교환, 교육 홍보, 인권 존중을 강조한 선언이며, 런던 선언이 채택되면서 세계 에이즈의 날(12월 1일)이 제정되었다.
② 파리 선언 : 2005년 2월 파리에서 개최된 OECD/DAC '원조효과성 고위급 포럼'에서 채택된 문서이다.
③ 제네바 선언 : 1948년 제네바의 세계의사회 총회에서 채택된 선언으로 의사로서 명심해야 할 사항을 서약한 것이다.
④ 로마 선언 : 1996년 로마에서 개최한 세계 식량 정상회의에서 채택된 세계 식량 안보에 관한 선언이다. 전 세계 기아 문제에 대한 대응과 미래의 식량 안보 문제를 주된 내용으로 담고 있다.

57 살점이 떨어져 나가는 증상을 보이다가 패혈증을 일으키는 괴저병의 원인균은?

① 렙토스피라균
② 비브리오 벌니피커스
③ 캄필리오박터균
④ 살모넬라균

괴저병 … 정식 명칭은 비브리오 패혈증으로 비브리오 벌니피커스(Vibrio Vulnificus)균이 일으킨다. 익히지 않은 어패류를 섭취하거나 피부의 상처를 통해서 감염되며 초기에는 살점이 떨어져 나가는 증상을 보이다가 균이 혈액 속에 침투되면 전신에 심각한 염증 반응이 나타나는 패혈증을 일으킨다. 사망률이 40～50%로 매우 높은 편이다.
① 렙토스피라균 : 가을철 발열성 질환에 속한다.
③ 캠필로박터균 : 주요 원인 식품은 육류 및 채소이며 사람과 동물에 있어서 세균성 설사증의 주요 원인체이다.
④ 살모넬라균 : 진정세균강　진정세균목에 속하는 균으로 티푸스성 질환을 일으키고 식중독의 원인이 된다.

58 O - 157에 대한 설명으로 옳지 않은 것은?

① 장출혈성 대장균의 하나로 병원성 대장균에 속하는 식중독 원인균이다.
② 오염된 물이나 식품을 통해서 전염된다.
③ 고온에 약하기 때문에 충분히 익혀 먹는 것이 예방책이다.
④ O - 157은 살모넬라균에 비해 독성이 약하다.

O - 157 … 장출혈성 대장균의 하나로 병원성 대장균에 속하는 식중독의 원인균이다. 이 균은 오염된 물이나 식품을 통해서 옮겨지며 살모넬라균의 10분의 1만으로도 발병할 정도로 독성이 강하다. 일단 감염이 되면 베로톡신이라는 독소가 발생하여 복통과 발열, 피섞인 설사 등의 초기 증세가 나타난다. 65℃ 이상에서 가열하면 죽기 때문에 완전히 익혀 먹는 것이 최선의 예방책이라고 할 수 있다.

59 가을철 농촌에서 집단으로 발생하는 괴질의 원인이 되는 균은?

① 살모넬라균
② HIV
③ 렙토스피라균
④ 레지오넬라균

렙토스피라균 … 가을철 농촌에서 발생하는 계절 전염병 원인균이다. 들쥐 등의 배설물에 묻어 있다가 상처가 난 곳을 통해 체내로 침입한다. 보통 7 ~ 10일간의 잠복기를 거쳐 발열과 두통, 오한 등 증세를 보이며 심해지면 황달, 빈혈, 피부출혈 등의 증세가 나타나기도 한다.

① 살모넬라균 : 사람, 가축·가금류의 식육 및 가금류의 알, 하수와 하천수 등 자연환경에 존재하는 균으로, 보균자의 손, 발 등 2차 오염에 의한 오염식품을 섭취할 때에도 감염이 될 수 있다.
② HIV : 후천성면역결핍증(AIDS)을 일으키는 원인 바이러스다.
④ 레지오넬라균 : 세균성 폐렴 발생 원인의 20%를 차지하는 세균으로 호흡기로 침입해 5 ~6일간의 잠복기를 거친다. 주로 호텔, 백화점 등 대형 빌딩의 수도배관이나 배수관 등에 서식하며 여름철 에어컨 냉각수에서도 잘 번식한다.

60 인체에서 에너지를 발생시키는 데 사용되는 열량 영양소끼리 묶인 것은?

① 탄수화물, 지방, 칼슘
② 탄수화물, 지방, 단백질
③ 탄수화물, 비타민, 단백질
④ 단백질, 비타민, 철분

탄수화물, 지방, 단백질, 무기질, 비타민을 5대 영양소라고 한다. 열량 영양소(탄수화물, 단백질, 지방), 구성 영양소(단백질, 지방, 무기질, 물), 조절 영양소(단백질, 무기질, 비타민, 물)로 분류한다.

61 생명 유지에 필요한 최소 에너지를 일컫는 말은?

① 에너지대사
② 활동대사
③ 수면대사
④ 기초대사

기초대사 … 정신적으로나 육체적으로 에너지 소비가 없을 때 생명을 유지하기 위해 필요한 최소한의 에너지대사를 가리킨다.

① 에너지대사 : 생물체 내에 일어나고 있는 에너지의 방출, 전환, 저장 등의 모든 과정을 가리킨다.
② 활동대사 : 운동이나 노동 등 신체활동에 의해 항진된 에너지대사를 말한다.
③ 수면대사 : 수면 중에 이루어지는 체내 에너지대사를 말한다.

62 환자의 유전자 정보, 생활 습관, 환경 등을 분석하여 개인에게 맞춤형 치료나 예방법을 제공하는 의료 시스템을 의미하는 용어는 무엇인가?

① 정밀의료
② 디지털 헬스
③ 통합의료
④ 원격의료

정밀의료 … 환자의 유전자 정보, 생활 습관, 환경 등을 기반으로 개인별 맞춤형 진료를 제공하는 의료 시스템이다. 이를 통해 각 환자에게 최적화된 치료법을 제공할 수 있어, 질병 예방과 치료의 효과를 극대화할 수 있다.

63 아프리카돼지열병에 대한 설명으로 옳은 것은?

① 이병률이 낮고 감염되어도 치사율이 30%에 이르기 때문에 피해는 비교적 적다.
② 사람이나 다른 동물은 감염되지 않고 돼지과에 속하는 동물에만 감염된다.
③ 돼지에서 발생하는 만성 신경성 질병으로 프레온질병이라고도 부른다.
④ 성체 돼지만 감염될 수 있고 감염된 돼지들은 5 ~ 7개월 동안의 잠복기간을 갖는다.

① 병률이 높고 급성형에 감염되면 치사율이 거의 100%에 이르기 때문에 양돈 산업에 엄청난 피해를 준다.
③ 프레온질병은 광우병이다.
④ 사용 가능한 백신이나 치료제는 없으며 모든 연령의 돼지가 감염될 수 있어 국내에 유입되지 않도록 하는 것이 최선이다.

ANSWER
59.③ 60.② 61.④ 62.① 63.②

64 비타민 D의 부족으로 발생하는 질병은?

① 괴혈병
② 각기병
③ 구루병
④ 각막건조증

비타민 D … 지용성 비타민의 일종이다. 피부 속의 칼슘과 인의 농도를 정상으로 유지하는 작용을 한다. 칼슘의 흡수를 도와 뼈를 튼튼하게 만드는 역할을 하기 때문에 비타민 D가 부족하면 뼈가 얇고 잘 부러지며 변형되는 증상이 나타난다. 골격의 병인 구루병이나 뼈연화증 역시 비타민 D의 부족으로 발생한다.
① **괴혈병** : 비타민 C가 부족할 때 나타난다.
② **각기병** : 비타민 B1이 부족할 때 나타난다.
④ **각막건조증** : 비타민 A가 부족할 때 나타난다.

65 온난전선과 관계없는 것은?

① 비가 간헐적으로 내린다.
② 온난전선이 통과하면 기온이 올라간다.
③ 차가운 기단 위에 따뜻한 기단이 있는 불연속성이다.
④ 털구름, 높층구름, 비층구름이 발생한다.

① 비는 장시간 내린다.
※ 온난전선과 한랭전선의 비교

구분		온난전선	한랭전선
전선면의 기울기		완만함	급함
전선의 이동속도		느림	빠름
강수위치		전선의 앞쪽(동쪽)	전선의 뒤쪽(서쪽)
구름		층운 (넓은 지역)	적운 (좁은 지역)
비		보슬비 (장시간)	소나기 (단시간)
전선 통과 후의 일기 변화	기온	상승 (따뜻한 공기 접근)	하강 (찬 공기 접근)
	기압	하강	상승
	풍향	남동풍→ 남서풍	남서풍→ 북서풍

66 스콜(Squall)에 대한 설명으로 옳은 것은?

① 열대지방에서 내리는 소나기
② 남극지방에서 일어나는 눈보라
③ 소림과 관목으로 이루어진 습윤한 열대초원
④ 해수면의 온도가 낮아지는 현상

② 블리자드
③ 사바나
④ 라니냐
※ **스콜(Squall)** … 열대지방에서 거의 매일 오후에 나타나는 소나기이다. 갑자기 불기 시작하여 갑자기 멈추는 강한 바람이나 강하게 내리쬐는 햇볕으로 공기의 일부가 상승하게 되는데, 그 상승기류에 의해 비가 내린다.

67 하천의 퇴적작용에 의해 생긴 지형의 명칭이 상류로부터 하류까지 순서대로 나열되어 있는 것은?

① 범람원, 삼각주, 선상원
② 범람원, 선상지, 삼각주
③ 선상지, 삼각주, 범람원
④ 선상지, 범람원, 삼각주

지형의 명칭
㉠ **선상지** : 곡구(谷口)에서 유속의 감소로 토사가 퇴적되어 생성된 것으로 하천 상류에 위치한다.
㉡ **범람원** : 하천의 범람으로 운반된 물질이 퇴적되어 생긴 평야로 하천 중상류에 위치한다.
㉢ **삼각주** : 하천을 따라 운반되어 온 토사가 퇴적되어 만들어진 충적평야로 하천이 호수나 바다와 만나는 지점, 즉 하천 하류에 위치한다. 따라서 상류로부터 선상지, 범람원, 삼각주 순으로 발달한다.

68 바이러스 등에 의한 자극에 대해 바이러스의 감염을 막는 역할을 하는 것은?

① 아나필락시스
② 인터루킨
③ AIDS
④ 인터페론

인터페론 … 바이러스의 침입을 받은 세포에서 분비되는 단백질이다. 바이러스의 침입에 대하여 저항하도록 생체내의 세포들을 자극하는 물질이다.
① **아나필락시스** : 항원항체반응으로 일어나는 생체의 과민반응이다.
② **인터루킨** : 백혈구 사이의 상호작용을 매개하는 물질이다.
③ **후천성면역결핍증** : 체내의 세포면역 기능이 현저히 떨어져 보통 사람에게서는 볼 수 없는 희귀한 각종 감염증이 발생하고, 이것이 전신에 퍼지는 질환이다.

69 한국형 앰뷸런스를 개발한 사람은?

① 인요한
② 이국종
③ 박노자
④ 인세반

한국형 앰뷸런스 … 인요한 교수의 아버지가 당시 교회 건축에 필요한 자재를 싣고 이동하던 중 만취한 기사가 운전하던 관광버스에 치여 부상을 당했으나, 당시에는 구급차가 없어 차량 뒷좌석에 실려 이송되던 중 결국 사망하였다. 이후 인요한 교수는 추모 자금으로 15인승 승합차를 구입·개조하여 구급차를 제작하였다. 이렇게 제작된 1호 구급차는 당시 순천 진료소에서 처음 사용되었고, 건설업체와 계약 후 전국에 5,000여대 이상 보급되었다.

70 중동 국가에 포함되지 않는 국가는?

① 예멘
② 두바이
③ 과테말라
④ 이스라엘

③ 과테말라는 중앙아메리카에 위치한다.
※ **중동 국가** … 중동은 지중해 동쪽부터 페르시아만까지 포함하는 아시아 서부 지역으로, 이란, 예멘, 요르단, 두바이, 카타르, 시리아, 이스라엘 등이 있다.

71 다음 중 우리나라 봄철에 일시적으로 기온이 크게 상승하여 이상 고온 현상이 나타나는 현상은 무엇인가?

① 꽃샘추위
② 푄 현상
③ 황사
④ 불청객 더위

푄 현상 … 산을 넘은 공기가 단열 압축되어 기온이 상승하는 현상으로, 우리나라에서는 태백산맥을 넘은 서풍이 동해안 지역에 따뜻하고 건조한 바람을 가져오는 경우에 나타난다. 이로 인해 봄철 동해안 지역에서는 일시적으로 기온이 크게 상승하여 이상 고온 현상이 발생할 수 있다.

72 미세먼지 나쁨 수치로 옳은 것은?

① $0 \sim 30\mu g/m^3$
② $16 \sim 35\mu g/m^3$
③ $31 \sim 80\mu g/m^3$
④ $81 \sim 150\mu g/m^3$

미세먼지와 초미세먼지 기준

기준	미세먼지	초미세먼지
좋음	0 ~ 30	0 ~ 15
보통	31~ 80	16 ~ 35
나쁨	81~ 150	35 ~ 75
매우 나쁨	150 초과	75 초과

73 고온의 환경에서 장시간 직사광선에 노출되면서 신체가 이상이 생기는 병을 무엇이라고 하는가?

① 일사병
② 탈수증
③ 열경련
④ 열피로

일사병 … 고온의 환경에서 장시간 직사광선에 노출될 때 체온 조절 기능에 이상이 생겨 발생하는 질환이다.

74 겨울철 대게 동부아시아에서 나타나는 날씨의 특징으로 3일간 춥고 4일간 따뜻한 기온 변화를 나타내는 용어를 무엇이라고 하는가?

① 삼온사온
② 삼한사한
③ 삼온사한
④ 삼한사온

삼한사온 … 겨울철 대게 동부아시아에서 나타나는 날씨의 특징으로 시베이라기단 세력이 팽창과 수축하는 과정에 영향을 받으며 3일간 춥고 4일간 따뜻한 기온 변화를 나타낸다.

ANSWER
70.③ 71.② 72.④ 73.① 74.④

75 토마토의 빨간색에 들어가 있는 성분으로 심혈관 질환을 예방하고 피부 노화를 방지하는 이것을 무엇이라고 하는가?

① 안토시아닌
② 라이코펜
③ 에스테르
④ 포타슘

①③④ 바나나에 들어있는 다양한 화학성분이다.

1 프로이트의 정신분석이론 중 사회적인 틀에서 습득되는 것으로, 개인의 본능적인 충동의 발현에 대해 양심으로서 제지적인 작용을 한다고 규정하고 있는 개념은?

① 이드
② 에고
③ 슈퍼에고
④ 리비도

슈퍼에고 … 에고와 함께 정신을 구성하는 것으로 양심의 기능을 담당한다. 어릴 때부터의 학습이나 교육에 의해서 이드에서 분화한 것으로 생각하며, 이드로부터 오는 충동이나 자아의 활동을 감시하고 통제하며 억압한다.

① **이드**(Id) : 마음속에 감추어져 있는 본능적 충동의 원천으로, 쾌락을 구하고 불쾌를 피하는 쾌락원칙에 지배된다. 비도덕적, 비논리적이며 무의식적이다.

② **에고**(Ego) : 사고, 감정, 의지 등의 여러 작용에 주관하고 이를 통일하는 주체로, 지속적으로 한 개체로 존속하며 자연이나 타인과 구별되는 개개인의 존재를 말한다.

④ **리비도**(Libido) : 성본능, 성충동을 일컫는 용어로, 프로이트는 리비도가 사춘기에 갑자기 나타나는 것이 아니라 태어나면서부터 서서히 발달하는 것이라고 생각했다.

기출 **2** 중국의 근대화운동과 주된 구호를 잘못 짝지은 것은?

① 태평천국 – 멸만흥한
② 양무운동 – 중체서용
③ 변법운동 – 공화주의
④ 신해혁명 – 삼민주의

변법(자강)운동 … 캉유웨이 등의 주도로 입헌군주제의 수립과 정치제도 전반의 개혁을 추진한 운동이었으나, 보수파들의 무력에 의해 실패했다.

① **태평천국** : 남녀평등과 토지 균분, 청나라 타도를 목적으로 일어난 농민운동을 말한다. 멸만흥한(滅滿興漢)의 민족주의 운동인 동시에 근대적인 사회 개혁 운동이기도 하였다.

② **양무운동, 중체서용** : 청나라 말기에 나났으며 서양의 문명을 받아들여 배우자는 운동이다.

④ **신해혁명** : 중국의 민주주의 혁명으로 청나라가 무너지고 쑨원을 대총통으로 하는 중화민국이 탄생하였다. 삼민주의는 쑨원이 내세운 중국 근대 혁명의 기본 이념으로 민족주의, 민권주의, 민생주의를 말한다.

3 '나는 생각한다. 고로 나는 존재한다.'의 명언을 남긴 사람은?

① 아리스토텔레스

② 탈레스

③ 스피노자

④ 데카르트

데카르트 … 1600년대에 들어 처음으로 철학 체계를 세워 서양 근대철학의 출발점이 된 창시자로, 데카르트 뒤를 이어 스피노자, 라이프니츠, 로크, 칸트 등이 근대 철학을 발전시켜 나갔다.

기출 **4** 교육심리학자 매슬로우의 욕구체계가 순서대로 바르게 나열된 것은 어느 것인가?

> ㉠ 생리적 욕구
> ㉡ 안전의 욕구
> ㉢ 사회적 욕구
> ㉣ 자기존중의 욕구
> ㉤ 자아실현의 욕구

① ㉠ − ㉡ − ㉢ − ㉣ − ㉤

② ㉠ − ㉢ − ㉡ − ㉣ − ㉣

③ ㉠ − ㉡ − ㉣ − ㉢ − ㉤

④ ㉠ − ㉤ − ㉡ − ㉢ − ㉣

매슬로우의 욕구체계
㉠ 자아실현의 욕구
㉡ 자기존중의 욕구
㉢ 사회적 욕구
㉣ 안전의 욕구
㉤ 생리적 욕구

5 1810년대 영국 중부, 북부의 노팅엄셔, 요크셔, 랭커셔 지역 등 방적, 직포업 지대에서 일어난 기계 파괴 사건으로, 이 운동을 이끈 지도자의 이름을 딴 영국 사회 운동은?

① 러다이트 운동

② 차티스트 운동

③ 인클로저 운동

④ 헤이마켓 사건

러다이트 운동 … 1811 ~ 1817년 영국의 중부·북부의 직물공업지대에서 일어났던 기계 파괴운동이다.

② 차티스트 운동 : 1830년대 후반에서부터 1850년대 전반기에 걸쳐 영국에서 이루어진 의회개혁 운동이다.

③ 인클로저 운동 : 중세 말 양모 가격이 급등함에 따라 양을 키우기 위하여 목초지를 만들기 위하여 농토를 합병하여 경작지나 공유지에 울타리 치는 것을 말한다.

④ 헤이마켓 사건 : 1886년 남북전쟁 후 미국 자본주의 발전 도상에 시카고에서 일어난 노사 간의 분쟁 사건이다.

영국 산업혁명의 결과가 아닌 것은?

① 차티스트 운동
② 인클로저 운동
③ 선거법 개정
④ 러다이트 운동

인클로저 운동(Enclosure) … 개방경지나 공유지, 황무지, 방목지를 울타리나 담을 둘러놓고 사유지임을 명시한 운동을 의미한다. 대체로 16세기 제1차 인클로저 운동과 18 ~ 19세기의 제2차 인클로저 운동으로 구분된다. 이 운동의 결과, 영국에서는 지주·농업자본가·농업노동자의 3분제를 기초로 하여 자본제적 대농경영이 성립됐다. 이로 인해 자본의 '본원적 축적'이 가능해져 산업혁명의 원인이 되었다.

7 **십자군 원정의 영향이 아닌 것은?**

① 교황권이 한층 강대해졌다.
② 동방국가와의 접촉으로 서구문화의 발달을 가져왔다.
③ 도시가 일어나고 원거리 상업이 발달하였다.
④ 봉건제후 몰락의 원인이 되었다.

십자군 원정 … 11 ~ 13세기에 서유럽 그리스도교들이 팔레스티나와 예루살렘 등 성지회복이란 명목하에 일으킨 대원정을 말한다. 십자군 정원의 영향으로는 동방과의 교통·무역 발달, 자유도시 발생, 봉건제 붕괴, 견문확대로 인한 새로운 문화 발전, 교황권의 약화 등이 있다.

8 **백년전쟁과 관련이 없는 것은?**

① 영·프 간의 영토전쟁
② 콘스탄티노플
③ 잔 다르크
④ 1339 ~ 1453년

콘스탄티노플 … 튀르키에 서쪽 보스포러스 해협 입구에 위치한 도시이다. 콘스탄티누스 1세가 330년에 비잔티움(Byzantium)을 제2의 수도로 삼고 '콘스탄티노플'이라고 불렀다. 이후 6세기에 총대주교구의 지위를 얻게 되어 로마와 갈등을 빚다. 1054년 동서교회 분열 때 동방교회의 중심지가 되었다. 그 후 1453년 이슬람 제국에게 정복됨으로써 지위가 약화되었다.

※ 백년전쟁 … 프랑스 왕위계승과 영토문제를 둘러싸고 영국과 프랑스 사이에서 일어난 전쟁이다. 1339 ~ 1453년에 걸쳐 약 100년간 지속되었다. 잔 다르크의 활약으로 프랑스가 승리하였다.

9 지식과 행동의 통일을 주창한 철학은?

① 주자학
② 성리학
③ 양명학
④ 실학

양명학 … 유학의 실천성을 회복하고자 제창한 학문으로 심즉리(心卽理), 치양지(致良知), 지행합일(知行合一)을 주장하였다. 격물(格物)·치지(致知)·성의(誠意)·정심(正心) 등에 대한 새로운 해석을 바탕으로 하고 있다.

①② **주자학과 성리학** : 성명(性命)과 이기(理氣)의 관계를 논한 유교철학으로, 공자의 학설과 불교와 도교의 사상을 섞어 인생의 원리, 인심과 천리와의 관계를 논한 학문이다.

④ **실학** : 조선후기에 나타난 근대 지향적이고 실증적인 학문으로 성리학의 형이상학적 공리공론을 문제 삼고 유학 본래의 학문의 기능을 회복하려는 학문이다.

10 철학자 베이컨이 강조한 지식은?

① 이성적 지식
② 전통적 지식
③ 과학적 지식
④ 경험적 지식

①③④ 그는 자연철학 분야에 특히나 관심이 많았고 자연과학적 귀납법과 경험적 지식을 강조하였다.

※ **프랜시스 베이컨**(Francis Bacon) … 르네상스 이후의 영국 고전경험론의 창시자이다. 그는 학문을 역사·시학·철학으로 구분하고 다시 철학을 신학과 자연철학으로 나누었다.

11 콜럼버스가 항해한 기함이 아닌 것은?

① 산타마리아호
② 핀타호
③ 빅토리호
④ 니냐호

빅토리호 … 18세기 말에 활동했던 항해사 넬슨의 기함이다.

홍익인간의 이념으로 볼 수 없는 것은?

① 인본주의   ② 평등주의

③ 개인주의   ④ 이타주의

홍익인간(弘益人間) … 널리 인간을 이롭게 한다는 뜻으로, 우리나라의 건국이념이다. 안으로는 민본사상과 통하고, 밖으로는 세계 인류애와 통하는 것으로 인본주의, 대승주의, 평등주의, 이타주의 등과 관련 있다.

13 우물에 빠진 아이를 보고 무조건 구하고자 하는 마음이 인간의 본성 중에 있다는 측은지심을 주장한 사람은?

① 순자

② 묵자

③ 한비자

④ 맹자

맹자(孟子) … 사람은 모두 남에게 차마 어찌하지 못하는 착한 마음인 양심(不忍之心)을 가지고 있으며, 이는 사단(四端)을 통해 드러난다고 하였다. 사단은 측은지심(仁), 수오지심(義), 사양지심(禮), 시비지심(智)이다.

이산(離散)이라는 뜻으로 로마제국으로부터 박해를 받던 유대인들이 일으킨 유대전쟁에서 패하여 세계 각지로 흩어진 것을 무엇이라고 하는가?

① 홀로코스트

② 어퍼머티브 액션

③ 디아스포라

④ 시오니즘

① 홀로코스트 : '완전히 타버리다'라는 뜻의 희랍어인 'Holokauston'에서 온 말로, 일반적으로 인간이나 동물을 대량으로 태워 죽이거나 학살하는 행위를 지칭하지만 고유명사로 쓸 때는 제2차 세계대전 중 나치스 독일에 의해 자행된 유대인 대학살을 가리킨다.

② 어퍼머티브 액션 : 대학 입학심사에서 소수 인종들을 우대하는 정책으로, 취업과 승진, 정부조달 시장 등 모든 사회활동 분야에서 소수 인종을 우대하는 포괄적인 의미로 사용되기도 한다.

④ 시오니즘 : 유대인들이 민족국가를 세우려는 목표로 추진했던 유대 민족주의 운동이다.

15 이미 증명된 하나 또는 둘 이상의 명제를 전제로 하여 새로운 명제를 이끌어내는 철학적 사고방식을 무엇이라 하는가?

① 연역법
② 귀납법
③ 변증법
④ 삼단논법

연역법 ··· 연역적 추리의 방법과 절차를 논리적으로 체계화한 것을 말한다.
② 귀납법 : 개별적인 사실이나 특수한 원리로부터 그러한 사례들을 포괄할 수 있는 확장된 일반적 명제를 이끌어내는 방법을 말한다.
③ 변증법 : 동일률을 근본원리로 하는 형식 논리에 대하여, 모순 또는 대립을 근본원리로 하여 사물의 운동을 설명하려는 논리이다.
④ 삼단논법 : 간접추리논법으로 철학이나 논리학, 수학 등에서 대전제와 소전제로부터 결론을 이끌어내는 논증 방법이다.

기출 **16** '세속오계(世俗五戒)'에 해당하지 않는 것은?

① 임전무퇴(臨戰無退)
② 군신유의(君臣有義)
③ 교우이신(交友以信)
④ 사친이효(事親以孝)

군신유의(君臣有義) ··· 군주와 신하의 관계는 의리를 바탕에 두어야 한다는 유교의 원리이다.
※ 세속오계(世俗五戒) ··· 신라 진평왕 때 원광법사가 화랑에게 일러준 다섯 가지 계명으로, 사군이충(事君以忠), 사친이효(事親以孝), 교우이신(交友以信), 임전무퇴(臨戰無退), 살생유택(殺生有擇)을 말한다.

17 '돈오점수(頓悟漸修)'의 정의는?

① 깨달음의 경지는 수행과 상관없이 갑자기 찾아온다.
② 깨달음의 경지는 수행과 반비례한다.
③ 갑자기 깨달음에 이르는 해탈의 경지이다.
④ 깨달음의 경지는 수행이 동반되어야 한다.

돈오점수(頓悟漸修) ··· 돈오(頓悟)에 이르기까지에는 반드시 점진적 수행단계가 따른다는 불교 용어이다.

다음의 내용과 관련이 깊은 것은?

> - 쐐기 모양의 설형문자를 사용하였다.
> - 바빌로니아왕국은 함무라비 법전을 편찬하였다.
> - 점성술과 천문학이 발달하였다.
> - 태음력을 제정하고 60진법에 의한 시간측정법을 창안하였다.

① 메소포타미아 문명　　② 그리스 문명
③ 인더스 문명　　④ 황하 문명

메소포타미아 문명 … 티그리스 · 유프라테스 강 유역의 메소포타미아에 번영한 고대문명을 말한다. '비옥한 초승달 지대'의 중심부에 해당하는 이 지역에는 BC 6,500년경부터 농경 · 목축이 시작되었으며 수메르, 바빌로니아, 아시리아 등의 도시문명이 발달하였다.
② 그리스 문명 : BC 8세기 중엽부터 발달하기 시작하여 고전기에 전성기를 이루었던 문명이다.
③ 인더스 문명 : BC 2,500 ~ BC 1,500년 무렵까지 인더스강 유역을 중심으로 번영한 고대문명이다.
④ 황하 문명 : 황하유역의 비옥한 황토지대에서 나타난 중국의 고대 문명이다.

19 영국의 경험론 철학자 베이컨이 구분한 4개의 우상 가운데 개인적인 취미, 성격, 환경에서 오는 편견을 가리키는 것은?

① 종족의 우상
② 동굴의 우상
③ 시장의 우상
④ 극장의 우상

동굴의 우상 … 개인적인 특성 때문에 있는 사실 그대로를 파악하지 않는 편견을 말한다.
① 종족의 우상 : 모든 사물을 인간 본위로 해석하고 인간 중심으로 유출하려는 본성에서 비롯되는 선입견이다.
③ 시장의 우상 : 언어를 잘못 사용하거나 그 참뜻을 잘못 이해하는 데서 오는 선입견이다.
④ 극장의 우상 : 잘못된 원칙 · 학설 · 전통 · 유행 등을 무비판적으로 수용하고 신뢰하는 데서 오는 선입견이다.

20 이슬람세계의 가장 중요한 정치 및 사회운동의 정파로 이슬람교의 경전인 코란보다 왕권과 신의 결합개념인 '이맘'의 권위가 우선한다고 여기는 분파는?

① 수니파(Sunni)
② 와하브파(Wahhab)
③ 무타질라파(Mutazila)
④ 시아파(Shia)

시아파(Shia) … 이슬람교의 2대 종파의 하나로 이단파라고도 한다. 시아는 '당파'의 뜻이다. 마호메트가 죽은 후 후계자의 한 사람인 알리와 그 자손을 이맘(지도자)로 모셨는데, 그 절대성이 강조되어 이맘을 숭배하는 사람은 모든 죄가 용서되는 등 마호메트 이상으로 숭배되어 이맘의 언행은 코란에 우선되기까지 하였다.
① 수니파(Sunni) : 이슬람의 가장 큰 종파이자 정통자이다.
② 와하브파(Wahhab) : 18세기 중엽부터 아라비아에서 일어난 이슬람교의 복고운동파를 말한다.
③ 무타질라파(Mutazila) : 8 ~ 10세기에 번창하였던 이슬람교의 선구적인 합리주의 신학파를 말한다.

ANSWER
15.① 16.② 17.④ 18.① 19.② 20.④

21 도리 · 이성 · 논리가 일체를 지배한다는 세계관과 관련이 있는 것은?

① 실존주의
② 합리주의
③ 공리주의
④ 주지주의

합리주의 … 참된 지식은 나면서부터 지니고 있는 이성에 의해서만 얻을 수 있다고 주장한다. 비합리와 우연적인 것을 배척하고 도리와 이성과 논리가 일체한다는 세계관을 가지고 있다.
① **실존주의** : 20세기 전반에 합리주의와 실증주의에 대한 반동으로 독일과 프랑스를 중심으로 일어난 철학사상을 말한다.
③ **공리주의** : 19세기 중반 영국에서 나타난 '최대 다수의 최대 행복 추구' 사회사상이다.
④ **주지주의** : 지성 혹은 이성이 의지나 감정보다도 우위에 있다는 입장을 말한다.

22 마르크스의 사적 유물론에 의해 사회를 상부구조와 하부구조로 나누었을 때 하부구조에 해당하는 것은?

① 정치
② 예술
③ 경제
④ 종교

사적 유물론의 상부구조 … 정치, 법률, 사상, 예술, 관념 등과 같은 상부구조(이데올로기)는 그 사회의 경제적 · 물질적 생산과정이 어떻게 이루어지는가에 영향을 받아 형성된다.

23 자극에 대한 반응을 연구한 파블로프의 학설은?

① 순수이성설
② 델파이설
③ 조건반사설
④ 쇼비니설

조건반사설 … 개를 대상으로 음식물을 줄 때마다 종을 치면 나중에는 음식물이 없더라도 종소리가 나면 침을 흘리게 되는 것을 통하여 정립한 이론이다.

24 기독교 역사에 대한 설명으로 옳지 않은 것은?

① 루터는 예정설에서 인간의 주관적인 신앙의 중요성을 강조하였다.

② 베버는 카리스마의 개념과 신교의 윤리로 기독교가 자본주의 사회발전의 원동력이 될 수 있음을 입증하고자 했다.

③ 구티에레스 신부는 전후 남미 해방신학의 중심적 역할을 하였다.

④ 1960년대 초 제2차 바티칸 공의회에서 역사적이고 진화적인 세계관이 신학에 도입되었다.

기독교 2,000년 역사상 가장 파고(波高) 높은 변화는 16세기의 종교개혁에 의하여 일어났다. 영국의 위클리프와 보헤미아의 후스는 중세 말기의 교회의 타락을 공박하고 교황의 절대성에 항거하였으나, 두 사람 모두 처형되고 개혁운동은 실패로 끝났다. 그러나 이들에 의하여 장차 16세기에 이루어질 종교개혁의 기틀이 형성되었다고 할 수 있다. 한편 15세기에 일어난 르네상스는 종교의식에도 크게 영향을 미쳤다. 고전연구는 기독교에 있어서 성경에 대한 새로운 이해를 가능하게 하였으며, 인문주의는 인간을 교회의 제도적 권위 아래서 해방시키려는 운동을 싹트게 함으로써 종교개혁을 태동시켰던 것이다. 그러나 인간중심적인 사상이 아닌 신중심주의(神中心主義)였다. 한편 예정설은 칼뱅(Calvin)이 주장하였다.

25 현대의 대표적인 사조와 그 사상가를 잘못 연결한 것은?

① 실증주의 – 콩트(Comte)

② 생의 철학 – 하이데거(Heideger)

③ 실존주의 – 야스퍼스(Jaspers)

④ 공리주의 – 밀(Mill)

하이데거는 실존주의자이다.

※ **생의 철학** … 계몽철학의 주지주의와 헤겔의 이성적 관점을 비판하고, 비합리적이고 충동적인 삶을 중시한 철학사조로 대표적 사상가는 쇼펜하우어, 니체 등이 있다.

기출 **26** 유네스코가 지정한 국제 기념일 세계 철학의 날은?

① 매년 11월 셋째 주 목요일

② 매년 10월 둘째 주 금요일

③ 매년 5월 셋째 주 수요일

④ 매년 1월 넷째 주 월요일

세계 철학의 날 … 철학의 가치를 보존하고 철학을 통한 성찰을 위하여 유네스코가 2002년에 제정한 날로 매년 11월 셋째 주 목요일을 기념한다.

기출 27 기원전 5세기부터 기원전 4세기까지 그리스를 중심으로 활동했던 철학사상가이자 교사들을 일컫는 말은?

① 탈무드
② 소피스트
③ 테아이테토스
④ 크리티아스

소피스트 … 진리를 상대적인 기준으로 바라보고, 설득을 목적으로 한 수사학과 웅변술 등을 가르쳤던 사람들을 말한다. 프로타고라스, 고르기아스 등이 대표 소피스트이다.
① 탈무드 : 유대인 율법학자들이 유대교의 율법, 사상, 전통 등에 대하여 구전·해설한 것을 집대성한 책이다.
③ 테아이테토스 : 고대 그리스 철학자 플라톤의 저서이다.
④ 크리티아스 : 플라톤과의 친척이자 소크라테스의 제자로, 고대 그리스 철학자이다.

28 19세기 페스탈로치는 인간의 고유한 능력을 3H로 보고 이 셋을 조화롭게 발전시키는 것이 교육의 이상이라고 보았다. 3H에 해당되지 않는 것은?

① Head(지력)
② Heart(정신력)
③ Hand(기술력)
④ Health(체력)

3H … Head(知, 지력), Heart(情, 정신력), Hand(技, 기술력)를 말한다. 페스탈로치는 이 3H가 조화롭게 구비된 인간을 양성하는 것이 교육의 목표라고 하였다.

29 1808년 나폴레옹 시대부터 시작된 프랑스 국가시험으로, 프랑스의 졸업시험이자 대입자격시험은?

① SAT
② 가오카오
③ 바칼로레아
④ 아비투어

바칼로레아 … 1808년 나폴레옹 시대부터 약 200년이 넘는 역사를 자랑한다. 특히 비중이 가장 높은 과목인 철학시험의 경우 4시간 동안 3개의 주제 중 1개를 선택해 논문으로 작성하는데, 이것은 프랑스 지성을 가늠하는 잣대로 인식하고 있다.
① SAT : 미국 대입자격시험 중 하나로 1년에 7차례 시행된다.
② 가오카오 : 매월 6월 초에 시행되는 중국의 대입자격시험이다.
④ 아비투어 : 독일의 고등학교 졸업 시험이자 대입자격시험이다.

30 이솝우화에 나오는 여우가 나무에 포도가 매우 높이 달려 있어 따먹을 수 없게 되자, "저 포도는 너무 시다. 그래서 나는 먹고 싶지도 않다."라고 말하는 것은 심리학적으로 어떤 행동기제에 속하는가?

① 투사
② 합리화
③ 전위
④ 동일시

> 합리화 … 용납될 수 없는 자기 행동의 동기를 무의식적으로 위장하여 합리적으로 설명함으로써 자아를 보호하고 사회적 승인을 얻으려는 것을 말한다.

31 교육의 효과에 대한 설명 중 관점이 다른 하나는?

① 숙명론
② 교육불가능설
③ 환경만능설
④ 소질만능론

> 환경만능설 … 교육의 효과를 긍정하는 학설로서 인간의 능력을 결정하는 것은 후천적 환경 또는 교육의 작용이라고 보며, 소질까지도 환경의 힘으로 변화시킬 수 있다고 주장한다.
> ①②④ 인간의 능력은 선천적으로 정해져 있기 때문에 교육은 이를 구현시켜 주는 일에 불과하다고 주장하는 교육부정설과 관련된 개념이다.

32 「공산당 선언」과 「자본론」을 저술한 철학자는?

① 마르크스
② 다윈
③ 레닌
④ 베버

> 마르크스 … 독일의 정치경제학자로, 변증법적 및 사적 유물론, 과학적 경제학을 정립하였다.

33 영국의 식민지였던 국가가 아닌 것은?

① 가나
② 케냐
③ 말라위
④ 필리핀

필리핀은 미국의 식민지 국가였다.

기출 **34** 우리나라 학교 교육을 위해 처음으로 설립된 기관은?

① 향학(鄕學)
② 태학(太學)
③ 성균관(成均館)
④ 국자감(國子監)

태학(太學) ⋯ 우리나라 최초의 교육기관으로, 고구려의 소수림왕 2년(372)에 건립된 국립교육기관이다.
① 향학(鄕學) : 고려 시대 지방에 설치한 교육기관으로, 중앙에 설치된 국학(國學) 또는 국자감(國子監)에 대하여 지방에 설치되었다.
③ 성균관(成均館) : 고려 말부터 조선 시대까지의 최고 교육기관으로, '성균'이라는 명칭이 처음 사용된 것은 고려 충렬왕 때인 1289년이다.
④ 국자감(國子監) : 고려 시대 국립교육기관으로, 국가에서 필요한 인재를 양성하기 위한 최고 교육기관이다.

35 실크로드에 대한 설명으로 옳지 않은 것은?

① BC 2세기 후반 한무제에 의해서 개척되었다.
② 주 무역품이 비단인 것에서 유래된 명칭이다.
③ 조로아스터교, 마니교 등이 유래되었다.
④ 로마제국이 한나라를 정복하기 위해 군대를 파견할 때 이용되었다.

실크로드 ⋯ 내륙 아시아를 횡단하는 동서통상로로, BC 2세기 후반 한무제에 의해서 개척되었다. 중국에서 수출된 상품인 비단인 것에서 유래되었다. 실크로드를 통해 보석이나 직물, 유리제품과 같은 서역의 물건뿐 아니라 불교 · 이슬람교 · 조로아스터교 등 종교와 사상, 그리고 예술 분야에서의 교류도 자연스럽게 이루어졌다.

36 일본의 메이지유신에 대한 설명으로 옳지 않은 것은?

① 시민계급이 대두하였다.
② 일종의 시민혁명이었다.
③ 입헌군주정치의 기초가 확립되었다.
④ 봉건지배계급의 몰락을 배경으로 하였다.

메이지유신 … 메이지 천황 때 막부체제를 무너뜨리고 왕정복고를 이룩한 변혁과정이다. 국민의 실정을 고려하지 않는 관주도의 일방적 개혁으로 자본주의 육성과 군사적 강화에 노력하였다.

기출

37 중국의 5 · 4운동을 바르게 설명한 것은?

① 지주의 횡포에 항거하여 일어난 농민들의 소작분쟁
② 군벌 · 일본세력을 배척한 지식인들의 반제국주의 · 반봉건주의 운동
③ 러시아의 남하정책을 반대한 민중봉기
④ 아편전쟁 후 맺은 난징조약에 반대한 학생운동

중국의 5 · 4운동 … 1919년 5월 4일 베이징에서 일어난 중국 민중의 반봉건 · 반제국주의 운동이다. 파리강화회의에 제출한 중국의 요구가 무시되자 학생과 지식인을 중심으로 일본과 그와 결탁한 군벌에 대한 반대 시위로 시작되었다.

---

38 방직기계의 등장으로 영국에서 가장 먼저 시작되었으며 점차적으로 세계 각국에 확산되어 비로소 자본주의 경제체제를 확립시킨 것은?

① 명예혁명
② 산업혁명
③ 러시아혁명
④ 청교도혁명

산업혁명 … 1760년경부터 1830년경까지 약 1세기에 걸쳐서 종래의 수공업적 소규모생산이 기계의 등장으로 인해 대량생산의 공장제 기계공업으로 전환된 커다란 변혁이다. 영국에서 산업혁명이 가장 먼저 일어나게 된 계기는 자본의 축척, 풍부한 노동력 · 원료와 시장의 확보, 석탄 · 철 등의 풍부한 지하자원을 보유하고 있었기 때문이다.
① 명예혁명 : 1688년 영국에서 일어난 시민혁명이다.
③ 러시아혁명 : 1905년과 1917년에 러시아에서 일어났으며, 통상 러시아 혁명이라고 하면 1917년의 혁명을 가리키기도 한다.
④ 청교도혁명 : 1640 ~ 1660년 영국에서 청교도가 중심이 되어 일으킨 최초의 시민혁명이다.

39 3C 정책에 포함되지 않는 곳은?

① 카이로
② 카사블랑카
③ 캘커타
④ 케이프타운

3C 정책 … 영국이 19세기 말 ~ 20세기 초에 카이로(Cairo), 케이프타운(Capetown), 캘커타(Calcutta) 세 도시를 연결하여 정치·경제적 세력을 확대하려는 종단정책이다.

40 19세기 말부터 제1차 세계대전까지 유지됐던 독일의 제국주의적 근동정책을 일컫는 말은?

① 3C 정책
② 3D 정책
③ 3B 정책
④ 3S 정책

3B 정책 … 1890년 비스마르크 사임 후 빌헬름 2세는 범게르만주의를 표방하는 이른바 세계정책을 통해 국제관계를 긴장시켰다. 특히 베를린·비잔티움·바그다드를 연결하는 3B정책을 추진하였다.

① 3C 정책 : 영국이 19세기 말 ~ 20세기 초에 세 도시를 연결하여 정치·경제적 세력을 확대하려는 종단정책으로 카이로(Cairo), 케이프타운(Capetown), 캘커타(Calcutta)을 말한다.

② 3D 정책 : 1969년 북대서양조약기구 각료 이사회에서 채택된 기본정책으로, 방위(Defence), 침략·저지(Deterrence), 긴장완화(Detente)를 말한다.

④ 3S 정책 : 국민들이 정치에 무관심하도록 하는 우민화정책이다. 스크린(Screen), 스포츠(Sport), 섹스(Sex)를 말한다.

41 미국의 독립이 승인된 조약은?

① 베를린조약(1878)
② 파리조약(1783)
③ 워싱턴조약(1992)
④ 런던조약(1972)

1783년 파리조약의 체결로 아메리카합중국의 독립이 인정되었다.

① 베를린조약 : 1878년 6월 13일 ~ 7월 13일 베를린에서 열린 유럽 국제회의를 말한다.

③ 워싱턴조약 : 집적회로에 대한 지적재산권 조약으로 1992년 5월 워싱턴에서 체결되었다.

④ 런던조약 : 1972년 핵폐기물 및 기타 물질의 투기에 의한 해양오염방지를 목적으로 채택한 국제협약이다.

42 비스마르크체제에 대해 잘못 말한 것은?

① 비스마르크체제는 기술적 차원에서의 단일체제라고 할 수 있다.
② 비스마르크체제는 잠재적인 침략세력도 그 체제 내에 안고 있는 집단안전보장 체제적인 성격을 가진다.
③ 비스마르크체제하에 협상이나 의회기능이 강화되었다.
④ 비스마르크체제에 의한 유럽대륙의 안정은 열강에 의한 경쟁적인 식민정책을 유도하였다.

비스마르크는 의회를 탄압하는 정책을 펴나 갔다.

※ **비스마르크 체제** … 비스마르크는 강력한 부국강병책을 써서 1871년에 독일 통일을 완성하였다. 밖으로는 유럽 외교의 주도권을 장악하고, 안으로는 가톨릭교도와 사회주의 운동을 탄압하여 '철혈재상'이라고 불린다.

43 제1차 세계대전과 관련이 없는 것은?

① 신성동맹
② 연합군과 동맹군의 싸움
③ 오스트리아와 황태자 부처 암살
④ 범슬라브주의와 범게르만주의와의 대립

제1차 세계대전은 제국주의적 영토재분할전쟁이라고 할 수 있다. 제1차 세계대전의 동기는 오스트리아 황태자 부처를 세르비아 청년이 암살하자 오스트리아가 세르비아에 선전포고하여 오스트리아 · 독일 · 불가리아 등의 동맹군과 세르비아 · 러시아 · 프랑스 · 영국 · 일본 등 연합군 간의 세계전쟁으로 확대된 것이다.

🌟🌟🌟
기출 **44** 영국의 귀족 성직자들이 존 왕으로부터 왕권을 제한하기 위하여 받은 약정서는?

① 권리청원
② 마그나카르타
③ 권리장전
④ 인신보호율

마그나카르타 대헌장 … 1215년 영국 존 왕의 실정에 분격한 귀족 및 승려가 왕의 권한을 제한하고 인민의 자유와 권리를 보장하기 위하여 국왕에게 강요하여 받은 약정서이다.

① 권리청원 : 1628년 영국의 찰스 1세가 왕권신수설을 내세우고 전제정치를 하는 데 반발하여, 의회가 제출한 인민의 헌법상 권리를 주장하는 청원서이다.

③ 권리장전 : 국왕은 의회의 동의 없이 법률의 폐지나 과세, 상비군 모집을 할 수 없다는 것과 의회의 언론자유를 보장해야 한다는 것을 주요 내용으로 하는 17세기 영국의 법률을 말한다.

④ 인신보호법 : 1679년 부당한 구금에 따른 인권침해를 방지하기 위해 제정된 영국 법률이다. 이유를 명시하지 않은 체포는 위법으로 간주하고, 반드시 인신보호영장을 받는 동시에 피구금자는 신속히 재판을 받게 되어 인권의 보장에 큰 진전을 보게 되었다.

45 종교개혁에 대한 설명으로 옳지 않은 것은?

① 마틴 루터는 1517년 면죄부 판매를 비난하는 95개조 반박문을 발표하였다.
② 1555년 보름스(Worms) 종교회의에서 루터파를 선택할 자유가 인정되었다.
③ 루터의 종교개혁과 거의 같은 시기에 스위스의 취리히에서도 츠빙글리가 면죄부의 판매에 반대하여 종교개혁운동을 일으켰다.
④ 칼뱅은 기독교 강요를 저술하여 신교체제를 세웠다.

루터파가 인정받은 것은 1555년의 아우크스부르크회의이다.

※ **종교개혁** … 16 ~ 17세기 유럽에서 로마 가톨릭 교회의 쇄신을 요구하며 등장했던 개혁운동을 말한다.

46 기원전 480년에 페르시아군과 그리스 연합군 사이에 발발한 전투로, 영화 '300'의 배경이 되기도 한 이 전투의 이름은?

① 테르모필레
② 플라타이아
③ 레우크트라
④ 펠로폰네소스

② 플라타이아 : 기원전 479년에 페르시아 세력에 대항하여 스파르타, 코린트, 아테네 등 그리스 연합군 사이에 발발한 전투이다.
③ 레우크트라 : 기원전 371년에 보이오티아 동맹과 스파르타 사이에 발발한 전투이다.
④ 펠로폰네소스 : 기원전 431년에 아테네와 스파르타 사이에 발발한 전쟁이다.

47 빈회의와 관계있는 전쟁은 어느 것인가?

① 7년 전쟁
② 30년 전쟁
③ 스페인 계승전쟁
④ 나폴레옹전쟁

빈회의 … 1814 ~ 1815년에 걸쳐 프랑스혁명과 나폴레옹 몰락 후 사태의 수습과 구질서 회복을 목적으로 각국 대표들이 오스트리아 수도 빈에 모여 개최한 회의이다.

48 위그노전쟁을 끝맺고 프랑스가 종교분쟁의 해방을 공포한 것은?

① 수장령
② 아우구스부르크 종교화의
③ 낭트칙령
④ 베스트팔렌 조약

낭트칙령 … 1598년 프랑스의 앙리4세가 신앙의 자유와 신·구 양교도 화해의 칙령으로, 신교파의 위그노에게 조건부 신앙의 자유를 허용하고 가톨릭교도와 동등한 정치권리를 갖도록 하면서 30년간 지속된 위그노전쟁을 종식시켰다.

① 수장령 : 영국의 종교개혁에 있어서 국왕을 영국 교회의 유일한 최고 수장으로 규정한 법률을 말한다.
② 아우구스부르크 종교화의 : 1555년 9월 29일에 아우구스부르크의 제국회의에서 가톨릭과 루터주의 간에 결성된 종교평화의 규정을 말한다.
④ 베스트팔렌 조약 : 독일 30년 전쟁을 끝내기 위해 1648년에 체결된 평화조약이다. 신성로마제국을 사실상 붕괴시키고, 주권 국가들의 공동체인 근대 유럽의 정치구조가 나타나는 계기가 되었다.

49 금인칙서(金印勅書)와 관계가 없는 것은?

① 7인의 대제후   ② 황제 선거권
③ 1356년   ④ 프랑스의 간섭

금인칙서(金印勅書) … 1356년 독일의 황제 카를 4세가 성(聖)·속(俗)의 7선 제후 중에서 황제를 선출할 것이라고 발표한 문서를 말한다.

기출 50 중국은 대만을 자국 영토의 일부로 간주하지만 대만은 독립국가임을 선언하고 있다. 대만이 중국에서 분리된 계기로 옳은 것은?

① 아편전쟁
② 러일전쟁
③ 청일전쟁
④ 청프전쟁

청일전쟁 후 시모노세키조약(1895)에 의하여 대만은 213년간 계속 되었던 청나라의 통치에서 벗어나 일본 최초 해외 식민지가 되었다. 1945년 제2차 세계대전이 끝나고 중국에 복귀할 때 까지 대만은 51년간 일본 치하에 놓여있었으며 1949년에는 중국 공산당의 내전에 패배한 국민당의 장제수정권이 대만으로 이전하여 그 지배체제가 유지되어 왔다.

① 아편전쟁 : 아편 문제를 둘러싼 청나라와 영국 간의 전쟁이다.
② 러일전쟁 : 1904년에 만주와 한국의 지배권을 두고 러시아와 일본이 벌인 제국주의 전쟁이다.
④ 청프전쟁 : 1884년에 베트남에 대한 종주권을 둘러싸고 프랑스와 청국이 벌인 전쟁이다.

기출> 51 오스트리아 정부가 세르비아에 최후통첩을 보낸 이후 7월 28일에 세르비아에 선전포고를 함으로써 제1차 세계대전이 발발하게 된 사건은?

① 사라예보 사건
② 세포이 항쟁
③ 종교개혁
④ 동북공정

사라예보 사건 … 1914년 6월 28일 오스트리아 황태자와 그의 비(妃) 사라예보에서 두 명의 세르비아 청년에게 암살된 사건이다. 남(南) 슬라브족의 통일에 장애물이라고 판단한 황태자를 세르비아의 민족주의 비밀결사들이 계획하여 제거한 것이다.
② 세포이 항쟁 : 1857년부터 1859년에 전개된 인도 최초의 민족 항쟁을 말한다.
③ 종교개혁 : 16 ~ 17세기에 유럽에서 로마 가톨릭 교회의 쇄신을 요구하던 개혁운동을 말한다.
④ 동북공정 : 중국 국경 안에서 전개된 모든 역사를 중국의 역사로 편입하려는 역사 왜곡 연구 계획을 말한다.

52 다음을 통해 내릴 수 있는 결론으로 적절하지 않은 것은?

> 안연이 인(仁)에 대해 묻자 공자는 "자신을 이기고 예(禮)로 돌아가는 것이 인이다. 하루하루 자신을 이기고 예로 돌아가면 천하가 인으로 돌아갈 것이다. 인을 이룩하는 것은 자기로 말미암은 것이지 다른 사람으로 말미암은 것일까?"라고 대답하였다.

① 예(禮)는 인(仁)과 더불어 인간의 생득적인 본성이다.
② 성실하게 자신의 생활을 하는 중에 인(仁)의 도(道)가 나타나게 된다.
③ 인(仁)이란 욕망을 스스로 극복하려고 하는 노력을 통해 얻어진다.
④ 인(仁)을 실현시키기 위해서는 적극적인 노력이 요구된다.

예(禮)는 생득적 본성이 아닌 외면적 사회규범이다.

기출> 53 사서(四書)에 속하지 않는 것은?

① 논어(論語)
② 시경(詩經)
③ 대학(大學)
④ 맹자(孟子)

사서오경(四書五經)

구분	내용
사서(四書)	논어(論語), 대학(大學), 맹자(孟子), 중용(中庸)
오경(五經)	시경(詩經), 서경(書經), 역경(易經), 춘추(春秋), 예기(禮記)

54 노자(老子)사상에 대한 설명으로 옳지 않은 것은?

① 일체의 사회규범 및 제도를 거부하는 극단적인 개인주의적 요소를 지니고 있다.
② 무위자연의 삶을 이상적인 삶으로 보았다.
③ 인간의 본성은 가치판단으로부터 독립해 있다.
④ 강제는 인간의 자연적 본성에 위배되는 것이다.

55 원효의 사상을 나타내는 것은?

① 참된 것은 하늘의 도요, 참되려고 노력하는 것은 사람의 도리이다.
② 모순과 대립된 것들도 하나로 합해질 수 있다.
③ 사람의 몸이 천지의 몸이요, 사람의 마음이 곧 천지의 마음이다.
④ 성은 하늘의 실리이요, 마음은 본체이다.

기출 ***

56 동양도덕의 밑바탕을 이루고 있는 삼강오륜(三綱五倫)에 속하지 않는 것은?

① 장유유서(長幼有序)
② 군위신강(君爲臣綱)
③ 교우이신(交友以信)
④ 부부유별(夫婦有別)

노자(老子) … 중국 고대의 사상가이며 도가(道家)의 시조로 무위자연(無爲自然)의 상태를 이상적이라고 본다. 노자는 이상적인 정치형태로 소국과민을 주장하였다.

원효 … 어느 특정한 경(經)이나 논(論)에 편중되어 한 종파에 소속됨을 지양하고, 불교의 모든 법문이 하나의 동일한 근원에서 나온 것으로 보아 전체 불교를 모두 융화시키려는 화쟁사상(和諍思想)을 주장하였다.

교우이신(交友以信) … 신라 진평왕 때 원광법사가 화랑에게 일러준 다섯 가지 계명인 세속오계(世俗五戒)에 속한다.

※ 삼강오륜과 세속오계
　㉠ 삼강오륜
　　• 삼강(三綱) : 군위신강(君爲臣綱), 부위자강(父爲子綱), 부위부강(夫爲婦綱)
　　• 오륜(五倫) : 군신유의(君臣有義), 부자유친(父子有親), 부부유별(夫婦有別), 장유유서(長幼有序), 붕우유신(朋友有信)
　㉡ 세속오계
　　• 사군이충(事君以忠) : 임금을 충성으로써 섬긴다.
　　• 사친이효(事親以孝) : 어버이를 효도로써 섬긴다.
　　• 교우이신(交友以信) : 벗을 믿음으로써 사귄다.
　　• 임전무퇴(臨戰無退) : 싸움에 임해서는 물러나지 않는다.
　　• 살생유택(殺生有擇) : 산 것을 죽일 때는 가려서 한다.

57 주자(朱子)가 '세계의 참모습'을 파악하기 위하여 강조한 것은?

① 심즉리설(心卽理說)
② 지행합일(知行合一)
③ 치양지설(致良知設)
④ 격물치지(格物致知)

격물치지(格物致知) … 인간이 자신을 포함해 세계의 참모습에 대하여 밝게 아는 것을 말한다.

① **심즉리설(心卽理說)** : 인간의 마음인 심(心)이 곧 우주자연의 이법인 이(理)와 같다는 의미로 왕양명의 사상이다.

② **지행합일(知行合一)** : 인간이 본래부터 타고난 참된 앎인 양지(良知)를 근거로 하여, 양심을 바르게 깨닫고 그에 따라 실천할 것을 강조하였다.

③ **치양지설(致良知設)** : 인간이 본래부터 타고난 참된 앎(양지)을 구체적이고 적극적으로 발휘하는 것을 말한다.

58 다음 중 향약의 4대 강목에 해당하지 않는 것은 무엇인가?

① 덕업상권(德業相勸)
② 과실상규(過失相規)
③ 예속상교(禮俗相交)
④ 상부상조(相扶相助)

향약의 4대 강목은 덕업상권, 과실상규, 예속상교, 환난상휼로, 조선 시대 향촌 공동체에서 서로의 덕행을 격려하고 잘못을 바로잡으며 예의를 지키고 어려운 상황에서 서로 돕는 것을 권장하는 규범이다. 이 네 가지 강목을 통해 공동체의 질서와 도덕성을 유지하고 상호부조의 정신을 실천하였다.

기출 **59** 19세기 후반에 관념론 · 유물론 등의 반동으로 일어난 철학사상은?

① 실증주의
② 공산주의
③ 실용주의
④ 실존주의

실존주의 … 실존하는 것이 가치가 있으며 비본래적인 자기에 대해 본래적인 자기의 존재 방식을 탐구하려는 사상을 의미한다. 본질 탐구의 철학, 즉 합리주의 철학을 반대하고 현실의 자각적 존재로서 실존의 구조를 인식하고 해명하려는 철학 사상이다.

① **실증주의** : 19세기 후반 서유럽에서 나타난 철학의 한 경향을 가리킨다. 실증주의는 어떤 사실이나 현상의 배후에 초월적인 존재나 형이상학적인 원인을 상정하는 것에 반대하고, 경험적으로 주어진 사실에 인식의 대상을 제한한다.

② **공산주의** : 사유재산제도의 부정과 공유재산제도의 실현으로 빈부의 차를 없애려는 사상을 말한다.

③ **실용주의** : 행동본위 · 실행본위 · 생활본위 · 실용본위의 철학으로 결정론적 세계관을 배격하고 진리의 유용성을 주장한다.

성리학에서 말하는 기(氣)의 의미는?

① 현실적 모습
② 세계의 참모습
③ 완전하고 선한 모습
④ 알 수 없는 미지의 세계

성리학에서 '이(理)'는 세계의 참모습을 말하며, '기(氣)'는 세계의 현실적인 모습을 구성하는 것이다.

61 다음 설명 중 옳지 않은 것은?

① 소크라테스는 인간을 보편적 이성을 지닌 존재로 보고, 절대적·객관적 진리가 있음을 확신하였다.
② '실존(實存)은 본질(本質)에 앞선다'는 명제를 제시한 실존주의자는 사르트르(Sartre)이다.
③ 대표적 스콜라 철학자는 토마스 아퀴나스이다.
④ 벤담은 쾌락에 질적인 차이가 있음을 강조하고 자유론을 저술하였다.

벤담 … 쾌락이나 행복을 양적으로 계산할 수 있다고 보고, 개인의 쾌락이나 행복을 증대시키는 것이 사회전체의 행복을 증대시키게 된다는 양적 공리주의를 주장했다.

62 그리스 철학에 대한 다음 설명 중 옳지 않은 것은?

① 피타고라스는 인간은 만물의 척도라고 하였다.
② 플라톤은 이상주의철학의 개조로 이데아설을 주장하였다.
③ 아리스토텔레스는 세계를 조화된 것으로 보고 중용의 덕을 중요시했다.
④ 히피아스는 자연적인(Physis) 것과 인위적인(Nomos) 것을 대립시켰다.

'인간은 만물의 척도'라고 한 사람은 프로타고라스(Protagoras)이다.

기출 **63** 「프로테스탄티즘의 윤리와 자본주의의 정신」에서 서구의 자본주의를 가능하게 했던 원인으로 프로테스탄트 윤리를 주장하는 철학자는?

① 칼뱅
② 칼 마르크스
③ 애덤 스미스
④ 막스 베버

프로테스탄티즘의 윤리와 자본주의의 정신 … 1920년에 간행된 이 책은 프로테스탄트 윤리가 자본주의의 정신에 얼마나 직접적인 영향을 주었는가를 사회학적 측면에서 분석하여 청교도의 직업관과 윤리의식이 영리추구를 정당화 시켜 서유럽 자본주의의 형성에 큰 공헌을 했다고 주장하였다.
① 칼뱅 : 프랑스의 종교개혁가로 종교개혁에 성공하고 신정 정치적 체제를 수립하였다.
② 칼 마르크스 : 「자본론」의 저자이며 독일의 정치경제학자이다.
③ 애덤 스미스 : '보이지 않는 손'을 주장한 영국의 정치경제학자이다.

64 서양의 윤리사상에 대한 설명으로 옳지 않은 것은?

① 칸트가 말하는 최고선이란 선의지에 의한 도덕적 행위와 이에 부응하는 행복과의 합치를 의미한다.
② 공리주의에 의하면 인간에 있어 유일한 선은 쾌락이요, 유일한 악은 고통이다.
③ 실존주의는 구체적인 현실 속에서 진정한 자기를 다시 회복하려는 진지한 사상을 전개한다.
④ 실용주의는 도덕적 타락과 무정부 상태를 극복하고 인간정신에 질서를 부여함으로써 사회적 안정과 평화를 꾀하였다.

실용주의(實用主義) … 행동본위 · 실행본위 · 생활본위 · 실용본위의 철학으로 결정론적 세계관을 배격하고 진리의 유용성을 주장한다.

기출 **65** 깨우침에 의해서 고뇌를 넘어선 각자의 평화로운 정신 상태를 일컫는 불교용어는?

① 법신(法身)
② 열반(涅槃)
③ 윤회(輪廻)
④ 파문(破門)

열반(涅槃) … 모든 번뇌를 해탈하여 불생불멸(不生不滅)의 법을 체득한 경지이다.
① 법신(法身) : 부처의 정법 또는 석가여래 삼신(三神)의 하나이다.
③ 윤회(輪廻) : 몸은 죽어도 영혼은 영원히 살아 여러 생사를 끝없이 되풀이함을 말한다.
④ 파문(破門) : 신도(信徒)로서의 자격을 빼앗아 종문(宗門)에서 축출하는 것을 말한다.

66 세계를 구성하고 지배하는 질서를 의미하는 용어는?

① 로고스
② 에토스
③ 파토스
④ 에피투미아

로고스 … 질서와 이성, 논리를 의미한다.
② 에토스 : 성격과 습관을 의미한다.
③ 파토스 : 정념과 감정을 의미한다.
④ 에피투미아 : 육체적 욕망에 의해서 영위되는 자기본위의 생활을 의미한다.

67 다음 중 문답을 통해 학생들이 스스로 사고하고 진리를 탐구하게 하는 고대 그리스 철학자의 교육 방법을 의미하는 것은 무엇인가?

① 플라톤의 이상국 교육법
② 아리스토텔레스의 실천적 교육법
③ 소크라테스의 산파법
④ 데카르트의 이성적 교육법

소크라테스의 산파법 … 학생들에게 질문을 던지고 답하게 함으로써 스스로 사고하고 진리를 발견하게 하는 교육 방법이다. 이 방법은 소크라테스가 학생들의 지식을 "끌어내준다"는 의미로 붙여진 이름이며, 비판적 사고와 자발적 학습을 촉진하는 방식으로 중요한 역할을 한다.

68 경험과 증거를 자료로 사물의 인과관계를 추리하고 법칙을 발견하여 이론을 형성하는 사고방식은?

① 연역적 사고
② 실증적 사고
③ 실용적 사고
④ 귀납적 사고

귀납법 … 각각 특수한 사실에 일반적·보편적 원리로 나아가는 추리방법이다. 머릿속으로 구상한 법칙을 자연이나 인간에게 제시하는 것이 아니고 특정 사물을 연구·관찰한 후 법칙을 세우고 생각을 정리하는 방법이다.
① 연역법 : 연역적 추리의 방법과 절차를 논리적으로 체계화한 것을 말한다.
② 실증법 : 사회현상을 경험적 사실의 관찰·실험에 의하여 적극적으로 증명하려는 사회학의 연구방법이다.
③ 실용법 : 감성적 경향성의 만족으로서의 행복이라는 목적 달성에 기여한다는 사고를 말한다.

69 소크라테스의 사상으로 적합하지 않은 것은?

① 자기를 아는 것이 가장 근원적인 문제이다.
② 진리는 상대적이고 주관적이다.
③ 인간의 본질은 이성(理性)에 있으며 이성의 기능은 지혜를 찾는데 있다고 보았다.
④ 대화의 방식으로서 진리를 밝힐 수 있다.

소크라테스(Socrates) … 고대 그리스의 철학자로 우주의 원리를 묻곤 했던 기존의 철학자들과 달리, 자기 자신 근원에 대한 물음을 철학의 주제로 삼았다. 소크라테스는 객관적 · 보편적 · 절대적 존재를 인정하였다.

70 다음 중 바르게 엮이지 않은 것은?

① 상대주의 – 프로타고라스의 '인간은 만물의 척도이다'
② 보편적 진리 – 소크라테스의 '너 자신을 알라'
③ 합리론 – 데카르트의 '의심하는 것은 사유하는 것이고, 사유하는 것은 존재하는 것이다'
④ 참다운 자유 – 밀의 '강제 없는 상태'

자유란 강제가 없는 상태를 말하는 것이 아니라, 어떤 일을 할 수 있는 적극적인 힘을 말한다.

71 고대 그리스의 철학자 아리스토텔레스는 인생의 목적을 어디에 두었는가?

① 쾌락의 추구
② 마음의 평정
③ 행복의 실현
④ 부동심의 경지

아리스토텔레스 … 인간의 궁극적인 목적은 행복의 실현이라는 목적론적 세계관을 역설하였다.
② **마음의 평정**: 고대 그리스 철학자들이 말하는 정신적 평화의 상태를 의미한다.
④ **부동심의 경지**: 모든 정념(情念)에서 해방된 상태를 가리키는 말로, 스토아학파는 아파테이아의 상태를 이상적이라고 생각하였다.

다음이 경계하는 우상은?

> 용이나 주작 같은 상징적인 동물은 자주 언급되기 때문에 마치 실재하는 것처럼 생각되며, 신이나 천사 등의 개념도 사실은 인간의 사유가 만들어낸 것에 불과하다.

① 종족의 우상
② 동굴의 우상
③ 시장의 우상
④ 극장의 우상

제시된 내용은 언어를 잘못 사용하거나 그 참뜻을 잘못 이해하는 데서 오는 선입견으로 시장의 우상에 해당한다.
① **종족우상** : 모든 현상을 인간 중심으로 해석하려는 편견을 말한다.
② **동굴우상** : 개인의 특수한 경험이나 습성에서 오는 편견을 말한다.
④ **극장우상** : 전통. 권위. 학설을 무조건 믿고자 하는 편견을 말한다.

다음에 제시된 내용과 사상적으로 통하는 것은?

> 비록 신(神)이 존재하더라도 사람은 자신의 의지를 신의 의지에 예속시킬 필요는 없다. 자신에게 적절한 것을 가장 잘 판단할 수 있는 존재는 바로 자기 자신인 것이다. 즉, 자신에게 좋은 것이란 다름 아닌 자신이 원하는 것이요, 자신에게 이익을 가져다주는 것을 의미한다. 그 누구도 자신에게 좋은 것을 정치적·신화적 또는 사회적 억압 때문에 희생시켜야 할 의무는 없다.

① 너 자신을 알라.
② 인간의 만물의 척도이다.
③ 철학은 신학의 시녀이다.
④ 최대 다수의 최대 행복

제시된 내용은 프로타고라스의 주장으로 '인간은 만물의 척도'라는 표현은 인간 자신이 만물의 여러 현상에 대한 판단의 기준이 됨을 의미한다.
① 고대 그리스 델포이의 아폴론 신전 현관 기둥에 새겨진 말이다.
③ 다미아니가 신학에 대한 철학의 위상을 나타내면서 사용한 말이다. 즉 이성을 강조한 변증학(辯證學)은 신학을 밝히는 데에만 사용되어야 한다는 주장이다.
④ 공리주의 철학의 기초원리이다.

74 칼뱅이즘(Calvinism)의 기본적인 논리가 아닌 것은?

① 부의 축적은 신의 은총이다.
② 근면 · 검소 · 기업정신 · 성실성을 중요한 덕목으로 여긴다.
③ 소비가 미덕이다.
④ 종교적 입장에서 자본주의정신을 확립하고자 한다.

칼뱅이즘(Calvinism) … 종교적 입장에서 자본주의 정신을 합리화 한 것으로 구제예정설과 직업소명설이 주된 내용이다. 칼뱅은 근검과 절약을 미덕으로 보았다.

75 우주만유의 궁극적 실재는 물질이라고 보고, 정신적·관념적인 일체의 현상을 물질로써 파악하고자 하는 철학적 태도는?

① 유물론
② 유심론
③ 경험론
④ 관념론

유물론 … 물질을 근본적인 실재로 생각하고, 마음이나 정신을 부차적으로 보는 사상을 말한다.
② 유심론 : 실재하는 것을 정신적인 것으로 보고 물질적인 것은 정신의 소산 또는 그 표현으로 보는 입장이다. 유물론에 대립된다.
③ 경험론 : 인간의 인식은 감각을 통해 주어진 경험에 의해서 만들어진다는 입장이다.
④ 관념론 : 존재와 사유의 관계에 있어서 사유를 1차적이며 본원적인 것으로 보는 입장이다.

76 조국의 이익을 위해서는 수단과 방법을 가리지 않으며, 국제 정의조차 부정하는 맹목적 애국주의를 뜻하는 말은?

① 쇼비니즘
② 페시미즘
③ 니힐리즘
④ 다다이즘

쇼비니즘 … 자기 나라의 이익을 위해서는 수단과 방법을 가리지 않으며, 국제 정의조차 부정하는 배타적 애국주의로 광신적 국수주의를 의미한다. 프랑스 나폴레옹 1세를 숭배하던 병사 쇼뱅(N. Chauvin)의 이름에서 비롯되었다.
② 페시미즘 : 세상에 실망하여 염세적이고 비관적인 주의를 말한다.
③ 니힐리즘 : 허무주의를 의미한다.
④ 다다이즘 : 전통적인 것을 부정하고 허무, 혼란, 무질서함을 그대로 표현하려는 과도기적 사상이다.

77 마르크스의 유물변증법에 가장 큰 영향을 미친 사람은?

① 칸트
② 스미스
③ 헤겔
④ 쇼펜하우어

마르크스는 헤겔의 관념변증법의 영향을 받아 관념을 물질로 대체하여 유물변증법, 즉 변증법적 유물론을 주장하였다.

78 유물사관의 개조라고 할 수 있는 마르크스의 인간관을 잘못 설명한 것은?

① 인간의 본질을 노동으로 본다.
② 인간의 노동은 사회적 관계 속에서 이루어진다.
③ 인간의 이데올로기는 경제적 생산관계에 영향을 끼친다.
④ 인간은 노동에 의하여 자기를 실현해 나간다.

마르크스 … 인간이 직접적으로 자연적 존재라는 것을 강조한다. 인간이 자연적 존재임과 동시에 '인간적 자연 존재'라는 것이다. 즉 인간은 스스로 자각 하는 존재라는 것이다.

79 마르크스주의자는 마르크스의 사회주의를 과학적 사회주의라 한다. 이에 대하여 이전의 사회주의를 무엇이라 부르는가?

① 유심적 사회주의
② 인도적 사회주의
③ 유도적 사회주의
④ 공상적 사회주의

공상적 사회주의 … 18세기부터 19세기 중엽까지 프랑스의 생시몽과 푸리에, 영국의 오웬 등에 의해 주창된 사상이다. 인도주의와 사회정책에 의한 재상의 공유 및 부의 평등분배를 인간의 자발적 호응으로 실현하자는 이상론을 펼쳤다.

80 영국의 첫 번째 여왕으로 헨리 8세와 캐서린 왕비 사이에서 태어났다. 수많은 신교도를 처형하여 '피의 여왕'으로도 불렸으며 재정개혁, 해상무역 확장 등의 경제정책을 펼친 여왕은?

① 메리 1세
② 엘리자베스 1세
③ 빅토리아 여왕
④ 제인 그레이

② 엘리자베스 1세 : 튜더 왕조의 마지막 군주로 대영제국 발전토대를 마련한 여왕이다.
③ 빅토리아 여왕 : 대영제국, 아일랜드 연합 왕국과 인도의 여왕에 해당한다. 영국의 최전성기를 이끌었던 여왕이다.
④ 제인 그레이 : 9일 만에 폐위된 영국의 여왕이다.

1 가전체문학은 고려 무신정변 이후 문신들의 삶에 대한 깊은 인식을 표현한 문학형태이다. 다음 중 가전체문학이 아닌 것은?

① 한림별곡
② 국순전
③ 청강사지현부전
④ 정시자전

> 한림별곡은 경기체가의 대표 작품이다.
>
> ※ **가전체(假傳體)문학** … 고려 시대의 대표적인 산문 문학이다. 식물이나 동물을 의인화하여 그 일대기를 사전(史傳)의 형식으로 맞춘 허구적 문화 양식으로, 국순전은 술을 의인화하였고 청강사자현부전은 거북이를 의인화하였다. 정시자전은 지팡이를 의인화하였다.

2 자신의 모든 것을 바쳐 최선을 다해 노력하는 것을 의미하는 사자성어는?

① 분골쇄신(粉骨碎身)
② 창해일속(滄海一粟)
③ 설상가상(雪上加霜)
④ 견강부회(牽強附會)

> **분골쇄신(粉骨碎身)** … '뼈가 부서지고 몸이 부서진다'는 의미로, 자신의 모든 것을 바쳐 최선을 다해 노력하는 것을 의미한다.
> ② **창해일속(滄海一粟)** : 넓은 바다에 떠 있는 한 알의 좁쌀이라는 의미이다.
> ③ **설상가상(雪上加霜)** : 눈 위에 또 서리가 덮인다는 뜻으로 불행이 엎친 데 덮친 격으로 생기는 것을 의미한다.
> ④ **견강부회(牽強附會)** : 이치에 맞지 않는 말을 억지로 끌어 붙여 자신의 주장하는 조건에 맞추는 것을 의미한다.

3 다음 작품들 중 여성 작가가 아닌 작품은?

① 공무도하가
② 조침문
③ 규원가
④ 사씨남정기

> **사씨남정기** … 조선 후기에 김만중이 지은 고전 소설이다.
> ① **공무도하가(公無渡河歌)** : 한국 시가 사상 중 가장 오래된 것으로, 고조선 시대의 뱃사공인 곽리자고의 아내 여옥이 지은 노래이다. 공후인(箜篌引)이라고도 부른다.
> ② **조침문** : 조선 순조 때 유씨 부인이 지은 수필이다.
> ③ **규원가** : 조선 선조 때 허난설헌이 지은 가사이다.

4 영국 귀족들의 허상을 드러내는 「한 줌의 먼지」는 1988년 영화로 만들어지기도 했다. 이 작품을 집필하였으며 20세기 영국문학을 대표하는 풍자 작가는?

① 아이리스 머독
② 테네시 윌리엄스
③ 잭 케루악
④ 에벌린 워

에벌린 워 … 영국 소설가 겸 평론가이다. 제2차 세계대전에 종군하여 이후 작품에는 초기의 특징을 간직하면서도 완전히 사실적으로 기울어 종교적 질서의 실재를 주제로 삼게 되었다. 주요 저서 가운데 중후하고도 현란한 문체를 구사한 걸작 「브라이즈헤드 재방문」과 역사소설 「헬레나」 등은 모두 가톨릭적인 소설이다.
① 아이리스 머독 : 영국 소설가 겸 철학자로 대표 저서로는 「바다여, 바다여」가 있다.
② 테네시 윌리엄스 : 현대 미국의 대표적인 극작가로 퓰리처상을 수상하며 대표 저서로는 「욕망이라는 이름의 전차」가 있다.
③ 잭 케루악 : 미국 소설가로 대표 저서로는 「길 위에서」가 있다.

5 한자어가 아닌 것은?

① 심지어
② 과연
③ 물론
④ 어쩐지

① 甚至於
② 果然
③ 勿論

6 밑줄 친 어휘가 적절하게 사용되지 않은 것은?

① 단체나 법인의 후원금을 금지하는 취지는 불법 자금을 둘러싼 정경<u>유착</u>을 막아내자는 것이지, 힘없는 약자들의 순수한 정치참여를 막자는 게 아니다.
② 정부와 공기업 등 각계에 국익을 외면하고 20여 년간 외국 원전업체 이익을 대변하는 정책을 펴온 <u>비호</u>세력이 포진해있다는 주장이 제기됐다.
③ 여성학은 여성문제의 현상이나 그 원인 또는 구조적 특질 등을 이론적으로 <u>분해</u>하고 그 해결 전망을 모색하는 학문이다.
④ 우리는 생각만은 분명히 있지만 말을 잊어서 표현에 <u>곤란</u>을 느끼는 경우를 경험하기도 한다.

'분해'는 '여러 부분이 결합되어 이루어진 것을 그 낱낱으로 나눔'이라는 뜻으로, '까닭이나 내용을 풀어서 밝힘'의 '해명'이 적절한 사용이다.
① 유착 : 사물들이 서로 깊은 관계를 가지고 결합하여 있음
② 비호 : 편들어서 감싸 주고 보호함
④ 곤란 : 사정이 몹시 딱하고 어려움

7 데카당스(Decadence)와 관계없는 문예사조는?

① 관능주의
② 퇴폐주의
③ 탐미주의
④ 고전주의

데카당스(Decadence) … 19세기 후반의 회의적인 사상과 퇴폐적인 경향이 문학에 반영된 세기말적 문학을 말한다. 관능적인 미를 추구하고 예술지상주의적, 탐미적 문학의 특징을 갖는다.

기출 8 여름을 나타내는 절기는?

① 우수(憂愁)
② 상강(霜降)
③ 망종(芒種)
④ 곡우(穀雨)

24절기

계절	내용
봄	입춘(立春), 우수(雨水), 경칩(驚蟄), 춘분(春分), 청명(淸明), 곡우(穀雨)
여름	입하(立夏), 소만(小滿), 망종(芒種), 하지(夏至), 소서(小暑), 대서(大暑)
가을	입추(立秋), 처서(處暑), 백로(白露), 추분(秋分), 한로(寒露), 상강(霜降)
겨울	입동(立冬), 소설(小雪), 대설(大雪), 동지(冬至), 소한(小寒), 대한(大寒)

---

9 순우리말인 '나부대다'의 뜻으로 옳은 것은?

① 얌전히 있지 못하고 철없이 촐랑거리다.
② 언행이 쓸데없이 실없고 싱겁다.
③ 뜻이 굳고 하는 일이 야무지다.
④ 몹시 보채거나 짓궂게 굴다.

나부대다 … 얌전히 있지 못하고 여기저기 촐랑거리는 모습을 말한다.
② 객쩍다
③ 아귀차다
④ 곱살끼다

기출 10 세계 주요 문학작품 중 작가가 잘못 연결된 것은?

① 베케트(프랑스) – 고도를 기다리며
② 카뮈(프랑스) – 이방인, 페스트
③ 토마스 만(독일) – 테스, 귀향
④ 스티븐슨(영국) – 보물섬, 지킬 박사와 하이드씨

「테스」, 「귀향」은 토마스 하디(영국)의 작품이다.

※ **토마스 만** … 독일의 소설가이자 평론가로 독일의 소설예술을 세계적 수준으로 높였다. 1929년 「바이마르 공화국의 양심」으로 노벨문학상을 받았다.

11 사단칠정(四端七情) 중 칠정(七情)에 해당하지 않는 것은?

① 喜
② 義
③ 哀
④ 欲

사단칠정(四端七情) … 성리학의 철학적 개념으로, 사단(四端)은 인간의 본성에서 우러나오는 마음씨, 즉 인(仁)에서 우러나오는 측은지심(惻隱之心), 의(義)에서 우러나오는 수오지심(羞惡之心), 예(禮)에서 우러나오는 사양지심(辭讓之心), 지(智)에서 우러나오는 시비지심(是非之心)의 네 가지 선천적이며 도덕적 능력을 말한다. 칠정(七情)은 인간의 본성이 사물을 접하면서 표현되는 기쁨(喜), 노여움(怒), 슬픔(哀), 두려움(懼), 사랑(愛), 미움(惡), 욕망(欲)의 일곱 가지 자연적 감정을 가리킨다.

12 다음 상황과 관련된 사자성어는?

> 조개가 강변에 나와 입을 벌리고 햇볕을 쬐고 있는데, 도요새가 날아오더니 조갯살을 쪼아 먹으려 했다. 깜짝 놀란 조개가 입을 다물었고, 그 바람에 도요새 부리는 조개 속에 끼고 말았다. 당황한 도요새는 조개에게 이대로 계속 있으면 햇볕에 바짝 말라 죽을 것이라고 하였고, 조개는 도요새에게 내가 놓아주지 않으면 굶어 죽을 것이라고 말했다. 조개와 도요새가 서로 버티는 사이 어부가 이 광경을 보고 조개와 도요새를 한꺼번에 잡아갔다.

① 首丘初心
② 馬耳東風
③ 漁父之利
④ 刻舟求劍

제시된 상황은 어부지리(漁父之利)에 대한 설명이다.

① **首丘初心**(수구초심) : 여우가 죽을 때 제가 살던 굴이 있는 언덕 쪽으로 머리를 둔다는 뜻으로, 고향을 그리워하는 마음을 이르는 말이다.

② **馬耳東風**(마이동풍) : 말의 귀에 동풍이 불어도 말은 아랑곳하지 않는다는 뜻으로, '남의 말에 귀 기울이지 않고 그냥 지나쳐 흘려 버림'을 이르는 말이다.

④ **刻舟求劍**(각주구검) : 배의 밖으로 칼을 떨어뜨린 사람이 나중에 그 칼을 찾기 위해 배가 움직이는 것도 생각하지 아니하고 칼을 떨어뜨린 뱃전에다 표시를 하였다는 뜻에서, 시세의 변천도 모르고 낡은 것만 고집하는 미련하고 어리석음을 비유적으로 이르는 말이다.

13 다음 중 연결이 옳지 않은 것은?

① 최초의 가사 - 상춘곡
② 최초의 순(純)문예동인지 - 폐허
③ 최초의 한문소설 - 금오신화
④ 최초의 한글소설 - 홍길동전

① **상춘곡** : 「불우헌집」에 실려 있으며, 정극인이 단종이 폐위되자 벼슬을 사퇴하고 고향인 전라북도 태인에 은거하면서 후진을 양성할 때 지은 최초의 가사이다.

③ **금오신화** : 매월당 김시습이 쓴 우리나라 최초의 한문 소설이다.

④ **홍길동전** : 조선 중기에 허균(許筠)이 지었다고 전하는 최초의 한글 고전소설이다.

※ **문학동인지**

㉠ **창조**(創造) : 1919년에 창간된 최초의 순(純)문예동인지로 김동인, 주요한, 전영택 등이 주요 동인이다. 계몽 문학을 배척하고 순수 문학을 지향하였다.

㉡ **폐허** : 1920년대 초 문학 동인지로, 독일의 시인 실러의 "옛 것은 멸하고 시대는 변한다. 새 생명은 이 폐허에서 피어난다."라는 시구에서 따온 것으로 부활과 갱생을 의미한다. 동인으로 김억, 남궁벽, 오상순, 염상섭 등이 참여하였으며 이들의 문학적 경향은 퇴폐적 낭만주의였다.

14 1978년에 등단하여 이상문학상, 유주현문학상, 현대문학상 등을 수상한 양귀자작가의 소설로 옳지 않은 것은?

① 나는 소망한다 내게 금지된 것을
② 천년의 사랑
③ 모순
④ 마당이 있는 집

마당이 있는 집 … 김진영 작가의 데뷔작으로 2018년에 출간되었다.

15 다음 중 동물과 관련된 사자성어가 아닌 것은?

① 군계일학
② 오비이락
③ 토사구팽
④ 오비삼척

오비삼척(吾鼻三尺) … 내 코가 석자라는 뜻으로, 내가 당장 곤경에 처해 있어 남을 도울 수 없음을 이르는 말이다.

① 군계일학(群鷄一鶴) : 닭 무리 속에 있는 한 마리의 학이란 뜻으로, 평범한 사람들 가운데 뛰어난 한 사람을 이르는 말이다.

② 오비이락(烏飛梨落) : 까마귀 날자 배 떨어진다는 뜻으로, 공교롭게 때가 같아 억울하게 의심을 받게 됨을 이르는 말이다.

③ 토사구팽(兎死狗烹) : 토끼를 잡으면 사냥하던 개는 쓸모가 없어 잡아먹는다는 뜻으로 필요할 때 써 먹고 쓸모가 없어지면 버린다는 의미이다.

16 외래어 표기법에 따라 바르게 적은 것은?

① 뷔페
② 워크샵
③ 악세사리
④ 앙케이트

② 워크샵 → 워크숍
③ 악세사리 → 액세서리
④ 앙케이트 → 앙케트

※ **외래어 표기의 원칙**
  ㉠ 국어의 현용 24자모만으로 적는다.
  ㉡ 외래어의 1음운은 원칙적으로 1기호로 적는다.
  ㉢ 받침에는 'ㄱ, ㄴ, ㄹ, ㅁ, ㅂ, ㅅ, ㅇ'만을 쓴다.
  ㉣ 파열음 표기에는 된소리를 쓰지 않는 것을 원칙으로 한다.
  ㉤ 이미 굳어진 외래어는 관용을 존중하되, 그 범위와 용례는 따로 정한다.

17 맞춤법에 맞게 표기된 것은?

① <u>개거품</u>을 물며 닦달했다.
② <u>겉치례</u>를 중요하게 생각한다.
③ 어떻게 <u>일일이</u> 확인하니?
④ 라면이 <u>불면</u> 체할 것 같아

일일이 … 하나씩 하나씩 등의 뜻을 나타낸다.
① 개거품 → 게거품
② 겉치례 → 겉치레
④ 불면 → 불으면

기출 18 북어 두 쾌, 마늘 두 접, 오징어 세 축의 합계는?

① 28
② 262
③ 325
④ 300

쾌는 북어를 세는 단위로 한 쾌는 20마리를 이르며, 접은 채소나 과일 따위를 묶어서 세는 단위로 한 접은 100개이다. 축은 오징어를 묶어 세는 단위로 한 축은 20마리이다.
따라서 $40 + 200 + 60 = 300$

19 월북 작가 홍명희의 작품은?

① 태평천하
② 임꺽정
③ 카인의 후예
④ 상록수

임꺽정 … 조선 명종 때 천민계층의 반봉건적인 인물 임꺽정을 주인공으로 하여 그들의 생활양식을 다룬 작품이다.
① 태평천하 : 식민지 사회 현실을 풍자하여 다룬 채만식의 작품이다.
③ 카인의 후예 : 범생명적인 휴머니즘을 추구한 황순원의 작품이다.
④ 상록수 : 민족주의 · 사실주의 경향의 농촌 계몽 소설을 주로 쓴 심훈의 대표 작품이다.

기출 20 공자가 '從心所慾不踰矩(종심소욕불유구)'라 하여 마음먹은 대로 해도 법도에 벗어남이 없다고 한 나이는?

① 40세
② 50세
③ 60세
④ 70세

70세를 이르는 한자어에는 從心(종심) 외에 古稀(고희)가 있다.

21 문예사조의 흐름을 순서대로 바르게 나열한 것은?

① 고전주의 – 사실주의 – 낭만주의 – 상징주의 – 자연주의 –
   실존주의
② 고전주의 – 낭만주의 – 사실주의 – 자연주의 – 상징주의 –
   실존주의
③ 고전주의 – 사실주의 – 실존주의 – 낭만주의 – 자연주의 –
   상징주의
④ 고전주의 – 낭만주의 – 자연주의 – 사실주의 – 상징주의 –
   실존주의

문예사조의 흐름 … 고전주의 – 낭만주의 – 사실주의 – 자연주의 – 유미주의 – 상징주의 – 초현실주의 – 주지주의 – 행동주의 – 실존주의

22 어떤 문제에 대해 여러 분야의 전문가가 미리 원고를 준비하여 강연식으로 의견을 발표하고, 일반 참가자의 질의를 받는 형식의 토의 형태는?

① 패널(Panel)
② 심포지엄(Symposium)
③ 포럼(Forum)
④ 컨퍼런스(Conference)

심포지엄(Symposium) … 특정 문제에 대해 두 사람 이상의 전문가가 서로 다른 관점에서 의견을 발표하는 것이다.
① 패널(Panel) : 시사 또는 전문적인 문제를 놓고 배심원들을 통해 논의하는 형식이다.
③ 포럼(Forum) : 일종의 공개토론회로, 전문가나 학자 등이 시사 · 사회문제에 관해 강연을 하고 청중으로부터 질문을 받는 형식이다.
④ 컨퍼런스(Conference) : 공통의 전문 주제를 가지고 긴 시간에 걸치는 협의 혹은 회의이다.

기출 ★★★ 23 책 제목이 주인공이 아닌 것은?

① 데미안
② 레미제라블
③ 테스
④ 제인 에어

레미제라블 … '불쌍한 사람들'을 뜻하는 말로, 빅토르 위고의 책 제목이지만 주인공의 이름은 아니다. 「레미제라블」의 주인공은 장발장이다.

ANSWER
17.③ 18.④ 19.② 20.④ 21.② 22.② 23.②

24 셰익스피어의 작품 중 4대 비극에 해당하지 않는 것은?

① 햄릿
② 리어왕
③ 맥베스
④ 한여름밤의 꿈

셰익스피어의 4대 비극은 「햄릿」, 「리어왕」, 「맥베스」, 「오셀로」이며 5대 희극으로는 「한 여름 밤의 꿈」, 「십이야」, 「베니스의 상인」, 「말괄량이 길들이기」, 「뜻대로 하세요」가 있다.

기출 **25** 청록파 시인을 모두 고르면?

㉠ 박목월	㉡ 조지훈
㉢ 박두진	㉣ 김소월
㉤ 정지용	㉥ 김영랑

① ㉠㉡㉢
② ㉡㉢㉤
③ ㉢㉣㉥
④ ㉣㉤㉥

청록파 … 1939년 「문장(文章)」 추천으로 등 단한 조지훈, 박두진, 박목월을 가리키는 말 이다. 이들은 자연의 본성을 바탕으로 한 인간의 염원과 가치 성취라는 공통된 주제 로 시를 써왔으며 1946년 시집 「청록집」을 펴내면서 청록파라는 이름을 가졌다.

26 시대가 다른 작품은?

① 태평천하
② 정석가
③ 청산별곡
④ 사모곡

태평천하 … 1938년 채만식의 장편소설이다. ②③④ 고려 시대 작품이다.

27 행상을 나간 남편이 돌아오지 않아 걱정을 하는 아내의 심정을 나타내는 가요로, 유일하게 백제시대에서부터 민간전승이 된 백제 가요인 작품은?

① 청산별곡
② 상저가
③ 정읍사
④ 가시리

28 경기체가에 속하지 않는 것은?

① 관동별곡
② 국선생전
③ 죽계별곡
④ 한림별곡

29 저자와 저서의 연결이 옳지 않은 것은?

① 사무엘 헌팅턴 – 문명의 충돌
② 페르낭 브로델 – 물질문명과 자본주의
③ 비비안 포레스터 – 경제적 공포
④ 질 들뢰즈 – 감시와 처벌

30 작가와 대표작이 잘못 연결된 것은?

① 김정한 – 사하촌, 축생도, 모래톱 이야기
② 김동인 – 배따라기, 바위, 붉은산
③ 염상섭 – 두 파산, 만세전, 삼대(三代)
④ 현진건 – 빈처, 무영탑, 고향

「바위」는 김동리의 작품이다. 김동인의 작품으로는 이외에 「약한 자의 슬픔」, 「감자」, 「광염소나타」, 「발가락이 닮았다」, 「운현궁의 봄」 등이 있다.

31 「박연폭포(朴淵瀑布)」, 「만월대회고(滿月臺懷古)」, 「봉별소판서세양(奉別蘇判書世讓)」 등의 한시와 「청산리 벽계수야」, 「동짓달 기나긴 밤을」, 「산은 옛산이되로」 등의 시조 작품을 지은 자는?

① 황진이
② 허난설헌
③ 신사임당
④ 이옥봉

황진이 … 조선시대 여성 시인으로서 작품으로는 「청산리 벽계수야」, 「동짓달 기나긴 밤을」 등이 있다.
② 허난설헌 : 조선 중기 시인으로 「난설헌집」, 「유선시」, 「빈녀음」, 「봉선화가」 등의 작품이 있다.
③ 신사임당 : 시, 그림 등에 탁월한 실력이 있었던 예술가로 「자리도」, 「초충도」 등의 작품을 그렸다.
④ 이옥봉 : 조선 중기 시인으로 「옥봉집」, 「가림세고」, 「추사」 등의 작품이 있다.

기출 **32** 다음 중 한글로 기록되지 않은 것은?

① 양반전
② 정석가
③ 관동별곡
④ 구운몽

양반전 … 박지원의 한문소설이다.

33 최초의 국한문 혼용으로 쓰인 기행문은?

① 김만중 – 서포만필
② 이수광 – 지봉유설
③ 유길준 – 서유견문
④ 박지원 – 열하일기

서유견문(西遊見聞) … 조선 고종 32년(1895)
에 간행된 서적으로 유길준이 미국에서 유학하
던 중 유럽 등지를 순방하고 그 견문을 국한문
혼용체로 기록한 것이다.

① **서포만필** : 조선 시대 김만중의 수필집
이다.
② **지봉유설** : 광해군 6년(1614년)에 이수광
이 편찬한 일종의 백과사전이다.
④ **열하일기** : 조선후기 실학자 박지원이 청
나라에 다녀온 후 작성한 견문록이다.

34 다음 중 표준어인 것은?

㉠ 덩쿨	㉡ 설레임
㉢ 맨날	㉣ 복숭아뼈
㉤ 개발새발	

① ㉠㉢㉣
② ㉡㉢㉣
③ ㉢㉣㉤
④ ㉡㉣㉤

㉠ **덩쿨** : 넝쿨 혹은 덩굴의 비표준어이다.
㉡ **설레임** : 설렘의 비표준어이다.

35 우리 고전의 작가와 작품이 잘못 연결된 것은?

① 최치원 – 계원필경
② 이인로 – 파한집
③ 이제현 – 역옹패설
④ 정약용 – 과농소초

과농소초(課農小抄) … 박지원의 작품으로, 농
업생산력을 높이는 문제에 관한 저술이다.

ANSWER
30.② 31.① 32.① 33.③ 34.③ 35.④

36 간결한 말 속에 깊은 체험적 진리를 교묘히 표현한 짧은 글을 의미하는 용어는?

① Scree
② Ghetto
③ Mores
④ Aphorism

Aphorism … 아포리즘은 그리스어에서 유래된 말로 깊은 체험적 진리를 간결하고 압축된 형식으로 나타낸 짧은 글을 말한다. 금언·격언·잠언·경구 등이 이에 속한다.

기출 **37** 판소리계 소설로 묶인 것은?

① 홍길동전, 심청전
② 춘향전, 장화홍련전
③ 흥부전, 장끼전
④ 옹고집전, 전우치전

판소리계 소설 …「배비장전」,「옹고집전」,「장끼전」,「변강쇠전」,「춘향전」,「심청전」,「흥부전」,「별주부전」 등이 있다.

38 작품이 만들어진 시대가 다른 작품은?

① 광장
② 누나별
③ 겨울나들이
④ 운수좋은 날

운수좋은 날 … 일제강점기를 배경으로, 식민지 민중의 비극적인 일상을 담은 소설이다.
①②③ 한국전쟁을 배경으로, 남과 북의 분단과 전쟁이 남긴 상처를 다룬 소설이다.

39 밑줄 친 단어의 표준말 사용이 올바른 것은?

① 이 책의 머릿말 좀 써 주세요.
② 개나리봇짐을 지고 서울로 떠났다.
③ 거기 재털이 좀 이리 가져오렴.
④ 가랑이가 찢어져라 하고 도망간다.

가랑이 … 하나의 몸에서 끝이 갈라져 두 갈래로 벌어진 부분. 바지 따위에서 다리가 들어가도록 된 부분을 뜻하는 표준말이다.
① 머릿말 → 머리말
② 개나리봇짐 → 괴나리봇짐
③ 재털이 → 재떨이

40 저자와 저서의 연결이 옳은 것은?

① 박완서 – 그 많던 싱아는 누가 다 먹었을까
② 공지영 – 괭이부리말 아이들
③ 김중미 – 젊은 느티나무
④ 최인훈 – 1984

41 표준어로 옳은 것은?

① 미쟁이
② 아지랑이
③ 상치쌈
④ 윗어른

42 표준어가 아닌 것은?

① 백분율
② 입학율
③ 시청률
④ 나열

43 바람에 대한 순 한글 명칭으로 잘못된 것은?

① 동풍 : 샛바람
② 서풍 : 하늬바람
③ 북풍 : 된바람
④ 남동풍 : 높새바람

44 맞춤법이 가장 옳지 않은 것은?

① 철수는 열심히 일함으로써 보람을 느꼈다.
② 이제 각자의 답을 정답과 맞혀 보도록 해라.
③ 강아지가 고깃덩어리를 넙죽 받아먹었다.
④ 아이가 밥을 먹었을는지 모르겠어.

② 맞혀 → 맞춰, 맞추어
• 맞추다 : (주로 '보다'와 함께 쓰여) 둘 이상의 일정한 대상들을 나란히 놓고 비교하여 살피다.
• 맞히다 : '맞다'의 사동사

45 임금과 관련이 없는 단어는?

① 어안   ② 어식
③ 옥음   ④ 용기

어안 ⋯ 어이가 없어 말을 못하고 있는 혀 안을 의미한다.
② 어식 : 임금이 내리는 음식을 말한다.
③ 옥음 : 임금의 목소리를 말한다.
④ 용기 : 임금을 상징하는 깃발을 말한다.

46 국어의 로마자 표기로 옳은 것은?

① 경기도 : Gyeonggido
② 독도 : Dokdo
③ 낙동강 : Nakttonggang
④ 종로 : Jongro

자연 지물명이나 문화재명, 인공 축조물명은 붙임표(-)없이 붙여서 표기한다. 따라서 독도의 로마자 표기법은 'Dokdo'가 맞다.
① 행정 구역 단위 앞에 붙임표(-)를 넣어야 한다. 그러므로 'Gyeonggi - do'가 되어야 한다.
③ 된소리 표기는 하지 않는다. 그러므로 'Nakdonggang'이 되어야 한다.
④ 음운 변화가 일어날 경우 변화의 결과에 따라 표기한다. 따라서 'Jongno'가 되어야 한다.

47 12지신으로 옳지 않은 것은?

① 未
② 戌
③ 亥
④ 猫

12지신 ⋯ 12방위(方位)에 맞추어서 땅을 지키는 12신장(神將)을 말한다. 쥐(子자) · 소(丑축) · 호랑이(寅인) · 토끼(卯묘) · 용(辰진) · 뱀(巳사) · 말(午오) · 양(未미) · 원숭이(申신) · 닭(酉유) · 개(戌술) · 돼지(亥해)의 얼굴 모습을 가지며 몸은 사람으로 나타난다.
④ 猫(고양이 묘)는 12지신에 해당하지 않는다.

48 '헤살(을) 놓다'라는 말의 뜻은?

① 아주 잘 익어서 무르녹다.
② 짓궂게 훼방함, 또는 그러한 짓을 이르는 말을 뜻한다.
③ 함부로 우겨대다, 남을 견디기 어렵도록 볶아치다.
④ 믿음성이 있다, 진실하다.

짓궂게 훼방하거나 그러한 짓을 이르는 말로 '헤살을 놓다', 혹은 '헤살을 부리다', '헤살을 치다'라고 표현한다.
① 흐드러지다
③ 족대기다
④ 미쁘다

49 다음 중 가장 큰 단위에 해당하는 것은?

① 뭇
② 동
③ 쌈
④ 접

접 … 채소나 과일 따위를 셀 때 100개를 한 단위로 이르는 말이다.
① 뭇 : 장작이나 채소 따위의 작은 묶음을 이르는 단위이다.
② 동 : 붓 10자루를 말한다.
③ 쌈 : 바늘 24개를 한 묶음으로 하여 세는 단위이다.

50 「오만과 편견」의 작가로 옳은 것은?

① 생텍쥐페리
② 헤르만 헤세
③ 헤밍웨이
④ 제인 오스틴

오만과 편견 … 제인 오스틴이 생전에 출간한 네 편의 소설 중 두 번째 작품으로, 현재까지도 독자들의 사랑을 받는 영문학의 고전이다.
① 생텍쥐페리의 주요 작품은 「어린왕자」이다.
② 헤르만 헤세의 주요 작품은 「데미안」이다.
③ 헤밍웨이의 주요 작품은 「노인과 바다」이다.

기출 **51** ( ) 안에 들어갈 말로 옳은 것은?

> 도서관에서 빌린 책을 이번 주 금요일에 친구와 반납하러 가기로 했다. 오늘이 화요일이니까 ( )까지 빌린 책을 모두 읽어야겠다.

① 글피   ② 내일
③ 내일모레   ④ 그끄저께

토요일(그그저께) ← 일요일(그저께) ← 월요일(어제) ← 화요일(오늘) → 수요일(내일) → 목요일(모레/내일모레) → 금요일(글피)

ANSWER
44.② 45.① 46.② 47.④ 48.② 49.④ 50.④ 51.①

52 慕의 부수는?

① ⼗⼗
② 小
③ 心
④ 日

慕는 '그리워할 모'자로 부수는 '心(忄, 㣺)' 이고 획수는 총 15획(부수포함)이다.

53 현대소설과 작가와의 연결이 바르지 않은 것은?

① 김유정 – 동백꽃, 만무방
② 이효석 – 무녀도, 백치 아다다
③ 황순원 – 독 짓는 늙은이, 목넘이 마을의 개
④ 심훈 – 상록수, 영원의 미소

이효석의 주요 작품으로는 「메밀꽃 필 무렵」, 「산」, 「들」, 「벽공무한」 등이 있다. 「무녀도」 는 김동리의 주요 작품이며, 「백치 아다다」는 계용묵의 주요 작품이다.

54 짝지어진 한자어들 중에서 밑줄 친 글자의 음이 다른 것은?

① 惡寒 – 惡習
② 文學 – 漢文
③ 提高 – 提供
④ 銀行 – 同行

惡寒(오한) – 惡習(악습)
② 文學(문학) – 漢文(한문)
③ 提高(제고) – 提供(제공)
④ 銀行(은행) – 同行(동행)

55 우리나라 최초의 창작국문소설은?

① 허균 – 홍길동전
② 김시습 – 금오신화
③ 박지원 – 양반전
④ 박인량 – 수이전

우리나라 최초의 한문소설은 「금오신화」이 며, 최초의 국문소설은 「홍길동전」이다.

56 살아계신 타인의 아버지를 부르는 말 중 옳지 않은 것은?

① 椿丈(춘장)
② 家親(가친)
③ 椿堂(춘당)
④ 椿府丈(춘부장)

家親(가친) … 살아계신 자신의 아버지를 지칭할 때 쓰는 호칭이다.
① 椿府丈(춘부장) : 남의 아버지를 높여 이르는 말이다.
③ 椿堂(춘당) : 춘부장과 같은 말이다.
④ 椿丈(춘장) : 춘부장의 준말이다.

57 다음 중 나이가 적은 것부터 나열하면?

> ㉠ 산수(傘壽)
> ㉡ 이립(而立)
> ㉢ 망팔(望八)
> ㉣ 지천명(知天命)
> ㉤ 지학(志學)

① ㉠ - ㉡ - ㉢ - ㉤ - ㉣
② ㉡ - ㉢ - ㉤ - ㉠ - ㉣
③ ㉣ - ㉤ - ㉡ - ㉢ - ㉠
④ ㉤ - ㉡ - ㉣ - ㉢ - ㉠

㉤ 지학(志學) : 15세
㉡ 이립(而立) : 30세
㉣ 지천명(知天命) : 50세
㉢ 망팔(望八) : 71세
㉠ 산수(傘壽) : 80세

58 한자 숙어 중에서 의미가 가장 이질적인 것은?

① 管鮑之交
② 斷金之交
③ 刎頸之友
④ 斷機之戒

斷機之戒(단기지계) … 맹자가 공부를 중단하고 돌아오자 그의 모친이 짜고 있던 베를 잘라 훈계한 데서 유래한 것으로 학문을 중단하는 것은 베를 중간에 자르는 것과 같이 아무 이익도 없음을 의미한다.
① 管鮑之交(관포지교) : 서로 이해하고 믿고 정답게 지내는 깊은 우정을 말한다.
② 斷金之交(단금지교) : 쇠라도 자를 수 있는 굳고 단단한 사귐이란 뜻으로, 친구와의 두터운 관계를 의미한다.
③ 刎頸之友(문경지우) : 생사(生死)를 같이 하여 목이 떨어져도 두려워하지 않을 만큼 친한 사이를 말한다.

ANSWER
52.③ 53.② 54.① 55.① 56.② 57.④ 58.④

59 뜻이 비슷한 글자로 이루어진 한자어가 아닌 것은?

① 濃淡
② 姿態
③ 敦篤
④ 弛緩

濃淡(짙을 농, 묽을 담)은 반의관계를 가진다.
② 姿態(자태) : 맵시 자, 모양 태
③ 敦篤(돈독) : 도타울 돈, 도타울 독
④ 弛緩(이완) : 늦출 이, 느릴 완

60 "댁의 관향은 어디십니까?"에서 '관향'을 바르게 쓴 것은?

① 官向
② 管鄉
③ 貫鄉
④ 觀香

貫鄉(꿸 관, 시골 향)은 시조가 난 땅, 본
(本)을 말한다.

61 여름을 나타내는 한자성어로 옳지 않은 것은?

① 落花流水(낙화유수)
② 綠陰芳草(녹음방초)
③ 飛蛾赴火(비아부화)
④ 長長夏日(장장하일)

落花流水(낙화유수) … 떨어지는 꽃과 흐르는
물이란 뜻으로, 가는 봄의 정경을 나타낸다.
② 綠陰芳草(녹음방초) : 나뭇잎이 푸르게 우
거진 그늘과 아름답게 우거진 향기로운
풀이라는 뜻으로, 주로 여름철의 자연경
치를 나타낸다.
③ 飛蛾赴火(비아부화) : 여름의 벌레가 날아
서 불 속에 들어가는 것을 나타낸다.
④ 長長夏日(장장하일) : 길고 긴 여름 해를
말한다.

62 '君子去仁이면 惡乎成名이리오'에서 惡과 같은 한자는?

① 汚
② 何
③ 好
④ 樂

何(어찌 하) … '군자가 어짊을 버리면 어찌 이
름을 이룰 수 있으리오'라는 의미로 이 문장에
서 '惡'은 '무엇' '어찌' 등의 의미로 쓰였다.

63 송강 정철의 작품이 아닌 것은?

① 관동별곡
② 사미인곡
③ 훈민가
④ 청산별곡

「청산별곡」은 고려가요의 하나로 악장가사
에 실려 전하며 작자 · 연대는 미상이다.
※ 송강 정철 … 조선 중기 문신 겸 시인으로
당대 가사문학의 대가이다. 시조의 윤선도와
함께 한국 시가사상 쌍벽으로 일컬어지며 대
표작으로는 「관동별곡」, 「성산별곡」, 「사미
인곡」, 「속미인곡」, 「훈민가」 등이 있다.

64 우리나라 최초로 신인추천제를 실시하였으며 많은 현대시조 작가를 배출한 순수문예지는?

① 문장
② 소년
③ 청춘
④ 인문평론

문장 … 1939년 창간되어 1941년 폐간된 시·소설 중심의 순문예지이다. 신인추천제로 발굴된 대표적인 시조시인으로는 김상옥과 이호우, 청록파 시인 박목월, 조지훈, 박두진 등이 있다.

② **소년** : 1908년 11월 최남선이 창간한 한국 최초의 월간 잡지이다. 주로 청소년을 대상으로 새로운 지식의 보급과 계몽, 강건한 청년정신 함양에 힘썼다. 1911년 5월에 종간되었다.

③ **청춘** : 1914년 10월에 창간된 한국 최초의 본격적인 월간 종합지로 일반교양을 목표로 펴낸 계몽적 대중지다. 인문·사회, 자연·과학 전반의 내용을 다루었으며, 문학 부문에 비중을 두어 준문학지 성격을 띠었다.

④ **인문평론** : 1939년 10월 최재서가 창간한 문학잡지로 창간호의 권두언에서 문학가들도 건설 사업에 협력해야 한다고 주장하여 일본의 침략전쟁을 긍정하고 합리화하는 데 앞장섰다. 1941년 4월에 폐간되었다.

기출 **65** 다음 고사에서 유래한 고사성어는?

> 삼고초려(三顧草廬)로 인해 유비와 제갈량의 사이가 날이 갈수록 친밀해지고 유비가 제갈량에게 전폭적인 신뢰를 쏟자 관우(關羽)와 장비(張飛)는 이를 불쾌하게 여겼다. 이에 유비는 그들을 불러 '나에게 공명(孔明)이 있다는 것은 물고기가 물을 가진 것과 같다. 다시는 불평하지 말도록 하여라.'라고 하였다.

① 近墨者黑
② 青出於藍
③ 水魚之交
④ 臥薪嘗膽

水魚之交(수어지교) … 물과 물고기의 관계라는 뜻으로, 서로 떨어질 수 없는 매우 친밀한 사이를 비유적으로 이르는 말

① **近墨者黑**(근묵자흑) : 먹을 가까이 하면 검어진다는 뜻으로, 나쁜 사람과 가까이 하면 나쁜 버릇에 물들게 됨을 이르는 말이다.

② **青出於藍**(청출어람) : 쪽에서 뽑아낸 푸른 물감이 쪽보다 더 푸르다는 뜻으로, 제자가 스승보다 나음을 비유적으로 이르는 말이다.

④ **臥薪嘗膽**(와신상담) : 거북한 섶에 누워 자고 쓴 쓸개를 맛본다는 뜻으로, 원수를 갚으려 하거나 실패한 일을 다시 이루고자 굳은 결심을 하고 어려움을 참고 견디는 것을 이르는 말이다.

66 다음 (   ) 안에 들어갈 한자를 순서대로 나열한 것은?

> ㉠ 苛(   )誅求
> ㉡ (   )目相對
> ㉢ 自家(   )着
> ㉣ 畵龍點(   )

	㉠	㉡	㉢	㉣
①	刮	童	睛	斂
②	靑	刮	斂	撞
③	斂	刮	撞	靑
④	斂	刮	撞	睛

㉠ **苛斂誅求**(가렴주구) : 조세를 가혹하게 징수하여 백성을 못 살게 구는 일을 말한다.
㉡ **刮目相對**(괄목상대) : 남의 학문이나 재주가 현저하게 진보하였음을 가리키는 것을 말한다.
㉢ **自家撞着**(자가당착) : 자기의 언행이 앞뒤가 모순되어 들어맞지 않는 것을 말한다.
㉣ **畵龍點睛**(화룡점정) : 무슨 일을 함에 가장 긴요한 부분을 끝내어 완성시킴을 말한다.

67 평범한 사람을 의미하는 한자어에 해당하지 않는 것은?

① 樵童汲婦
② 張三李四
③ 匹夫匹婦
④ 白面書生

白面書生(백면서생) … 글만 읽고 세상일에 경험이 없는 사람을 말한다.
① **樵童汲婦**(초동급부) : 땔나무를 하는 아이와 물을 긷는 여자, 즉 보통사람을 의미한다.
② **張三李四**(장삼이사) : 장씨의 셋째 아들과 이씨의 넷째 아들, 즉 평범한 사람들을 의미한다.
③ **匹夫匹婦**(필부필부) : 평범한 남자와 평범한 여자를 일컫는다.

68 '물가가 한없이 오르기만 함'을 이르는 말은?

① 傾國之色
② 首丘初心
③ 匹夫匹婦
④ 天井不知

天井不知(천정부지) … 천정을 모른다는 뜻으로 물건 값 따위가 자꾸 오르기만 함을 일컫는다.
① **傾國之色**(경국지색) : 나라를 기울일 만한 여자를 의미한다.
② **首丘初心**(수구초심) : 여우는 죽을 때 구릉을 향해 머리를 두고 초심으로 돌아간다는 뜻으로, 고향을 그리워하는 마음을 이르는 말이다.
③ **匹夫匹婦**(필부필부) : 평범한 남자와 평범한 여자를 일컫는다.

69 작가 김유정의 작품으로 옳지 않은 것은?

① 상록수
② 봄봄
③ 동백꽃
④ 소나기

상록수는 심훈의 작품이다.
※ **김유정** … 1935년 소설 「소낙비」가 조선
일보 신춘문예에, 「노다지」가 중외일보
(中外日報)에 당선되며 등단하였다. 농촌
을 배경으로 인간의 어리석음을 그리는
「금 따는 콩밭」과 머슴인 데릴사위와
장인 사이의 희극적인 갈등을 그린 「봄
봄」 외에도 「동백꽃」, 「따라지」, 「만무
방」, 「땡볕」 등의 단편이 있다.

70 편지 겉봉에 본인이 직접 받아볼 수 있도록 하기 위해서 사용하
는 용어는?

① 親展
② 轉交
③ 貴中
④ 机下

親展(친전) … 편지를 받는 사람이 직접 펴
보아 주기를 바란다는 뜻이다.
② **轉交**(전교) : 다른 사람을 거쳐서 받게
하는 경우에 쓴다.
③ **貴中**(귀중) : 단체나 기관에 보낼 때 쓴다.
④ **机下**(궤하) : 윗사람에게 보낼 때 쓰는 표
현으로 貴下, 座下 등과 같은 의미이다.

71 다음 중 '님'이라는 단어를 통해 그리움과 기다림의 정서를 표현
하며, 한국 문학사에서 독창적인 서정시를 남긴 시인은 누구인
가?

① 김소월
② 윤동주
③ 백석
④ 이상

김소월은 대표작 '진달래꽃'을 비롯하여 '님'
이라는 단어로 상징되는 그리움과 기다림의
정서를 한국적 감수성으로 표현한 시인이다.

기출 72 「이성과 감성」의 저자의 저서로 옳지 않은 것은?

① 오만과 편견　　② 소피의 일기
③ 에마　　　　　④ 맨스필드 파크

「소피의 일기」는 중국 문학가 딩링의 1928년 작품이다.

※ 제인 오스틴 ··· 1811년 「이성과 감성」이 출간되었다. 이후 1797년에 완성한 「첫인상」을 개고한 「오만과 편견」이 1813년에 출간되었다. 1814년에는 「맨스필드 파크」, 1815년에는 「에마」가 연이어 출간되었다.

73 예로부터 나무를 심는 것은 십년지계(十年之計)요, 이것은 백년대계(百年大計)라 했다. 무엇에 관한 고사성어인가?

① 결혼　　　　　② 육아
③ 교육　　　　　④ 저축

十年樹木百年樹人(십년수목백년수인) ··· '10년을 내다보며 나무를 심고, 100년을 내다보며 사람을 심는다'라는 뜻으로, 인재를 양성하는 일의 중요성을 비유한다.

74 '죄를 짓고 달아난다는' 의미를 갖는 표현은?

① 자몽하다
② 배추하다
③ 고추하다
④ 포도하다

포도하다 ··· '도둑을 잡는다' 혹은 '죄를 짓고 달아난다'는 뜻을 지닌 표현으로, '포도하여', '포도해', '포도하니' 등으로 활용할 수 있다. 이와 비슷한 표현으로 '둔도하다'가 있다.

① 자몽하다 : 정신이 몽롱하고 흐릿한 상태를 말한다.
② 배추하다 : 지위가 높거나 귀한 사람 앞에서 공손하게 걸어가는 것을 나타낸다.
③ 고추하다 : 사실 여부를 비교하여 생각하는 것을 말한다.

75 다음에서 말하는 의미를 가진 순우리말 표현은?

> 보기에 급하게 서두르거나 시끄럽게 떠들어 어수선한 데가 있다.

① 부산스럽다　　② 무람하다
③ 습습하다　　　④ 깨끔하다

부산스럽다 ··· 급하게 서두르거나 어수선한 것을 나타내는 형용사이다. 경북 방언으로는 '번지럽', 전남 방언으로는 '부산시롭다'라고 표현한다.

② 무람하다 : 부끄러워하여 삼가고 조심하는 데가 있다.
③ 습습하다 : 마음이나 하는 짓이 활발하고 너그럽다.
④ 깨끔하다 : 깨끗하고 아담하다.

76 우리나라에서 재채기 할 때 상대방에게 사용하는 표현으로, 서양의 'Bless You'의 의미를 지닌 표현 중 옳지 않은 것은?

① 허쒸
② 얄라차
③ 개치네시
④ 개치네쒜

얄라차는 무엇인가가 잘못되었음을 이상하게 여기거나 어떤 것을 신기하게 여길 때 내는 감탄사이다.

※ **개치네쒜** … 재채기를 한 뒤 내는 소리로, 이 소리를 외치면 감기가 들어오지 못하고 물러간다는 속설이 있다. 허쒸는 제주 방언이고 개치네시는 강원 방언이다.

77 하드보일드(Hard Boiled) 문학의 대표적 작가는?

① 카뮈
② 아라공
③ 헤밍웨이
④ 에즈라 파운드

하드보일드(Hard Boiled) 문학 … 비정형·냉혹형으로 불리는 문학형식으로 제1차 세계대전 후 사실주의 문학경향을 말한다. 전쟁에 대한 회의와 불신, 파멸을 무자비하게 묘사하고 있다. 대표적 작가로 헤밍웨이, 더드 페서스, 대쉬얼 헤밋 등이 있다.

78 다음 글의 밑줄 친 부분의 한자어의 표기가 바르지 않은 것은?

곤란(困亂) → 곤란(困難) : 사정이 몹시 딱하고 어렵다.

> 위로부터의 조직화에 의한 ㉠여론(輿論) 형성은 여러 문제점을 ㉡내포(內包)하게 되는데, 그 하나가 여론 과정이 고전적 이론의 예정된 통합적 기능보다도 ㉢분열(分裂)과 대립의 기능을 보다 많이 수행하게 되는 위험성이다. 즉 그곳에서는 예리하게 대립하는 주도적 의견을 중심으로 하여 그 동조자가 결집하는 결과 상호 간의 대화와 매개가 더 한층 ㉣곤란(困亂)하게 되는 경향이 나타난다는 점이다.

① ㉠
② ㉡
③ ㉢
④ ㉣

79 한자가 들어가지 않는 단어는?

① 가늠하다
② 운이 나쁘다
③ 주저하다
④ 건넌방

② 運이 나쁘다
③ 躊躇하다
④ 건넌房

80 이 상은 「말괄량이 삐삐」로 알려진 스웨덴 아동문학 작가를 기리기 위해 스웨덴 예술위원회에서 작가 이름을 따, 매년 수여하는 아동문학상이다. 2020년에 백희나 작가의 「구름빵」이 수상하게 되면서 더욱 화제가 된 상의 이름은 무엇인가?

① 이그 노벨상
② 맨부커 상
③ 아스트리드 린드그렌상
④ 국제안데르센 상

① 이그 노벨상 : 하버드대학의 과학잡지에서 기발한 연구나 이색적인 업적 등에 수여하는 상이다.
② 맨부커상 : 영국 최고 권위를 자랑하는 문학이다. 1969년 영국의 부커사(Booker)가 제정한 문학상으로 영어로 창작되어 영국에서 출간된 책 중에서 수상작을 선정하는 맨부커상. 영어로 번역된 영국 출간 작품에 상을 수여하는 맨부커상 인터내셔널 부문으로 나뉜다.
④ 국제안데르센상 : 아동문학의 발전과 향상을 위하여 창설된 상이다. 1956년(제1회) 이래 2년마다 그동안 각국에서 발표된 우수작품을 심사하여 그 중 최우수작 1점에 대하여 대상을 수여한다.

81 '膠柱鼓瑟'에 비유되는 사람은?

① 신중하지 못한 사람
② 책임감이 없는 사람
③ 융통성이 없는 사람
④ 정직하지 못한 사람

膠柱鼓瑟(교주고슬) … 아교로 붙이고 거문고를 탄다는 뜻으로 고지식하여 조금도 융통성이 없음을 비유한다.

매스컴

CHAPTER **07**

회독 | 1 | 2 | 3 | **정답 수** | 개 / 50개 |

---

1 방송통신위원회에 관한 설명으로 옳은 것은?

① 정보통신부의 통신서비스 정책과 규제를 총괄하는 문화체육관광부 직속 기구이다.

② 방송의 자유와 공공성 · 공익성을 보장한다.

③ 음원을 인터넷을 통해 다운받아 감상할 수 있도록 만들어진 서비스를 제공한다.

④ 지상파나 위성방송의 텔레비전 전송주파수 중 빈 공간을 이용한다.

> **방송통신위원회** ··· 방송위원회의 방송 정책 및 규제, 정보통신부의 통신서비스 정책과 규제를 총괄한다. 방송과 통신의 융합 현상에 능동적으로 대응하고 방송의 자유와 공공성, 공익성을 보장한다.
> ① 방통위는 대통령 직속 기구이다.
> ③ 팟캐스팅에 관한 설명이다.
> ④ 데이터 방송에 관한 설명이다.

기출 2 다음의 구분 중 옳지 않은 것은?

① MPEG1 – CD를 포함한 저장매체의 동영상 압축기술

② MPEG2 – 고선명(HD)TV 영상 압축기술

③ MPEG4 – 객체 기반의 영상 전송 기술

④ MPEG7 – 디지털 멀티미디어 데이터의 내용 표현 기술

> **MPEG4** ··· 양방향 멀티미디어를 구현할 수 있는, 화상통신을 위한 동영상 압축 기술이다. 영상 내용에 근거하여 영상 신호를 부호화하는 새로운 방법을 추구하고 있다.
> ※ **MPEG** ··· 정지된 화상을 압축하는 JPEG과 달리, 시간에 따라 연속적으로 변화하는 동영상 압축과 전송을 연구한다.

---

3 사진촬영에서 노광량을 결정하기 위한 필름 감도의 표시법이 아닌 것은?

① ASA(미국규격)

② KIN(한국규격)

③ ISO(국제규격)

④ JIS(일본공업규격)

> 일반 촬영용 필름 감도 표시법에는 ASA(미국규격), DIN(독일규격), JIS(일본공업규격) 등이 있다.

ANSWER
79.① 80.③ 81.③ / 1.② 2.③ 3.②

4 우리나라 최초의 순 한글신문은?

① 제국신문
② 한성순보
③ 황성신문
④ 독립신문

독립신문 … 1896년 4월 7일 서재필이 창간한 우리나라 최초의 순 한글신문이자 민간신문이다. 1957년 언론계는 이 신문의 창간일인 4월 7일을 신문의 날로 정하였다.

① **제국신문** : 대한 제국 시대에 발행된 일간 신문으로, 1898년 8월 10일 이종일이 창간했다.

② **한성순보** : 1883년(고종 20)에 창간된 한국 최초의 근대 신문으로, 서울 관악구 봉천동 서울대학교 중앙도서관에 소장되어 있다.

③ **황성신문** : 1898년(광무 2) 9월 5일 남궁억 등이 창간한 일간 신문이다.

5 광고 카피라이팅 규칙인 5I의 법칙에 해당하지 않는 것은?

① Idea
② Income
③ Immediate Impact
④ Information

5I의 법칙
㉠ Idea : 멋진 아이디어에서 시작한다.
㉡ Immediate Impact : 직접적인 임팩트 관점에서 제작되어야 한다.
㉢ Incessant Interest : 메시지에서 계속 흥미를 가지도록 구성한다.
㉣ Information : 고객에 대한 필요한 정보를 수집하고 정확히 제시한다.
㉤ Impulsion : 충동을 불러일으키는 힘을 가져야 한다.

6 매스컴의 효과이론 중 그 성격이 나머지 셋과 다른 하나는?

① 이용과 충족이론
② 탄환이론
③ 의존효과이론
④ 침묵의 나선형이론

① 중효과이론에 해당한다.
②③④ 대효과이론에 해당한다.

컬러 텔레비전의 주사방식에 해당하지 않는 것은?

① SECAM
② NTSC
③ BPSK
④ PAL

컬러 텔레비전 방송의 신호 … 빨강, 초록, 파랑의 3원색 영상신호에 의해 구성된다. 현행 컬러 텔레비전 방송에서는 컬러 방송 개시 이전부터 시행되고 있는 흑백 방송의 전파 속에 흑백 방송과의 양립성을 지니게 하면서 밝기와 색의 정보를 방송에 적합한 신호에 맞추어 송신하고 있다.

① SECAM : 1958년 프랑스가 개발한 컬러 TV 방송의 방식이다. 주사선은 819개이다. 이 방식은 두 가지 색도신호를 NTSC 및 PAL 방식의 경우와 같이 동시에 보내지 않고 연속적으로 보낸다는 것이 특징이다. 그러나 송신장치나 수상기의 회로가 복잡하고 시청범위가 좁으며, 흑백TV로는 전혀 시청할 수 없다. 프랑스·러시아·동유럽·아프리카 일부 국가들이 채택하고 있다.

② NTSC : 컬러TV 방송의 한 방식이다. 1954년 12월 미국에서 시작되었다. 미국 연방통신위원회가 당초 3원색을 차례로 보내는 CBS방식을 채택했으나, 그 후 흑백TV와의 양립성이 있는 NTSC방식을 채택하였다. NTSC방식은 흑백TV와의 양립성을 유지하기 위한 휘도신호에다 색 정보를 사람의 시각에 맞춰 교묘히 삽입, 전송하는 것으로 회로가 간단하다.

④ PAL : 서독의 텔레푼켄사가 개발한 컬러 TV 방송의 방식으로 주사선은 625개이다. 이 방식은 전송의 뒤틀림이 없는 송신이 가능하며, 영국을 비롯한 서유럽·아시아·아프리카 등과 새로 컬러TV를 시도하는 국가들이 채택하고 있다.

8 **블랭킷 에어리어(Blanket Area)란?**

① 송수신 자유 지역
② 수신범위가 넓은 지역
③ 방송 난시청 지역
④ 잡음이 전혀 없는 지역

블랭킷 에어리어(Blanket Area) … 두 개의 방송국이 내보내고 있는 전파가 중첩되어 양쪽 또는 어느 한쪽의 방송이 잘 들리지 않는 지역 또는 한 방송국의 전파가 너무 강해서 다른 방송국 전파가 수신이 안 되는 난시청지역을 말한다.

기출 **9** 신문 · 방송에 관련된 용어 중 설명이 옳지 않은 것은?

① 커스텀 커뮤니케이션(Custom Communication) - 특정 소수의 사람들을 상대로 전달되는 통신체계
② 엠바고(Embargo) - 기자회견이나 인터뷰의 경우 발언자의 이야기를 정보로서 참고할 뿐 기사화해서는 안 된다는 조건을 붙여하는 발표
③ 전파월경(Spillover) - 방송위성의 전파가 대상지역을 넘어서 주변국까지 수신이 가능하게 되는 현상
④ 블랭킷 에어리어(Blanket Area) - 난시청지역

엠바고(Embargo) … 일정한 시점까지의 보도를 금지하는 것으로 취재대상이 기자들을 상대로 보도 자제를 요청할 경우나, 기자들 간의 합의에 따라 일정 시점까지 보도를 자제하는 행위를 포함한다.

10 다음 설명으로 옳은 것은?

> 원래는 기상 상태를 관측하기 위해 띄우는 시험기구나 관측기구를 뜻하지만, 의미를 확장해 시험적으로 특정 정보를 언론에 흘려 여론의 동향을 탐색하는 수단으로 쓰이기도 한다.

① 발롱데세
② 브레인 포그
③ 임픈나이트
④ 메그시트

② 브레인 포그 : 희뿌연 안개가 머리에 낀 것처럼 생각과 표현이 불분명한 상태를 말한다.
③ 임픈나이트 : 코로나19 백신 접종자에 대한 부러움을 나타내는 용어이다.
④ 메그시트 : 영국 해리왕자와 마클 왕자비가 영국 왕실에서 독립을 선언한 것을 말한다.

11 언론이 특정 이슈를 부각시켜 대중의 관심을 유도하고 그 중요성을 강조하는 역할을 하는 매스컴 용어는 무엇인가?

① 프레임 설정
② 게이트키핑
③ 아젠다 세팅
④ 뉴스 가치 판단

아젠다 세팅(Agenda Setting) … 언론이 특정 이슈나 사건을 지속적으로 보도하여 대중의 관심을 집중시키고 그 중요성을 높이는 역할을 한다. 이를 통해 언론은 사람들이 무엇을 중요한 문제로 인식할지에 영향을 미친다.

12 독자가 언론중재위원회에 반론을 청구할 경우 그 반론의 내용은?

① 보도내용의 정정
② 보도내용에 대한 반박
③ 보도내용의 정정과 반박
④ 보도내용이 끼친 피해에 대한 보상

반론권 … 신문이나 방송 등 매스미디어에 의해 명예훼손을 당한 이해관계자가 그 미디어에 대해 반박문이나 정정보도문을 게재하거나 방송하도록 요구할 수 있는 권리이다.

13 매스컴과 정치가 점차 밀접한 연관관계를 맺어 가고 있는 것이 현대사회의 흐름이다. 이와 관련하여 사실과 다르게 표현된 것은?

① TV, 라디오, 신문 등 매스컴의 막강한 영향력을 흔히 제4의 권력으로 비유하기도 한다.
② 미국과 유럽의 방송 및 신문사들은 자본주의 원리에 의거, 상업적 조직의 형태로 유지·발전되어 왔다.
③ 매스미디어는 현대정치의 중요한 무기가 되었으며, 미국의 강리치 하원의장은 매스컴을 적절히 이용한 대표적인 정치가로 손꼽힌다.
④ 정당만으로 여러 집단의 요구를 충족시키기는 역부족이어서 매스미디를 통해 여러 집단의 이익이 분출하는 시대를 맞고 있다.

유럽 국가들의 방송은 공영제로 발전하였으나 미국 방송은 상업방송으로 발전해왔다.

14 세계 최대의 국제언론인기구는?

① 아웃링크
② 세계신문협회
③ 국제기자연맹
④ 국제기자기구

국제기자기구(IOJ) … 진보적이며 민주적인 저널리즘을 추구하는 동유럽과 제3세계 국가까지 포괄하는 세계 최대의 국제언론인기구이다. 본부는 에스파냐 마드리드에 위치하며 120개국 250만 명이 회원으로 가입되어 있다.
① 아웃링크 : 포털 사이트에서 검색한 정보를 클릭하면 해당 정보를 제공한 사이트로 이동하여 결과를 보여주는 방식이다.
② 세계신문협회 : 93개국을 회원으로 두고 있는 국제적인 언론단체를 말한다.
③ 국제기자연맹 : 자유주의 국가에 있는 언론단체들이 조직한 국제언론기구를 말한다.

기출 **15** HDTV에 대한 설명으로 맞는 것은?

① 현행 텔레비전의 해상도를 압축 조정한 보급형이다.
② 영국 BBC에서 개발했다.
③ 3 : 4 화면비를 가진다.
④ 음악 CD에 필적하는 음질을 가진다.

HDTV … 기존 TV보다 2배 이상의 1,050 ~ 1,250개의 주사선을 가져 화면의 선명도가 월등히 향상된 TV와 그 기술을 말한다.
① 일반 TV는 주사선이 525 ~ 625인 데 반해 HDTV는 2배 이상 높아져 수평 해상도와 수직 해상도가 2배 이상 향상되어 사진에 가까운 밝은 영상을 구현할 수 있다.
② 일본 NHK에서 개발하였으며 1981년에 미국에서 첫선을 보였다.
③ 기존의 3 : 4 종횡비보다 넓은 9 : 16의 와이드 화면으로 35mm 영화와 동등하거나 그 이상이다.

16 편성법 중 경쟁 방송국 프로그램보다 30분 먼저 시작함으로써 경쟁 방송국의 프로그램을 방해하는 프로그램 전략은?

① 장기판 편성
② 실력 편성
③ 해머킹 편성
④ 다리 놓기 편성

① 장기판 편성 : 월요일부터 금요일까지 동일 시간대에 매일 다른 유현의 프로그램을 편성하는 전략이다.
② 실력 편성 : 경쟁사가 이미 우위를 확보해 놓은 시간대에 동일 시청자를 대상으로 같은 유형의 프로그램을 맞붙여 놓는 정면 도전형 전략이다.
③ 해머킹 편성 : 시청률이 낮은 프로그램이나 신설 프로그램의 시청률을 높이기 위해 인기 있는 두 개의 프로그램 사이에 끼워 넣어 인기 있는 프로그램의 시청자 흐름을 인기 없는 프로그램으로 연결시키려는 전략이다.
※ 다리 놓기 편성
⊙ 시청 시간대 이전의 시간대에서 시작하여 시청 시간대까지 지속되는 긴 형태의 프로그램을 이용하는 전략이다.
ⓒ 프로그램을 불규칙한 시간에 시작하고 끝냄으로써 다른 프로그램들의 시작점과 끝나는 시점을 지나치도록 하는 것이다.

17 광고기법 중 비슷한 줄거리에 모델만 다르게 써서 여러 편의 광고를 한꺼번에 내보내는 광고는?

① 멀티스폿 광고
② 시즐 광고
③ 티저 광고
④ 애드버토리얼

멀티스폿 광고 … 쉽게 채널을 바꾸는 소비자들을 붙잡기 위한 목적으로 만들어진 것이다. 같은 내용의 광고가 반복될수록 시청률과 선호도가 하락하기 때문이다.
② 시즐 광고 : 소리를 통해 제품의 감각을 자극해서 이미지를 연상시키는 광고 기법이다.
③ 티저 광고 : 브랜드는 숨긴 채 호기심을 유발하는 광고이다.
④ 애드버토리얼 : 신문광고나 잡지광고에서 언뜻 보기에 편집 기사처럼 만들어진 논설·사설 형식의 광고이다.

핫 미디어가 아닌 것은?

① TV
② 영화
③ 신문
④ 라디오

핫·쿨미디어는 마셜 맥루언이 「미디어의 이해」에서 처음 사용한 용어이다. 정보량이 많지만 참여를 요구하지 않는 미디어를 핫 미디어라고 칭했다. TV는 수용자의 높은 참여도를 요구하는 매체로 쿨 미디어에 속한다.

19 **제도적·자의적 제한 및 안이한 취재·편집 경향으로 인해 취재방법이나 취재시간 등이 획일적이고 개성이 없는 저널리즘은?**

① 팩저널리즘
② 옐로저널리즘
③ 제록스저널리즘
④ 포토저널리즘

팩저널리즘(Pack Journalism) … 취재 방법, 시각 등이 획일적이고 독창성이 없어 개성이 없는 저널리즘이다.
② 옐로저널리즘(Yellow Journalism) : 대중의 호기심에 호소하여 흥미 본위로 보도하는 센세이셔널리즘 경향을 띠는 저널리즘이다.
③ 제록스저널리즘(Xerox Journalism) : 극비 문서를 제록스로 몰래 복사해서 발표하는 저널리즘이다.
④ 포토저널리즘(Photojournalism) : 사진기술로 대상이 되는 사실이나 시사적인 문제를 표현하고 보도하는 저널리즘이다.

20 **독자의 정정보도 청구에 관한 설명 중 옳지 않은 것은?**

① 긴급사항의 경우 언론중재위를 거치지 않고 법원에 심판을 청구할 수 있다.
② 언론중재위에서 합의가 성립된 경우 재판상 화해와 효력이 같다.
③ 청구된 정정보도가 광고만을 목적으로 하는 경우 언론사는 이를 거부할 수 있다.
④ 보도의 진위 여부나 고의나 과실 유무에 관계없이 정정보도 청구를 할 수 있다.

법원에 정정보도 신청을 하려면 그 전에 언론중재위원회의 중재를 거쳐야 한다. 중재신청대상이 되는 보도내용은 한 쪽의 주장만을 전달한 보도, 거짓을 사실인 것처럼 꾸민 보도, 일반 독자들에게 나쁜 인상을 심어준 보도, 사실을 과장한 보도, 필자의 허락을 받지 않고 글을 고쳐 원래의 뜻과 다르게 표현된 보도, 기타 명예훼손을 침해한 보도 등이다.

ANSWER
15.④ 16.④ 17.① 18.① 19.① 20.④

21 수용자의 권리와 거리가 가장 먼 것은?

① 반론권　　　　　　　② 정정보도청구권

③ 지적재산권　　　　　④ 국민의 알 권리

지적재산권 … 문학·예술 및 과학 작품, 연출, 예술가의 공연, 음반 및 방송, 발명, 과학적 발견 등에 대한 보호 권리와 공업·문학·예술분야의 지적활동에서 발생하는 소유자가 갖는 기타 모든 권리를 말한다.

① 반론권 : 신문이나 방송 등 매스미디어에 의해 명예훼손을 당한 이해관계자가 그 미디어에 대해 반박문이나 정정보도문을 게재하거나 방송하도록 요구할 수 있는 권리이다.

② 정정보도청구권 : 미디어의 사실적 보도에 의해 피해를 받았을 경우 당해 미디어에 대해 그 잘못을 정정하도록 요구할 수 있는 권리이다.

④ 국민의 알 권리 : 국민이 개개인 정치적·사회적 현실에 대한 일반적인 정보를 자유롭게 알 수 있거나 이러한 정보에 접근할 수 있는 권리이다.

22 다음 중 소비자가 원하는 정보를 선호하는 방식으로 선택하여 볼 수 있도록 제공하는 맞춤형 서비스 방식을 의미하는 용어는 무엇인가?

① 애그리게이터　　　　② 디지털 큐레이션

③ 미디어믹스　　　　　④ 스핀오프

디지털 큐레이션(Digital Curation) … 정보와 콘텐츠를 수집하고 선별하여 소비자가 선호하는 방식으로 맞춤형으로 제공하는 서비스이다. 애플리케이션이나 포털 사이트에서 소비자가 선호하는 주제를 추천해 주는 방식이 여기에 해당한다.

23 다음 ㉠, ㉡으로 알맞은 말은?

> "사람들은 본능적으로 주위 사람들로부터 소외당하는 것을 두려워해 매스미디어가 어떤 의견을 제시할 때 사회성원들은 그것을 지배적인 의견으로 받아들이게 되고, 설령 의견이 달라도 다른 의견을 제시하지 못하고 입을 다물게 된다."는 매스미디어의 (㉠)을/를 강조하고 있는 노엘레 노이만의 (㉡)이다.

	㉠	㉡
①	오피니언 리더로서의 기능	선형모델
②	의제설정기능	침묵의 나선모델
③	정보전달기능	쌍방향 전달모델
④	게이트키핑기능	계단모델

침묵의 나선모델 … 언론매체가 여론에 미치는 영향력을 설명하기 위해 노엘레 노이만이 제시한 이론이다. 일반적으로 사람은 다른 사람으로부터 고립되는 것을 두려워해 그들이 소수이론에 속한다고 느끼면 그 문제에 관하여 침묵하려는 경향이 있다고 설명한다.

24 세계에서 가장 먼저 텔레비전 방송을 개시한 방송국은?

① 영국 BBC
② 일본 NHK
③ 중국 CCTV
④ 미국 ABC

영국 BBC … 세계 최초 공영방송 BBC는 라디오 방송에서 시작하여 1936년에 텔레비전 방송을 개시하였다.
② 일본 NHK : 일본 최대 공영방송으로 1950년에 텔레비전 방송을 개시하였다.
③ 중국 CCTV : 중국을 대표하는 방송사로, 1958년 베이징방송국으로 시작하여 CCTV로 이름을 바꿨다.
④ 미국 ABC : 월트 디즈니 컴퍼니 소유의 방송사로 1984년에 방송을 개시하였다.

기출 25 광고수입에만 의존·제작하여 무료로 배포되는 신문은?

① 옐로페이퍼
② 프리페이퍼
③ 스트리트페이퍼
④ 지하신문

① 옐로페이퍼(Yellow Paper) : 흥미 위주의 저속하고 선정적인 보도를 주로 다루는 신문을 말한다.
③ 스트리트페이퍼(Street Paper) : 신세대 문화정보지로 거리에 무가지(無價紙)로 배포되는 잡지를 말한다.
④ 지하신문(Underground Paper) : 비밀신문으로 독재국가나 피압박국가에서 체제를 비판하기 위해 발간되는 신문을 말한다.
※ 프리페이퍼의 종류
  ㉠ 쇼퍼(Shopper) : 광고를 전면 게재한 지면을 특정 지역의 가정에 무료로 배포한다.
  ㉡ 프리 커뮤니티뉴스페이퍼스(Free Community Newspapers) : 특정 지역에, 목적에 따라 정보를 전한다.

26 커스컴(Cuscom)에 관한 설명으로 옳은 것은?

① 컴퓨터를 이용해서 주고받는 정보체계
② 사회의 관습, 풍습, 관례에 따른 개인적 습관
③ 유선방송처럼 특정 소수의 사람들을 상대로 전달되는 통신체계
④ 사진으로 사실이나 시사적인 문제를 표현

커스컴(Cuscom) … Custom(단골)과 Communication(전달)의 합성어로, 특정 소수를 상대로 전달되는 통신체계를 말한다.

27 다음 중 정규 편성에 앞서 시청자 반응을 확인하기 위해 시험적으로 제작하는 방송 프로그램을 의미하는 용어는 무엇인가?

① 슬로트 프로그램
② 파일럿 프로그램
③ 리메이크 프로그램
④ 앵커 프로그램

파일럿 프로그램(Pilot Program) … 정규 방송 전 시청자 반응을 확인하기 위해 시험적으로 제작되는 프로그램이다. 이를 통해 방송사는 프로그램의 가능성을 평가하고, 정규 편성 여부를 결정할 수 있다.

기출★★★ **28** 취재현장에서 직접 위성을 통하여 뉴스 소재를 내보내는 방송시스템을 의미하는 용어는?

① SNG
② RDS
③ VOD
④ NAB

SNG … 위성이동중계로, 방송국이 현장뉴스를 생중계할 때 직접 영상프로그램을 전송할 수 있는 서비스이다.
② RDS : 카 오디오(Car Audio)가 주파수를 자동 검색하여 채널을 고정시킬 수 있도록 하는 시스템이다.
③ VOD : 주문형 비디오 시스템으로 통신망을 통하여 개인이 원하는 프로그램을 언제든지 볼 수 있다.
④ NAB : 전미(全美)방송협회이다.

---

29 세계 4대 통신사 중 경제 및 외교기사 통신으로 유명한 것은?

① AP
② UPI
③ 로이터
④ AFP

로이터 … 1851년 독일인 로이터가 영국에 귀화하여 런던에 설립한 영국의 국제통신사이다. 전 세계적인 통신망을 구축하여 국제 신문계의 중심을 이루고 있으며 특히 경제와 외교기사 통신으로 유명하다.

---

30 1인 혹은 중소 콘텐츠 창작자들과 제휴해 마케팅, 저작권 관리, 콘텐츠 유통 등을 지원하고 관리하는 사업은?

① PSI
② NAS
③ MCN
④ OTT

MCN … 다중채널 네트워크는 유튜브에서 탄생했다. 유튜브에서 인기가 높아지고 수익을 내는 채널이 많이 생기자 이들을 묶어서 관리해주는 곳이 생긴 것이다. 여러 유튜브 채널이 제휴해 구성한 MCN은 일반적으로 제품, 프로그램 기획, 결제, 교차 프로모션, 파트너 관리, 디지털 저작권 관리, 수익 창출 및 판매, 잠재고객 개발 등의 영역을 콘텐츠 제작자에게 지원하는 역할을 맡고 있다.

방송 용어의 설명으로 옳지 않은 것은?

① 크로마 키잉(Chroma Keying) - 색의 농담을 조절해서 밤 화면을 낮처럼 보이게 한다.
② 컬러바(Color Bar) - 카메라의 신호발생장치에서 전기적으로 만들어지며 방송 전 시험용 신호로 쓴다.
③ IPS(Inches Per Second) - 오디오나 비디오의 테이프 속도를 재는 단위이다.
④ 슈퍼임포즈(Superimpose) - 한 카메라로 잡은 화면에 다른 화면을 겹치게 하는 방식으로 뉴스자막이 대표적이다.

크로마 키잉(Chroma Keying) … 어떤 장면에 컬러배경을 전기적으로 만드는 것으로 색의 농담을 조정함으로써 이루어진다.

32 **신문방송학 4대 창시자들의 연구 초점이 옳지 않은 것은?**

① Lazarsfeld - 집단과 개인의 심리분석
② Lasswell - 내용분석
③ Hovland - 실험실 실험
④ Lewin - 준자연적 상황에서의 집단실험

라스웰 … 정치학자로, 1951년 발표한 「정책지향(Policy Orientation)」이라는 논문을 통해 정책학(Policy Sciences)의 개념과 방법론을 개척한 것으로 유명하다. 따라서 라스웰 연구의 초점은 정치학적 입장(The Political Approach)이다.

33 **디지털방송에 대한 내용으로 옳지 않은 것은?**

① 다채널 서비스가 가능하다.
② 디지털 케이블 데이터방송의 규격은 OCAP이다.
③ 주파수의 효율적인 이용이 가능하다.
④ 디지털방송 수신에 대한 비용이 없다.

디지털방송(Digital Broadcasting) … 기존의 아날로그방송과는 달리 정보의 신호를 부호화하여 기록하는 디지털 형태로 텔레비전 신호를 압축하여 내보내는 방송을 의미한다. 아날로그방송은 하나의 전파에는 하나의 영상밖에 실을 수 없어 음성은 다른 전파로 보내야 한 것에 비해 디지털방송은 하나의 전파에 다수의 영상이나 음성 등을 실을 수 있고, 질을 떨어뜨리지 않고 정보를 압축할 수 있어 1개의 아날로그방송 주파수대에 4 ~ 8개의 채널을 설정할 수 있다. 또한 컴퓨터를 사용하여 정보를 관리하기 쉽고 시청자가 주문하는 정보도 내보낼 수 있는 쌍방향 방송도 가능하다. 디지털방송을 수신하려면 여러 장비가 필요하므로 설치비용이 추가된다.

34 본질보다는 스타일만을 중시하는 TV저널리즘을 비판하는 TV뉴스를 의미하는 것은?

① 소프트 뉴스(Soft News)
② 하드 뉴스(Hard News)
③ 스폿 뉴스(Spot News)
④ 디스코 뉴스(Disco News)

디스코 뉴스(Disco News) … 뉴스 진행자가 전달하는 내용보다는 외모, 옷차림, 화면 효과 등을 우선시하는 경향을 비판하여 일컫는다.
① 소프트 뉴스(Soft News) : 국내 · 국제 · 지역적 문제들과 직접적인 관련 없이 오락적인 내용을 다루는 것으로 수용자들에게 즉각적인 영향을 준다.
② 하드 뉴스(Hard News) : 정치 · 경제 · 교육제도 변화, 국제관계 등과 같이 비중이 큰 뉴스를 육하원칙에 의해 보도하는 것으로 뉴스의 영향이 시간이 흐른 후에 나타난다.
③ 스폿 뉴스(Spot News) : 프로그램과 프로그램 사이의 짧은 시간을 이용하여 신속하게 보도하는 토막 뉴스를 일컫는다.

35 특종기사를 의미하는 용어로 옳은 것은?

① 스쿠프
② 오프 더 레코드
③ 엠바고
④ 데드라인

스쿠프 … 언론사가 타 언론사보다 앞서 독점 입수한 기사를 먼저 보도하는 것을 말한다.
② 오프 더 레코드 : 비보도를 전제로 한 비공식적 발언
③ 엠바고 : 일정 기간 동안의 보도금지
④ 데드라인 : 신문 · 잡지의 원고마감 최종 시간

36 매스컴 효과 이론 중 자신의 의견보다는 타인의 의견을 따르는 것을 일컫는 용어는?

① 침묵의 나선
② 의존 효과
③ 이용과 충족
④ 다원적 무지

다원적 무지 … 여론이 형성되는 과정에서 어떤 사건 또는 이슈에 대해 타인의 의견과 자신의 의견이 다를 것이라고 판단하여 자기의 의견이나 주장을 억제하고 다른 사람들의 의견을 따르는 현상이다.
① 침묵의 나선 : 여론이 형성되는 과정에서 자신의 의견이 소수의 의견일 경우 침묵하는 현상을 말한다.
② 의존 효과 : 소비재에 대한 수요가 소비자 자신의 욕망에 의존하는 것이 아니라 공급자의 광고 등에 의존하여 이루어지는 현상을 말한다.
③ 이용과 충족 : 매스미디어는 특정 주제를 선택하고 반복함으로써 이를 강조하여 수용자가 중요한 의제로 인식하게 한다는 이론이다.

37 처음 게재하는 광고에 상품이나 광고주명을 표시하지 않는 광고 기법을 일컫는 말은?

① 블록 광고
② 티저 광고
③ 리스폰스 광고
④ 서브리미널 광고

① **블록 광고** : 수개의 도(주)를 주요 광고시장으로 하고 그 지역을 커버하는 광고, 지역 광고(Local Advertising)라고도 불린다.
③ **리스폰스 광고** : 반응광고, 광고 대상자들의 직접적인 반응을 유도하는 것으로 메일, 광고전단 등이 이에 속한다.
④ **서브리미널 광고** : 잠재의식광고, 시청자가 무의식상태에서 영향을 받도록 잠재의식에 소구하는 광고기법으로 역하 광고라고도 한다.

※ **광고의 종류**
  ㉠ **배너 광고** : 인터넷 홈페이지에 뜨는 막대모양의 광고
  ㉡ **타이업(Tie - Up) 광고** : 영화의 명장면을 이용해 인지도를 높이는 광고
  ㉢ **제휴광고** : 두 기업이 절반 이하의 비용으로 두 배 이상의 효과를 보는 광고
  ㉣ **멀티스폿 광고** : 비슷한 줄거리에 모델을 달리해서 여러 편을 한꺼번에 내보내는 광고
  ㉤ **네거티브 광고** : 죽음, 성, 혐오동물, 범죄 등 부정적인 소재를 활용하는 광고
  ㉥ **DM광고** : 광고주가 예상되는 고객에게 우편으로 직접 송달하여 선전하는 광고
  ㉦ **애드버토리얼** : 신문, 잡지에 기사형태로 실리는 PR광고
  ㉧ **애드버커시 광고** : 기업의 활동과 실태를 홍보하여 기업을 지지도를 높이는 광고
  ㉨ **POP 광고** : Point Of Purchase의 약자로 소매점이나 가두매점 등에서 소비자가 상품을 구매하는 그 시점에 이루어지는 광고
  ㉩ **키치 광고** : 설명보다는 기호, 이미지 등을 중시하여 언뜻 보아 무슨 내용인지 감이 안 잡히는 광고
  ㉪ **레트로 광고** : 회고광고 또는 추억광고라고도 하며 고객에게 추억의 향수를 불러일으킴으로써 상품에 대한 이미지를 높이는 광고

38 방송 화면을 합성하는 기술로, 색조 차이를 이용하는 것은?

① 크로마키
② 패닝
③ 핸드 헬드
④ 매트 페인팅

② 패닝 : 빠르게 움직이는 물체의 속도감을 표현하기 위한 기법이다.
③ 핸드 헬드 : 생동감과 현장감을 표현하기 위해 카메라를 손에 들고 촬영하는 기법이다.
④ 매트 페인팅 : 실사 촬영이 어려운 특정 공간을 묘사하는 특수 시각효과이다.

39 다음 중 일반 사용자들이 직접 제작하여 온라인에서 공유하는 콘텐츠를 의미하는 용어는 무엇인가?

① 바이럴 마케팅
② 팬 콘텐츠
③ 유저 제너레이티드 콘텐츠(UGC)
④ 브랜드 스토리텔링

유저 제너레이티드 콘텐츠(UGC) ⋯ 사용자가 직접 제작한 콘텐츠로, 블로그 글, 사진, 동영상 등 다양한 형식으로 소셜 미디어나 플랫폼에서 공유된다. 기업은 이러한 콘텐츠를 통해 자연스러운 홍보 효과를 얻고, 사용자 참여를 높이는 전략으로 활용한다.

40 현지에서 일어난 사실을 녹음을 섞어가며 편집, 구성하는 생생한 방송은?

① 르포
② 핫뉴스
③ 애드버토리얼
④ 버라이어티

르포 ⋯ 현지로부터 사실을 전달하는 생생한 방송이다.
② 핫뉴스 : 현장에서 바로 취재해 온 최신 뉴스를 말하며, 방송의 경우 현장에서 직접 보도하는 뉴스를 말한다.
③ 애드버토리얼 : 'Advertisement(광고)'와 'Editorial(편집기사)'의 합성어로 논설 광고를 말한다.
④ 버라이어티 : 어느 하나의 형식에 연연하지 않는, 다채로운 포맷과 내용을 담은 예능 프로그램을 말한다.

기출 **41** 저널리즘의 종류에 대한 설명으로 옳지 않은 것은?

① 블랙저널리즘은 공개되지 않은 이면적인 사실을 밝히는 정보
활동으로 개인이나 특정 기업 등의 약점을 이용하여 보도해
서 이익을 얻고자 하는 저널리즘 활동을 말한다.

② 포토저널리즘은 사진으로 사실이나 시사적인 문제를 표현하
거나 보도하는 저널리즘이다.

③ 경마저널리즘은 공정한 보도보다는 누가 이기는가에 집착하
여 특정 상황만을 집중적으로 보도하는 것을 말한다.

④ 수표저널리즘이란 금융 거래에 관련된 비리들을 폭로하는 저
널리즘 활동을 의미한다.

수표저널리즘 … 방송이나 신문사가 유명인
사의 사진 및 스캔들 기사, 센세이셔널 한
사건의 당사자 증언 등을 거액을 주고 사들
여 보도하는 것을 말한다.

42 수용자들이 매스미디어의 메시지를 선택적으로 노출 · 지각 · 기억
한다고 설명한 이론은?

① 선별 효과
② 제한 효과
③ 호손 효과
④ 의존 효과

제한 효과 … 매스미디어는 기존의 태도나 가
치 · 신념을 강화시키는 제한적 효과가 있을
뿐이라는 이론적 관점으로, 매스미디어의 영
향력이 그렇게 크지 않으며 한정되어 있다는
이론이다.

① **선별 효과** : 매스미디어의 효과는 강력하
거나 직접적이지 않으며 수용자 개인의
심리적 차이와 사회계층 영향 및 사회
적 관계 등에 의해 선별적이고 한정적
으로 나타난다는 이론이다.

③ **호손 효과** : 타인의 관심을 받을 때 자신
의 행동이 달라지는 현상을 말한다.

④ **의존 효과** : 소비재에 대한 수요가 소비
자 자신의 욕망에 의존하는 것이 아니
라 공급자의 광고 등에 의존하여 이루
어지는 현상을 말한다.

43 언론이 물리적 대량화 · 대중화되면서 매스미디어가 사회적으로 유리된 개인으로서의 수용자 구성원들에게 직접 영향을 주는 것을 무엇이라 하는가?

① 피라미드 모형
② 피하주사 모형
③ 의제설정이론
④ 이용과 충족이론

피하주사 모형 … 미디어가 수동적이고 원자화된 수용자에게 직접적이고 강력한 효과를 발생 시킨다고 보는 관점에서 비롯된 이론이다.

③ **의제 설정** : 능동적인 수용자들은 자신의 동기나 욕구를 충족시키기 위하여 매스미디어를 활용한다는 이론이다.

④ **이용과 충족** : 매스미디어는 특정 주제를 선택하고 반복함으로써 이를 강조하여 수용자가 중요한 의제로 인식하게 한다는 이론이다.

44 "나는 신문 없는 정부보다 정부 없는 신문을 택하겠다"라고 말한 사람은?

① 제퍼슨
② 케네디
③ 프랭클린
④ 닉슨

제퍼슨 … 미국의 제3대 대통령으로서, 언론 자유의 중요성을 강조하였다.

② **케네디** : 미국의 제35대 대통령으로, 소련과 부분적인 핵 실험금지조약을 체결하였고 평화봉사단을 창설하기도 하였다.

③ **프랭클린** : 미국의 제32대 대통령이다. 민주당 출신으로 미국 역사상 유일무이한 4선 대통령이다. 대공황을 극복하기 위하여 '뉴딜(New Deal)'정책을 추진한 바 있다.

④ **닉슨** : 미국의 제37대 대통령으로, 1972년에 발생한 워터게이트 사건으로 사임하게 되었다.

45 PR(Public Relations)을 바르게 설명하고 있는 것은?

① 기업체, 정부단체 등에서 자기회사 제품이나 정부시책·방침 등을 대중에게 알리는 것
② 국민의 일상생활을 개선하기 위하여 신문사, 방송국 등에서 행하는 여론조사
③ 정당이나 사회단체 등이 내거는 생활목표·지침
④ 매스미디어를 감독·지휘하는 단체

PR(Public Relations) ··· 원래는 관청이나 기업체 등에서 그 사업내용이 공공의 이익을 위하는 데 있음을 대중에게 알리는 것이었으나, 오늘날에는 생산업체나 기업체가 고객에게 상품을 자세히 설명함으로써 수입을 늘리기 위한 목적으로 행해진다.

46 저작인격권(著作人格權)에 포함되지 않는 것은?

① 공표권
② 성명표시권
③ 동일성유지권
④ 정신적 인격권

저작인격권(著作人格權)

㉠ 정의 : 저작인격권은 저작자가 자신의 저작물에 대해 갖는 정신적·인격적 이익을 추구할 수 있는 권리로서 주체와 분리될 수 없는 일신전속권이 있으며, 저작재산권과는 구별된다.

㉡ 종류
• 공표권 : 저작자는 그의 저작물을 공표하거나 공표하지 않을 것을 결정할 권리이다〈저작권법 제11조〉.
• 성명표시권 : 저작자는 저작물의 원본이나 그 복제물 또는 공표매체에 그의 실명이나 이명을 표시할 권리이다〈저작권법 제12조〉.
• 동일성유지권 : 저작자는 그의 저작물의 내용·형식 및 제호의 동일성을 유지할 권리이다〈저작권법 제13조〉.

47 극장에서 영화가 처음 상영된 후, 다른 플랫폼으로 이동하기까지 소요되는 기간을 무엇이라고 하는가?

① 코드커팅
② 데드라인
③ 스쿠프
④ 홀드백

홀드백(holdback) … 극장에서 영화가 처음 상영된 후, 다른 플랫폼으로 이동하기까지 소요되는 기간을 말한다.

48 아이러니한 상황 또는 사건 등을 통해 웃음을 유발하는 코미디는?

① 블랙 코미디   ② 블루 코미디
③ 화이트 코미디   ④ 그린 코미디

블랙 코미디(Black Comedy) … 주로 부조리, 죽음과 같은 어두운 소재나 정치·사회적으로 비난받을 만한 소재를 풍자하며 웃음을 유발한다. 이러한 블랙 코미디는 웃기지만 생각해보면 상황을 지독히 현실적이고 냉정하게 바라보는 것이 특징이다.

49 영화관이 자국 영화를 일정 일수 이상 상영하도록 하는 제도적 장치는?

① 스크린 숏
② 스크린셀러
③ 스크린 상한제
④ 스크린 쿼터제

① 스크린 숏 : 화면이나 창의 이미지를 그래픽 파일로 저장 또는 그래픽 편집기로 복사한 화면을 일컫는다.
② 스크린셀러 : 영화를 뜻하는 '스크린(Screen)'과 '베스트셀러(Bestseller)'의 합성어로, 영화의 흥행으로 인기를 얻게 된 원작 소설을 말한다.
③ 스크린 상한제 : 관객이 몰리는 주요 시간대에 특정한 영화의 상영관 수를 제한하는 제도로, 특정 영화의 스크린 독과점 현상을 막기 위함이다.

50 기존 영화 시리즈물에서 연속성을 버리고 새롭게 처음부터 만드는 것으로, 원작의 전체적인 콘셉트만 가져와 완전히 다른 이야기로 재구성하는 방식은?

① 리부트
② 프리퀄
③ 시퀄
④ 스핀오프

② 프리퀄 : 원작에 선행하는 사건을 담는다. 주인공의 과거나 원작 에피소드에 선행하는 사건을 담아 원작의 개연성을 제공한다.

③ 시퀄 : 일반적인 속편으로, 원작의 캐릭터, 스토리를 재사용하거나 확장하여 구성한다. 대체로 원작의 제목은 그대로 쓰고 속편 표기를 한다.

④ 스핀오프 : 기존 등장인물이나 에피소드에 기초하여 새로운 이야기로 확장하는 방식이다. 작품의 세계관을 공유하지만 주인공이나 줄거리는 다르다.

CHAPTER 08 문화·예술·스포츠

회독 | 1 | 2 | 3 | 정답 수 | 개 / 75개 |

1 골프에서 한 선수가 시즌과 관계없이 활동기간 중 4대 메이저 대회를 석권하는 것을 무엇이라 하는가?

① 슈퍼 그랜드 슬램
② 골든 그랜드 슬램
③ 캘린더 그랜드 슬램
④ 커리어 그랜드 슬램

커리어 그랜드 슬램 ··· 골프에서 커리어 그랜드 슬램이란 한 선수가 활동기간 중 시즌에 상관없이 4대 메이저타이틀을 모두 우승하는 것을 의미한다.
① **슈퍼 그랜드 슬램** : 여자 골프에서 5개 메이저 대회를 모두 석권하는 것을 말한다.
② **골든 그랜드 슬램** : 1년 동안 세계 4대 테니스 선수권 대회인 US오픈·프랑스오픈·호주오픈·윔블던에서 단식경기를 모두 석권하여 그랜드 슬램을 이룬 선수가 그 해에 개최된 올림픽에서도 우승하는 것을 말한다.
③ **캘린더 그랜드 슬램** : 한 해에 4대 메이저대회를 석권하는 것을 말한다.

2 2026년에 개최되는 하계 아시안게임 개최국으로 옳은 것은?

① 중국
② 일본
③ 사우디아라비아
④ 인도네시아

하계 아시안게임 개최지

구분	연도	개최지
20회	2026년	일본 아이치·나고야
21회	2030년	카타르 도하
22회	2034년	사우디아라비아 리야드

3 1960년대 전후로 서구, 그중에서도 특히 미국에서 반문화(Counter Culture)운동의 일환으로 유행하게 된 것은?

① 인디즈
② 옴니버스 영화
③ 컬트 무비
④ 시네라마

컬트 무비 ··· 일반영화와는 달리 상업·흥행성을 배제한 독립된 제작시스템과 파격적인 대사·구성 등을 특징으로 하는 영화를 의미한다.

세계유산이 아닌 것은?

① 한국의 갯벌   ② 광화문

③ 강화고인돌   ④ 가야고분군

세계유산 … 석굴암 · 불국사, 해인사 장경판전, 종묘, 창덕궁, 화성, 경주역사유적지구, 고창 · 화순 · 강화 · 고인돌 유적, 제주화산섬과 용암동굴, 조선왕릉, 하회와 양동, 남한산성, 백제역사유적지구, 산사, 한국의 산지승원, 한국의 서원, 한국의 갯벌, 가야고분군이 있다.

5 화가와 작품의 연결이 옳지 않은 것은?

① 피카소 – 아비뇽의 처녀들
② 르네 마그리트 – 빛의 제국
③ 알폰스 무하 – 사계
④ 호안 미로 – 백합을 든 여인

호안 미로의 작품으로는 '야곡', '어릿광대의 사육제' 등이 있다. '백합을 든 여인'은 알폰스 무하의 작품이다.

기출 **6** 야구에서 경기와 선수들의 성과를 분석하고 평가하기 위해 사용하는 통계학적 방법론을 무엇이라고 하는가?

① 베이스볼매트릭스   ② 세이버매트릭스
③ 피트니스매트릭스   ④ 애널리틱스

세이버매트릭스(Sabermetrics) … 야구에서 경기와 선수들의 성과를 분석하고 평가하기 위해 사용하는 통계학적 방법론으로, 이 용어는 미국의 야구 연구 단체인 'Society for American Baseball Research'의 약자인 SABR에서 유래되었다.

④ 애널리틱스(Analytics) : 데이터를 분석하여 패턴이나 통찰을 도출하는 과정을 말한다.

7 다음 설명 중 옳지 않은 것은?

① 아악 – 궁중음악
② 사물놀이 – 꽹과리, 징, 장구, 북 등을 치며 노는 농촌의 민속놀이
③ 시나위 – 우리나라 북쪽지방에서 발달한 합창곡
④ 산조 – 특히 전라도에서 발달한 기악독주음악의 한 갈래

시나위 … 경기 남부, 충청도, 전라도, 경상도 서남부 등에서 굿을 할 때 무가(巫歌)나 무무(巫舞)의 반주음악으로 연주하는 무악장단에 육자배기소리로 된 허튼 가락을 얹어 연주하는 기악합주음악이다.

ANSWER
1.④ 2.② 3.③ 4.② 5.④ 6.② 7.③

한국 근현대미술사를 대표하는 거장의 작품으로, 한국 미술 경매 사상 최고가인 85억 2천 966만 원에 최종 낙찰된 작품은?

① 붉은 점화
② 우주
③ 귀로
④ 영원의 노래

김환기 … 한국 서정주의를 서구의 모더니즘에 접목하여 예술세계를 정립한 근현대미술사 대표 거장으로, 1971년 작품 '붉은 점화 (3−Ⅱ−72 #220)'은 2018년에 85억 원을 기록하며 한국 미술 경매 사상 최고가에 낙찰되었다.

9 우리나라의 영화등급제에 해당하지 않는 것은?

① 제한상영가
② 청소년 관람가
③ 12세 이상 관람가
④ 15세 이상 관람가

영화등급제
㉠ 전체관람가 : 모든 연령에 해당하는 자가 관람할 수 있는 영화이다.
㉡ 12세 이상 관람가 : 12세 이상의 자가 관람할 수 있는 영화이다.
㉢ 15세 이상 관람가 : 15세 이상의 자가 관람할 수 있는 영화이다.
㉣ 청소년 관람불가 : 청소년은 관람할 수 없는 영화이다.
㉤ 제한상영가 : 선정성·폭력성·사회적 행위 등의 표현이 과도하여 인간의 보편적 존엄, 사회적 가치, 선량한 풍속 또는 국민 정서를 현저하게 해할 우려가 있어 상영 및 광고·선전에 일정한 제한이 필요한 영화이다.

10 세계기록유산이 아닌 것은?

① 삼국사기
② 4·19혁명기록물
③ 동학농민혁명기록물
④ 승정원일기

세계기록유산 … 유네스코가 세계적인 가치가 있다고 지정한 귀중한 기록유산이다. 훈민정음(1997), 조선왕조실록(1997), 직지심체요절(2001), 승정원일기(2001), 조선왕조 의궤(2007), 해인사 대장경판 및 제경판(2007), 동의보감(2009), 일성록(2011), 5.18민주화운동 기록물(2011), 난중일기(2013), 새마을운동기록물(2013), 한국의 유교책판(2015), KBS 특별생방송 '이산가족을 찾습니다' 기록물(2015), 조선왕실 어보와 어책(2017), 국채보상운동 기록물(2017), 조선통신사기록물(2017), 4.19혁명기록물(2023), 동학농민혁명기록물(2023)이 등재되어 있다.

판소리 5마당이 아닌 것은?

① 배비장전   ② 적벽가

③ 수궁가   ④ 흥보가

배비장전 … 조선 후기에 지어진 작자 미상의 고전소설로 판소리로 불리어진 「배비장타령」이 소설화된 작품이다. 판소리 열두마당에 속하지만, 고종 때 신재효(申在孝)가 판소리 사설을 여섯 마당으로 정착시킬 때 빠지게 되었다.

※ 우리나라의 판소리 5마당

    ⊙ **춘향가** : 기생의 딸 춘향과 양반집의 아들 이몽룡 사이에 일어나는 사랑 이야기를 다룬 작품이다.

    ⓒ **심청가** : 맹인으로 태어난 심학규가 무남독녀인 심청의 지극한 효성으로 눈을 뜨게 된다는 이야기로 효도, 선과 악, 인과율이 주제이다.

    ⓒ **흥부가**(박타령) : 심술궂은 형 놀부와 착한 아우 흥부 간의 갈등과 화해를 그린 이야기로 형제간의 우애, 권선징악, 보은, 의리 등이 주제이다.

    ⓔ **수궁가**(토별가, 토끼타령) : 토끼와 자라의 행동을 통하여 인간의 속성을 풍자한 이야기로 충성심과 충효심 등이 주제이다.

    ⓜ **적벽가** : 중국의 소설 삼국지의 내용을 판소리로 음악화 시킨 것으로 유비가 제갈공명을 찾아가는 삼고초려부터 적벽대전 끝에 관운장이 조조를 놓아주는 내용까지로 되어있으나, 부르는 사람에 따라 다소의 차이는 있으며 「화용도」라고도 한다.

우리나라의 연극이 아닌 것은?

① 가면극

② 경극

③ 마당극

④ 인형극

경극 … 청나라 때 시작된 중국의 대표적인 전통연극으로 창, 몸짓, 대사, 동작 등 네 가지 연기요소로 이루어져 무용에 가깝고 주로 영웅담·연애담이 내용의 주를 이룬다.

① **가면극** : 탈춤 혹은 탈놀이, 탈놀음 등으로 부르기도 하며 지역에 따라 산대놀이(서울·경기), 탈춤(황해도), 야류(野遊)(경남 낙동강 동쪽), 오광대(五廣大)(경남 낙동강 서쪽)라고 부르기도 한다.

③ **마당극** : 1970년대에 형성된 연극으로, 마당이나 넓은 공간에서 전통연희를 현대적으로 계승한 한국적인 연극 양식이다.

④ **인형극** : 우리나라의 인형극은 '꼭두각시놀음', '석중놀이', '장난감 인형놀이', '각시놀이', '그림자놀이'가 있다.

13 다음에서 설명하고 있는 명절에 대한 설명으로 옳지 않은 것은?

> 세종 13년(1431)에 이날은 사흘 동안 불의 사용을 금지한다는 명령이 내려진 적이 있었으며, 매년 임금은 내병조(內兵曹)에서 바친 버드나무를 마찰하여 일으킨 불을 궁중에 있는 관청과 대신 집에 나누어주는 풍습이 있었다. 또 민간에서는 설날, 단오, 추석과 함께 4대 절사(節祀)라 하여 산소로 올라가 성묘를 했는데, 그 중에서도 이날과 추석이 가장 성하여 교외로 향하는 길에 인적이 끊어지지 않았다고 한다. 한편 농가에서는 이날을 기하여 밭에 파종을 했다.

① 불을 피우지 않고 찬 음식을 먹는다는 옛 습관에서 유래한 이름으로, 그 기원은 중국 진(晉)나라의 충신 개자추(介子推)의 혼령을 위로하기 위해서이다.
② 이날 나라에서는 종묘와 각 능원에 제향하고, 민간에서는 여러 가지 주과(酒果)를 마련하여 차례를 지내고 성묘를 한다.
③ 고대문헌에 따르면 중국에서는 약초를 캐고, 재액을 예방하기 위하여 쑥으로 만든 인형·호랑이를 문에 걸었으며, 창포주·웅황주(雄黃酒)라는 약주를 마셨다.
④ 동지로부터 105일째 되는 날이다. 양력으로는 4월 5일 무렵이다.

제시문에서 설명하고 있는 명설은 한식이다.
③ 단오에 대한 설명이다.

14 종이 사이에 물감을 떨어뜨리고 종이를 접어서 눌렀다가 종이를 펴보면 대칭형의 무늬가 나타난다. 이러한 기법은?

① 프로타주
② 몽타주
③ 마블링
④ 데칼코마니

데칼코마니 … 특수 종이 위에 어떠한 무늬를 찍어 앞은 막을 이루게 한 뒤 다른 표면에 옮기는 회화기법이다. 종이 위에 물감을 칠하고 그것을 두 겹으로 접거나 다른 종이를 겹쳐 옮긴다.
① 프로타주 : 실물 위에 종이를 놓고 크레파스나 연필로 문질러 표현한다.
② 몽타주 : 실물 사진이나 달력, 그림 등을 붙여 구성한다.
③ 마블링 : 물에 유성 잉크를 떨어뜨리고 저은 후 종이를 얹어 찍어낸다.

기출 15 형식에 구애받지 않고 악상이 떠오르는 대로 작곡된 악곡은?

① 아리아
② 칸타타
③ 판타지아
④ 세레나데

판타지아 … '환상곡'이라고도 하며, 형식의 제약을 받지 아니하고 악상의 자유로운 전개에 의하여 작곡한 낭만적인 악곡을 말한다.
① **아리아** : 오페라, 오라토리오 따위에서 기악 반주가 있는 서정적인 가락의 독창곡이다.
② **칸타타** : 17세기에서 18세기까지 바로크 시대에 발전한 성악곡의 한 형식. 독창·중창·합창과 기악 반주로 이루어지며, 이야기를 구성하는 가사의 내용에 따라 세속 칸타타와 교회 칸타타로 나뉜다.
④ **세레나데** : 저녁 음악이라는 뜻으로, 밤에 연인의 집 창가에서 부르거나 연주하던 사랑의 노래. 18세기 말에 이르러 짧은 길이로 된 기악 모음곡 형태로 발달하였다.

16 시대가 다른 음악가는?

① 베토벤
② 하이든
③ 쇼팽
④ 모차르트

쇼팽 … 폴란드의 낭만주의 대표적 작곡가로 어려서부터 천재적인 재능을 보이며 약 200 곡이 넘는 곡을 작곡하였다.
①②④ 고전주의 대표 작곡가이다.

기출 17 국악의 장단을 가장 느린 것부터 순서대로 나열한 것은?

① 중모리 – 중중모리 – 자진모리 – 진양조 – 휘모리
② 중모리 – 자진모리 – 중중모리 – 휘모리 – 진양조
③ 진양조 – 중모리 – 중중모리 – 자진모리 – 휘모리
④ 진양조 – 중중모리 – 자진모리 – 중모리 – 휘모리

국악의 장단은 진양조 – 중모리 – 중중모리 – 자진모리 – 휘모리 순서로 빨라진다.

ANSWER
13.③ 14.④ 15.③ 16.③ 17.③

18 1946년에 창설된 국제 경쟁 영화제로 최고의 권위를 인정받고 있는 국제 영화제다. 2023년 영화 '아나토미 오브 어 폴'이 황금종려상을 받은 이 영화제는?

① 베니스 영화제
② 베를린 영화제
③ 모스크바 영화제
④ 칸 영화제

칸 영화제 … 1946년 프랑스 국립영화센터에서 관광휴양지인 칸(Cannes)에 설립한 국제 경쟁 영화제이다. 최고의 권위를 인정받고 있는 국제 영화제로 황금종려상, 심사위원대상, 남녀배우주연상, 감독상, 각본상 등의 경쟁부문과 주목할 만한 시선, 황금카메라상, 시네파운데이션 등 비경쟁부문으로 나누어 시상한다.

① **베니스 영화제** : 1932년 이탈리아의 베니스에서 창설된 세계에서 가장 오랜 역사를 가진 국제 영화제이다. 작품상, 남녀배우상 등이 있다.

② **베를린 영화제** : 1951년 세계의 평화와 우애를 지향하고자 창설한 국제 영화제이다. 금곰상, 은곰상 등을 시상한다.

③ **모스크바 영화제** : 1989년에 창설된 공산권 최대 규모의 영화제이다. 대상(금게오르기상), 심사위원 특별상(은게오르기상), 남녀주연상(동게오르기상) 등을 시상한다.

19 제1차 세계대전 때 유럽에서 일어난 예술운동은?

① 리리시즘
② 다다이즘
③ 포스트모더니즘
④ 모더니즘

다다이즘 … 제1차 세계대전 중 유럽의 여러 도시에서 일어난 예술운동이다. 조형예술(造形藝術)뿐만 아니라 문학 · 음악의 영역까지 포함한다. 모든 사회적 · 예술적 전통을 부정하고 반이성(反理性), 반도덕, 반예술을 표방한 예술 운동으로 후에 초현실주의에 흡수되었다.

① **리리시즘** : 예술적 표현의 서정적 · 주관적 · 개성적인 정서를 표현하고 추구하는 정신 또는 문체이다.

③ **포스트모더니즘** : 모더니즘으로부터의 단절과 지속적인 성격을 동시에 지니고 있다. 제2차 세계대전 이후 생명 등에 대한 가치관이 흔들리던 후기 자본주의 시대의 포스트모더니즘은 모더니즘의 단절만을 의미하는 것이 아니라 이질적인 요소를 서로 중첩하거나 과거의 작품에서 인용하는 등 절충주의적 경향을 보인다.

④ **모더니즘** : 제1차 세계대전 후의 근대주의, 현대주의를 의미이다.

기출 **20** 한국 인류무형문화유산에 해당하는 것이 아닌 것은?

① 제주 해녀문화
② 부채춤
③ 연등회
④ 한국의 탈춤

인류무형문화유산 … 종묘제례 및 종묘 제례악, 판소리, 강릉단오제, 강강술래, 남사당놀이, 영산재, 제주 칠머리당 영등굿, 처용무, 가곡, 대목장, 매사냥, 줄타기, 택견, 한산모시짜기, 아리랑, 김장문화, 농악, 줄다리기, 제주해녀문화, 씨름, 연등회, 한국의 탈춤이 있다. 2024년 11월에는 '한국의 장 담그기 문화'가 유네스코 인류무형문화유산에 등재될 것이 확실시 되었다.

21 세계 3대 영화제가 아닌 것은?

① 베니스 국제 영화제
② 칸 영화제
③ 베를린 국제 영화제
④ 몬트리올 국제 영화제

몬트리올 국제 영화제 … 1977년 캐나다 몬트리올에서 창설된 국제영화제로 매년 8월 말 ~ 9월 초에 일반 극영화 및 TV용 영화 등이 출품하여 경쟁을 벌인다.

※ 세계 3대 영화제
  ㉠ 베니스 국제 영화제
  ㉡ 베를린 국제 영화제
  ㉢ 칸 영화제

22 베르디의 오페라 작품이 아닌 것은?

① 나부코
② 멕베스
③ 운명의 힘
④ 피가로의 결혼

'피가로의 결혼'은 모차르트의 작품으로 이외에 '마술피리', '돈 조반니'가 있다.

※ **베르디** … 19세기 이탈리아 최고의 오페라 작곡가인 베르디(Giuseppe Verdi)는 1834년 밀라노에서 최초의 오페라 '오베르토'를 작곡, 1839년 스칼라극장에서 초연하여 성공을 거두었다. 대표작으로는 '리골렛토', '오텔로', '나부코', '아이다', '라 트라비아타', '일 트로바토레', '운명의 힘' 등이 있다.

ANSWER
18.④ 19.② 20.② 21.④ 22.④

기출 **23** 철인 3종 경기에 해당하지 않는 경기는?

① 수영
② 마라톤
③ 사이클
④ 역도

24 우리나라의 족구와 비슷한 스포츠 경기는?

① 우슈   ② 크리켓
③ 세팍타크로   ④ 바이애슬론

25 다음 중 경기 인원이 같은 종목을 모두 고르면?

㉠ 럭비   ㉡ 축구
㉢ 야구   ㉣ 크리켓
㉤ 핸드볼

---

① ㉠㉡   ② ㉡㉢
③ ㉡㉣   ④ ㉣㉤

26 다음이 설명하는 기술의 종목으로 옳은 것은?

수비의 꽃이라는 별명을 가진 이 기술은 상대 팀의 스파이크나
백어택 공격을 받아내는 것을 말한다.

---

① 배구   ② 핸드볼
③ 농구   ④ 럭비

철인 3종 경기 … 한 선수가 수영, 사이클, 마라톤의 세 가지 종목을 실시하는 경기로 인간 체력의 한계에 도전한다. 철인 3종 경기의 원어는 트라이애슬론(Triathlon)으로 세 가지 경기를 뜻하는 말이다.

① 중국의 전통 무예를 바탕으로 한 운동이다.
② 공과 배트를 이용하여 각 11명으로 구성된 2개 팀이 넓은 운동장에서 벌이는 경기이다.
④ '둘'을 뜻하는 '바이(Bi)'와 '운동경기'를 뜻하는 '애슬론(Athlon)'의 합성어로서 서로 다른 종목인 크로스컨트리 스키와 사격이 결합된 경기이다.

㉡㉣ 축구와 크리켓은 모두 11명씩 경기에 참가한다.
㉠ 럭비 : 15명(올림픽은 7명)
㉢ 야구 : 9명
㉤ 핸드볼 : 7명

디그(Dig) … 배구 경기에서 상대팀의 스파이크나 백어택 공격을 받아내는 리시브를 말하며 공의 방향이나 착지 지점을 예측하고, 몸의 유연성과 순발력을 요구하는 기술이다.

27 잔혹극에 대한 다음 설명 중 옳지 않은 것은?

① 잔혹극 이론은 1928년에 발표된 연극과 그 분신에서 기술되었다.
② 잔혹극은 아르토가 처음 사용한 용어로, 폭력과 잔인성을 인간의 본질로 파악한다.
③ 반(反)아리스토텔레스적 연극이라는 것이 잔혹극과 브레히트의 서사극의 공통점이다.
④ 잔혹극은 관객을 극 속에 완전히 몰입시켜 등장인물의 고통을 체험하게 함으로써, 관객의 내적 반향을 일으킨다.

감정 이입을 차단하고 관객으로 하여금 끊임없이 비판적으로 생각하기를 요구하는 브레히트 연극론과는 반대로, 잔혹극은 이성과 판단의 장벽을 허물기 위한 몰입연극을 성격을 가진다.

※ **잔혹극** … 과격하고 에로틱한 충동을 해방시켜 줄 수 있을 것으로 기대되는 마술과 제의에 기초를 둔 연극 개념이다. 모든 인간의 저변에 존재하는 잔혹성과 선정성을 과장시켜 보여 주고자 하며, 이를 위해 극장의 공간 활용과 관객, 배우 간의 융화, 조명, 색상, 동작, 언어 등의 면에서 급진적인 변화를 보인다.

28 인상파의 아버지로 불리는 사람의 작품은?

① 몽마르트의 거리
② 절규
③ 아비뇽의 처녀들
④ 이삭 줍는 사람들

카미유 피사로(Camille Pissarro) … 프랑스의 화가로 인상파의 아버지라고 불린다. 코로, 모네의 영향을 받아 주로 소박한 농촌 풍경을 포근한 색채를 활용하여 그렸으며 대표작으로는 '붉은 지붕', '사과를 줍는 여인들', '몽마르트의 거리', '테아트르 프랑세즈광장', '브뤼헤이 다리', '자화상' 등이 있다.

② **절규** : 1893년 에드바르트 뭉크의 작품이다.
③ **아비뇽의 처녀들** : 1907년 피카소의 작품이다.
④ **이삭 줍는 사람들** : 1857년 밀레의 작품이다.

29 조선을 상징하는 궁궐로 북악산 앞에 위치하며 근정전, 경회루, 향원정이 있는 궁궐로 조선 왕조가 세워지고 3년이 지나서 완공이 된 궁궐은?

① 창덕궁
② 덕수궁
③ 창경궁
④ 경복궁

① **창덕궁** : 북한산 매봉 기슭에 있으며 조선왕조의 이궁으로 지어진 궁궐이다.
② **덕수궁** : 석조전과 중화문, 중화전이 있는 궁궐로 임진왜란 때 선조가 머문 궁궐 중에 하나이다.
③ **창경궁** : 경복궁, 창덕궁에 이어 지어진 궁궐로 명정전, 경춘전이 있으며 동궐로 불리었다.

30 다음 내용이 가리키는 영화 용어는?

> 이것은 연극에서 빌려온 용어로 화면의 배경, 인물, 인물의 분장, 의상, 배치 등을 연출하는 작업을 말한다.

① 셋업(Set Up)
② 미장센(Mise en scene)
③ 시주라(Caesura)
④ 콘티뉴이티(Continuity)

미장센(Mise en scene) ⋯ 본래 연출을 의미하며 연극 공연에서는 서사를 효과적으로 전달하기 위해 사용하는 연출기법을 말한다.
① 셋업(Set Up) : 영화의 각 쇼트를 준비하는 과정이다.
③ 시주라(Caesura) : 리드미컬한 단절을 말한다.
④ 콘티뉴이티(Continuity) : 작품의 의도를 분명히 하기 위해 영화의 일부분과 아이디어를 발전시키고 구조화하는 것을 가리킨다.

31 몽타주이론을 개발하여 세계영화사에 불후의 명작을 남긴 에이젠슈타인의 작품이 아닌 것은?

① 전함 포템킨
② 아시아의 폭풍
③ 옛 것과 새 것
④ 세계를 놀라게 한 10일

'아시아의 폭풍'은 푸도프킨의 작품이다.
※ 에이젠슈타인(S.M. Eizenshtein) ⋯ 구소련의 영화감독이며 영화이론가로 1925년 '스트라이크' 발표 후 몽타주이론을 실천하여 '전함 포템킨', '옛 것과 새 것'을 발표함으로써 소련영화의 황금기를 구축하였다.

32 기존 영화산업을 지탱하는 유명 감독이나 배우, 막대한 자본을 투입하여 매우 큰 규모로 제작하는 영화는?

① 크리핑업
② 텐트폴
③ 샤워효과
④ 슬리퍼히트

① 크리핑업 : 비장애인 배우가 장애인 연기를 하는 것을 의미한다.
③ 샤워효과 : 위층에 고객을 유인해 소비자들이 몰리면 아래층 매장에도 영향을 미쳐 매출이 상승하는 효과를 의미한다.
④ 슬리퍼히트 : 흥행이 전혀 기대되지 않던 영화가 모두의 예상을 깨고 흥행에 성공하는 경우를 의미한다.

33 인생과 노력은 본질적으로 비논리적인 것이며, 언어는 전달의 수단으로서는 부적합한 것이므로 인간의 유일한 피난처는 웃음 속에 있다는 가정에 근거한 연극사조는?

① 부조리극
② 반(反)연극
③ 초현실주의
④ 다다이즘

부조리극 … 1950 ~ 1960년대에 크게 유행하여 연극의 큰 흐름으로 자리 잡은 희곡의 형태로, 사무엘 베케트, 이오네스코 아다모프 등이 대표 작가이다. 주제의 부조리함뿐만 아니라 극의 구성 자체가 부조리한 것이다. 전통적 극의 조리라고 할 수 있는 연속적 플롯, 희곡의 특색을 이루는 성격의 발현, 합리적 언어가 무시된다. 등장인물 자체가 불합리하고도 비논리적으로 자신의 성격을 변모시키며, 행동양식은 애매모호한 상태로 남겨진다. 산울림극단에서 공연했던 '고도를 기다리며'가 대표적인 작품이다.

② 반(反)연극 : 1950년 이후 프랑스에서 나타난 전위적인 연극 운동으로, 연극적 환상의 원리를 부정하는 극작술 및 연기 스타일을 가리킨다. 플롯과 등장인물의 성격에 일관성을 지켜야 한다는 기존 연극의 원칙을 무시하고 황당무계한 이야기와 인간 내면에 깃든 허무와 불안을 추구한다.

③ 초현실주의 : 1920년대 사조로, 프로이트의 정신분석의 영향을 받아 무의식의 세계 혹은 꿈의 세계 표현을 지향한다.

④ 다다이즘 : 전통적인 것을 부정하고 허무, 혼란, 무질서함을 그대로 표현하려는 과도기적 사상이다.

34 마당극의 특성으로 옳지 않은 것은?

① 은폐되고 왜곡된 진실을 파헤치고 널리 알리는데 1차적 목표를 두었다.
② 지배적인 대중매체에 대항하는 소규모의 민중적 매체의 성격과 기능을 가졌다.
③ 서구 연극의 기법을 일체 배제하고 전통 연희의 기법과 구조를 원용하였다.
④ 배우와 관객이 자유로이 교감하는 개방적 연극이다.

마당극 … 1970년대 우리 사회·문화 저변에 팽배해 있던 상업주의·배금주의·소시민주의·문화적 사대주의 등에 대한 비판적 저항으로 대두하였다. 사회비판적이고 현실고발적인 내용을 담고 있으며, 연희자와 관중이 분리되지 않고 한마당에서 같이 호흡할 수 있다는 것이 특징이다.

35 경기 전반전과 후반전 사이에 주어지는 휴식시간을 무엇이라고 하는가?

① 하프타임
② 쿼터타임
③ 인터미션
④ 타임아웃

하프타임 … 경기 전반전과 후반전 사이에 있는 휴식시간을 말한다.
② 쿼터타임 : 농구, 미식축구 등의 경기에서 한 쿼터가 끝날 때 가지는 짧은 휴식 시간을 말한다.
③ 인터미션 : 연극, 콘서트 등 공연 중간에 가지는 휴식 시간을 말한다.
④ 타임아웃 : 코치나 선수가 경기를 잠시 중단시키기 위해 요청하는 휴식 시간을 말한다.

36 우리 농촌의 민속놀이인 사물놀이에 쓰이는 악기가 아닌 것은?

① 꽹과리
② 징
③ 북
④ 피리

사물놀이 … 꽹과리, 장구, 북, 징을 치며 노는 농촌의 민속놀이로 꽹과리는 별, 장구는 인간, 북은 달, 징은 해에 해당한다.

37 판소리는 극적 구성을 갖춘 성악곡으로, 다음 설명 중 사실과 다른 것은?

① 조선 중엽에 시작되었으며 후에 지역에 따라 동편제, 서편제, 중편제로 구별되어 오늘날에 이르고 있다.
② 발림을 섞어 가며, 북 장단에 맞추어 소리와 아니리로 표현한다.
③ 고수나 청중이 '얼씨구 좋다', '그렇지' 등의 소리를 내어 흥을 돋우는 것을 추임새라고 한다.
④ 판소리를 부르기 전에 목을 풀고 소리판의 분위기를 돋우기 위해 부르는 짧은 노래를 선소리라고 한다.

판소리는 지역, 창법, 조(調)의 구성에 따라 동편제, 서편제, 중고제의 세 유파로 분류한다.

38 고흐의 작품으로 옳지 않은 것은?

①  ②

③  ④

알리스캉 풍경 ··· 프랑스 화가 폴 고갱의 작품으로, 반 고흐의 부탁으로 아를 지방에 머물던 두 달 동안 그린 열다섯 점의 작품들 중 초기 작품에 속한다. 알리스캉은 오래된 도시 아를에서 가장 유명한 장소 중 한 곳이었다. 가을 느낌의 색으로 물든 오솔길의 끝에는 로마네스크 양식으로 지어진 생토노라 교회의 옥상 누각이 서있고, 이 교회 쪽을 향해 운하의 물줄기와 줄지어 선 나무들이 뻗어 있다. 작품의 중앙에는 어두운 색의 단정한 옷을 입고 있는 아를 지방 여인들의 작은 실루엣이 보이는데, 1888년 12월 4일경에 반 고흐의 동생 테오에게 이 작품을 보낼 때 '풍경, 또는 비너스 신전의 삼미신'라는 반어적인 제목을 붙여 이 여인들에 대해서 설명하기도 했다.
① 별이 빛나는 밤
② 마차가 지나가는 도개교
③ 해바라기

39 아르누보에 대한 설명으로 옳은 것은?

① 19세기 말 최고조에 달했던 서정성이 강한 예술의 표현운동이다.
② 세상에 실망하여 염세적이고 비관적인 주의를 말한다.
③ 전통적인 기법이나 제재를 타파하고 새로운 것을 찾자는 초현실주의 예술운동이다.
④ 프랑스에서 아카데미즘에 반대하는 화가들에 의해 개최되어 온 자유출품제로, 심사도 시상도 하지 않는 미술전람회를 말한다.

아르누보(Art Nouveau) ··· '신(新) 미술'이라는 뜻으로, 19세기 말 ~ 20세기 초에 걸쳐 유럽에서 개화한 예술운동으로, 전통으로부터의 이탈과 새 양식의 창조를 지향하여 자연주의, 자발성, 단순성, 기술적인 완전을 이상으로 한다.
② 페시미즘(Pessimism)
③ 초현실주의(Surrealism)
④ 앙데팡당(Independant)

40 17세기 근대국가와 근대과학이 생성될 시기에 '인간은 스스로 사회를 형성하고, 자신의 운명을 개척할 수 있다'는 자각과 더불어 나타났던 예술양식으로서 건축물로는 베르사유 궁전, 음악가로는 바흐와 헨델을 가리키는 조류는?

① 로코코
② 바로크
③ 고딕
④ 르네상스

바로크 … 16세기 말부터 18세기 중엽에 걸쳐 유럽에서 유행한 예술 양식으로 르네상스 양식에 비하여 파격적이고, 감각적 효과를 노린 동적인 표현이 특징적이다. 좁게는 극적인 공간 표현, 축선(軸線)의 강조, 풍부한 장식 따위를 특색으로 하는 건축을 이르지만, 격심한 정서 표현을 가진 동시대의 미술, 문학, 음악의 경향을 총칭하는 용어로 사용한다. 대표적 건축물로는 베르사유 궁전, 음악가로는 헨델과 바흐, 미술가로는 렘브란트와 루벤스 등을 들 수 있다.

① 로코코 : 18세기 유럽에서 유행했던 장식의 양식이다. 바로크 양식에 이어 신고전주의보다 앞선 양식으로 당시의 건축, 조각, 회화, 공예 등 미술전체에 널리 걸친 양식을 가리킨다.
③ 고딕 : 12세기 후반부터 15세기에 걸쳐 전 유럽으로 퍼져 나간 중세 미술 양식이다.
④ 르네상스 : 14세기부터 16세기 서유럽에 나타난 문화운동으로 학문 또는 예술의 재생·부활이라는 의미를 가지고 있다.

41 산세나 수목, 산석(山石)을 그릴 때 그 주류를 이루는 골격과 결, 주름 등을 표현하는 데 중점을 둔 동양화의 화법은?

① 발묵법(潑墨法)
② 백묘법(白描法)
③ 준법(皴法)
④ 몰골법(沒骨法)

준법(皴法) … 동양화에서 산애(山崖), 암석의 굴곡 등의 주름을 그리는 화법으로 일종의 동양적 음영법(陰影法)이라고 할 수 있다.

① 발묵법(潑墨法) : 엷은 먹으로 대략 그린 다음 그 위에 짙은 먹으로 그림을 분해하고 화면을 채워가며 대담한 필치로 그리는 수법이다.
② 백묘법(白描法) : 윤곽선으로 형태를 그리지 않고 대상의 형·명암·색채 등을 직접 폭이 있는 수묵 또는 채색의 면으로 그리는 수법이다.
④ 몰골법(沒骨法) : 채색화의 밑그림 또는 묵선만으로 그리는 수법이다.

기출 **42** 세계 3대 교향곡에 해당하지 않는 것은?

① 슈베르트 – 미완성 교향곡
② 차이코프스키 – 비창
③ 드보르작 – 신세계 교향곡
④ 베토벤 – 운명

세계 3대 교향곡 … 베토벤의 '운명', 슈베르트의 '미완성 교향곡', 차이코프스키의 '비창'

43 '사랑스럽고 우아하게'라는 뜻의 음악용어는?

① dolce
② cantabile
③ brillante
④ grazioso

① dolce : 부드럽게
② cantabile : 노래하듯이
③ brillante : 화려하게
※ 나타냄말 … 곡의 전체 혹은 일부의 성격이나 표정을 표시하기 위해 사용하는 여러 가지 말이다.

44 아리아 '별은 빛나건만'이 삽입된 오페라는?

① 푸치니의 토스카
② 모차르트의 돈 조반니
③ 베르디의 아이다
④ 비제의 카르멘

② 돈 조반니 : '카탈로그의 노래', '창가로 오라 그대여' 등이 있다.
③ 아이다 : '청아한 아이다', '이기고 돌아오라' 등이 있다.
④ 카르멘 : '하바네라', '꽃노래' 등이 있다.
※ 별은 빛나건만(E Lucevan Le Stelle) … '오묘한 조화', '노래에 살고 사랑에 살고' 등과 함께 푸치니의 오페라 토스카의 주요 아리아 중 하나이다.

45 사물이나 사람의 성격을 과장하여 풍자적으로 그린 희극적 만화, 풍자화를 무엇이라 하는가?

① 크로키
② 콜라주
③ 테라코타
④ 캐리커쳐

캐리커쳐 … 사람 또는 사물을 과장하되 풍자적이고 희극적으로 표현한 만화, 풍자화, 회화 등을 말한다. 프란시스코 고야, 오노레 도미에 등이 유명하다.
① 크로키 : 움직이고 있는 대상의 한 순간을 짧은 시간에 재빨리 그리는 것을 말한다.
② 콜라주 : 종이조각, 헝겊, 실, 성냥개비, 나뭇잎, 철사 등을 화면에 붙여 특수한 효과를 노리는 기법을 말한다.
③ 테라코타 : 점토를 구워서 만든 도기를 말한다.

ANSWER
40.② 41.③ 42.③ 43.④ 44.① 45.④

46 다음 설명 중 옳지 않은 것은?

① 헨델의 구세주, 하이든의 천지창조는 오라토리오이다.
② 세계 3대 바이올린 협주곡의 작곡가는 베토벤, 차이코프스키, 멘델스존이다.
③ 피아노 4중주는 피아노, 바이올린, 비올라, 첼로로 구성된다.
④ 악곡의 빠르기는 비바체, 렌토, 아다지오, 라르고 순이다.

세계 3대 바이올린 협주곡의 작곡가는 베토벤, 멘델스존, 브람스이다.

※ **차이코프스키**(Peter I. Chaikovskii) … 러시아 작곡가로 서구적 기법과 민족주의, 낭만주의 사상의 결합에 힘썼다. '이탈리아 기상곡', '예브게니 오네긴', '스페이드 여왕', '백조의 호수', '잠자는 숲속의 미녀', '호두까기 인형' 등이 있는데 특히 '백조의 호수', '잠자는 숲속의 미녀', '호두까기 인형'은 그의 3대 발레 작품으로 꼽힌다.

47 16 ~ 18세기 바로크시대에 변성기를 거치지 않고 소프라노 목소리로 노래했던 거세된 성인남자 성악가를 의미하는 용어는?

① 파리넬리
② 카운터테너
③ 카스트라토
④ 테너

카스트라토 … 여성이 무대에 설 수 없었던 18세기 바로크시대의 오페라에서 여성의 음역을 노래한 남성 가수이다. 3옥타브 반의 목소리를 낸 그들은 이를 위해 변성기 전인 소년 시절에 거세당하였다.
① **파리넬리** : 18세기 이탈리아의 유명한 카스트라토이다.
② **카운터테너** : 테너를 넘어선 남성의 성악 음역 또는 가성으로 소프라노의 음역을 구사하는 남성 성악가를 말한다.
③ **테너** : 남성의 음역 중 가장 높은 음역이다.

48 파리 출생으로 미켈란젤로의 영향을 받아 '청동시대', '칼레의 시민', '지옥문' 등의 조각품을 남긴 근대조각의 아버지는?

① 로댕
② 부르델
③ 에펠
④ 마욜

오귀스트 로댕 … 1840년 프랑스 파리에서 태어났으며 근대조각의 시조로 불린다. 주요 작품으로는 '지옥문', '청동시대', '생각하는 사람' 등이 있다.
② **앙투안 부르델** : 프랑스의 조각가로 고전의 재생을 추구하여 고대조각에서 조각미를 탐구였다. '활을 쏘는 헤라클레스', '알자스의 성모자' 등의 작품을 남겼다.
③ **구스타프 에펠** : 프랑스의 에펠탑을 건립한 건축가이다.
④ **아리스티드 마욜** : 프랑스의 조각가로 '나부상(裸婦像)'이 유명하다.

49 입체파(Cubism)와 관련이 없는 것은?

① 대표 작가는 피카소, 브라크, 레제 등이다.
② 다양한 시점에서 바라본 형태가 공존하기도 한다.
③ '자연을 원축, 원통, 구(球)로 파악한다'는 세잔느의 말이 입체파의 계시가 되었다.
④ 입체파 화가들의 폭발적인 색채감각이 현대추상운동을 이끌었다.

큐비즘(Cubism)의 색채경시의 경향을 문제삼아 다채로운 색을 동시적 존재로 바꾼 것이 들로네의 오르피즘(Orphism)이며, 그의 이론이 마케, 마르케, 클레를 중심으로 한 청기사 운동에 영향을 미쳤다.

50 판소리에서 창자(唱者)가 극적인 전개를 보충설명하기 위하여, 대목과 대목 사이에 가락을 붙이지 않고 말하듯 사설을 엮어가는 것은?

① 아니리
② 시나위
③ 추임새
④ 발림

② 시나위 : 전라도 무악계의 기악곡으로, 일명 신방곡(神房曲)이라고도 한다.
③ 추임새 : 판소리에서 창(唱)의 사이사이에 고수가 흥을 돋우기 위하여 삽입하는 소리이다.
④ 발림 : 판소리에서 창자(唱者)가 소리의 극적인 전개를 돕기 위한 몸짓·손짓을 말한다.

51 '러브게임'은 어떤 스포츠 경기에서 사용하는 용어인가?

① 승마
② 테니스
③ 농구
④ 수영

러브게임(Love Game) … 테니스에서 어느 한 쪽이 1점도 얻지 못한 게임을 말한다. 즉, 4포인트를 연속으로 내준 게임을 일컫는 말이다.

52 다음 내용 중 옳지 않은 것은?

① 농구에서 트리플 더블은 한 경기를 통해 득점, 리바운드, 어시스트, 가로채기, 슛, 블로킹 가운데 3부분에서 두 자리 수 이상의 숫자를 동시에 기록한 것이다.

② 1998년 방콕 아시안게임과 2000년 시드니 올림픽에서 태권도는 정식종목으로 채택되었다.

③ 배구와 축구에서 리베로(Libero)는 수비만 전담하는 선수로 공격에는 가담할 수 없다.

④ 1998년 방콕 아시안게임에서 '한 국가가 동일 종목의 금·은·동메달을 모두 차지할 수 없다'는 아시아올림픽평의회(OCA)의 규정으로 피해를 본 종목은 양궁, 볼링이다.

> 리베로(Libero) ··· 수비수이면서 공격에도 적극 가담하는 선수로 이탈리아어로 '자유인'이라는 뜻이다. 중앙 수비수이지만 공격을 전개할 때 전진하여 중거리 슈팅이나 패스로 공격력에 도움을 주는 선수를 말한다.

53 IOC가 규정하고 있는 올림픽 참가 선수들의 금기약물이 아닌 것은?

① 이뇨제   ② 정신안정제

③ 항생제   ④ 흥분제

> 도핑테스트(Doping Test) ··· 운동선수가 경기 전에 흥분제나 자극제 등을 복용했는지의 여부를 검사하는 것으로 항생제는 이에 해당하지 않는다.

54 피겨스케이팅에서 전진하면서 점프를 뛰어 다른 점프보다 0.5회전을 더해 총 세 바퀴 반을 회전하는 점프를 일컫는 용어는?

① 트리플 액셀   ② 더블 액셀

③ 트리플 러츠   ④ 트리플 토룹

> 피겨스케이팅에서 점프는 토룹, 살코, 룹, 플립, 럿츠, 액셀로 구분된다. 이 중 액셀은 나머지 점프와 다르게 앞으로 나아가며 점프를 뛰어 반 바퀴를 더 돈다.

55 테니스의 4대 메이저 대회가 아닌 것은?

① 윔블던   ② 프랑스오픈

③ 캐나다오픈   ④ 호주오픈

> 테니스의 4대 메이저 대회 ··· 영국의 윔블던, 프랑스의 프랑스오픈, 미국의 US오픈, 호주의 호주오픈으로 그 해에 열리는 이 대회에서 모두 우승했을 경우 그랜드 슬램을 달성했다고 말한다.

기출 56 야구에서 사용하는 '핫코너(hot corner)'라는 용어는 어디를 지칭하는가?

① 1루
② 2루
③ 3루
④ 불펜(Bull Pen)

57 국제올림픽위원회의 약칭으로 옳은 것은?

① FIFA
② IOC
③ OCC
④ NOC

58 오륜기에 대한 설명으로 옳은 것은?

① 근대 5종 경기와 관련된 역사적 기원
② 인류 평화와 인종 차별 금지
③ 5대륙의 결속과 전 세계 선수들의 만남
④ 페어플레이를 다짐하는 선수들의 약속

59 골프에서 사용하는 용어가 아닌 것은?

① 발리
② 더블 보기
③ 이븐파
④ 홀인원

핫코너(Hot Corner) … 강하고 불규칙한 타구가 많이 날아와 수비하기가 까다로운 3루에 붙은 이름이다.
④ 불펜(Bull Pen) : 시합 중 구원투수가 경기에 나가기 전에 준비운동을 하는 곳을 말한다.

국제올림픽위원회 … 1894년 파리에서 쿠베르탱에 의해 창설된 올림픽 주최 위원회로 Interna tional Olympic Committee의 약칭인 IOC로 부른다.
① FIFA : 국제축구연맹(Fédération Internationale de Football Association)의 약칭이다.
③ CCC : Computer Control Communication의 약칭으로 이메일, P2P, FTP, 그리고 이외의 메시징 트래픽에 포함되어 내부로부터 유출되는 콘텐츠를 감시하고 암호화, 필터링 및 차단 기능을 제공한다.
④ NOC : 국가올림픽위원회(National Olympics Committee)의 약칭이다.

오륜기 … 흰 바탕에 왼쪽부터 파랑, 노랑, 검정, 초록, 빨강의 5색 고리를 위 3개, 아래 2개로 엮은 모양이다. 동그란 5개의 고리는 5개의 대륙을 상징하며 전 세계 선수의 만남과 어울림을 의미한다.

발리 … 상대방이 친 볼이 땅에 떨어지기 전에 쳐서 보내는 노바운드 리턴을 말하는 테니스 용어이다.
② 더블보기 : 파보다 2차 많은 타수로 홀아웃 한 경우를 말한다.
③ 이븐파 : 코스의 규정타수(표준타수)와 같은 타수로 경기를 마치는 것을 말한다.
④ 홀인원 : 1타로 홀컵에 볼을 넣은 경우이다.

60 미국 프로미식축구 NFC 우승팀과 AFC 우승팀이 겨루는 챔피언 결정전을 의미하는 용어는?

① 파이널라운드
② 슈퍼볼
③ 챔피언스리그
④ 올라운드컵

슈퍼볼 … 매년 1월 말에서 2월 초의 일요일에 열리는 날을 슈퍼선데이(Super Sun day)라고 부르며, 매년 시청률 70% 이상을 기록한다. 슈퍼볼에서 NFC 소속이 이기면 그해 증권시장이 호황이고, AFC 소속이 이기면 약세장이 된다는 슈퍼볼 징크스까지 거론될 정도로 큰 관심을 모으는 스포츠이다.

61 테니스, 골프 등에서 프로뿐만 아니라 아마추어에게도 문호를 개방하여 프로와 아마추어가 함께 기량을 겨룰 수 있도록 하는 게임은?

① 콜드게임
② 스킨스게임
③ 매치플레이
④ 오픈게임

오픈게임 … 테니스나 골프 등에서 아마추어와 프로가 함께 출전하는 선수권대회이다. 골프는 1860년 제2회 전영선수권대회 때부터 실시하였으며, 테니스는 1968년 전영선수권대회 때부터 실시하였다.
① 콜드게임 : 경기 도중 심판에 의해 종료되는 게임을 말한다.
② 스킨스게임 : 골프 변형 경기방식 중 하나로 총타수로 순위를 가리는 스트로크 방식과는 달리 각 홀에서 1위를 한 선수가 각 홀에 걸린 상금을 획득하는 경기이다.
③ 매치플레이 : 18홀 가운데 1홀마다 승부를 정하여 먼저 10홀을 이긴 쪽이 승리하는 골프 경기 방식이다.

62 우리나라 전통경기인 씨름에서 공식적으로 채택하고 있는 샅바방식은?

① 오른쪽 다리에 샅바 고리를 매는 오른샅바 방식이다.
② 왼쪽 다리에 샅바 고리를 매는 왼샅바 방식을 채택하고 있다.
③ 영남에선 왼샅바를, 호남에선 오른샅바를 사용하고 있다.
④ 대회 때마다 주최 측이 지방의 특성을 고려하여 결정한다.

우리나라는 1962년에 씨름의 경기방식을 왼씨름으로 통일했다. 왼씨름이란 샅바를 오른쪽 다리에 걸며 오른손으로 상대의 허리샅바, 왼손으로 오른쪽 다리의 샅바를 잡는 것을 말한다.

63 세계에서 가장 권위 있는 독립 영화제는?

① 로카르노 국제 영화제
② 선댄스 영화제
③ 낭트 3대륙 영화제
④ 몬트리올 영화제

선댄스 영화제 … 세계에서 가장 권위 있는 영화제로써 1984년 미국의 감독 겸 명배우 로버트 레드포드가 할리우드의 상업주의에 반발하여 독립영화 제작에 활기를 불어넣기 위하여 설립하였다.

① 로카르노 국제 영화제 : 스위스 로카르노 시에서 1949년 창설된 신인영화제로 2편 이내의 영화를 만든 신인 감독을 대상으로 매년 8월경에 열린다. 스위스영화협회가 주관하는 이 영화제의 시상 부문은 금표범상, 은표범상, 동표범상, Ernest Artaria 기념상, 심사위원 특별상 등 5개 부문이다.

③ 낭트 3대륙 영화제 : 1979년 프랑스 낭트에서 창설된 국제영화제로 아시아, 아프리카, 남미의 3대륙 영화제라 할 만큼 제3세계 영화 소개에 치중하며 매년 11월 말 ～ 12월 초 개최한다.

④ 몬트리올 영화제 : 1977년 캐나다 몬트리올에서 창설된 국제영화제로 매년 8월 말 ～ 9월 초에 일반 극영화 및 TV용 영화 등이 출품하여 경쟁을 벌인다.

64 스포츠 용어 중 설명이 잘못된 것은?

① 역도 용상종목에서 클린동작이란 바벨을 어깨높이에서 머리 위로 두 팔을 뻗어 들어 올리는 것을 말한다.
② 사이클경기에서 데드히트(Dead Heat)란 동시도착을 말한다.
③ 배드민턴에서 하이클리어란 상대방을 향해 높고 길게 쳐 보내는 기술을 말한다.
④ 아이스하키에서 아이싱이란 센터라인을 넘기 전에 패스되거나 쳐내진 퍽이 그 어느 선수에게도 닿지 않고 골라인을 통과했을 경우를 말한다.

용상 … 바벨을 어깨높이까지 들어 올린 뒤 재빨리 손을 뒤집어 가슴 위에 멈추는 1차 클린동작과 이를 무릎과 허리의 힘을 이용해 머리 위로 들어 올리는 저크 두 동작으로 나뉜다.

65 그래미 어워드에서 수상하지 않은 것은?

① 다이너마이트
② 그림자 없는 여인
③ 엘머 갠트리
④ 베스퍼스 : 올 나이트 비질

그래미 어워드 ⋯ 전 미국 레코드 예술과학 아카데미에서 주최하는 음반계 최고 권위의 상이다. 최근 방탄소년단(BTS)은 타이틀곡 '다이너마이트'로 단독 공연을 진행한 바 있다. 아시아 가수 최초 그래미 노미네이트라는 쾌거를 이루었지만 수상은 하지 못하였다.
② 조수미는 리하르트 슈트라우스의 '그림자 없는 여인'으로 그래미 어워드 클래식 부문 최고 음반상을 수상한 바 있다.
③④ 황병준 음반 엔지니어는 '엘머 갠트리'로 그래미 클래식 부문 최고 기술상과 '베스퍼스 : 올 나이트 비잘'로 최우수 합창 퍼포먼스 부문을 수상한 바 있다.

66 축구장에서 난동을 부리는 무리를 일컫는 용어는?

① 훌리건
② 데드히트
③ 스크린 플레이
④ 서든데스

훌리건 ⋯ 1960년대 초 영국보수당 정권하에서 사회복지 축소, 빈부격차 심화에 반발한 실업자와 빈민층이 그 울분을 축구장에서 폭발시켜 난동을 부리는 일이 잦아지면서 이들을 지칭하는 용어로 사용되기 시작했다. 1980년대에 들어서는 훌리건들의 난동은 더욱 격렬해졌고, 원정 팬들은 무리를 지어 다니며 상대 팬들을 공격하거나 경기장 근처의 거리를 활보하고 기물들을 마구 파괴하여 하나의 사회문제로 대두되기 시작하였다.
② 데드히트 : 일반적으로 승패를 가리기 어려운 대접전을 말한다.
③ 스크린 플레이 : 축구에서는 상대방을 가로막으면서 행하는 공격을 말한다.
④ 서든데스 : 월드컵에서 시간 내 승부가 나지 않을 경우 연장전에서 선취골을 넣는 팀이 승리하는 제도를 말한다.

67 2028년 하계 올림픽 개최 예정지로 옳은 것은?

① 파리
② LA
③ 도쿄
④ 밀라노

하계 · 동계 올림픽 개최 예정지

구분	연도	개최 예정지
하계	2028	미국 LA
동계	2026	이탈리아 밀라노, 코르티나담페초

기출 **68** 2026년 개막 예정인 밀라노 코르티나 동계 올림픽에서 신규 종목으로 채택된 것은?

① 바이애슬론   ② 봅슬레이
③ 컬링   ④ 산악스키

밀라노 코르티나 동계 올림픽 … 사상 처음으로 둘 이상의 도시에서 열리는 동계 올림픽으로, 이탈리아는 2026년 동계 올림픽으로 3번의 올림픽을 유치했다. 2026 동계 올림픽에서는 스키와 등반을 결합한 레포츠인 산악스키를 신규 종목으로 채택했으며, 남녀 스프린트, 남녀 개인, 혼성 계주의 다섯 개 부문으로 나뉜다.

69 장애가 있는 환자를 치유하기 위해 행하는 심리극은?

① 모노드라마
② 전위극
③ 팬터마임
④ 사이코드라마

사이코드라마(Psychodrama) … 루마니아 정신과의사 J.L. 모레노가 창시한 심리요법으로, 비슷한 유형의 환자를 연극에 출연시켜 그 속에서 환자의 심리가 자연스럽게 표현되도록 유도함으로써 환자를 분석·치료한다. 사이코드라마는 극의 주제가 개인적인 문제일 때만을 이르며 공적인 문제를 주제로 할 때는 소시오드라마라고 한다.

※ **소시오드라마**(Sociodrama) … 미국의 정신병리학자 모레노가 개인의 사회적 부적응을 치료하기 위해 고안해 낸 즉흥극이다. 사회·문화적 문제를 주제로 하여 감독이 정해준 극의 테두리 내에서 연기자가 자발적·즉흥적으로 극에 참여한다.

70 다음에서 설명하는 예술운동은?

> 1950년대에 영국에서 일어나 1960년대 이후 미국에서 확산된 현대미술의 조류로 일명 뉴리얼리즘(신사실주의)이라고 불리며, 포스터·만화·전기제품·자동차 등 대량소비시대의 환경을 묘사한다. 이러한 몰개성적이고 상업적인 사물에 파묻힌 현실을 즐거이 받아들여, 풍자와는 또 다른 '중립적인 공허감'을 표현한 예술운동이다.

① Pop Art   ② Urban Art
③ Anticultural Art   ④ Cultural Art

Pop Art(팝아트) … 파퓰러 아트(Popular Art)를 줄인 말로서, 1960년대 뉴욕을 중심으로 일어난 미술의 경향이다. 그 시초는 매스미디어에 주목한 리차드 해밀튼 등의 영국작가였으나, 반(反)예술적인 지향이라는 취지 아래 신문의 만화, 상업디자인, 영화의 스틸(Still), TV 등 대중사회에 있어서 매스미디어의 이미지를 적극적으로 주제 심은 것은 뉴욕의 팝 아티스트들이다. 자스퍼 존스, 라우센버그를 선구자로 하고, 리히텐스타인, 워홀, 올덴버그, 로젠퀴스트 등이 대표적이다.

71 브로드웨이 연극을 대상으로 시상하는 '연극의 아카데미상'이라 불리는 상은?

① 에미상
② 골든글러브상
③ 토니상
④ 템플턴상

72 '한국은 보신탕을 먹는 나라이므로 우리는 한국을 방문하지 말아야 한다'라는 말에서 나타나는 문화를 보는 관점과 이를 바꾸어 줄 수 있는 관점이 바르게 연결된 것은?

① 자문화 중심주의 – 문화 상대주의
② 문화적 제국주의 – 자문화 중심주의
③ 문화적 사대주의 – 문화 상대주의
④ 문화적 사대주의 – 문화적 제국주의

기출 **73** 안견의 '몽유도원도'에 관한 설명으로 옳은 것은?

① 동양화의 화제로 매화, 대나무, 국화와 난초를 사용한다.
② 대형 화폭에 그림을 그려 벽이나 틀에 걸어 설치한 이동식 벽화이다.
③ 안평대군의 부탁을 받아 그의 꿈 이야기를 듣고 그린 것이다.
④ 특수 종이에 얇은 막을 이루게 한 뒤 다른 표면에 옮기는 회화기법이 사용되었다.

1447년에 그려진 화가 안견(安堅)의 산수화이다. 안평대원이 꿈에 도원에서 노닐며 보았던 광경을 완견에게 말하여 그리게 한 것으로 왼편의 현실세계와 오른편의 도원세계가 조화를 이루고 있다.
① 사군자에 관한 설명이다.
② 걸개그림에 관한 설명이다.
④ 데칼코마니에 관한 설명이다.

74 사진촬영기법을 표현하는 말이 아닌 것은?

① 패닝
② 블러링
③ 닷징
④ 줌밍

닷징(Dodging) … 인화할 때 확대기에서 나오는 빛을 가림으로써 기대할 수 있는 인화기법이다.
① 패닝(Panning) : 좌우로 속도를 가진 피사체를 따라가면서 찍는 촬영기법이다.
② 블러링(Bluring) : 셔터 스피드가 느림에서 오는 떨림 현상이다.
④ 줌밍(Zooming) : 초점거리 변화로 일어나는 피사체의 상이 큰 데에서 작은 데로, 반대로 작은 데에서 큰 데로 나타나는 현상이다.

75 혼성 4부 합창의 구성은?

① 소프라노, 알토, 테너, 바리톤
② 소프라노, 알토, 테너, 베이스
③ 알토, 테너, 베이스, 바리톤
④ 소프라노, 알토, 바리톤, 베이스

합창의 구성

구분	종류	구분	종류
여성 2부 합창	소프라노, 알토	여성 3부 합창	소프라노, 메조소프라노, 알토
남성 2부 합창	테너, 베이스	남성 3부 합창	테너, 바리톤, 베이스
혼성 3부 합창	소프라노, 알토(테너), 베이스	혼성 4부 합창	소프라노, 알토, 테너, 베이스

PART

02

한국사

본 PART의 구성

한국사 학습 TIP

공기업 및 공공기관 시험에서는 일반상식과 함께 한국사가 포함되어 출제되는 경우가 많습니다. 이때 한국사는 고난도 문제보다는 기본적인 시대 흐름의 파악이 중요합니다. 주로 시대별 정치, 경제 정책, 축제, 유물 등에 대한 지식과 왕의 업적, 사건의 발생 순서 등 시대 순으로 일어난 사건과 인물을 묻는 경우가 많습니다. 따라서, 한국사의 기본적인 시대별 흐름을 명확하게 이해하고 파악하는 것이 중요하며 좋은 점수를 받는 데 도움이 됩니다.

선사 시대의 문화와 국가의 형성

회독 | 1 | 2 | 3 | 정답 수 | 개 / 24개 |

---

1 밑줄 친 내용에 해당하는 것으로 옳은 것은?

 이 토기는 바깥 면에 무늬가 없기 때문에 원시무문토기(原始無文土器)라고도 한다. 토기의 표면은 강석이나 석영이 섞여 있는 흙을 사용하여 거칠고, 밑바닥은 평평하거나 뾰족한 모양을 띠고 있다. 우리나라에서는 가장 이른 시기에 제작된 토기로 추정된다. 부산 동삼동 유적, 함경북도 굴포리 유적 등에서 발견되었고, 해당 토기를 통해 당시의 생활상을 살펴볼 수 있다.

① 일부 저습지에서는 논농사가 시작되었다.

② 계급이 출현하였고 고인돌이 제작되었다.

③ 정착 생활과 농경이 시작되었다.

④ 주먹도끼와 슴베찌르개와 같은 도구가 사용되었다.

해당 유물은 신석기 시대에 제작된 이른 민무늬토기이다. 이 토기는 빗살무늬 토기보다 이른 시기에 제작되었으며 음식을 조리하거나 저장하기 위한 용도로 제작되었을 것이라 추정한다.
①② 청동기 시대이다.
④ 구석기 시대이다.

다음에서 제시한 유적지에 해당하는 시대에 관한 설명 중 적절하지 않은 것은?

> • 상원 검은모루 유적
> • 연천 전곡리 유적
> • 단양 수양개 유적
> • 공주 석장리 유적

① 뗀석기를 가지고 사냥과 채집을 위주로 생활하였다.
② 무리를 지어 살면서 공동체적 생활을 영위하였다.
③ 동굴이나 바위그늘에 주로 살았고, 때로는 막집을 짓고 살았다.
④ 조, 기장, 수수 등의 작물을 재배하는 농경이 시작되었다.

3 다음에 제시한 유물과 관계가 깊은 시대에 대한 설명으로 옳은 것은?

> 반달 돌칼, 홈자귀, 미송리식 토기, 붉은 간토기

① 이 시대에는 철기로 농기구를 제작하여 사용함으로써 농업생산력이 증대되고 경제기반이 확대되었다.
② 이 시대의 대표적인 유적으로 부산 동삼동 조개더미, 제주도 한경 고산리 유적 등을 들 수 있다.
③ 이 시대에는 생산력의 증가에 따라 잉여 생산물이 생기자 힘이 센 자가 이것을 개인적으로 소유하는 사유재산이 나타났다.
④ 이 시대의 후기에 이르러 사람들은 석회암이나 동물의 뼈 또는 뿔 등을 이용하여 조각품을 만들었는데, 조각품에는 당시 사람들의 주술적인 기원이 담겨 있었다.

신석기 시대에는 죄, 피, 수수 등을 재배하여 농경생활이 시작되었다.
①②③ 구석기 시대이다.

반달 돌칼 … 청동기 시대 유물로, 두 개의 구멍에 끈을 꿰어 곡식의 이삭을 자르는 데 사용하였다. 이밖에 바퀴날 도끼, 홈자귀, 괭이, 돌도끼 등의 석기 또는 목기 농기구와 미송리식 토기, 민무늬 토기, 송국리식 토기 등을 사용하였다.
① 철기 시대에 해당한다.
② 신석기 시대에 해당한다.
④ 구석기 시대에 해당한다.

기출 4 부여에 관한 내용으로 보기 가장 어려운 것은?

① 정치적으로 보면 왕 아래 마가 · 우가 · 저가 · 구가 등이 사출 도를 다스리는 형태이다.

② 제천행사는 영고이다.

③ 풍속상으로 보면 데릴사위제의 결혼풍습이 전해지고 있다.

④ 주로 밭농사와 목축이 이루어졌다.

데릴사위제는 고구려의 풍속에 해당하며 부여의 풍속으로는 순장과 우제점복 등이 있다.

5 식량 채집 생활에서부터 시작된 인류 역사는 식량을 생산하는 농경생활이 시작되면서 많은 변화가 생겼다. 이 시기에 대한 설명으로 옳은 것은?

① 문자가 사용되었다.

② 계급이 사용되었다.

③ 청동기가 처음으로 사용되었다.

④ 간석기와 토기가 처음으로 사용되었다.

신석기 시대에 간석기와 토기가 처음 사용되었으며 이는 신석기를 대표하는 가장 중요한 특징이다.
①②③ 청동기 시대에 등장하였다.

기출 6 구석기에 대한 설명으로 옳지 않은 것은?

① 석기를 다듬은 수법에 따라 전기, 중기, 후기의 세 시기로 나눈다.

② 구석기 시대 사람이 살기 시작한 것은 약 70만 년 전부터다.

③ 구석기 중기에는 큰 석기 한 개를 가지고 여러 용도로 썼다.

④ 대표적인 유적지로 평남 상원 검은모루, 경기도 연천 전곡리, 충남 공주 석장리 등이 있다.

구석기 중기에는 큰 몸돌에서 떼어낸 돌 조각인 격지를 이용하여 작은 석기를 제작하였다.

청동기 시대의 특징으로 옳지 않은 것은?

① 중국의 영향을 받아 비파형동검에서 세형동검으로 형태가 변하였다.
② 여성은 주로 집안일에, 남성은 농경이나 전쟁에 종사하면서 역할 분리가 이루어졌다.
③ 농경의 발달로 정착 생활의 규모가 확대되었다.
④ 빈부 격차의 발생으로 계급이 점차 형성되었다.

비파형동검은 세형동검으로 독자적 발전을 통해 변화하였다.

8 **철기의 보급으로 나타난 변화로 옳은 것은?**

① 가축은 사육하지 않고, 육류는 여전히 주로 사냥을 통해 획득하였다.
② 철제 농기구의 사용으로 농업 생산력이 향상되었다.
③ 청동기는 주로 무기와 농기구로 사용되었다.
④ 철제 도구의 사용으로 석기는 사라지게 되었다.

철기 시대에는 보습, 쟁기, 낫 등의 철제 농기구를 사용함으로써 농업생산력이 증대되었다.
① 농경의 발달로 사냥이나 고기잡이의 비중은 줄어들고 가축의 사육은 이전보다 늘어났다.
③ 청동기는 의식용 도구로 변하였다.
④ 간석기는 매우 다양해지고, 기능도 개선되어 농경을 더욱 발전시켰다.

9 **삼한(마한·진한·변한)에 관한 사항으로 옳지 않은 것은?**

① 정치적으로는 군장이 다스리는 체제이다.
② 삼한의 제천행사는 계절제(5월, 10월)이다.
③ 밭농사를 중심으로 하고 철을 화폐처럼 활용하였다.
④ 삼한은 제정분리 사회이다.

삼한에서는 벼농사를 중심으로 한 농업이 발달하였으며, 저수지가 풍부하였다.

ANSWER
4.③ 5.④ 6.③ 7.① 8.② 9.③

기출 10 반달 돌칼을 통해 알 수 있는 사실은?

① 선민사상의 등장
② 활발한 정복 활동
③ 농경의 발달
④ 계급사회의 형성

청동기 시대에 사용된 반달 돌칼은 추수 도구로 돌도끼, 홈자귀 등과 같은 개간도구와 함께 농경이 더욱 발전하였음을 보여준다.

기출 11 신석기 시대에 대한 설명으로 옳지 않은 것은?

① 애니미즘, 토테미즘이 등장하였다.
② 목축의 발달로 인해 수렵생활에서 벗어났다.
③ 중앙에 화로를 설치한 움집생활을 했다.
④ 토기에 식량을 저장했다.

신석기 시대에 수렵 생활에서 완전히 벗어나지 못하였으며, 농경과 목축 실시와 더불어 수렵은 여전히 진행되었다.

12 다음에서 설명하는 나라의 풍습이나 특징으로 옳은 것은?

> 나라에는 임금이 있었다. 모두 가축 이름으로 관직명을 정하였는데, 마가(馬加)·우가(牛加)·저가(豬加)·구가(狗加)와 대사(大使)·대사자(大使者)·사자(使者)였다. … 여러 가는 별도로 사출도(四出道)를 다스렸다. … 가뭄이 계속되어 오곡이 익지 않으면 그 허물을 왕에게 돌려 '왕을 바꾸어야 한다.'라고 하거나 '왕을 죽여야 한다.'라고 하였다.
>
> – 삼국지 위서 동이전 –

① 제천행사로는 10월의 영고가 있었다.
② 전쟁에 출전할 때 소의 굽으로 점을 쳤다.
③ 특산물로는 단궁, 과하마, 반어피 등이 있다.
④ 다른 부족을 침입하면 노비나 소, 말로 배상하는 책화가 있었다.

부여에 관한 내용이다. 부여는 왕을 중심으로 마가, 우가, 구가, 저가와 같은 제가 세력이 사출도라는 독자적 영역을 통치하는 연맹왕국이다. 제천행사로는 영고(12월)가 있었고 순장, 형사취수제 등의 풍습이 있었다. 또한 우제점복(牛蹄占卜)의 풍습이 있어 전쟁에 출전하기 전 소의 굽으로 승패를 예측하였다.
① 영고는 12월에 시행한 부여의 제천행사이다.
③④ 모두 동예에 관한 내용이다.

13 다음 글은 위만 조선에 대한 기존의 시각을 정리한 것이다. 이러한 시각을 극복하고, 위만 조선이 단군 조선을 계승한 우리의 역사임을 주장하기 위해 내세울 수 있는 사실로 적절하지 않은 것은?

> 역대의 역사가들은 위만이 연나라에서 망명하였다는 점 때문에 그가 중국인이라는 사실을 당연한 것으로 받아들였다. 그리고 일제는 한국사의 자주성을 부정하고 타율성을 강조하기 위해 위만 조선을 중국의 식민 정권으로 간주하였다.

① 위만은 '조선'이라는 국호를 그대로 계승하였다.
② 위만 조선은 적극적으로 철기 문화를 수용하였다.
③ 위만 정권에서 높은 지위에 오른 토착 고조선인들이 많았다.
④ 위만은 입국할 때 상투를 틀고 조선인의 옷을 입고 있었다.

위만을 조선인으로 보는 근거로는 고조선으로 들어올 때 상투를 틀고, 조선인의 옷을 착용하였으며, 왕이 된 뒤도 나라 이름을 그대로 조선이라 하였고 그의 정권에는 토착민 출신으로 지위에 오른 자가 많았기 때문에 위만의 고조선을 단군의 고조선을 계승한 것으로 추정하고 있다. 한편 철기는 기원전 5세기 때 처음 전래되었으나, 기원전 2세기 위만 세력이 이동하면서 본격적으로 철기가 보급되었는데 고조선의 계승과는 관련이 없다.

14 고조선의 8조법을 통하여 알 수 있는 사회상과 거리가 먼 것은?

① 형벌제도가 존재하였다.
② 사유재산을 보호하였다.
③ 개인의 생명을 중시하였다.
④ 화폐가 주조되어 널리 유통되었다.

고조선은 산업이 발달하지 못해 기본적으로 자급자족의 사회였다. 고려 전기에 최초의 화폐인 건원중보가 주조되었고 조선 후기에 이르러 화폐가 널리 유통되었다.

15 다음과 같은 지방제도를 실시한 국가에 관한 설명으로 옳지 않은 것은?

> • 지방의 읍(邑)을 담로라 불렀다.
> • 5방이 있고 방마다 몇 개의 군을 관할하였다.

① 상대등이 귀족회의를 주관하면서 왕권을 견제하였다.
② 좌평을 비롯한 16등급의 관리가 나랏일을 맡아 보았다.
③ 지배층은 왕족인 부여씨와 8성의 귀족으로 이루어졌다.
④ 중국의 남조와 활발하게 교류하고 일본에 불교를 전해주었다.

① 신라에 대한 설명이다.
②③④ 22담로와 5방은 백제의 지방제도에 해당한다.

16 유적지 중 시대가 다른 하나는?

① 충남 공주 석장리
② 전남 순천 대곡리
③ 평북 의주 미송리
④ 충남 부여 송국리

충남 공주 석장리는 구석기 시대의 대표 유적지이다.
② 전남 순천 대곡리 : 도롱마을에 있는 청동기 시대에서 원삼국 시대에 걸친 유적이다.
③ 평북 의주 미송리 : 신석기 및 청동기 시대 유적이다.
④ 충남 부여 송국리 : 민무늬토기 시대 움집터이다.

17 고구려 사회에 대한 옳은 설명을 모두 고른 것은?

> ㉠ 지배층의 혼인 형사취수제와 서옥제가 있었다.
> ㉡ 도둑질한 자는 12배를 물게 하였다.
> ㉢ 지배층은 왕족인 고씨, 부여씨와 8성의 귀족으로 이루어졌다.
> ㉣ 진대법을 실시하여 가난한 농민을 구제하였다.

① ㉠㉡㉣   ② ㉡㉢㉣
③ ㉠㉡㉢   ④ ㉠㉢㉣

고구려는 왕족인 계루부 고씨. 왕비족은 절노부와 5부 출신의 귀족들이 연합하여 정치를 주도하였다. 백제는 왕족인 부여씨와 8대성 귀족이 중심이 되었다.

18 삼한에 관한 다음 설명 중 옳은 것을 모두 고른 것은?

> ㉠ 부전 고원을 넘어 옥저를 정복하여 공물을 받았다.
> ㉡ 지배자 중에서 세력이 큰 것은 신지, 작은 것은 읍차 등으로 불렸다.
> ㉢ 왕이 죽으면 많은 사람들이 껴묻거리와 함께 묻는 순장의 풍습이 있었다.
> ㉣ 초가지붕의 반움집이나 귀틀집에 살며, 5월과 10월에 하늘에 제사를 지냈다.
> ㉤ 제사장 천군은 신성 지역 소도에서 농경과 종교에 대한 의례를 주관하였다.
> ㉥ 중대한 범죄자는 제가회의를 통하여 사형에 처하고, 그 가족을 노비로 삼았다.
> ㉦ 상가, 고추가 등의 대가들은 각기 사자, 조의, 선인, 등 관리를 거느리고 있었다.

① ㉡㉣㉤
② ㉡㉢㉤
③ ㉣㉤㉦
④ ㉠㉥㉦

삼한에 대한 설명은 ㉡㉣㉤이며, ㉠㉥㉦은 고구려, ㉢은 부여에서 보이는 풍습이다.

⑺~⒟의 유물에 대한 설명으로 옳은 것은?

> ⑺ 비파형동검
> ⒠ 미송리식 토기
> ⒟ 빗살무늬 토기

① ⑺는 신석기 시대의 유물이다.
② ⒠⒟는 청동기 시대의 유물이다.
③ ⑺⒠는 고조선의 특징적인 유물이다.
④ ⒟는 고인돌의 부장품으로 주로 들어가 있다.

① ⑺는 청동기 시대의 유물이다.
② ⒠는 청동기 시대, ⒟는 신석기 시대의 유물에 해당한다.
④ 청동기 시대의 유물인 고인돌에는 민무늬토기가 주로 들어가 있다.

---

20 다음은 동이전에 나타난 어떤 나라에 대한 기록이다. 옳은 것은?

> ⑺ 이 나라에는 깊은 골짜기가 많고 평원과 연못이 없어서 계곡을 따라 살며 골짜기 물을 식수로 마셨다. … 사람들의 성품은 흉악하고 급해서 노략질하기를 좋아하였다.
>
> ⒠ 이 나라에는 구릉과 넓은 못이 많아서 동이 지역 가운데서 가장 넓고 평탄한 곳이다. … 토질은 오곡을 가꾸기에는 알맞지만 과일은 생산되지 않았다. 사람들은 성품이 강직하고 용맹하며 근엄하고 후덕하여 다른 나라를 노략질하지 않았다.

① ⑺에는 넓은 평지가 많았고 ⒠는 높은 산이 많이 분포하였다.
② 중국은 ⑺를 싫어해서 그 역사를 편견적 시각으로 바라보았다.
③ ⑺에는 영고와 ⒠에는 동맹이라는 제천행사가 존재하였다
④ ⑺는 이후 ⒠의 정복사업으로 병합되었다.

⑺는 고구려, ⒠는 부여에 관한 설명이다. 중국은 고구려의 잦은 침략과 강인함을 두려워하여 왜곡된 시각에서 고구려사를 부정적으로 묘사하였는데, 그 내용은 "사람들의 성품은 흉악하고 급해서 노략질하기를 좋아하였다"라는 구절에서 살펴볼 수 있다.
① 고구려에는 큰 산이 많았고, 부여에는 평원이 많았다.
③ 영고는 12월에 행해진 부여의 제천행사이고, 동맹은 10월에 행해진 고구려의 제천행사이다.

21 다음 설명에 해당하는 나라로 옳은 것은?

> 각 씨족마다 생활권이 정해져 있어 함부로 다른 지역을 침범해 경제 활동, 즉 주로 사냥, 고기잡이, 농경 등을 영위할 수가 없었다. 따라서 다른 공동체 지역을 침범하지 않는다는 엄한 규율이 있었으며 다른 읍락(邑落)을 침범하는 측에게는 생구(生口), 즉 노예와 우마(牛馬)로써 배상하게 하였다.

① 삼한
② 옥저
③ 동예
④ 부여

제시문은 책화에 관련된 설명이다. 책화는 각 씨족마다 생활권의 경계를 명확히 하며 이를 침범하여 물건을 훔쳤을 경우 모예와 우마로 배상하게 하는 제도이다. 책화의 풍속을 가진 국가는 동예이다.

기출 22 1책 12법을 실시한 나라에 대한 특징으로 옳은 것은?

① 건국이념은 '홍익인간(弘益人間)'이다.
② 12월에 축제 영고(迎鼓)를 행했다.
③ 10월에 제천의식 동맹(東盟)을 행했다.
④ 혼인제도로 민며느리제가 있다.

② 영고(迎鼓)는 사냥철이 되는 12월에 축제를 통해서 공동수렵을 하는 저농을 계승한 부여의 축제에 해당한다.
① 널리 인간을 이롭게 하라는 의미의 홍익인간(弘益人間)은 고조선의 건국이념에 해당한다.
③ 10월에 행했던 제천의식이었던 동맹(東盟)은 고구려의 풍습이다.
④ 민며느리제는 옥저에서 있었던 풍습에 해당한다.
※ **1책 12법** … 부여의 법률로서 물건을 훔친 자는 12배로 배상하게 한다는 것이다. 부여는 3세기 말 선비족의 침입을 받고 그 세력이 점차 쇠퇴해지다가 이후 고구려에 편입되었다.

23 고조선에 대한 설명으로 옳지 않은 것은?

① 전국 시대 연나라와 힘을 겨룰 정도의 큰 세력을 이루었다.
② 노비가 발생하는 등 계급 분화가 이루어졌다.
③ 관료 조직이 아직 갖추어지지 않은 상태였다.
④ 사유 재산에 대한 보호 관념이 높아졌다.

부왕, 준왕 때 왕위가 세습되고 상, 대부, 장군 같은 관직 체제가 형성되었다.

기출 24 위만 조선에 대한 설명으로 옳지 않은 것은?

① 위만에게 밀려난 준왕은 진국(辰國)으로 가서 한왕이라 자칭하였다.
② 중국 세력과의 전쟁에서 서쪽의 영토 2,000여 리를 빼앗겼다.
③ 성장 과정에서 주변의 진번·임둔 등을 복속시켰다.
④ 이 시기 대표적인 무덤 양식은 널무덤이다.

기원전 300년 전후하여 연의 장수 진개의 침입으로 고조선은 서방 영토 2,000여 리를 상실하였다.

고대의 정치·경제·사회·문화

회독 | 1 | 2 | 3 | 정답 수 | 개 / 30개 |

1 다음을 시대 순으로 나열한 것은?

> ㉠ 고구려는 수·당의 공격을 받았다.
> ㉡ 신라는 한강 유역을 차지하였다.
> ㉢ 고구려는 요동지역을 차지하였다.
> ㉣ 백제는 요서, 산둥, 일본으로 진출하였다.

① ㉠ - ㉡ - ㉢ - ㉣   ② ㉡ - ㉢ - ㉣ - ㉠
③ ㉢ - ㉣ - ㉡ - ㉠   ④ ㉣ - ㉢ - ㉡ - ㉠

2 다음 업적을 이룬 고구려의 왕은?

> • 율령의 반포
> • 불교의 수용
> • 태학의 설립

① 고국천왕
② 소수림왕
③ 광개토대왕
④ 장수왕

㉣ 근초고왕(646 ~ 375) : 백제 제13대 왕으로, 30년간 나라를 다스렸다. 활발한 정복활동과 대외활동 역사서 편찬, 왕권 강화 등의 업적을 남겼다.

㉢ 광개토대왕(391 ~ 412) : 고구려 제19대 왕이다. 소수림왕의 정치적 안정을 기반으로 최대의 영토를 확장하였으며, 이때 고구려 국력이 최고조에 달했었다.

㉡ 진흥왕(540 ~ 576) : 신라의 제24대 왕이다. 활발한 정복활동으로 전국 각지에 4개의 순수비가 세워졌다. 화랑도를 국가 공식 청소년 단체로 확대 개편하였다.

㉠ 7세기 고구려에게 패배한 수나라를 계승한 당나라가 신라와 함께 고구려를 공격했다. 598년부터 661년까지 수·당나라와 전쟁하였다.

소수림왕 때 율령의 반포, 불교의 수용, 태학의 설립으로 인해 중앙집권체제를 강화하고자 하였다.

기출 3 고대국가의 군사조직에 대한 설명으로 옳은 것은?

① 삼국 시대에는 지방관이 군사권을 보유하였다.
② 백제는 지방 장관에 군주를 파견하였다.
③ 발해의 지방군은 10위로 조직되어 지역방위를 담당했다.
④ 통일신라는 2군 6위제로 중앙과 지방군을 개편하였다.

삼국 시대에는 모든 말단 행정 단위까지 지방관이 파견되지 못했기 때문에 주요한 파견된 지방관은 행정뿐만 아니라 군사권까지 부여되었다.
② 지방 장관에 군주를 파견한 곳은 신라로 이는 행정과 군사권을 모두 가진 성격이었지만 이후 총관, 도독으로 그 명칭이 변경되면서 점차 행정적 성격만 가지게 되었다.
③ 발해의 10위는 지방군이 아니라 중앙군이다.
④ 통일 이후 신라는 중앙의 9서당과 지방의 10정으로 군사제도를 마련하였다.

4 백제 사비시대에 일어난 사실로 옳지 않은 것은?

① 국호를 남부여로 바꾸었다.
② 익산에 미륵사를 창건하고 미륵사지 석탑을 건립하였다.
③ 22담로를 설치하여 지방을 통제하였다.
④ 개로왕 때 잃었던 한강 유역을 신라와 연합하여 회복하였다.

22담로는 지방통제를 위해 무령왕 때 설치한 것이다.

5 백제의 성왕에 관한 사실로써 옳지 않은 것은?

① 사비성(현재의 부여)으로 수도를 천도하였다.
② 불교를 장려하였으며, 일본에 불교를 전래(노리사치계)하였다.
③ 중앙에 22부의 실무 관청을 설치하였다.
④ 중국 남조의 양과 문화 교류하였다.

백제의 무령왕 때 중국 남조의 양과 문화 교류하였다.

6 다음에 대한 설명으로 옳지 않은 것은?

> • 내물왕은 김씨에 의한 왕위를 독점 세습화하였다.
> • 법흥왕은 율령을 반포하고 상대등을 설치하였다.
> • 진흥왕은 한강을 차지하여 대중국 교통로를 확보하였다.

① 왕권을 대변하는 상대등 설치는 왕권 중심의 귀족사회임을 보여준다.
② 내물왕 때 연맹왕국단계에서 중앙집권체제로 발전하였다.
③ 신라가 한강 유역을 차지한 후 나 · 제동맹이 결렬되었다.
④ 진흥왕은 당항성을 설치하여 중국과 직접 교류할 수 있게 되었다.

상대등 … 귀족 대표로서 화백회의를 주관하였다. 즉, 이들 세력이 강해지면 왕권은 약화되고, 귀족의 권한이 강화되기 때문에 통일 이후에 신문왕은 상대등을 정책적으로 약화시키기도 하였다.

7 발해의 대외관계에 대한 옳은 것을 모두 고른 것은?

> ㉠ 발해는 당나라의 문화를 받아들였으며 정혜공주의 묘는 전형적인 당나라 양식의 벽돌무덤이다.
> ㉡ 발해는 북으로 돌궐과 통하였고 일본과 친선관계를 맺고자 여러 차례 사신을 파견하였다.
> ㉢ 발해는 당나라에 유학생을 파견하여 빈공과 급제자를 배출하였다.
> ㉣ 발해는 신라와 연합하여 당나라의 공격에 대항하였다.

① ㉠㉢
② ㉠㉣
③ ㉡㉢
④ ㉡㉣

㉠ 발해의 문화는 귀족 중심의 예술로서 고구려의 문화를 토대로 당나라의 문화를 흡수하여 부드러우면서도 웅장하고 건실한 문화를 이루고 있었으며 정혜공주의 묘는 고구려의 전통적 양식의 돌방무덤이다.

㉣ 발해는 신라와 긴밀한 교섭은 없으나 관계개선을 위한 사신의 왕래 등 친선과 대립이 교차되는 관계에 있었으며 신라는 당의 요청으로 발해의 남쪽을 공격하다가 실패하였다.

8 다음 금석문 중 신라 진흥왕대의 정복사업을 살피는 데 도움이 되는 것으로만 묶인 것은?

```
㉠ 임신서기석
㉡ 남산신성비
㉢ 단양적성비
㉣ 북한산순수비
```

① ㉠㉣ ② ㉡㉢
③ ㉡㉣ ④ ㉢㉣

㉠ 신라의 두 화랑이 학문에 전념할 것과 국가에 충성할 것을 맹세한 내용이 새겨져 있는 것으로 552년 또는 612년으로 추정되는 임신년에 만들어진 것이다.
㉡ 경북 경주시 남산에서 발견된 신라 때의 비석으로 신라 시대에 남산 둘레에 쌓은 성에 대한 내력을 담고 있다.

9 다음은 신문왕의 정책들이다. 이러한 정책을 시행한 목적은?

```
• 국학의 설립
• 달구벌 천도 시도
• 문무 관료에게 토지 지급
• 9주 5소경 설치
• 녹읍 폐지
```

① 지방문화의 발달 토대
② 귀족체제의 강화
③ 중앙집권적 전제왕권강화
④ 국가재정의 확보

제시된 정책은 신문왕이 귀족세력을 숙청하고 정치세력을 다시 편성하여 중앙집권적 전제왕권을 강화하려는 의도였다.

10 백제의 정치제도에 관한 설명으로 옳지 않은 것은?

① 수상은 상좌평이고, 관등은 16등급으로 이루어졌다.
② 수도는 5부로, 지방은 5방 22담로로 나누었다.
③ 귀족대표 회의로 제가 회의가 있다.
④ 지방장관인 방령은 군사 업무를 담당했다.

제가회의 … 고구려 귀족대표 회의이다.

11 다음 보기의 제도를 실시한 공통적인 목적으로 가장 적절한 것은?

> ㉠ 진대법
> ㉡ 녹읍의 폐지
> ㉢ 정전(丁田)의 지급

① 중앙의 지방에 대한 통제 강화
② 귀족의 경제 기반 확대
③ 농민의 경제 안정
④ 귀족 중심 관료체제의 운영 강화

12 다음 자료와 관련된 내용으로 가장 적절하지 않은 것은?

> 사해점촌(沙害漸村)은 11호인데, 중하 4호, 하상 2호, 하하 5
> 호이다. 인구는 147명인데, 남자는 정(丁)이 29명(노비 1명 포
> 함), 조자 7명(노비 1명 포함), 추자 12명, 소자 10명, 3년간
> 태어난 소자가 5명, 제공 1명이다. 여자는 정녀 42명(노비 5
> 명 포함), 조여자 11명, 추여자 9명, 소여자 8명, 3년간 태어
> 난 소여자 8명(노비 1명 포함), 제모 2명, 노모 1명, 다른 마
> 을에서 이사 온 추자 1명, 소자 1명 등이다. 논은 102결 정도
> 인데, 관모답 4결, 촌민이 받은 것은 94결이며, 그 가운데 19
> 결은 촌주가 받았다. 밭은 62결, 마전은 1결 정도이다. 뽕나무
> 는 914그루가 있었고, 3년간 90그루를 새로 심었다. 잣나무는
> 86그루가 있었고, 3년간 34그루를 새로 심었다.

① 이 문서에는 토지 면적, 호수, 인구수, 나무 종류와 수까지 기
  록하고 있다.
② 정부가 조세와 요역부과의 자료로 파악하였다.
③ 촌민들은 자기의 연수유답을 경작하여 수확을 거둬들이는 대
  가로 관모답, 내시령답 등을 공동경작하였다.
④ 민정문서는 3년마다 각 호의 정남에 의해 작성되었다.

왕권을 강화하고 귀족을 견제하며 농민 경제를 안정시키려는 목적에서 시행되었다.

㉠ 고구려 고국천왕은 진대법을 실시하여 가뭄이나 홍수 등으로 흉년이 들면 백성에게 곡식을 빌려주었다.

㉡ 통일 이후 신라 신문왕 때 귀족세력을 누르기 위해 녹읍을 폐지하고, 그 대신 관리에게 관료전을 지급하였다.

㉢ 신라 성덕왕은 왕도사상에 의거하여 일반 백성에게도 정전(丁田)을 지급하여 국가에 조를 바치게 하였고, 시행해오던 구휼정책을 지속적으로 강화하였다.

민정문서 … 통일 신라는 촌락의 토지 크기, 인구 수, 소와 말의 수, 토산물 등을 파악하는 문서를 만들고, 조세·공물·부역 등을 거두었으며, 변동사항을 조사하여 3년마다 문서를 다시 작성하였다. 한 촌주가 여러 촌락의 노동력과 생산자원을 조사하여 통계를 내어 국가에서는 이를 통해 노동력과 재정을 충실하게 파악할 수 있었다.

기출 13 민정문서에 대한 설명으로 옳지 않은 것은?

① 가구 파악 시 토지에 따라 9등급으로 나누었다.

② 인구는 남녀별, 연령별로 6등급으로 구분하였다.

③ 일본의 도다이사 쇼소인에서 발견되었다.

④ 촌장에 의해 3년마다 경신되었다.

> 가구(호)파악 시 인원이 많고 적음에 따라 상상호(上上戶)부터 하하호(下下戶)까지 9등급으로 나누어 파악하였다.

기출 14 남북국 시대에 관한 설명으로 옳지 않은 것은?

① 통일 신라는 특수 행정구역인 향·부곡을 설치하였다.

② 신문왕은 녹읍을 폐지하고 관료전을 지급하였다.

③ 산둥 반도에 신라방 + 신라촌(거주지)·신라소(관청)·신라관
(여관)·신라원(절)을 설치하였다.

④ 장보고는 완도에 발해관을 설치하여 무역을 실시하였다.

> 발해는 산둥반도에 발해관을 설치하여 무역을 실시하였다. 장보고는 완도에 청해진을 설치하여 해적을 소탕하였다.

15 다음 밑줄 친 '왕'의 집권 시기 삼국 사회에 관한 내용으로 옳은 것은?

> 신라가 사신을 보내 <u>왕</u>에게 말하기를, "왜적이 그 국경에 가득 차 성을 부수었으니, 노객(奴客)은 백성된 자로서 왕에게 귀의하여 분부를 청한다"라고 하였다. … 왕이 보병과 기병 5만을 보내어 신라를 구원하게 하였다. … 군대가 도착하니 왜적이 물러가므로, 뒤를 추격하여 임나가라의 종발성에 이르렀다. 성이 곧 항복하여 복종하므로 순라병을 두어 지키게 하였다.

① 마립간 호칭이 처음으로 사용되었다.

② 이차돈의 순교로 불교가 공인되었다.

③ 나·제동맹이 처음으로 체결되었다.

④ 22담로에 왕족을 파견하였다.

> 고구려 광개토대왕(391 ~ 412)에 관한 내용이다. 당시 신라에는 왜구가 침입하여 신라 내물왕은 고구려 광개토대왕에게 원병을 요청하였고, 이에 광개토대왕은 보병과 기병 5만을 보내어 신라에 침입한 왜구를 몰아내고 낙동강 하구까지 진출하여 금관가야에 이르렀다. 마립간은 대수장(大酋長)을 의미하는 왕의 칭호로 내물왕(내물마립간)이 최초로 사용하였다.
> ② 6세기 신라 법흥왕(527) 때이다.
> ③ 5세기 신라 눌지왕(433) 때이다.
> ④ 6세기 초 백제 무령왕 때이다.

16 다음의 내용을 통하여 공통적으로 추론할 수 있는 역사적 사실로 가장 적절한 것은?

> ㉠ 국학의 설치
> ㉡ 독서삼품과의 시행
> ㉢ 도당유학생의 파견

① 유학의 보급
② 당과의 교류 확대
③ 귀족들의 왕권에 대한 견제 강화
④ 풍수지리사상의 유행

㉠ **국학의 설치** : 신문왕은 정치운영에 유교 이념이 필요하게 되자 국학을 설립하고 박사, 조교를 두어 유학을 가르쳤다. 필수 과목은 논어, 효경, 선택 과목은 5경 (시경, 서경, 역경, 좌전, 예기)과 문선 등이 있었다.

㉡ **독서삼품과의 시행** : 원성왕은 유학 성적에 따라 관리를 임명하자는 원칙을 세워 성적을 3품으로 구별하여 관리를 채용하는 독서삼품과를 시행하였다.

㉢ **도당유학생의 파견** : 신라 때 당나라에서 유학하여 국자감에서 공부하는 수구이 학생 중에서 외국인에게 응시기회를 준 빈공과에 합격하여 당나라 관리가 되기도 하였는데, 유학의 보급과 확대에 기여하였다.

17 골품제도에 대한 설명으로 옳지 않은 것은?

① 4두품은 12관등 대사까지 진급할 수 있었다.
② 관직은 물론 일상생활에서도 제한이 있었다.
③ 신라 통일 이후 왕권강화 과정에서 완성되었다.
④ 6두품은 득난이라고도 불리었다.

법흥왕 때 율령반포와 더불어 각 지방의 부족장들을 그 세력의 크기에 따라 등급을 두어 족장 세력을 통합하여 중앙 귀족에 편입하는 과정에서 성립하였다.

※ **골품제도(骨品制度)** … 신라 시대 혈통의 높고 낮음에 따라 신분을 구분한 제도이다. 왕족을 대상으로 한 골제(骨制)와 귀족과 일반백성을 두품제(頭品制)로 구분하였다. 관직 진출, 혼인, 의복·가옥·수레 등의 규모와 장식 등 사회생활 전반에 걸쳐 엄격하게 규제하였다. 신라 국가 형성기 이래 정치제제 및 사회발전 과정에서 형성되어 이후 신라가 삼국을 통일한 뒤에도 장기간 존속하였으며, 신라가 멸망할 때까지도 왕족과 일반백성을 구분하는 제도로 유지되었다.

18 고구려 시대 유물로 적절한 것은?

① 금동미륵보살반가사유상
② 첨성대
③ 금동대향로
④ 칠지도

① 고구려의 불상에 해당한다.
② 신라 선덕여왕 때 만들어진 천문대이다.
③ 금동대향로는 종교의식을 행할 때 사용되는 것으로 백제의 유물이다.
④ 백제 시대의 유물로 철제 가지모양의 칼에 해당한다.

기출 **19** 다음은 「삼국사기」 고구려본기 산상왕조에서 인용한 것이다. 이와 관련된 고구려의 혼인제도로 옳은 것은?

> 고국천왕이 죽자 왕후 우씨는 죽음을 비밀로 했다. 그녀는 밤에 죽은 왕의 첫째 아우 발기의 집에 찾아갔다. 발기가 사실을 모르고 말했다. "부인이 밤에 다니는 것을 어떻게 예라고 할 수 있겠습니까?" 왕비는 부끄러워하고 곧 왕의 둘째 동생 연우의 집에 갔다. 연우는 왕비를 위해 잔치를 베풀었다. 연우가 고기를 베다가 손가락을 다쳤다. 왕후가 치마끈을 풀어 다친 손가락을 싸주고 돌아가려할 때 "밤이 깊어 두려우니 그대가 왕궁까지 전송해 주시오." 연우가 그 말을 따르니 왕후는 손을 잡고 궁으로 들어갔다. 다음날 왕후가 선왕의 명령이라 사칭하고 연우를 왕으로 세웠다. 왕은 우씨 때문에 왕위에 올랐으므로 다시 장가들지 않고 우씨를 왕후로 삼았다.

① 서옥제
② 민며느리제
③ 형사취수제
④ 예서제

제시문은 형이 죽은 뒤에 동생이 형수와 결혼하여 함께 사는 혼인제도인 형사취수제에 관한 내용이다.

①④ 서옥제와 예서제는 같은 말로 고구려의 풍습은 맞으나 일종의 데릴사위제로 형사취수제와는 관련이 없다.
② 민며느리제(＝예부제)는 옥저에서 있었던 혼인 풍습이다.

다음 (   )에 해당하는 왕으로 옳은 것은?

> (   )은/는 장수 장문휴를 보내어 당나라의 등주자사 위준을 공격하게 하였다. 이에 당나라에서 대문예를 파견하여 발해를 토벌하게 하는 동시에 신라로 하여금 발해의 남쪽 경계를 치게 하였다.

① 고왕
② 무왕
③ 문왕
④ 선왕

장수 장문휴를 보내 당의 등주(산동반도) 지방을 공격한 것은 발해의 무왕 14년(732)에 있었던 일이다. 이에 당나라에서는 대문예를 파견하여 토벌하게 하는 동시에 신라 성덕왕으로 하여금 발해의 남쪽 경계를 공격하게 하였다.

21 삼국 시대의 사회에 대한 설명으로 옳은 것은?

① 농민 보호책으로 인해 고리대는 없어졌다.
② 엄격한 신분제도가 편제되고 율령이 만들어졌다.
③ 생명의 존엄성을 중시하여 사형제도가 없어졌다.
④ 형(兄)은 지방 조세의 수납 업무를 맡아 보았다.

삼국 시대에는 여러 집단이 국가를 이루면서 엄격한 신분제도가 편제되었다.
① 삼국 시대 이래 고리대업은 계속 존재하였다.
③ 사형제도는 존재하였다.
④ 지방 조세의 수납 사무는 사자(使者)가 맡았다.

22 다음의 정치 회의를 한 국가에 대한 설명으로 바른 것은?

> 호암사에는 정사암이란 바위가 있다. 나라에서 장차 재상을 뽑을 때에 후보 3 ~ 4명의 이름을 써서 상자에 넣고 봉해서 바위 위에 두었다가 얼마 후에 가지고 와서 열어보고 그 이름을 위에 도장이 찍혀있는 사람을 재상으로 삼았다. 이런 이유로 '정사암'이라 하였다.

① 뇌물을 수수한 관리는 3배로 배상하였다.
② 서옥제와 형사취수제가 있다.
③ 무천이라는 제천행사를 행했다.
④ 수확량을 기준으로 하는 조세법인 결부제를 시행했다.

제시문은 백제의 정사암 제도에 대한 설명이다.
② 고구려에 대한 설명이다.
③ 동예에 대한 설명이다.
④ 신라에 대한 설명이다.

23 다음에 해당하는 인물은?

> 설총을 낳고 스스로를 '소성거사'라 일컬었다. 그는 「십문화쟁론」을 저술하고 화쟁사상을 주장하였다.

① 원효
② 혜자
③ 의상
④ 원광

신라의 승려이자 설총의 아버지인 원효에 대한 설명이다. 원효는 일심사상과 화쟁사상을 중심으로 불교의 대중화에 힘썼다. 주요 저서로는 「십문화쟁론」, 「금강삼매경론」, 「대승기신론소」 등이 있다.

24 다음 도표는 신라의 골품과 관등에 관한 것이다. 제시된 도표와 관련된 설명으로 옳지 않은 것은?

진골이 처음 받는 관등은 정해지지 않았다.

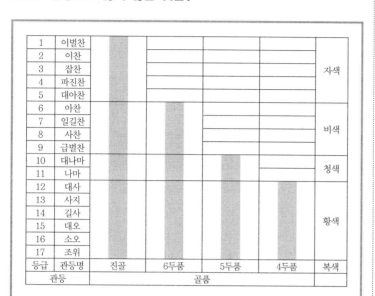

등급	관등명	진골	6두품	5두품	4두품	복색
1	이벌찬					자색
2	이찬					
3	잡찬					
4	파진찬					
5	대아찬					
6	아찬					비색
7	일길찬					
8	사찬					
9	급벌찬					
10	대나마					청색
11	나마					
12	대사					황색
13	사지					
14	길사					
15	대오					
16	소오					
17	조위					
관등		골품				

① 공복의 색깔은 관등에 의해 결정되었다.
② 진골이 처음 받는 관등은 대아찬이었다.
③ 5두품은 황색과 청색공복을 입을 수 있었다.
④ 골품에 따라 진출할 수 있는 관등에 한계가 있었다.

25 다음 신라 시대 불교문화 발달에 대한 내용으로 옳은 것을 모두 고른 것은?

> ㉠ 혜초는 인도를 순례한 후 「왕오천축국전」을 남겼다.
> ㉡ 원효는 「화엄일승법계도」를 저술하고 부석사를 건립하였다.
> ㉢ 의상은 화엄사상뿐 아니라 관음신앙을 이끌며 많은 사찰을 세웠다.
> ㉣ 신라 말기에 교종 승려들은 중국에서 유행한 풍수지리설을 들여왔다.

① ㉠㉡
② ㉠㉢
③ ㉠㉣
④ ㉡㉣

㉠ 혜초는 인도 구법승으로 육로와 해로가 같이 언급되어 있고, 인도와 중앙아시아의 풍물을 서술한 「왕오천축국전」을 저술하였다.

㉡ 의상과 관련이 있다.

㉢ 의상은 「화엄일승법계도」를 저술하여 모든 존재는 상호 의존적인 관계에 있으면서 서로 조화를 이루고 있다는 화엄사상을 정립하고, 이를 바탕으로 교단을 형성하고 많은 제자를 양성하고 영주 부석사를 비롯한 여러 사원을 걸립하였다.

㉣ 풍수지리설은 도선이 중국에서 전래한 인문지리적 인식, 예언적인 도참신앙으로 신라 하대에 이르러 선종사상이나 노장사상과 더불어 반신라적 경향을 띠게 되었다.

26 삼국 시대 각국의 문화적 상호 영향관계에 대한 가장 적절하지 않은 것은?

① 백제는 초기에 고구려의 영향으로 계단식 돌무지무덤을 만들었다.
② 많은 부장품을 남긴 신라의 돌무지 덧널무덤 양식은 고구려로부터 영향을 받은 것이다.
③ 일본의 석상 신궁에 있는 칠지도는 백제 근초고왕이 일본왕에게 선사한 것으로 알려져 있다.
④ 일본 나라시의 다카마쓰 고분에서 고구려 수산리 벽화고분의 영향을 받은 벽화가 발견되었다.

고구려의 고분은 초기에는 적석분(= 돌무지 무덤)에서 후기에는 돌무지 덧널무덤 형태로 변하였다. 이는 삼국 중 신라에서만 보이는데, 천마총 · 서봉총 · 황남대총 등이 이에 속한다.

27 신라가 국력의 총화단결을 상징하기 위하여 세운 것은?

① 황룡사 9층탑
② 임신서기석
③ 정림사지 5층 석탑
④ 분황사 모전석탑

황룡사 9층탑 … 신라 선덕여왕 때 자장의 건의로 건립되어 주변 9개국을 정복하려는 신라인들의 염원이 담긴 상징물이었다.

② **임신서기석** : 신라에서 유학을 공부한 사실을 전하고 있다.

③ **정림사지 5층 석탑** : 현재는 터만 남은 부여 정림사에 세워져 있다.

④ **분황사 모전석탑** : 재질은 돌이지만 전탑(벽돌탑) 양식으로 쌓은 신라의 석탑이다.

28 신라의 문화 현상에 대한 설명으로 옳지 않은 것은?

① 처용에 관한 일화나 서양인 모습의 무인상, 유리그릇과 같은 유물들은 신라가 바다 건너 서역과 활발히 교류했음을 말해준다.
② 신라 귀족들은 현실의 희로애락을 솔직히 표현한 토우(土偶)를 만들어 무덤 속에 넣었다.
③ 신라인들은 불국토(佛國土)를 구현하기 위하여, 남산에 수많은 탑과 불상, 마애불을 조각하였다.
④ 삼국 통일 이전, 통일을 염원하는 신라인들은 각 지방에서 대단히 큰 거불(巨佛)형태의 불상을 조성하였다.

고려 시대에 석불과 금동불이 주류를 이루나, 대형 철불의 제작이 유행하였는데 인체 비례가 균형을 이루지 못하고, 조형미도 신라에 비해 퇴화하였다.

기출 **29** 다음에서 벽화가 있는 무덤을 모두 고른 것은?

> ㉠ 천마총
> ㉡ 강서대묘
> ㉢ 서울 석촌동 고분
> ㉣ 발해 정효공주묘

① ㉠㉡
② ㉠㉡㉢
③ ㉡㉣
④ ㉡㉢㉣

벽화가 그려질 수 있는 무덤은 굴식돌방무덤(石室墳)과 같이 석실이 있는 무덤이어야 하며 강서대묘와 발해의 정효공주묘가 이에 해당한다.
㉠ 신라의 돌무지덧널무덤(積石木槨墳)으로 벽화가 없다.
㉢ 백제 초기무덤 양식인 돌무지무덤(積石塚)으로 벽화가 없다.

30 다음 설명 중 옳은 것을 모두 고르면?

> ㉠ 「대승기신론소」와 「금강삼매경론」은 원효의 저서이다.
> ㉡ 의상은 아미타신앙과 함께 관음신앙을 중심으로 하였다.
> ㉢ 자장은 신라의 젊은이들에게 세속오계를 가르쳤다.
> ㉣ 원측은 화엄사상을 기본으로 하는 교단을 형성하였다.

① ㉠㉡
② ㉠㉣
③ ㉡㉣
④ ㉢㉣

㉢ 신라의 화랑에게 세속오계를 가르친 승려는 원광법사이다.
㉣ 화엄사상을 바탕으로 한 승려는 의상대사이며, 원측은 당에서 유식불교를 연구하여 법상종의 기반을 마련하였다.

중세의 정치·경제·사회·문화

회독 | 1 | 2 | 3 | 정답 수 | 개 / 30개 |

기출 1 태조 왕건의 정책으로 옳지 않은 것은?

① 고구려를 계승해서 서경을 중심으로 북진 정책을 실시하였다.

② 혼인정책을 통해 호족들을 포섭하였다.

③ 통일 신라, 고구려, 백제, 발해 출신을 수용하여 민족 통합을 이끌었다.

④ 과거제도를 실시하여 유교적 학식과 능력을 갖춘 인재를 등용하였다.

> 광종은 과거제도를 통한 인재등용으로 왕권을 강화하였다.

2 고려 전기의 대외관계에 관한 내용 중 옳지 않은 것은?

① 이 시기에는 고려, 청, 거란 사이에서 세력균형이 이루어졌다.

② 거란의 소손녕의 고려 침입 시 서희의 외교적 담판으로 인해 강동 6주를 회복하게 되었다.

③ 거란의 2차 침입 시에 강조의 정변을 이유로 개경을 함락하고 강화를 체결하였다.

④ 거란의 3차 침입은 강동 6주의 반환거부로 인해 소배압이 침공하였지만 강감찬이 귀주에서 이를 대파하였다.

> 고려 전기의 정세는 고려, 송, 거란 사이에서 세력의 균형이 이루어졌다.

3 다음은 고려 시대에 일어난 역사적 사건을 시대순으로 나열한 것이다. ㈎ 시기에 발생한 역사적 사실에 대한 설명으로 옳은 것을 모두 고르면?

> 이자겸의 난 – ㈎ – 무신정변 – 몽고의 침입 – 위화도 회군

> ㉠ 풍수지리설을 배경으로 서경천도운동이 일어났다.
> ㉡ 최고 집정부인 교정도감이 설치되었다.
> ㉢ 금국정벌론과 칭제건원이 제기되었다.
> ㉣ 고구려계승이념에 대한 이견과 갈등이 일어났다.
> ㉤ 과거제도와 노비안검법이 시행되었다.

① ㉠㉡㉤
② ㉠㉢㉣
③ ㉡㉢㉤
④ ㉢㉣㉤

묘청의 서경천도운동 … 이자겸의 난과 무신정변사이에 일어난 역사적 사건이다. 묘청의 서경천도운동은 서경길지설을 바탕으로 일어났다. 서경천도운동으로 당시 금(여진)의 침입에 대해 금국정벌론과 칭제건원을 주장하였으며 당시 서경파는 고구려 계승이념에 따라 북진정책을, 개경파의 김부식은 신라계승의식을 표방하였다.
㉡ 교정도감은 최충헌이 무신정변을 통해 권력을 잡은 후 인사 행정 및 기타 권력 유지를 위해 설치한 기관이다.
㉤ 고려 전기 광종 때 실시된 정책들이다.

4 고려 시대의 대외관계에 대한 설명으로 옳은 것은?

① 말갈족의 공격에 대해 서희는 외교담판으로 강동 6주를 회복하였다.
② 동북 9성은 몽고의 침입을 막기 위해 축조되었다.
③ 윤관은 삼별초를 이끌고 여진의 공격을 물리쳤다.
④ 벽란도를 통해 송, 일본, 아라비아와 경제교류를 행했다.

벽란도 … 예성강 하구에 있는 항구 벽란도를 통해 송, 일본, 아라비아 상인들과 교류하였으며 이때, 아라비아 상인들에 의해 코리아라는 이름으로 알려졌다.
① 서희가 소손녕과의 외교담판에서 강동 6주를 확보한 것은 거란의 1차 침입 때였다.
② 동북 9성은 윤관이 여진족의 침입을 막기 위해 축조한 것이다.
③ 윤관은 별무반을 이끌고 여진의 공격을 물리쳤다.

5 다음이 설명하는 기구에 대한 내용으로 옳은 것은?

> 이 기구는 초기에는 국방문제를 합의하기 위한 합좌 기구성격을 가지고 있었지만 말기에는 국정 전반을 총괄하는 정무기관이 되었으며 재추, 중서문하성의 재신과 중추원의 추밀와 같은 고관들이 참여하였다.

① 왕권을 강화시키는 결정적 역할을 하였다.
② 고려의 독자적인 기구였다.
③ 무신정권하에서는 무신들의 최고 회의기구였다.
④ 고려 말 신진사대부의 세력 강화기구였다.

도병마사 … 식목도감과 더불어 고려의 독자적 성격으로 만들어진 고관합좌기구였으며 고려 후기에는 도평의사사(도당)으로 개편되어 담당 업무가 더욱 확대되어 권문세족의 세력기반 유지에 기여하였다.
① 도병마사 이후 도평의사사의 기능 강화는 오히려 왕권을 약화시켰다.
③ 무신정권의 최고 회의기구는 중방이었고, 최씨 무신정권에서는 교정도감이 있었다.
④ 고려 말 신진사대부는 도평의사사를 혁파하고자 하였다.

6 고려 시대의 무신정변으로 인한 정권교체 순서로 옳은 것은?

① 이의방 - 경대승 - 정중부 - 이의민 - 최충헌
② 이의방 - 이의민 - 경대승 - 최충헌 - 정중부
③ 이의방 - 정중부 - 경대승 - 이의민 - 최충헌
④ 이의방 - 이의민 - 정중부 - 최충헌 - 경대승

고려 시대의 무신정변으로 인한 정권교체 순서는 '이의방 - 정중부 - 경대승 - 이의민 - 최충헌' 순으로 집권자의 변천이 이루어졌다.

ANSWER
3.② 4.④ 5.② 6.③

7 최승로의 시무 28조에서 강조하고 있는 내용으로 옳은 것은?

> ㉠ 중앙집권화
> ㉡ 유불융합
> ㉢ 연등회, 팔관회 개최
> ㉣ 유교정치이념
> ㉤ 북진정책추구

① ㉠㉢ ② ㉠㉣
③ ㉡㉢ ④ ㉡㉣

최승로는 고려 성종 때 '시무28조'를 통해 유교정치이념에 입각한 중앙집권화를 강조하였다. 특히 정치·사상적 이념으로 강조되어 오던 불교를 배척하여 성종 때에는 일시적으로 연등회와 팔관회가 폐지되기도 하였다. 최승로의 건의로 지방에 대한 중앙집권화도 추구되었는바 12목의 설치에서 살펴볼 수 있다. 하지만 최승로는 5조 정적평을 통하여 역대 5명의 왕의 업적을 상소하였는바 광종과 같이 왕권의 전제화 추구만큼은 반대하였다.
㉤ 북진정책은 고려 태조의 '훈요10조'에서 강조된 내용이다.

기출 8 다음 주장의 근거로 옳은 것은?

> 11세기 중엽에 경원 이씨 일파가 집권한 후 유학의 학풍은 자주적인 유교정신을 강조하기보다는 집권세력의 안전만을 도모하는 보수적인 성격을 띠게 되었다.

> ㉠ 이자겸의 대외정책
> ㉡ 사학 12도
> ㉢ 성리학의 전래
> ㉣ 삼국유사의 역사관

① ㉠㉡ ② ㉠㉢
③ ㉡㉣ ④ ㉢㉣

이자겸은 경원 이씨의 대표적인 인물로 당시 여진이 침략해왔을 때 사대관계를 주장하였다. 고려 중기 최충헌의 문헌공도로 시작하여 성립된 12개의 사립학교인 사학 12도는 당시 과거시험에서 좌주·문생제가 성행하여 보수적인 문벌귀족화를 더욱 심화시켰다.
㉢ 성리학은 고려 후기 안향에 의해 전래되었다.
㉣ 삼국유사는 서문(序文)에서 자주적 역사의식을 밝히고 단군신화를 소개함으로써 민족의식을 높였다.

공민왕의 개혁정치에 대한 설명으로 옳지 않은 것은?

① 성균관을 활성화하여 유학 교육을 강화하고 과거제도를 정비하여 많은 신진사대부를 배출하였다.
② 고려의 내정을 간섭하던 정동행성 이문소를 폐지했다.
③ 전민변정도감을 설치하여 부당하게 노비가 된 자들을 양민으로 해방시켰다.
④ 사림원을 설치하여 개혁정치의 핵심적 역할을 하였다.

사림원 … 충선왕 때의 개혁기구로 이에 기용된 세력은 주로 신진사대부 출신들이었다.

10 **최충헌의 '봉사 10조'를 통해 추론할 수 있는 당시 사회상황으로 옳은 것은?**

> • 왕은 길일을 택하여 새로운 궁궐로 옮긴다.
> • 관리들의 공사전을 빼앗아 농민에게 토지를 돌려준다.
> • 승려의 왕궁 출입과 고리대업을 금한다.
> • 탐관오리를 징벌해야 한다.

① 만적의 난과 같은 천민들의 신분해방운동이 일어났다.
② 지배층의 농민에 대한 토지 수탈이 심하였다.
③ 선종이 호족과 결탁해서 무신정권에 대항하였다.
④ 집권세력이 도평의사사를 중심으로 대농장을 점유하였다.

제시문은 무신인 최충헌이 왕에게 올린 '봉사 10조'에 관한 설명이다. 무신 정권이후 사회는 불교의 폐단과 탐관오리 및 무신들의 불법적인 토지겸병으로 인하여 농민들의 생활이 곤궁하였고, 이로 인한 민란이 빈번히 발생하였다. 이를 개혁하기 위한 내용이 최충헌의 '봉사 10조'에 잘 나타나있다.
① 만적의 난은 지배층의 농민 수탈과는 관련이 없다.
③ 신라 말기의 상황에 관한 설명이다.
④ 권문 세족에 관한 설명으로 고려 말기의 상황이다.

11 고려 시대 사회제도에 대한 설명으로 가장 옳지 않은 것은?

① 의창 – 흉년에 빈민을 구제하는 기관이었다.
② 상평창 – 물가조절기관으로 개경과 서경, 12목에 설치되었다.
③ 제위보 – 기금을 마련한 뒤 이자로 빈민을 구제하는 기관이었다.
④ 대비원 – 구료기관으로 개경과 3경에 설치되었다.

대비원 … 서울인 개경에 동·서 대비원을 설치하여 약과 의복을 무료로 지급하였다. 혜민국을 설치하여 무료로 약을 배부하기도 하였다.

12 다음 중 성격이 다른 하나는?

① 삼별초의 항쟁
② 정동행성 설치
③ 전민변정도감 설치
④ 팔만대장경 조판

정동행성 … 원이 일본 원정을 위해 충렬왕 때 설치한 기구이다.
①③④ 외세의 침입에 저항한 사건이다.

13 고려 시대 여성의 지위에 대한 설명으로 옳지 않은 것은?

① 태어난 순서대로 차례로 호적에 기재하였다.
② 아들이 없을 경우 양자를 들이지 않고 딸이 제사를 모셨다.
③ 유산은 남녀차별 없이 자녀에게 고르게 분배되었다.
④ 재가녀의 소생은 사회적 진출에 많은 제약이 있었다.

고려 시대 여성의 지위는 비교적 높았다. 가정생활이나 경제적인 측면에서는 남성과 거의 동등한 지위를 가졌으며 사회 진출에는 제한이 있었다. 여성의 재가는 자유로웠으며, 그 소생의 사회적 진출에도 제약이 없었다.

14 고려 시대 교육 기관에 대한 설명으로 옳지 않은 것은?

① 교육기관 설립을 통한 유학교육은 관리 양성이 목적이다.
② 고려 중기에는 최충의 문헌공도를 비롯한 사학 12도가 융성하였다.
③ 예종은 관학을 진흥시키기 위해 7재 양현고 등을 설치하였다.
④ 관학은 국자감과 향교를 구분할 수 있으며, 두 곳 다 유학부와 기술학부로 나뉘어 있었다.

15 고려 시대의 관학진흥책에 대한 설명으로 옳지 않은 것은?

① 양현고의 폐단을 없애기 위해 섬학전을 설치하였다.
② 국자감에 서적포를 설치하였다.
③ 9재 학당을 폐지하고 7재를 설치하였다.
④ 국학을 성균관으로 개칭하여 유교 교육의 진흥에 힘썼다.

16 고려 시대의 토지제도에 대한 설명으로 옳지 않은 것은?

① 과전으로 곡목을 수취할 수 있는 전지와 땔감을 얻을 수 있는 시지를 주었다.
② 5품 이상의 관료에게는 공음전을 지급하였고, 자손에게 세습할 수 있었다.
③ 지방의 각 관청에는 구분전을 지급하고, 사원에는 사원전을 지급하였다.
④ 관리에게 보수로 지급된 과전은 수조권만 가지는 토지였다.

ANSWER

11.④ 12.② 13.④ 14.④ 15.③ 16.③

17 고려 시대의 신분제도에 대한 설명으로 알맞은 것은?

① 귀족은 과거제를 통해서만 선발되었다.
② 중류층은 음서를 통해 관직을 독점하였다.
③ 귀족은 신분은 세습과 이동이 가능했다.
④ 농민은 조세, 공납의 의무는 있으나 역의 의무는 없었다.

고려의 신분은 왕족을 비롯한 고위관리 귀족과 궁궐의 실무를 담당하는 관리, 향리, 하급 장교 중류층, 그리고 양민과 천민이 있었다.
① 고려 시대 귀족은 음서를 통한 선발이 존재했다.
② 음서제는 고려 시대 귀족의 혜택이다.
④ 고려 시대 농민은 조세, 공납, 역 모두의 의무를 가졌다.

18 고려 시대의 경제생활로 옳지 않은 것은?

① 재해 시에는 농민들의 조세를 감면해주었다.
② 상공업은 관영 중심체제로 운영되었다.
③ 특수행정구역인 향·부곡은 수공업을 전담하였다.
④ 외역전(外役田)은 향리에게 지급한 토지이다.

향과 부곡은 주로 농업을 위주로 하였고 소는 자기나 제지 등 주로 수공업을 위주로 하였다.

19 고려 시대 토지제도 중 세습이 가능한 사전으로 옳은 것은?

① 과전
② 구분전
③ 공음전
④ 한인전

고려 시대 토지제도는 원칙적으로 세습이 불가하나, 5품 이상 관료에게 지급되는 공음전과 공신에게 지급되는 공신전은 예외로 세습이 가능했다.
① 과전 : 관직 복무와 직역에 대한 대가로 지급되는 토지이다.
② 구분전 : 군인의 유가족이나 하급관리에게 지급되는 토지이다.
④ 한인전 : 6품 이하 하급관리 자제 중 관직에 오르지 못한 자에게 지급되는 토지이다.

기출 20 고려 시대의 토지제도의 변화를 순서대로 나열하면?

> ㉠ 대소공로와 인품을 고려하여 토지를 차등적으로 지급하였다.
> ㉡ 현직 관리를 대상으로 토지를 지급하였다.
> ㉢ 전·현직 관리를 대상으로 관품과 함께 인품을 반영하여 차등 있게 지급하였다.
> ㉣ 전·현직 관리를 대상으로 관직만을 고려하여 차등 있게 지급하였다.

① ㉠ - ㉡ - ㉢ - ㉣
② ㉠ - ㉢ - ㉣ - ㉡
③ ㉢ - ㉠ - ㉡ - ㉣
④ ㉢ - ㉠ - ㉣ - ㉡

- ㉠ **역분전**(940) : 후삼국 통일 과정에서 공을 세운 사람들에게 지급한 논공행상적 성격을 지닌 토지제도이다.
- ㉢ **시정전시과**(976) : 관직의 높고 낮음과 함께 인품을 반영하여 역분전의 성격을 벗어나지 못하고 전국적인 규모로 정비되었다.
- ㉣ **개정전시과**(998) : 관직만을 고려하여 지급하는 기준안을 마련하였고 지급량이 재조정되었다.
- ㉡ **경정전시과**(1076) : 현직관리에게만 지급하고, 무신에 대한 차별대우가 시정되었다.

21 다음과 같은 활동을 한 고려 시대의 승려에 대한 설명으로 옳은 것은?

> 숙종의 후원을 받아 국청사를 중심으로 해동천태종을 창건하여 법상종과 선종의 여러 종파의 대립을 극복하려고 하였다.

① 남중국에 파견되어 천태학을 전했다.
② 풍수지리사상을 정립하여 궁궐과 사찰 건립의 입지 선정에 큰 영향을 미쳤다.
③ 정혜쌍수와 돈오점수를 내세워 교종과 선종의 갈등을 해소하려고 하였다.
④ 송, 요, 일본의 불교서적을 모아 신편제종교장총록을 간행하였다

제시된 자료는 고려 중기의 승려인 대각국사 의천의 활동이다. 송, 요, 일본으로부터 논·소·초를 수집하여 불서목록인 「신편제종교장총록」을 집대성하고 교장도감을 설치하여 속장경을 간행하였다.
① 의천은 송나라에서 유학하고 돌아온 후 귀족들의 호화로운 불교의식의 폐단을 개선하고자 흥왕사의 주지가 되어 화엄종의 본찰로 삼았다.
② 풍수지리사상을 기반으로 서경길지설이 대두되어 북진정책의 이론적 근거가 되었고, 묘청의 서경천도운동으로 나타났다.
③ 지눌은 불즉시심, 정혜쌍수, 돈오점수를 주장하여 조계종을 개창하였다.

ANSWER
17.③ 18.③ 19.③ 20.② 21.④

22 밑줄 친 '왕'의 재위 기간에 있었던 사실로 옳은 것은?

> 주전도감에서 '왕'에게 아뢰기를 "백성들이 화폐를 사용하는 유익함을 이해하고 그것을 편리하게 생각하고 있으니 이 사실을 종묘에 알리십시오."라고 하였다. 이 해에 또 은병을 만들어 화폐로 사용하였는데, 은 한 근으로 우리나라의 지형을 본떠서 만들었고 민간에서는 활구라고 불렀다.

① 주요 지역에 12목을 설치하고 목사를 파견하였다.

② 여진 정벌을 위해 윤관이 건의한 별무반을 설치하였다.

③ 지방 호족을 견제하기 위해 사심관과 기인 제도를 도입하였다.

④ 왕권을 강화하기 위해 과거 제도를 시행하고 독자적인 연호를 사용하였다.

제시문은 고려 숙종의 재위 기간에 있었던 내용이다.
① 성종의 업적이다.
③ 태조의 업적이다.
④ 광종의 업적이다.

[기출] **23** 고려 시대의 과학 기술에 대한 설명으로 옳은 것은?

① 이암이 원(元)의 농상집요를 가져왔는데, 지방관인 강희맹이 간행하여 널리 보급하였다.

② 공민왕 때에 나흥유가 만들어 왕에게 바친 혼일강리도는 조선 태종 때 이회 등이 만든 혼일강리역대국도지도의 토대가 되었다.

③ 삼화자향약방은 조선 초기 향약구급방의 편찬에 많은 기여를 하였다.

④ 정천익(鄭天益)은 기후와 풍토가 다른 우리나라에서 목화재배에 성공하고, 중국 승려로부터 씨아와 물레의 기술을 배워 의류혁명에 크게 기여하였다.

문익점이 원나라에서 목화씨를 가져왔지만, 실질적으로 확대 보급시킨 사람은 정천익으로 중국 승려 호원으로부터 씨아와 물레의 기술을 배워 직조하였다.

① 강희맹은 조선 전기의 인물로 「금양잡록」이라는 농업서적을 저술하였다.

② 나흥유는 고려 공민왕 시기의 지리학자로, 「혼일강리도」제작과 직접적인 관련은 없다.

③ 「삼화자향약방」은 고려 후기에 만들어진 의서로 현재는 남아 있지 않은데, 조선 초기에 편찬된 「향약집성방」 간행에 영향을 주었다. 「향약구급방」은 고려 중기에 편찬된 의학서적이다.

다음에서 설명하는 승려의 활동으로 옳지 않은 것은?

> - 고려 제11대 왕 문종의 넷째 아들로 태어남
> - 송나라에 유학을 가서 화엄학과 천태학을 익힘
> - 출가하여 구족계를 받고 국사로 책봉된 후 입적함
> - 개경에 국청사를 개창하고 해동천태종을 창시함

① 신라 승려 원효의 통합 불교 사상을 계승하고자 했다.
② 원종문류, 석원사림 등 불교서적을 저술하였다.
③ 정혜쌍수의 이론으로 선종과 교종의 교리적 통합을 추구하였다.
④ 송, 요, 일본 등지에서 불교 전적을 수집하여 대장경을 보완하였다.

무신집권기에 보조국사 지눌이 정혜쌍수의 이론으로 선종과 교종의 교리적 통합을 추구하였다.

25 **다음 밑줄 친 '왕'에 대한 설명으로 옳은 것은?**

> '왕'의 이름은 소(昭)다. 치세 초반에는 신하에게 예를 갖추어 대우하고 송사를 처리하는 데 현명하였다. 빈민을 구휼하고, 유학을 중히 여기며, 노비를 조사하여 풀어 주었다. 밤낮으로 부지런하여 거의 태평의 정치를 이루었다. 중반 이후로는 신하를 많이 죽이고, 불법(佛法)을 지나치게 좋아하며 절도가 없이 사치스러웠다.
>
> — 고려사절요 —

① 쌍기의 건의로 과거제를 실시하였다.
② 12목을 설치하고 지방관을 파견하였다.
③ 호족을 견제하기 위해 사심관과 기인제도를 마련하였다.
④ 승려인 신돈을 등용하여 전민변정도감을 설치하였다.

제시문의 왕은 고려의 광종이다. 쌍기의 건의를 받아들여 과거제도를 실시하였으며, 문신 유학자를 등용하여 신·구세력의 교체를 도모하였다.
② 고려 성종은 지방에 12목을 설치하고 지방관을 파견하였다.
③ 고려 태조는 호족을 견제하기 위해 사심관과 기인제도를 실시하였다.
④ 공민왕은 승려 신돈을 등용하여 전민변정도감을 설치하였다.

26 「삼국사기」와 「삼국유사」에 대한 설명으로 옳은 것은?

	삼국사기	삼국유사
①	불교 사상사 관계 자료와 함께 많은 민간전승과 신화·설화를 수집하였다.	논찬을 따로 두어 주관적 서술을 제한·구별하고 삼국을 '우리'로 서술하는 등의 객관적이고 합리적인 입장을 표명하였다.
②	기전체 서술방식으로 본기, 열전, 지, 연표로 구성되어 다양한 역사체험을 포괄하고 있다.	고승전 체제를 바탕으로 기이편을 앞 부분에 넣고 효선편을 마지막에 붙여서 유사체로 편집하였다.
③	중국측 사료를 더 신뢰하여 민족 시조를 제시했으면서도 체계화에 대한 노력이 부족하였다.	고조선 등의 존재를 알면서도 이를 삭제하고 삼국 시대만의 단대사만을 기록하였다.
④	기층민의 생활상에서 드러나는 반귀족적 사회의식도 반영되어 있다.	부족설화, 불교설화 같이 전통적 생활체험이 담긴 공동체의 체험을 유교적 사관에 맞게 고치거나 누락시켰다.

⊙ 삼국사기 : 김부식이 저술한 대표적인 기전체 사서로 본기·열전·지·연표로 구성되어 있으며 삼국을 '우리'라고 서술하여 객관적·합리적 의식을 나타냈다. 하지만 고조선을 인식하면서도 상고사에 대한 서술을 배제한 점, 개서주의에 입각하여 우리 전통사를 유교사관으로 고치거나 탈락시킨 점은 한계점으로 지적되고 있다.

⊙ 삼국유사 : 일연이 저술한 고려 후기에 편찬된 사서로 구성은 서문·기이편·효선편으로 되어있다. 서문에는 자주적 의식 표방, 기이편에서는 불교에 바탕을 둔 신이한 이야기, 효선편은 유교 사상을 바탕으로 하고 있다. 하지만 중국 측 사료를 지나치게 신뢰한 것은 그 한계점으로 지적되고 있다.

기출 **27** 밑줄 친 '그'가 남긴 업적에 해당하는 것은?

> '그'는 선종의 부흥과 신앙결사운동의 새로운 움직임을 주도하였다. 송광사에 머무르고 있던 그는 당시 불교계의 타락을 비판하였다. 불교 수행의 중심을 이루는 두 요소인 참선과 지혜를 아울러 닦아야 한다고 하였다. 그리고 승려 본연의 자세로 돌아가 예불독경과 함께 참선 및 노동에 힘쓰자는 개혁운동을 전개하였다.

① 이론과 실천의 양면을 중시하는 교관겸수(教觀兼修)를 제창하였다.

② 하나 속에 우주의 만물을 아우른다는 그의 화엄사상은 전제 정치를 뒷받침하였다.

③ 선·교 일치의 완성된 철학체계를 이루게 되었다.

④ 일심사상을 토대로 정토종을 창시하였다.

제시문은 고려 후기 교선통합을 시도하며 조계종을 창시한 보조국사 지눌에 관련된 설명이다.
① 의천에 대한 설명이다.
② 의상에 대한 설명이다.
④ 원효에 대한 설명이다.

28 다음 건의를 받아들인 왕이 실시한 정책으로 옳은 것은?

> 임금이 백성을 다스릴 때 집집마다 가서 날마다 그들을 살펴보는 것이 아닙니다. 그래서 수령을 나누어 파견하여, (현지에) 가서 백성의 이해(利害)를 살피게 하는 것입니다. 우리 태조께서도 통일한 뒤에 외관(外官)을 두고자 하셨으나, 대개 (건국) 초창기였기 때문에 일이 번잡하여 미처 그럴 겨를이 없었습니다. 이제 제가 살펴보건대, 지방 토호들이 늘 공무를 빙자하여 백성들을 침해하며 포악하게 굴어, 백성들이 명령을 견뎌내지 못합니다. 외관을 두시기 바랍니다.

① 서경 천도를 추진하였다.
② 5도 양계의 지방 제도를 확립하였다.
③ 지방 교육을 위해 경학박사를 파견하였다.
④ 유교 이념과는 별도로 연등회, 팔관회 행사를 장려하였다.

제시문은 최승로의 시무 28조로 이 건의를 받아들인 왕은 고려 성종이다. 지방 교육을 위해 12목에 경학박사를 파견한 것은 고려 성종이 실시한 정책이다.
① 정종의 정책이다.
② 현종의 정책이다.
④ 태조의 정책이다.

기출 **29** 다음 저서들이 편찬된 시기의 시대적 상황으로 옳은 것은?

> 「제왕운기」, 「삼국유사」

① 신진사대부의 정권 장악
② 원 간섭기로 몽고풍 유행
③ 묘청의 서경 천도 운동 실패
④ 여진, 거란에 대비하기 위한 천리장성 축조

「제왕운기(1280)」는 이승휴가, 「삼국유사(1282)」는 일연이 편찬한 것으로 모두 무신정권 이후 원 간섭기에서 초래된 황폐해진 삶과 이민족의 침입에 대해 자주적 역사의식을 밝혔다는 점이 특징이다. 또한 두 저서 모두 단군을 시조로 여기며 단군신화를 언급한 점에서 민족의식의 반영을 살펴볼 수 있다.

30 다음 불상과 같은 시대에 제작된 유물이 아닌 것은?

> • 광주 춘궁리 철불
> • 연산 개태사지 삼존 석불입상
> • 안동 이천동 석불
> • 부석사 소조 아미타여래좌상

① 개성 불일사 5층 석탑
② 안동 봉정사 극락전
③ 여주 고달사지 원종대사 혜진탑
④ 경주 배리 석불입상

경주 배리 석불입상은 은은한 미소를 띠고 있는 신라 시대의 불상이다.

근세의 정치·경제·사회·문화

회독 | 1 | 2 | 3 | 정답 수 | 개 / 30개 |

1 조선 시대의 중앙 정치 기구에 관한 설명으로 옳은 것은?

① 의정부는 3정승 합의하에 정책을 심의·결정하였다.

② 사헌부는 왕에게 바른 정치를 할 것을 조언하는 간쟁을 담당하였다.

③ 홍문관은 관리의 비행을 감찰하였다.

④ 승정원은 왕의 직속 사법 기관이었다.

의정부 ⋯ 백관을 통솔하고 서정을 총괄하던 조선 시대 최고의 행정기관이다.
② 사간원에 대한 설명이다.
③ 사헌부에 대한 설명이다.
④ 의금부에 대한 설명이다.

2 조선 시대 통치체제에 대한 내용 중 옳은 것은 모두 몇 개인가?

> ㉠ 의금부는 왕명 혹은 세 의정(議政)의 결정으로 반역죄인을 심문할 수 있는 기관이었다.
> ㉡ 사헌부는 관원의 비행을 감찰하는 사법기관이고, 사간원은 정책을 비판하는 간쟁기관이었다.
> ㉢ 승문원은 국왕의 명령을 출납하는 비서기관이었다.
> ㉣ 전국의 주민을 국가가 직접 지배하기 위하여 모든 군현에 수령을 파견하였다.
> ㉤ 향촌의 자치를 위하여 각 군현에 유향소를 설치하였다.

① 2개

② 3개

③ 4개

④ 5개

의금부 ⋯ 왕명에 의해 특별재판을 담당하는 기관이다. 지위의 고하나 신분의 귀천을 불문하고 다스리게 되어 그 치리(治理)의 대상과 범위에는 제한이 없었다.

※ 승문원 ⋯ 국왕의 외교문서 작성을 담당하였고, 승정원은 국왕의 비서기관이었다.

3 다음과 같이 주장한 붕당에 대한 설명으로 옳은 것은?

> 기해년의 일은 생각할수록 망극합니다. 그때 저들이 효종 대왕을 서자처럼 여겨 대왕대비의 상복을 기년복(1년 상복)으로 낮추어 입도록 하자고 청했으니, 지금이라도 잘못된 일은 바로잡아야 하지 않겠습니까?

① 인조반정으로 몰락하였다.
② 기사환국으로 다시 집권하였다.
③ 경신환국을 통해 정국을 주도하였다.
④ 정제두 등이 양명학을 본격적으로 수용하였다.

제시문은 조선 현종 때 인선왕후 장씨가 사망하자 자의대비의 복제문제를 두고 일어난 논쟁, 갑인예송에서 남인들이 주장한 내용이다. 남인들은 기사환국으로 서인을 대거 숙청하고 다시 집권하였다.
① 북인의 주장이다.
③ 서인의 주장이다.
④ 소론의 주장이다.

4 이황과 이이에 대한 설명으로 옳지 않은 것은?

① 이황은 성학십도, 주자서절요 등을 집필하였다.
② 최초의 서원은 백운동서원으로, 퇴계 이황이 명종으로부터 현판을 하사받아 지금의 소수서원이 되었다.
③ 이이는 현실 정치와 개혁에 관심이 많았다.
④ 기호학파이면서 선조에게 수미법을 제안한 것은 이황이다.

기호학파인 이이는 선조에게 수미법의 시행을 제안하였다. 이황은 영남학파이다.

기출 5 다음 정책을 시행한 왕에 대한 설명으로 옳은 것은?

> • 「속대전(續大典)」을 편찬하여 법령을 정비하였다.
> • 사형수에 대한 삼복법(三覆法)을 엄격하게 시행하였다.
> • 신문고 제도를 부활시켜 백성들의 억울함을 풀어주고자 하였다.

① 신해통공을 단행해 상업 활동의 자유를 확대하였다.
② 삼정이정청을 설치해 농민의 불만을 해결하려 하였다.
③ 붕당의 폐단을 제거하기 위해 서원을 대폭 정리하였다.
④ 환곡제를 면민이 공동출자하여 운영하는 사창제로 전환하였다.

속대전 … 1746년(영조 22)에 「경국대전」 시행 이후에 공포된 법령 중에서 시행할 법령만을 추려서 편찬한 통일 법전이다. 영조는 통치의 기틀을 마련하여 왕권을 강화하기 위해 「속대전」을 편찬하였다. 조선 전기 대명률에 따르던 것에서 벗어나 우리 실정에 맞는 새로운 형률을 증설하고 형량도 가볍게 하였다.
① 정조의 정책이다.
② 철종의 정책이다.
④ 흥선대원군의 정책이다.

기출 6 다음 밑줄 친 '이것'이 제작된 시기의 내용으로 옳은 것은?

이것은 하늘의 모습(천상)을 목성의 운행을 기준으로 설정한 12구역(차)와 별자리 구역을 12구역(분야)으로 구분하여 서로 대응시킨 천상도(天象圖)이다. 현재 우리나라 국보 제228호로 지정되어 있으며 왕의 명령에 따라 서운관에서 제작되었으며, 현존하는 우리나라 최고의 석각천문도이다. 상단의 천문도 원 안에는 모두 1,467개의 별이 기록되어 있으며, 중국의 순우천문도에 기록되어 있는 1,434개의 별보다 그 수가 많아 보다 세밀한 관측이 이루어졌음을 알 수 있다.

① 왕권 강화를 목적으로 하는 6조 직계제가 처음으로 시행되었다.
② 학문과 정책 연구를 위해 집현전이 설치되고 경연 기능이 강화되었다.
③ 유교통치이념 확립을 위해 국조오례의, 삼강행실도 등이 보급되었다.
④ 경제육전, 조선경국전 등의 법전과 국가 통치에 관한 법제서 등이 간행되었다.

7 세도정치의 폐단으로 보기 가장 어려운 것은?

① 왕권 강화
② 세도 가문의 주요 관직의 독점
③ 과거제도의 문란
④ 매관매직의 성행

이것은 조선 태조가 건국 직후 서운관에 명하여 제작한 '천상분야열차지도'이다. 당시 천문 관측에 대한 관심과 중요성뿐만 아니라 조선의 과학 기술이 발달 수준을 살펴볼 수 있는 자료다. 「경제육전」은 조선 최초의 법전이고, 「조선경국전」은 정도전이 국가 통치에 관한 내용을 담아 왕에게 올리기 위해 간행되었다.
① 조선 태종 때이다.
②③ 조선 세종 때이다.

세도정치의 폐단 … 세도 가문의 주요 관직의 독점, 과거제도의 문란, 매관매직의 성행, 각종 부정부패의 만연 및 삼정의 문란 등이 있다.

8 조선 시대 수령의 임무가 아닌 것은?

① 향리의 부정방지
② 농업장려
③ 교육진흥
④ 풍속교화

사림(＝재지사족, 향촌지주)은 지방 사회의 풍속교화에 많은 역할을 맡았다.

※ 조선 시대 수령의 7사
　㉠ 성농상(成膿桑) : 농업을 장려할 것
　㉡ 식간활(息奸猾) : 향리의 부정을 방지할 것
　㉢ 증호구(增戶口) : 호구를 확보할 것
　㉣ 균부역(均賦役) : 부역을 균등히 할 것
　㉤ 간사송(簡詞訟) : 소송을 간결히 할 것
　㉥ 흥학교(興學校) : 교육을 진흥시킬 것
　㉦ 수군정(修軍政) : 군정의 만전을 기할 것

9 다음 보기의 ⑺, ⑷에 들어갈 말로 가장 옳은 것은?

> 조선 전기에 실시되던 ⑺ 체제는 많은 외적의 침입에 효과가 없었다. 이에 16세기 후반에 이르러 ⑷ 체제가 수립되었으나 임진왜란 중에 큰 효과를 거두지 못하자 ⑺ 체제를 복구하였다.

> ㉠ 유사시에 필요한 방어처에 각 지역의 병력을 동원하여 중앙에서 파견되는 장수가 지휘하는 방어체제
> ㉡ 좌군, 우군, 초군으로 구성되어 진에 주둔하여 국경 수비를 전담하는 체제
> ㉢ 위로는 양반부터 아래로는 노비에 이르기까지 편제되어, 평상시에는 생업에 종사하면서 향촌사회를 지키다가 적이 침입해 오면 전투에 동원되는 체제
> ㉣ 지역단위의 방위체제로 각 도에 한 두 개의 병영을 두어 병사가 관할지역 군대를 장악하고, 병영 밑에 몇 개의 거진(巨鎭)을 설치하여 거진(巨鎭)의 수령이 그 지역 군대를 통제하는 체제

　　　⑺　　⑷　　　　　　　　⑺　　⑷
① ㉠　㉡　　　　　② ㉠　㉣
③ ㉢　㉠　　　　　④ ㉣　㉠

제시문은 조선 시대의 지역방어체제 변화에 대한 설명이다. ⑺는 조선 세조 때 확립된 진관체제, ⑷는 조선 중기에 개편된 제승방략체제이다.
㉠ 제승방략체제에 대한 설명이다.
㉡ 고려 시대의 변방인 양계에 배치된 주진군이다.
㉢ 조선 시대에 조직된 예비군의 성격을 지닌 잡색군이다.
㉣ 진관체제에 대한 설명이다.

기출 10 다음은 17세기에 발생한 사건들이다. 시대 순으로 옳게 나열한 것은?

> ㉠ 병자호란
> ㉡ 인조반정
> ㉢ 정묘호란
> ㉣ 이괄의 난
> ㉤ 나선 정벌

① ㉡ − ㉢ − ㉠ − ㉣ − ㉤
② ㉡ − ㉣ − ㉢ − ㉠ − ㉤
③ ㉡ − ㉠ − ㉢ − ㉤ − ㉣
④ ㉡ − ㉢ − ㉣ − ㉠ − ㉤

㉡ 인조반정(1623) : 광해군의 중립외교와 폐모살제사건을 계기로 서인이 주도한 반정으로 인조가 즉위하였다.

㉣ 이괄의 난(1624) : 이괄은 인조반정 이후 논공행상에 불만을 품고 평안도 북부에서 난을 일으켰으나 평정되었다.

㉢ 정묘호란(1627) : 후금은 서인정권의 진명배금 정책과 이괄의 난 등을 구실로 황해도 황주까지 침입하였다.

㉠ 병자호란(1637) : 군신관계를 요구하며 청의 태종은 10만 명의 군대를 동원하여 다시 쳐들어 왔다.

㉤ 나선정벌(1654 · 1658) : 효종 때 청의 요청으로 두 차례에 걸쳐 조총부대를 투입하여 러시아 세력을 격퇴하였다.

11 다음은 17세기에 발생한 두 차례의 호란에 관련된 사안이다. 당시 국내외 상황에 관한 설명으로 가장 적절하지 않은 것은?

① 윤집 등 성리학자들은 주화론을, 최명길 등의 양명학자들은 척화주전론을 주장하였다.
② 이괄의 일파는 후금의 조선 침입을 종용하였다.
③ 정묘호란의 결과로 후금은 조선과 형제의 맹약을 맺고, 조공과 국경에서의 관무역을 조건으로 철군하였다.
④ 효종 재임 시 '복수설치(復讎雪恥)'라는 정치적 의식이 대두되었다.

청나라가 군신관계를 요구해 오자 조선 조정에서는 항전불사를 강조한 주전론자(김상헌, 오달재, 홍익한, 윤집 등), 현실과 국가 이익을 강조한 주화론자(최명길, 김유, 홍서봉 등)의 양론으로 갈라졌다.

ANSWER

8.④ 9.④ 10.② 11.①

12 다음 자료에서 언급하는 조선 중기의 정치세력에 대한 설명으로 옳은 것을 모두 고르면?

> • 현량과를 실시하여 인물 중심으로 관리를 등용하였다.
> • 불교나 도교와 관련된 종교행사를 폐지하고 공납의 폐단을 시정하고자 하였다.
> • 소학교육을 장려하고 향약을 전국적으로 시행하여 성리학적인 윤리와 향촌자치를 강화하고자 하였다.

> ㉠ 조선 초기 문물제도의 정비에 기여하였다.
> ㉡ 3사에서 언론과 문한직을 담당하였다.
> ㉢ 도덕과 의리를 바탕으로 한 왕도정치를 추구하였다.
> ㉣ 관학파의 학풍을 계승하고 중앙집권체제를 강조하였다.

① ㉠㉡
② ㉠㉣
③ ㉡㉢
④ ㉢㉣

제시문은 조선 중종 때의 조광조가 시행한 정책이다. 그는 왕도주의 유교 정치 실현을 위해 유교 이외의 사상을 철저히 배격하고 당시 집권층이었던 훈구세력을 견제하기 위해 사림의 중앙 진출을 유도하였다. 그 일환으로 시행된 것이 현량과와 지방에서의 서원 및 향약의 보급이다. 하지만 급진적 정책으로 인하여 훈구 세력뿐만 아니라 왕에게도 의심을 사게 되어 기묘사화(己卯士禍)를 일으키는 장본인이 되기도 하였다.
㉠㉣ 조선 전기의 지배세력인 훈구파에 관련된 설명이다.

13 조선 시대의 과거제도에 대한 설명으로 옳지 않은 것은?

① 부정기 시험으로 나라에 경사가 있을 때 보는 알성시와 국왕이 문묘에 참배한 후 성균관에서 보는 증광시가 있었다.
② 재가한 여자의 자녀나 서얼은 문과 응시에 제한을 받았다.
③ 특별채용제도인 음서제는 고려 시대에 비하여 자격 기준이 축소되었으며 또한 문과에 합격하지 않으면 고관으로 승진하기가 힘들었다.
④ 정기시험인 식년시는 3년 마다 시행하는 것을 원칙으로 하였다.

증광시는 처음에 임금의 즉위를 축하(태종)하는 데서 유래되었지만 국가의 경사가 있을 경우에도 실시한 시험이며 알성시는 임금이 공자에 대한 제례 즉, 문묘제례를 지내면서 성균관에서 보는 특별시험이다.

14 다음 사건들을 시간 순으로 나열한 것은?

> ㉠ 직전제 실시
> ㉡ 과전법 시행
> ㉢ 녹과전제 실시
> ㉣ 전시과 제도 시행

① ㉠ - ㉡ - ㉢ - ㉣
② ㉢ - ㉣ - ㉠ - ㉡
③ ㉣ - ㉡ - ㉢ - ㉠
④ ㉣ - ㉢ - ㉡ - ㉠

㉣ 고려 경종 때 시행되었다.
㉢ 고려 원종 때 시행되었다.
㉡ 고려 말 공양왕 때 마련되었다.
㉠ 세조 때 시행되었다.

15 다음에서 설명하는 밑줄 친 '이것'은?

> 조선 시대 16세 이상의 정남에게는 '이것'의 의무도 있었다. '이것'은 가호를 기준으로 정남의 수를 고려하여 뽑아서 성, 왕릉, 저수지 등의 공사에 동원하였다. 성종 때에는 경작하는 토지 8 결을 기준으로 한 사람씩 동원하고, 1년 중에 동원할 수 있는 날도 6일 이내로 제한하도록 규정을 바꾸었으나, 임의로 징발하는 경우도 많았다.

① 공납
② 요역
③ 환곡
④ 군역

제시문은 요역에 대한 설명이다. 요역은 성종 이후 토지의 8결마다 1인을 차출하며, 1년 중 6일 이내로 규정되었으나 실제로는 임의로 징발하였다.

16 다음 설명 중 옳지 않은 것은?

> 조선을 건국하면서 조세, 공납, 역의 수취제도를 재정립하여 국가의 재정기반을 확충하고 ㉠ 양반 지배층의 경제기반을 마련하였다. 농업에서는 유교적 민본주의를 바탕으로 ㉡ 농서의 편찬과 보급, 수리시설의 확충 등 안정된 농업조건을 만들기 위한 ㉢ 권농 정책이 추진되었다. ㉣ 상공업은 통제책을 마련하여 안정적으로 국가에서 필요로 하는 물품을 조달할 수 있도록 하였다. 이를 기반으로 점차 농업생산력이 증대되고 상공업 활동이 활발해지면서 지방에서 장시가 출현하였다.

① ㉠ : 과전법을 실시하였다.
② ㉡ : 농가집성, 임원경제지 등이 편찬되었다.
③ ㉢ : 토지개간을 장려하고 농업기술을 개발하였다.
④ ㉣ : 시전을 설치하였으며 관영 수공업이 주를 이루었다.

농가집성 … 17세기 중엽(조선 후기)에 신속이 저술한 것으로 벼농사 중심의 농법을 소개한다.
※ **임원경제지** … 19세기(조선 후기)에 서유구가 편찬한 농촌 생활에 관한 백과사전이다.

기출 17 다음 (   ) 안에 들어갈 조선의 토지제도에 관한 설명으로 옳은 것은?

> 과전법 → 직전법 → 관수관급제 → (   )

① 전주에 의한 전객의 임의적 수취를 방지하기 위해 마련되었다.
② 관직의 등급에 따라 차등적으로 토지의 수조권을 지급하였다.
③ 현직 관료만을 대상으로 지급된 토지제도이다.
④ 병작반수에 입각하여 토지의 사적 경향이 확대되었다.

지주전호제 … 토지의 사적 경향이 확대되고 있음을 알려주는 증거로서 병작반수에 입각한 토지제도였다. 조선 시대에는 관리에게 토지의 수조권을 지급한 것은 관수관급제를 끝으로 목봉만을 지급하였으며 이후의 토지제도는 지주전호제가 중심이 되었다.
① 관수관급제에 대한 설명이다.
② 과전법에 대한 설명이다.
③ 직전법에 대한 설명이다.

18 조선 전기 수공업에 대한 설명 중 옳지 않은 것은?

① 관장들은 매년 일정 기간 동안 책임량을 제조하여 납품하였다.
② 관장들은 공장안에 등록되어 중앙 및 지방의 관청에 소속되었다.
③ 관장은 주로 의류, 활자, 문방구, 무기 그릇 등을 생산하였다.
④ 관장은 관청에서 근무하는 대가로 국가로부터 녹봉을 지급받았다.

관장제는 국역의 의무로 운영되었으며 근무 기간 동안 식비 정도가 지급되었다.

19 다음 자료의 (개)에 대한 설명으로 옳은 것은?

> 「미수기언」에 이르기를 "삼척에 매향안(埋香岸)이 있는데, '충선왕 2년(1310)에 향나무 2백 50그루를 묻었다.'고 하였다. … 여기에서 (개) 라는 이름이 시작되었는데, 후에 이들이 상여를 메었다."고 하였다. … 이들이 모일 때 승려와 속인이 마구 섞여 무리를 이루었다고 하니 (개) 의 시초는 불교로부터 이루어진 것이다.
>
> – 성호사설 –

> ㉠ 이들은 수선사 결사 운동을 전개하였다.
> ㉡ 향촌의 풍속 교화를 위해 향안을 작성하였다.
> ㉢ 불상·석탑 건립과 같은 불사(佛事)에 주도적으로 참여하였다.
> ㉣ 향음주례를 주관하여 결속을 강화하였다.
> ㉤ 이 조직에서 상여를 메는 사람인 상두꾼이 유래하였다.

① ㉠㉢ ② ㉡㉣
③ ㉢㉣ ④ ㉢㉤

제시문의 (개)는 향도로 이들은 단순히 매향만을 하는 것이 아니라 대규모 인력이 동원되는 불상, 석탑을 만들거나 절을 지을 때에 주도적인 역할을 담당하였다. 후기에 이르러 점차 신앙적인 향도에서 자신들의 이익을 위하여 조직되는 향도로 변도되어 마을 노역, 혼례와 상·장례, 민속 신앙과 관련된 마을 제사 등 공동체 생활을 주도하는 농민조직으로 발전하였다.
㉠ 고려 후기 지눌이 주도한 선종 계통의 승려이다.
㉡㉣ 조선 시대 사림의 활동이다.

20 다음과 관련된 조선 시대 조직으로 옳은 것은?

> 경남 사천에서 발견된 사천 매향비는 향나무를 묻고 세운 것으로, 내세의 행운과 국태민안(國泰民安)을 기원하는 내용을 담고 있다.

① 두레

② 향약

③ 향도

④ 동계

향도 … 불교 신앙의 하나로 위기가 닥쳤을 때를 대비하고, 미륵을 만나 구원받고자 하는 염원에서 향나무를 땅에 묻었는데 이러한 활동을 매향이라고 하며, 매향활동을 하는 무리를 향도라고 한다.

① 두레 : 삼한 이래로 형성된 전통적인 공동 노동조직이다.

② 향약 : 조선 시대 양반 중심의 자치규약으로 조선 중종 때 처음 시행되어 전국적으로 확산되었다.

④ 동계 : 조선 시대 지방 사족들만이 참여하는 것으로 시작되어 임진왜란 이후 양반과 평민층이 함께 참여하는 상하 합계의 형태로 전환되었다.

21 조선 시대 토지 제도와 수취 체제에 대한 설명으로 옳지 않은 것은?

① 세종 때에는 풍흉과 토지의 비옥도에 따라 조세를 차등으로 수취하는 공법이 시행되었다.

② 가호마다 토산물을 수취하는 공납은 백성들에게 가장 큰 조세 부담이었다.

③ 조선 건국 직후 태조는 기존의 전시과 체제를 개편하고 과전법을 시행하였다.

④ 성종 때에는 지방 관청이 조세 수취 후 관리들에게 지급하는 관수관급제가 시행되었다.

조선의 토지 제도는 과전법 → 직전법 → 관수관급제로 변화하였다. 과전법은 경기 지방에 한하여 관리들에게 토지의 수조권을 지급하였으나 세습되는 과전이 많아지면서 신진 관리들에게 지급할 토지가 부족해지자 세조 때에는 직전법을 실시하여 현직 관리에게만 지급하였다. 이후 관리들의 수조권을 남용하며 백성들의 피해가 커지자 성종 때에는 관수관급제를 실시하여 국가의 토지 지배권을 강화하였다. 수취 체제는 조세, 공납, 역이 있었고 세종 때에는 전분 6등, 연분 9등법(공법)을 시행하였다. 이 중 토산물을 납부해야 하는 공납은 백성에게 가장 큰 부담이었다.

③ 과전법은 고려 말 공양왕 때 이미 시행되었다.

22 조선 시대의 사회제도에 대한 설명으로 옳지 않은 것은?

① 모든 군현에 수령이 파견되어 속현제도가 소멸되었다.

② 불교, 도교, 풍수지리사상은 국가발전에 저해가 되었다.

③ 향리가 가졌던 조세·공물 징수권이 수령에게 넘어갔다.

④ 양인은 법제상 모든 과거시험에 응시할 자격이 부여되었다.

조선 시대에 불교는 국가의 지도이념으로서의 지위는 잃었지만, 신앙의 대상으로 민간 사회에서는 여전히 신봉되었다. 이는 국가와 개인의 안녕과 평화를 기원하는 종교 기능을 가지고 있었고, 민간신앙의 하나로 굳어져 있었기 때문이다.

23 조선 시대 노비에 대한 설명으로 옳지 않은 것은?

① 모든 노비는 소유주의 재산으로 매매·양도·상속되었으며 자기의 재산을 축적할 수 없었다.

② 공노비는 독립된 가옥에 살면서 국가에 신공(身貢)을 바치거나, 일정 기간 관청에 나가서 무보수로 노동을 제공했다.

③ 솔거노비는 주인이 원하는 모든 노동을 제공하는 대신 기본 생계를 보장받았다.

④ 외거노비는 주인과 따로 거주하면서 주인 땅의 일부를 사경지로 받아 그 수확물을 차지하고 그 밖의 주인 땅에서 생산하는 수확물을 주인에게 바쳤다.

> 조선 시대의 노비는 매매·양도·상속이 가능한 하나의 재산으로 파악되었고, 납공노비와 외거노비는 재산축적이 가능하였다.

24 조선 초기 농민에 대한 설명으로 옳지 않은 것은?

① 법제적으로 과거에 응시할 수 있는 자격이 되었다.

② 16 ~ 60세의 남자는 정남이라 하여 군역에 동원되었다.

③ 기본적 세제인 조용조(租庸調)의 납부 의무가 있었다.

④ 지방군인 잡색군에 정규 군인으로 편제되었다.

> 잡색군 … 조선 초기 일종의 예비군으로서 정규군과 보인 16 ~ 60세의 정남을 제외한 나머지 사람을 대상으로 하였다. 즉 노비, 천민이나 향리, 향도, 생도 등이 그 대상이 되었다.

25 「용비어천가」가 간행되어 보급되던 시기에 만들어진 것은 모두 몇 개인가?

> ⊙ 칠정산내외편
> ⓛ 「향약구급방」
> ⓒ 「농사직설」
> ⓔ 「상정고금예문」
> ⓜ 자격루
> ⓗ 「의방유취」

① 2개 　　　　　② 3개
③ 4개 　　　　　④ 5개

제시문은 조선 세종 때 지어졌다. ⊙ⓒⓜⓗ 은 조선 전기 세종 때 편찬, 제작되었다. ⓛⓔ 고려 후기에 간행되었다.

26 조선의 문화 · 예술에 대한 설명으로 가장 적절한 것은?

① 아악의 종류로는 가사, 시조, 가곡 외에 각 지방의 민요와 판소리 등이 있었다.
② 안견은 '몽유도원도'를 통해 우리나라 산천의 아름다움을 사실적으로 그렸다.
③ 궁궐, 관아, 성문, 학교 건축이 발달했던 고려 시대와 대조적으로 사원 건축이 발달하였다.
④ 15세기에 고려자기의 비법을 계승한 분청사기가 유행하였으나, 16세기에는 백자가 유행하였다.

고려 말 청자로부터 발전하여 15세기까지 분청사기가 유행하였으나 16세기에 들어서면서 무늬보다 백토분장이 유행하게 되었다.

① 속악(= 향악)에 해당하는 설명이다.
② '몽유도원도'는 현실 세계와 환상적인 이상 세계를 능숙하게 처리하고, 대각선의 운동감을 활용하여 구현한 걸작이다. 보기 지문은 정선의 '진경산수화'에 대한 설명이다.
③ 조선 전기에는 궁궐, 관아, 성문 등 궁궐 건축이, 조선 중기에는 사립학교인 사원 건축이 발달하였다.

27 고려 · 조선 시대의 문화와 관련된 설명으로 옳은 것은?

① 국자감 내에 9재 학당을 설치하여 귀족 자제들을 전문적으로 육성하였다.
② 의천은 백련사를 중심으로 정토신앙과 염불수행을 강조하며 불교 쇄신운동을 전개하였다.
③ 상감청자는 맑은 비색, 우아한 곡선과 함께 12세기 후반 고려청자의 세련된 미를 보여준다.
④ '몽유도원도'를 그린 안견은 우리나라의 풍경을 사실적으로 나타내는 '진경산수화'를 개척하였다.

상감청자 … 12세기 중엽에 만들어진 고려 시대 특유의 청자이다.
① 고려 시대 국자감은 국가에서 설치한 관학이고, 최충의 문헌공도 등 9재 학당은 개인이 세운 사학이다.
② 무신집권기 보조국사 지눌은 수선사를 중심으로 명리에 집착하는 당시 불교계의 타락상을 비판하며 승려 본연의 자세로 돌아가 독경과 선수행, 노동에 고루 힘쓰자는 불교 쇄신운동을 전개하였다.
④ 조선 후기 정선은 '인왕제색도', '금강전도' 등을 그려 우리나라의 풍경을 사실적으로 나타내는 '진경산수화'를 개척하였다.

기출 28 조선왕조실록에 관한 설명으로 옳지 않은 것은?

① 역대 제왕의 사적을 편년체로 엮은 것이다.
② 실록 편찬에는 개인문집 등 개인의 기록은 이용하지 않았다.
③ 사실의 서술과 함께 사관의 비판도 수록하였다.
④ 임진왜란 때 불타고 전주 사고본만이 현존하고 있다.

정조가 세자 시절 때 썼던 일기에 해당되는 「일성록」 등도 실록 편찬에 활용하였다.

---

29 조선 후기 사회의 변화에 관한 설명으로 옳지 않은 것은?

① 붕당 정치가 변질되어 권력을 가진 양반들이 몰락하는 처지가 되었다.
② 중인 계층이 신분 상승 운동을 전개하였다.
③ 노비가 군공과 납속을 통해 신분 해방이 되었다.
④ 수령 · 향리의 권한이 약화되었다.

세도 정치 시기에 농민 수탈이 심화되어 오히려 수령 · 향리의 권한은 강화되었다.

30 다음은 16세기 조선 시대 사회의 모습을 설명한 것이다. 옳은 것은?

> • 예학과 보학이 발전하였다.
> • 주기론과 주리론의 학문적 논쟁이 치열하였다.
> • 향촌 규약과 농민 조직체가 향약으로 대치되었다.
> • 「삼강행실도」, 「효행록」 등을 언해하여 보급하였다

① 사화에서 사림이 승리하여 정권을 장악했다.
② 성리학적 가족 · 윤리 · 사회질서가 정착되었다.
③ 성리학 이외의 사상도 수용하였다.
④ 축적된 부를 통해 서민 문화가 발달하였다.

제시문은 16세기 사림이 집권을 하면서 향촌사회에서의 지배를 확립하고 예학과 보학의 보급을 통해 가부장적 가족질서를 정립하고자 하는 것이다. 안정된 사회 기반과 지배체제를 토대로 이후 사림들은 주기론과 주리론의 해석과 적용 문제를 놓고 학파 중심으로 나뉘어 대립하는 경향을 나타내기도 하였다. 이를 통해 성리학적 지배질서를 확립하고자 하는 의도를 엿볼 수 있다.

1 다음 사건을 수습한 이후에 나타난 정치 변화를 바르게 설명한 것은?

> 적(賊)이 청주성을 함락시키니, 절도사 이봉상과 토포사 남연년이 죽었다. 처음에 적 권서봉 등이 양성에서 군사를 모아 청주의 적괴(賊魁) 이인좌와 더불어 군사 합치기를 약속하고는 청주 경내로 몰래 들어와 거짓으로 행상(行喪)하여 장례를 지낸다고 하면서 상여에다 병기(兵器)를 실어다 고을성 앞 숲 속에다 몰래 숨겨 놓았다. … 이인좌가 자칭 대원수라 위서(僞書)하여 적당 권서봉을 목사로, 신천영을 병사로, 박종원을 영장으로 삼고, 열읍(列邑)에 흉격(凶檄)을 전해 병마(兵馬)를 불러 모았다. 영부(營府)의 재물과 곡식을 흩어 호궤(犒饋)하고 그의 도당 및 병민(兵民)으로 협종(脅從)한 자에게 상을 주었다.
>
> — 조선왕조실록, 영조 4년 3월 —

① 환국의 정치 형태가 출현하였다.

② 소론과 남인이 권력을 장악하였다.

③ 완론(緩論) 중심의 탕평 정치가 행하여졌다.

④ 왕실의 외척이 군사권을 계속하여 독점 장악하였다.

이인좌의 난 … 난의 평정에 소론 정권이 앞장섰으나, 주모자의 대부분이 소론이었기 때문에 이후의 정국 추이에 그들의 처지를 약화시켜 열세를 면하지 못하게 되었다. 이후 노론의 권력 장악이 가속화하였고 소론은 재기불능의 상태가 되었다. 이 사건 이후 정부에서는 지방 세력을 억누르는 정책을 강화하였고 토착 세력에 대한 수령들의 권한이 커져갔다. 또한 영조 즉위 초부터 주창되어온 탕평책의 실시는 명분을 더욱 굳힐 수 있었으며, 이를 바탕을 왕권의 강화와 정국의 안정을 도모할 수 있게 되었다.

ANSWER

30.② / 1.③

기출 **2** 다음 자료가 설명하는 기구는?

> 굶주림에 시달린 이들은 인육을 먹기도 하고, 외방 곳곳에서는 도적들이 일어났다. 이때 주상께서 군사를 훈련시키라 명하시고, 나를 도제조(都提調)로 삼으셨다. "… 한 사람당 하루에 2되씩 준다 하여 모집하면 응하는 이가 모여 들 것입니다." … 얼마 안 되어 수천명을 얻어 조총 쏘는 법과 창칼 쓰는 기술을 가르치고, … 당번을 정하여 궁중을 숙직하게 하고, 국왕 행차가 있을 때 이들로써 호위하게 하니 민심이 점점 안정되었다.
>
> ─ 서애집 ─

① 포도청
② 훈련별대
③ 훈련도감
④ 장용영

3 조선 후기 정치 상황에 대한 설명 중 옳은 것은?

① 인조반정 이후 효종이 즉위하기까지에는 북학사상(北學思想) 이 팽배하였다.
② 현종 때에는 두 번에 걸친 예송논쟁이 일어나 서인이 모두 승리하였다.
③ 숙종 때에는 당쟁이 치열해지면서 환국이 일어났다.
④ 정조 때에는 신해통공을 실시하여 시전상인들의 이권을 강화하였다.

훈련도감 … 임진왜란 중에 왜군의 조총에 대항하고자 기존의 활과 창으로 무장한 부대 외에 조총으로 무장한 부대를 만들어 5,000여 명 규모의 포수 · 살수 · 사수의 삼수병으로 편제되었다.
① **포도청**: 조선 시대 한성부와 경기도의 방범 · 치안을 관장하였다.
② **훈련별대**: 현종 때 군비 증강을 위해 창설하였다.
④ **장용영**: 정조 때 친위부대로 왕권강화를 위해 설치되어 한양과 화성에 각각 설치하였다.

숙종 때 경신환국, 기사환국, 갑술환국 등이 일어나면서 남인과 서인의 당쟁이 치열하게 전개되었다.
① 인조반정 이후 집권한 서인은 북벌론을 전개하였다. 효종 사후 북학운동이 일어났다.
② 현종 때 예송(기해예송, 1659)에는 서인의 주장이, 2차 예송(= 갑인예송, 1674) 에서는 남인의 주장이 받아들여졌다.
④ 정조 때 신해통공을 실시하여 시전상인 의 금난전권이 철폐되고, 난전의 자유로운 상업 활동이 어느 정도 보장되었다.

강화도 조약에 관한 내용으로 옳지 않은 것은?

① 일본의 문호개방 요구를 거절한 것이 시발점이 되었다.

② 조약의 내용을 보면 일본의 청에 대한 간섭을 차단하기 위한 목적을 알 수 있다.

③ 조선이 외국과 맺게 되는 마지막 근대적 조약이다.

④ 일본인이 조선에서도 일본의 법에 의해 보호를 받게 되었다.

강화도 조약은 조선이 외국과 맺게 된 최초의 근대적 조약이었다.

5 다음 비문(碑文)을 세운 조선 후기 왕(王)의 활동에 대한 설명 중 가장 적절하지 않은 것은?

> 두루 하면서 무리 짓지 않는 것이 곧 군자의 공심이고
> 무리 짓고 두루 하지 않는 것은 바로 소인의 사심이다.
> (周而不比 乃君子之公心　比而不周 寔小人之私心)

① 전국적인 지리지와 지도의 편찬을 활발하게 추진하여 여지도서, 동국여지도 등이 간행되었다.

② 당파의 옳고 그름을 명백히 가리는 적극적인 준론 탕평(峻論蕩平)정책을 추진하였다.

③ 양역의 군포를 1필로 통일하는 균역법을 시행하였고, 수성윤음을 반포하여 수도방어체제를 개편하였다.

④ 국가의 문물제도를 시의에 맞게 재정비하려는 목적으로 속대전, 속오례의, 속병장도설 등 많은 편찬사업을 이룩하였다.

제시문은 「예기」의 구절 일부로 탕평비에 인용되었다. 영조는 붕당 사이의 균형관계를 조성할 수 있는 힘은 왕권에 있다고 보고 탕평책을 추진하였다. 영조 때의 탕평은 왕실 · 외척과 결탁한 특권 세력의 존재를 용인하는 이른바 완론탕평을 실시하였다. 반면 정조 때의 탕평은 특권 정치 세력을 배척하고, 성리학적 질서의 기본 요소인 의리 · 공론 · 청요직 등을 활성화하여 실력을 중시하는 준론탕평을 실시하였다.

9 다음 밑줄 친 '이 지역'에 대한 사실로 옳은 것은?

> '이 지역'의 영유권을 놓고 비문에는 다음과 같이 기록되어 있다. "오라총관 목극등이 황제의 뜻을 받들어 변경을 답사해 이곳에 와서 살펴보니 서쪽은 압록이 되고 동쪽은 토문(土門)이 되므로 분수령 위에 돌에 새겨 기록한다."

① 현재 행정구역상 경상북도 울릉군에 편입되어 있다.

② 세종실록지리지, 동국문헌비고 등에 우리 영토로 기록되어 있다.

③ 과거 일본이 남만주 철도 부설권을 얻는 대가로 청의 영토로 인정하였다.

④ 고종은 '대한제국 칙령 제41호'를 통해 이 지역이 우리 영토임을 규정하였다.

제시문의 밑줄 친 지역은 간도, 해당 비문은 조선 숙종 때 세워진 백두산정계비(1712)에 기록되어 있다. 백두산정계비에는 간도가 서쪽으로는 압록강, 동쪽으로는 토문강을 경계로 한다고 기록되어 있는데 토문강에 대한 해석이 조선과 청 사이에 일치하지 않아 그 영유권을 놓고 분쟁 지역이 되었다. 대한제국에서는 이범윤을 간도 관리사로 임명하고 함경도 행정구역으로 편입하였지만, 일본이 남만주 철도 부설권을 얻는 대가로 청의 영토로 인정하는 간도협약(1909)을 체결하였다.
①②④ 모두 독도에 관한 설명이다.

10 다음에서 설명하는 직책으로 인하여 발생한 사실은?

> 무릇 내외의 관원을 선발하는 것은 3공에게 있지 않고 오로지 이조에 속하였다. 또한 이조의 권한이 무거워질 것을 염려하여 3사 관원의 선발은 판서에게 돌리지 않고 낭관에게 오로지 맡겼다. … 3공과 6경의 벼슬이 비록 높고 크나 조금이라도 마음에 차지 않는 일이 있으면 전랑이 3사의 신하들로 하여금 논박하게 하였다. … 이 때문에 전랑의 권한이 3공과 견줄만 하였다.
>
> – 택리지 –

① 사림세력을 동인과 서인으로 분화시키는 계기를 제공하였다.

② 이로 인하여 서인과 남인간의 예송논쟁이 활발히 전개되었다.

③ 서인세력이 노론과 소론 세력으로 나뉘는 계기가 되었다.

④ 서인과 남인에게 인조반정의 원인을 제공해주기도 하였다.

이조전랑직 … 비록 품계는 낮지만 후임 관리를 추천할 수 있는 권리를 가지고 있다. 이후 중요한 요직에 가기 위한 필수직으로 인식되었기 때문에 이 직책을 차지하고자 기존의 사림 세력이 동인과 서인으로 분파되는 계기가 되었다.
② 서인과 남인의 예송논쟁은 효종과 효종비의 복식문제 때문에 발생한 것이다.
③ 서인이 노론과 소론으로 나뉘어진 것은 남인세력의 처벌 문제 때문이다.
④ 서인과 남인의 인조반정의 계기가 된 것은 광해군의 폐모살제와 북인정권 때문이다.

갑신정변에 관한 내용으로 가장 바르지 않은 것은?

① 정부의 소극적인 개화정책에 대한 불만 및 청의 내정간섭이 심화된 것이 그 원인이 되었다.

② 조선과 일본 간의 한성 조약이 맺어지면서 조선에 파병 시 상대국에게 사전에 알릴 것을 약속하게 되었다.

③ 김옥균, 박영효 등의 급진개화파가 우정총국 개국 축하연을 이용하여 정변을 일으켰다.

④ 근대 국가 건설을 목표로 한 최초의 정치개혁 운동이다.

조선과 일본 간 한성 조약이 맺어지면서 일본에 많은 배상금을 지불하게 되었다.

12 **다음과 같이 주장한 세력에 대한 설명으로 옳은 것은?**

> 화의로 백성과 나라를 망치기가 … 오늘날과 같이 심한 적이 없습니다. 중국(명)은 우리나라에 있어서 곧 부모요, 오랑캐(청)는 우리나라에 있어서 곧 부모의 원수입니다. 신하된 자로서 부모의 원수와 형제가 되어서 부모를 저버리겠습니까?
>
> – 인조실록 –

① 광해군 때 권력을 장악하였다.

② 인조반정을 계기로 집권하였다.

③ 주로 향촌에서 영향력을 행사하였다.

④ 정여립의 모반사건을 계기로 남인과 북인으로 나뉘었다.

제시문은 윤집의 상소문으로 대의명분을 강조하고 친명배금정책을 추진한 서인 정권의 입장이다.
① 북인에 대한 설명이다.
④ 정여립 모반사건으로 동인의 세력이 약화되었으며 정철의 건저의 사건으로 남인과 북인으로 나뉘게 되었다.

13 다음과 같은 제도가 시행된 배경으로 가장 적절한 것은?

> 광해군 즉위년에 이원익 등의 주장에 따라 경기도에서 처음 시행하였다. 그 후 실시 지역이 확대되어 숙종 34년에는 평안도와 함경도를 제외한 전국에서 실시되었다. 이를 관할하는 관청으로 선혜청을 두었다.

① 제 고장에서 나지 않는 물건을 공물로 내게 하거나, 서리가 상인과 결탁하여 공납물을 미리 국가에 바치고 그 값을 비싸게 책정하여 농민에게 받아냈다.
② 사족이 군역을 회피하는 풍조가 생기고, 요역을 담당할 장정들이 크게 줄어들자 군인을 요역에 동원하게 되었다.
③ 보인(保人)으로부터 조역가를 받아내서 이를 삯전으로 내고, 품을 사서 자신의 역을 대신 지게 하는 대립(代立)이 성립되었다.
④ 춘궁기에 빈민에게 식량을 빌려주고 원곡만을 회수하는 의창제를 대신하여 상평창제가 실시되면서 원곡의 10%를 이자로 받았다.

14 조선 후기 조세제도에 대한 설명으로 가장 적절하지 않은 것은?

① 대동법은 집집마다 부과하여 토산물을 징수하던 공물 납부 방식을 토지의 결수에 따라 쌀, 삼베나 무명, 동전 등으로 납부하게 하는 제도였다.
② 대동법은 경기도에 시험적으로 시행되고 이어서 점차 전국으로 확대되었다.
③ 인조 때에 풍년이나 흉년에 따라 전세를 조절하는 영정법을 시행하였다.
④ 균역법의 시행으로 감소된 재정은 지주에게 결작이라 하여 토지 1결당 미곡 2두를 부담시켰다.

제시문은 대동법과 관련된 내용이다.
②③ 군역의 폐단을 나타낸다.
④ 환곡의 문제점을 나타낸다.

영정법은 풍흉에 관계없이 1결당 4두로 고정시켜 징수하는 것으로 인조(1635) 때에 시행되었다.

15 다음은 조선 후기 공납제의 개편에 관한 내용이다. 밑줄 친 내용의 해석이 가장 적절하지 않은 것은?

> 대동법이란 민호에게 토산물을 부과·징수하던 공납을 농토의 결수에 따라 ㉠ 미곡, 포목, 전화(錢貨)로 납부하게 하는 제도였다. 이 제도는 우선 경기도에 시험 삼아 실시된 이후 점차 확대되어 ㉡ 전국으로 실시되는 데 100년이라는 기간이 소요되었다. 정부는 수납한 미곡, 포목, 전화를 ㉢ 공인(貢人)에게 지급하여 필요한 물품을 구입하려 썼다. 농민들은 1결당 미곡 12두를 내었으나 시일이 지나면서 왕실에 상납하는 ㉣ 진상이나 별공은 여전히 부담하였고, 상납미의 비율은 점차 증가하였다.

① ㉠ : 상품화폐경제의 발달
② ㉡ : 지주들의 반발 초래
③ ㉢ : 수공업과 상업의 쇠퇴
④ ㉣ : 농민들의 현물징수 잔존

기출 **16** 다음에서 설명하고 있는 '제도'에 대한 설명으로 옳지 않은 것은?

> 강원도는 땅이 험준하여 '이 제도'를 실시하여도 반발이 없었으나, 충청도와 전라도는 평야가 많아 '이 제도'를 시행하는데 반발이 심하였다.

① 국가의 수입은 일반적으로 증가하였다.
② 양반들은 대체로 환영하였다.
③ 공인이 처음으로 등장하였다.
④ 광해군 때 최초로 시행하였다.

대동법 실시 이후 공인이 시장에서 많은 물품을 구입하였으므로 상품 수요가 증가하였고, 농민들도 대동세를 내기 위하여 토산물을 시장에 내다 팔아 상품 수요가 증가하였다. 이로 인해 상품화폐경제가 한층 발전하였다.

대동법 실시로 민호(民戶)당 징수하던 공납이 토지 결수(結數)를 중심으로 징수하여 농민의 부담이 감소하고 대지주의 부담이 커지게 되었다. 때문에 대지주 대부분인 양반들은 강하게 반대를 하였고, 전국적으로 시행되기까지 100년의 시간이 걸렸다.

17 조선 후기 균역법의 실시로 나타난 변화와 거리가 먼 것은?

① 궁방과 아문은 어세, 선세 및 염세를 균역청에 양도하였다.
② 지주들은 토지 1결당 미곡 2두씩 부담하였다.
③ 농민들의 군포 부담은 1년에 2필에서 1필로 줄어들었다.
④ 족징 및 인징 등 군역을 둘러싼 폐단이 완전히 사라졌다.

균역법 시행으로 나타난 결작이 소작농민의 부담으로 전가되고, 정부의 장정 수 책정이 급격히 많아짐으로써 농민의 부담은 다시 가중되는 폐단을 초래하고, 군역 수가 늘어나자 다시 족징·인징 등의 폐단이 늘어났다.

※ **균역법(均役法)** … 조선 시대 군역의 부담을 경감하기 위하여 만든 세법이다. 1750년(영조 26) 종래 인정(人丁)단위로 2필씩 징수하던 군포(軍布)가 여러 폐단을 일으키고, 농민 경제를 크게 위협하는 지경에 이르자 2필의 군포를 1필로 감하기로 하는 한편, 균역청을 설치, 감포(減布)에 따른 부족재원을 보충하는 대책을 마련하게 하고, 이를 뒷받침하기 위해 어전세·염세·선세 등을 균역청에서 관장하여 보충한다는 등의 균역법이 제정되어 1751년 9월에 공포되었다.

18 당시 농촌 사회의 모습으로 볼 수 없는 것은?

> 농민들은 모내기법을 확대하여, 벼와 보리의 이모작으로 단위면적당 생산량을 증가시켜 소득을 증대하였다.

① 농민 간의 빈부 격차가 심해졌다.
② 농민들은 경작지의 규모를 확대하였다.
③ 쌀의 수요가 늘면서 밭을 논으로 바꾸는 현상이 활발해졌다.
④ 소작농들은 보리농사를 선호하지 않았다.

논에서의 보리농사는 대체로 소작료의 수취 대상이 되지 않았기 때문에 소작농들은 보리농사를 선호하였다. 조선 후기 들어 이모작이 널리 행해지면서 보리 재배가 확대되었다. 또한 이앙법으로 잡초를 제거하는 일손을 덜 수 있게 되자 농민들은 경작지의 규모를 확대시켰다.

ANSWER
15.③ 16.② 17.④ 18.④

19 「목민심서」가 작성된 시기와 관련된 사회 상황에 대한 설명으로 적절하지 않은 것은?

① 전란으로 재정적 타격을 받은 정부가 납속책을 실시하고 공명첩을 발급함으로써, 서얼은 이를 이용하여 관직에 나아갈 수 있게 되었다.

② 양반은 촌락 단위보다는 군현 단위의 동약을 실시하였다.

③ 부농층은 종래의 재지 사족(在地士族)이 담당하던 정부의 부세제도에 적극 참여하였다.

④ 아버지가 노비라도 어머니가 양인이면 자식을 양민으로 삼는 법이 실시되었다.

제시문은 조선 후기 신분제의 동요를 서술한 것이다. 조선 중기 사족들은 동계, 동약을 조직하여 촌락민에 대한 지배력을 신분적, 사회·경제적으로 강화하고자 하였다.

20 다음은 향촌사회의 변화와 수령에 관한 내용이다. 이를 통해 알 수 있는 것은?

> • 신향과 구향 간의 갈등이 점차 심화되었다.
> • 수령은 향리를 통해 더 많은 조세 수취를 하였다.

① 이전 시기보다 수령의 권한이 더욱 강화되었다.

② 수령과 향리는 중앙 관직으로 진출하고자 하였다.

③ 기존 재지 양반사족은 수령과 결탁하여 지위를 공고히 하였다.

④ 대다수의 신향은 수령에 대항하며 농민 반란을 주도하였다.

조선 말기의 세도 정치하에서는 관직 매매가 성행하였고, 그에 따라 수령직의 매매도 성행하였다. 따라서 수령직에 오른 이들은 더 많은 이익을 챙기기 위해 향리와 향임으로 하여금 더 많은 조세 수취를 하였으며 부농층으로 새로운 향촌지배세력이 된 신향 세력은 이전의 재지사족 출신인 구향들을 몰아내고 수령과 결탁하여 그 지위를 보장받았다. 결과적으로 이전시기보다 수령의 권한은 기형적으로 강화되었다.

② 수령과 향리는 지방에서의 세력 유지에 집중하였다.

③ 이전의 재지사족은 신향에게 밀려 몰락 양반이 되는 자가 많았다.

④ 신향세력은 수령과 결탁하여 향회를 주도하고 그 지위를 보장받았다.

PART II. 한국사

21 다음은 조선 시대 울산의 호적을 정리한 표이다. 이에 대한 설명으로 옳지 않은 것은?

(단위 : %)

구분	1729년	1765년	1804년	1867년
양반호	26.29	40.98	53.47	65.48
상민호	59.78	57.01	45.61	33.96
노비호	13.93	2.01	0.92	0.56

① 노비종모법이 시행되면서 양인이 증가하였다.
② 양인 간에 활발한 신분이동이 있었다.
③ 부농층이 향촌사회를 주도하였다.
④ 소청운동으로 중인들은 신분이 상승되었다.

제시된 표를 통하여 조선 후기의 신분 변동을 유추할 수 있다. 납속과 공명첩을 통해 양반이 점차 증가하였으며 상민과 노비는 감소하였다. 이로 인해 양반의 사회적 권위는 약화되고 신분체계가 흔들리게 되었다. 서얼허통에 이어 중인층도 소청운동을 전개하였으나 실패하였다.

22 다음에서 알 수 있는 조선 시대의 사회상은?

> 여자가 시집가는 것이 남자가 장가가는 것보다 일반화되었다.

① 부계와 모계가 함께 영향을 미쳤다.
② 양반들이 외가나 처가가 있는 곳으로 이주하였다.
③ 남자가 여자집에서 생활하였다.
④ 부계 중심의 가족제도가 더욱 강화되었다.

조선 중기 이후 성리학적 의식이 발달하고 부계 중심의 가족제도가 확립되면서 결혼 후 남편의 집에서 지내는 친영제가 정착되었다.

기출 **23** 조선 후기 신분제에 대한 설명으로 적절하지 않은 것은?

① 신분과 경제력이 일치하였다.
② 양반 사회의 계층이 분화되었다.
③ 군역을 면하기 위해 서민들은 양반이 되고자 하였다.
④ 양반의 수는 증가하고 상민이나 노비의 수가 줄어들었다.

양반 중에서도 계층 분화를 통해 잔반이 된 경우에는 경제적으로 평민과 유사하였으며 평민층에서도 경영형부농이나 서민지주 등이 등장하여 신분과 경제력은 일치하지 않았다.

24 다음 이론을 계승한 학파로 옳은 것은?

> - 심즉리(心卽理) : 인간의 마음(心)이 곧 이(理)이다.
> - 치양지(致良知) : 인간이 천리인 양지를 실현해 사물을 바로 잡을 수 있다.
> - 지행합일(知行合一) : 앎은 행함을 통해서 성립한다.

① 기호학파
② 강화학파
③ 영남학파
④ 성호학파

제시된 설명은 양명학을 공부한 정제두와 강화학파의 주장이다.

①③ 조선 성리학은 주리론을 주장한 영남학파(퇴계 이황)와 주기론을 주장한 기호학파(율곡 이이)로 나눈다.

④ 조선 후기 실학사상은 성호학파와 연암학파로 분류한다.

25 정약용의 활동에 대한 설명으로 옳지 않은 것은?

① 「반계수록」을 집필하여 결부법 대신 경무법 사용을 주장하였다.
② 규장각 편찬사업에 참여하였다.
③ 화성 축조에 이용된 거중기를 설계하였다.
④ 마과회통에서 종두법을 소개하였다.

「반계수록」은 중농학파 실학자인 반계 유형원이 저술하였다.

26 생활에 필요한 영업전(永業田) 매매를 법적으로 금지할 것을 주장한 인물은?

① 유형원
② 서유구
③ 이익
④ 정약용

이익은 유형원의 균전론이 너무 급진적이어서 현실적으로 실현되기 어렵다고 비판하며 일정한 토지를 영업전(永業田)으로 정하고 이를 매매하지 못하도록 하는 한전론을 주장하였다.

27 다음 글을 쓴 사람에 관한 설명으로 옳은 것은?

> 산과 강을 지세 기준으로 구역을 획정하여 경계로 삼고, 그 경계선 안에 포괄되어 있는 지역을 1여로 한다. 여(閭) 셋을 합쳐서 이(里)라 하고 이 다섯을 합쳐서 방(坊)이라 하고 방 다섯을 합쳐서 읍(邑)이라 한다. 1여에는 여장(閭長)을 두며 무릇 1여의 토지는 1여의 인민이 공동으로 경작하도록 하고, 내 땅 네 땅의 구별을 없이 하며 오직 여장의 명령에만 따른다.

① 18년간 유배생활을 하면서 「경세유표」를 썼다.

② 농촌사회의 현실을 스스로 체험하면서 「반계수록」을 썼다.

③ 노동하지 않은 양반유학자를 비판하면서 「열하일기」를 썼다.

④ 토지소유의 상한선을 정하여 겸병 방지를 주장하고 「곽우록」을 썼다.

제시문은 정약용의 「여유당전서」에 나오는 여전론이다.

② 반계 유형원이 저술하였다.

③ 연암 박지원이 저술하였다.

④ 성호 이익이 저술하였다.

28 '토지를 마을 단위로 소유하여 공동 분작한다'는 내용을 주장한 것은?

① 균전론

② 한전론

③ 여전론

④ 둔전론

여전론 … 정약용이 주장한 이론으로, 한 마을을 단위로 하여 토지를 공동으로 소유하고 공동으로 경작하여 그 수확량을 노동량에 따라 분배하는 일종의 공동 농장제도이다.

① 균전론 : 유형균이 주장한 이론으로, 토지 국유제를 전제로 하여 관리, 선비, 농민 등에 차등을 두어 토지를 재분배하고자 하였다.

② 한전론 : 이익이 주장한 이론으로, 일정한 토지를 영업전으로 규정하여 농민의 경작권을 보장하고, 그 밖의 토지는 매매할 수 있게 점진적으로 토지 소유의 평등을 이루고자 하였다.

④ 둔전론 : 서유구가 주장한 이론으로, 관유지나 환곡 및 잡역 관련 비용을 들여 개간, 매입한 토지를 정부나 지방관이 주체가 되어 둔전을 설치할 것을 주장하였다.

29 세종 때 편찬한 「농사직설」에 대한 내용으로 옳은 것은?

① 국산 약재를 소개한다.
② 농촌 생활의 전반을 다룬 백과사전이다.
③ 인삼과 고추 등 상품 작물 재배법이 수록되어 있다.
④ 우리나라 풍토에 맞는 농법을 연구하고 종합하여 편찬했다.

① 고려 시대 「향약구급방」에 대한 설명이다.
② 서유구가 저술한 「임원경제지」에 대한 설명이다.
② 홍만선이 저술한 「산림경제」에 대한 설명이다.

30 ㉠이 편찬된 시기의 상황으로 옳지 않은 것은?

> 유수원은 「㉠」을 통해 사회 문제점을 지적하고, 상공업 진흥,
> 사농공상 평등, 직업적 전문화 등을 주장하였다.

① 청해진을 설치하여 해상 무역을 전개했다.
② 개시 무역과 후시 무역이 이루어졌다.
③ 모내기법 확대로 벼와 보리의 이모작이 확산되었다.
④ 담배나 면화 등 상품 작물의 재배가 활성화되었다.

청해진 … 통일신라 때 장군 장보고가 중국과 일본과 무역하던 진(鎭)으로, 해상 무역의 주요 거점으로서 해상 교역을 활발하게 전개하였다.
②③④ 조선 후기

※ 「우서」 … 조선 후기 유수원이 저술한 서적으로, 농업 개혁, 상공업 진흥, 신분제 철폐, 교육의 기회 균등 등의 사회 문제 개혁 방안을 제시하였다.

1 다음 설명의 밑줄 친 '그'가 집권하여 개혁을 펼치던 시기에 발생한 역사적 사실을 모두 고른 것은?

> '그'는 "백성을 해치는 자는 공자가 다시 살아난다 해도 내가 용서하지 않을 것이다"라는 단호한 결의로 47개소만 남기고 대부분의 서원을 철폐하였다.

> ㉠ 갑신정변
> ㉡ 신미양요
> ㉢ 임술 농민 봉기
> ㉣ 제너럴셔먼호 사건
> ㉤ 오페르트 도굴 사건

① ㉠㉡㉣   ② ㉠㉢㉣
③ ㉡㉣㉤   ④ ㉢㉣㉤

> 제시문은 서원 철폐를 단행한 흥선대원군의 개혁조치이다. 흥선대원군이 개혁을 펼치던 시기에 미국 상선 제너럴셔먼호가 평양에서 소각되는 사건을 계기로 신미양요(1871)가 벌어졌다. 또한 두 차례에 걸쳐 통상요구를 거부당한 독일 상인 오페르트가 남연군의 묘를 도굴하려다 실패한 오페르트 도굴사건(1868)이 있었다.
>
> ㉠ 갑신정변(1884) : 우정국 개국 축하연을 이용하여 김옥균, 박영효, 서재필 등의 급진 개화파들이 거사를 일으킨 것으로 삼일 만에 실패로 끝나게 되었다.
> ㉢ 임술 농민 봉기(1862) : 경상도 단성에서 시작된 진주 민란(백건당의 난)을 계기로 북쪽의 함흥으로부터 남쪽의 제주까지 전국적으로 확대된 것이다.

기출 2 흥선대원군이 실시한 정책으로 적절하지 않은 것은?

① 의정부와 삼군부를 통합하고, 비변사의 기능을 확대하였다.
② 폐단이 심했던 환곡제를 개혁하여 사창제를 실시하였다.
③ 종래에 상민(常民)에게만 징수해 온 군포를 양반에게까지 확대 · 징수하였다.
④ 법치질서를 정비하기 위해 대전회통(大典會通)을 간행하였다.

> 흥선대원군은 비변사의 기능을 축소하고 1865년 삼군부를 부활하고 의정부의 기능을 강화하였다.

다음 사건에 대한 설명으로 옳은 것은?

> 제너럴셔먼호 사건을 빌미로 미국은 덕진진과 광성보를 공격하였다. 이는 강제통상을 계획한 침공이었으나 조선은 교섭에 응하지 않았고 결국 미국은 물러났다.

① 이어 오페르트가 남연군의 묘를 도굴하였다.
② 병인양요에 대한 설명이다.
③ 이 사건을 계기로 최제우를 처형하였다.
④ 전국 각지에 척화비가 세워지는 계기가 되었다.

제시된 사건은 1871년 신미양요(고종 8)이다. 신미양요를 겪은 이후 흥선대원군은 전국에 척화비를 건립하였으며, 그 내용은 다음과 같다. 洋夷侵犯 非戰則和 主和賣國(양이침범 비전즉화 주화매국) 서양 오랑캐가 침입하였는데 싸우지 않으면 화친하자는 것이요, 화친을 주장함은 나라를 파는 것이다.
① 1868년 독일 상인 오페르트가 통상 요구를 강화하기 위해 남연군 묘를 도굴한 사건이다.
② 1866년 천주교 신자들을 탄압한 병인박해를 계기로 병인양요가 일어났다.
③ 1860년 동학을 창시한 최제우는 혹세무민의 죄목으로 1864년에 처형당하였다.

4 다음 밑줄 친 '이 전쟁'에 대해 서술한 것 중 가장 적절한 것은?

> 침략을 통하여 약탈한 문화재를 본국에 돌려주어야 한다는 움직임이 유네스코를 중심으로 일어나고 있다. 프랑스가 한국에서 '이 전쟁'을 통하여 약탈해 간 외규장각 고문서가, 영구임대 형식으로 2011년에 한국에 반환된 것도 이러한 움직임의 일환이다.

① 이 전쟁의 결과로 인하여 9명의 프랑스 신부를 처형하는 병인박해(1866)가 일어나게 되었다.
② 이 전쟁 직후 전국 각지에 척화비(斥和碑)를 건립하여 쇄국 정책의 의지를 표명하였다.
③ 제너럴셔먼호 소각 사건을 구실로, 프랑스의 극동 함대 사령관 로즈(Rose)제독이 7척의 군함을 이끌고 강화도에 침입하였다.
④ 한성근, 양헌수 부대가 문주산성, 정족산성에서 프랑스군을 격퇴하였다.

제시문은 1866년 9월 병인양요 때 프랑스에게 약탈된 외규장각 도서에 관한 것이다.
① 병인박해의 결과로 병인양요가 일어나게 되었다.
② 병인양요, 오페르트 도굴 사건, 신미양요 직후 대원군은 척화비를 세우고, 통상수교 거부정책을 더욱 강화하였다.
③ 제너럴셔먼호 소각 사건을 구실로 미국의 로저스 제독이 강화도에 침입한 신미양요가 일어나게 되었다.
※ **병인양요**(丙寅洋擾) … 1866년(고종 3) 흥선대원군의 천주교 탄압에 대한 보복으로 프랑스군이 침입한 사건으로 병인사옥(丙寅邪獄)이라고도 한다.

5 다음의 사건을 주도했던 세력에 대한 설명으로 가장 적절한 것은?

> 청나라에 대한 종속관계를 청산하고 인민 평등권의 내용과 능력에 따른 인재의 등용을 표방하였으며 행정 조직의 개편과 조세제도의 개혁을 모색하였다. 우리나라에서 처음으로 근대국가를 건설하려 하였던 사건으로 큰 의미가 있다. 또한 양반 지주층 일부가 중심이 되어 위로부터의 근대화를 꾀하였다는 점에서 의의가 있다고 하겠다. 그러나 이 사건은 외세의 조선침략을 촉진하는 결과를 가져왔으며, 농민들의 바람인 토지문제의 해결에 적극적이지 않았다는 한계가 있다.

① 영은문(迎恩門)과 모화관(慕華館)을 없앴다.
② 구본신참(舊本新參)의 원칙 아래 개혁정책을 수행하였다.
③ 일제가 날조한 105인 사건으로 인해 와해되었다.
④ 일본에서 차관을 도입하여 국자 재정을 보충하자고 하였다.

제시문은 급진개화파가 주도한 갑신정변 (1884)에 대한 역사적 평가이다.
① 독립협회는 청의 사신을 영접하던 모화관을 수리하여 독립관이라고 하였으며, 옛 영은문을 헐고 그 자리에 독립문을 세워 자주독립의식을 고취하였다.
② 대한제국에서는 갑오·을미개혁의 급진성을 비판하였으며 예전의 제도를 본체로 하고, 새로운 제도를 참작한다는 구본신참을 표방하였다.
③ 신민회는 안명근의 테라우치 암살 미수를 계기로 일제가 날조한 105인 사건 (1911)으로 해산되었다.

6 다음과 같은 개혁이 추진될 당시의 정황으로 적절한 것은?

> ㉠ 단발령 실시   ㉡ 태양력 사용
> ㉢ 우편사무 시작   ㉣ 소학교 설립
> ㉤ '건양' 연호 사용   ㉥ 종두법 실시

① 청은 군대를 상주시키고 조선의 내정에 간섭하였다.
② 개화당 요인들이 우정국 개국 축하연 때에 정변을 일으켰다.
③ 일제는 명성황후를 시해한 후 친일내각을 수립하였다.
④ 통감부가 설치되어 조선의 모든 내정에 간섭하였다.

제시문은 1895년 11월 17일에 추진된 을미개혁(제3차 갑오·을미개혁)안들이다. 을미개혁은 삼국간섭 이후 친러내각이 성립되자 일본은 조선 침략에 방해가 되는 명성황후를 시해하는 만행을 저지르고, 제4차 김홍집 내각이 성립되어 진행한 것이다.
① 임오군란(1882)
② 갑신정변(1884)
④ 을사늑약(1905)

7 다음은 어느 신문의 창간사이다. 이 신문이 창간될 당시 상황에 대한 설명으로 적절한 것은?

> 우리는 첫째, 편벽되지 아니한 고로 무슨 당에도 상관이 없고, 상하귀천을 달리 대접하지 아니하고, 모두 조선 사람으로만 알고, 조선만을 위하여 공평히 인민에게 말할 터인데, 우리가 서울 백성만 위한 것이 아니라 조선 인민을 위하여 무슨 일이든지 대언하여 주려 함. 정부에서 하시는 일을 백성에게 전할 터이요, 백성의 정세를 정부에 전할 터이니 만일 백성이 정부 일을 자세히 알고 정부에서 백성에 일을 자세히 아시면 피차에 유익한 일 많이 있을 터이요. 불평한 마음과 의심하는 생각이 없어질 터이요. 우리는 바른대로만 신문을 할 터인 고로, 정부 관원이라도 잘못하는 이 있으면 우리가 말할 터이요, 탐관오리들을 알면 세상에 그 사람의 행적을 펴일 터이요, 사사로운 백성이라도 무법한 일을 하는 사람을 찾아 신문에 설명할 터임. 또 한쪽에 영문으로 기록하기는 외국 인민이 조선 사정을 자세히 모른 즉, 혹 편벽된 말만 듣고 조선을 잘못 생각할까 보아 실상 사정을 알게 하고자 하여 영문으로 조금 기록함.

① 운요호 사건을 구실로 강압적인 문호 개방을 강요하여 강화도 조약을 체결했다.

② 고종은 헤이그에서 열리던 만국평화회의에 이상설, 이준, 이위종을 특사로 파견했다.

③ 별기군에 비해 차별받던 구식 군인들이 민겸호 집과 일본공사관을 습격하고 흥선대원군이 재집권했다.

④ 고종이 러시아 공사관으로 거처를 옮김에 따라 김홍집 내각이 무너지고 이범진·이완용 내각이 새로이 출범했다.

제시문은 1896년 4월부터 발행된 「독립신문」의 창간사이다. 1896년에는 고종이 러시아로 거처를 옮긴 아관파천이 있었으며 이에 김홍집의 친일내각이 무너지고 친러정권이 성립되었다.

① 강화도 조약(1876) : 일본이 사건을 구실 삼아 체결한 최초의 근대적 조약이었으나 불평등한 조약이었다.

② 헤이그 특사 파견(1907) : 제2차 만국평화회의가 열리고 있던 네덜란드 헤이그에 이상설, 이준, 이위종을 특사로 파견하여 을사조약이 무효임을 국제사회에 알리고자 하였다.

③ 임오군란(1882) : 개화정책이 추진되는 가운데 구식군대는 신식군대인 별기군과의 차별대우에 불만이 폭발하여 하층민과 연합하여 일본 공사관을 습격하고 민씨 세력을 처단하려했으며 대원군을 옹립하였다.

※ 「독립신문」 … 1896년 창간되었던 우리나라 최초의 민영 일간지로 국문판과 영문판으로 구성되었으며, 격일간지로 출발하여 일간지로 발전하였다.

8 동학농민운동에 관한 내용으로 바르지 않은 사항은?

① 발생 원인으로는 청·일본의 경제침탈 심화, 탐관오리들의 횡
포 등이 있었다.

② 평등사상 및 외세배척의 강조로 농민들 사이에서 확산되었다.

③ 반봉건·반외세의 민족운동, 농민군의 개혁요구가 갑오개혁에
일부 반영되었다.

④ 전라도 삼례집회에서는 탐관오리의 처벌 및 외세배척을 주장
하였다.

전라도 삼례집회에서는 교주 최제우의 명예
회복 및 동학 박해의 중지를 요구하였다.

9 독립협회의 활동 및 광무개혁 내용에 관한 설명으로 가장 적절한
것은?

① 독립협회는 1896년에 대구, 평양 등지에 지회를 설립하고,
서울에서는 만민공동회를 열어 개혁운동을 대중적으로 확산
시켰다.

② 독립협회는 양전지계사업을 시행하여 농민의 토지소유권을
근대법적으로 인정하고 지주제를 점차 개혁하고자 하였다.

③ 광무정권은 대한국 국제(大韓國國制)를 공포하여 통치권을 국
왕에게 집중시키되 중추원을 개편하여 의회적 기능을 갖도록
하였다.

④ 독립협회는 궁극적으로 군주제를 폐지하고 대외적으로 자주
성을 갖는 공화제를 실시하고자 하였다.

독립협회 … 1896년(고종 33)에 설립한 한국
최초의 근대적 사회정치단체이다. 외세의존
정책에 반대하고 자주독립과 내정개혁을 표
방하였다.

② 대한제국에서 광무개혁을 실시하면서 1898년
양지아문을 설치하고 양전사업을 시행하였다.
근대적 토지 소유권제도라고 할 수 있는 지계
를 1901년부터 발급하다 러·일 전쟁이 발발
하면서 중단되었다.

③ 대한제국은 의회제를 채택하여 중추원을
설립하였지만 이는 어디까지나 자문기
관에 불과하였다.

④ 독립협회에서는 황제와 의정부의 권력남
용을 견제하고 개혁을 추진할 수 있는
입헌군주제를 주장하였다.

다음 (가) 시기에 해당하는 내용으로 옳은 것은?

① 지조법 개혁안이 제시되었다.
② 개혁기구로 군국기무처가 설치되었다.
③ 독립신문이 발행되고 독립문이 건립되었다.
④ 지방관 권한이 축소되고 재판소가 설치되었다.

제시문은 고부민란(1894)으로부터 시작된 동학농민운동의 과정과 을미개혁(1895. 단발령 실시)까지의 과정이다. 고부민란은 고부군수 조병갑의 탐학에 대한 반발로 시작하여 이후 동학농민군은 황토현 전투 등을 거치며 전주성을 점령하였다. 당시 조정에서는 청나라에 군대를 요청했고 톈진조약에 근거하여 청일 양국 군이 공동 출병하였다. 하지만 전주화약(집강소 설치)이 체결되면서 조정은 청일 양국 군대의 철병을 요청했으나 일본이 이를 어기고 경복궁을 무단 점령하고 군국기무처를 설치하여 개혁을 단행하였다. 이에 동학농민군은 서울 진격을 하는 과정에서 일본군과의 우금치 전투에서 패배하게 된다. 이후 일본은 김홍집, 박영효 연립 내각을 구성해 2차 갑오개혁을 추진하고, 1895년에는 을미개혁을 단행하였다.

① 지조법 개혁은 급진개화파가 주도한 갑신정변 '14개조 개혁정강' 중 하나이다.
② 군국기무처는 갑오 1차 개혁(1894. 6)을 주도한 기구이고, 우금치 전투(1894. 7)보다 앞서 설치되었다.
③ 독립신문 발행과 독립문 건립은 독립협회(1896)가 주도하였다.

신민회에 관한 설명으로 옳은 것은 모두 몇 개인가?

> ㉠ 「만세보」라는 기관지를 발간하였다.
> ㉡ 데라우치 총독 암살미수사건에 연루되었다.
> ㉢ 안창호, 양기탁, 신채호, 이동녕 등 인사들이 비밀결사로 조직하였다.
> ㉣ 고종의 퇴위반대운동을 전국적으로 전개하였다.
> ㉤ 평양에 대성학교, 정주에 오산학교를 건립하였다.
> ㉥ 해외에 삼원보와 같은 독립운동 기지를 건설하였다.

① 1개   ② 2개
③ 3개   ④ 4개

㉠ 「만세보」는 천도교의 기관지이며, 「대한매일신보」에서 신민회의 입장을 반영하였다.
㉣ 대한자강회는 일진회를 비판하고, 고종 황제의 양위에 격렬한 반대운동을 주도하였다.

12 다음과 같은 운동이 일어나게 된 배경으로 옳은 것은?

> 국채 1,300만 원은 우리 대한의 존망에 관계가 있는 것이다. 갚아 버리면 나라가 존재하고 갚지 못하면 나라가 망하는 것은 대세가 반드시 그렇게 이르는 것이다. 현재 국고에서는 이 국채를 갚아 버리기 어려운즉 장차 삼천리 강토는 우리나라와 백성의 것이 아닌 것으로 될 위험이 있다. 토지를 한번 잃어버리면 다시 회복하기 어려운 것이다.
>
> — 대한 매일 신보(1907년 2월 22일) —

① 일제는 화폐 정리와 시설 개선 등의 명목을 내세워 우리 정부로 하여금 일본으로부터 거액의 차관을 들여오게 하였다.

② 러시아가 일본의 선례에 따라 석탄고의 설치를 위해 절영도의 조차를 요구하였다.

③ 일제는 우리 정부가 소유하고 있던 막대한 면적의 황무지에 대한 개간권을 일본인에게 넘겨주도록 강요하였다.

④ "조선국은 일본국의 항해자가 자유로이 해안을 측량하도록 허가한다"는 조약을 맺었다.

13 대한제국이 성립한 후 추진한 광무개혁에 관한 설명으로 잘못된 것은?

① 지계를 발급하여 토지의 소유권제도를 새로이 정비하려 하였다.

② 전제 황권을 견제하기 위한 제도적 장치로 중추원을 설치하였다.

③ 청과의 불평등한 통상장정을 대등하게 수정함으로써 자주적인 외교가 추진되었다.

④ 서울의 친위대를 증강하고 시위대를 창설하였다.

제시문은 1907년 대구 기성회가 주도한 국채보상운동 궐기문이다.

② 독립협회는 러시아의 절영도 조차 요구(저탄소 설치 목정), 한러은행 설치, 프랑스의 광산 채굴권 요구 등을 좌절시켰다.

③ 일본은 일본인 이주를 위해 전 국토의 1/4에 해당하는 국가 또는 황실이 소유한 막대한 황무지 개간권을 요구하자 보안회는 일제의 탄압에도 거족적인 반대운동을 전개하였다.

④ 강화도 조약 체결 내용이다.

의회제를 채택하고 중추원을 설립한 것은 사실이나 자문기관에 불과하였다.

14 갑오개혁에 관련한 사항으로 옳지 않은 것은?

① 일본이 김홍집 내각을 구성하였으며, 군국기무처를 신설해 1차 개혁을 진행하였다.
② 정치·경제·사회 각 분야의 근대화에 기여하지 못했다.
③ 2차 개혁에서는 일본이 개혁에 가담하였으며, 고종이 홍범 14조 및 교육입국조서를 발표하였다.
④ 정치적으로 보면 개국연호를 사용하였으며, 과거제의 폐지, 왕실 및 정부의 사무분리가 있다.

갑오개혁으로 인해 정치·경제·사회 각 분야의 근대화에 기여했다. 하지만 이는 일본의 간섭하에 이루어졌으며 군사 및 토지분야의 개혁이 미흡하였다.

※ **갑오개혁(甲午改革)** ··· 1894년(고종 31) 약 19개월간 3차에 걸쳐 추진된 일련의 개혁운동으로 갑오경장(甲午更張)이라고도 한다. 2차에 걸쳐 봉기한 반봉건·외세배척운동으로서의 동학농민운동이 실현되지 못한 가운데 이를 진압할 목적으로 정부는 청나라에 원병을 요청하였고 일본도 텐진조약을 구실로 군대를 파견하였다. 그러나 동학농민군은 청나라와 일본의 출병한 구실을 주지 않기 위하여 폐정개혁안을 제시하였고 정부가 이에 동의함에 따라 양국은 더 이상 조선에 주둔할 필요가 없게 되었다. 이에 청나라는 일본에 대해 공동 철병할 것을 제안하였으나, 일본은 오히려 양국이 공동으로 조선의 내정을 개혁하자고 제안하였으며, 청나라가 이를 거절하여 회담이 결렬됨으로써 청일전쟁이 발발하게 되었다.

15 다음과 관련된 설명으로 옳은 것은?

> 지금 우리들의 정신을 새로이 하고 충의를 떨칠 때이니 국채 1,300만 원은 우리 대한제국의 존망에 직결된 것이라 이것을 갚으면 나라가 존재하고 갚지 못하면 나라가 망할 것은 필연적인 사실이나 지금 국고는 도저히 상환할 능력이 없으며 만일 나라에서 갚는다면 그때는 이미 3,000리 강토가 내 나라, 내 민족의 소유가 못 될 것이다.

① 국가에서 주도하였다.
② 상민 지식층에서 시작해 전국적으로 확대되었다.
③ 신간회의 주도로 시행되었다.
④ 대한매일신보는 부정적 입장을 취하였다.

제시문은 1907년에서 1908년에 전개된 국채보상운동의 취지문이다. 일본에서 제공한 차관을 갚아 경제적인 예속을 피하고자 서상돈의 발의로 김광제 등이 국채보상기성회를 조직하여 전국적으로 확대되었다. 전 국민의 호응으로 많은 돈을 모았으나 일제의 방해로 실패하였다.

16 다음은 어떤 시기에 실시된 정책과 기본 정신이다. 이 시기에 있었던 것으로 옳은 것은?

> • 광무개혁실시
> • 대한국국제반포
> • 구본신참(舊本新參)

① 입헌군주제 실시
② 독립협회 창설
③ 반봉건, 반외세적 성격
④ 실업학교, 기술학교건립

1897년 광무개혁 시기에 실업과 기술 교육이 강조되어 각종 실업, 기술학교를 설립하고 근대 산업 기술 습득을 위해 유학생을 파견하였다.
① 갑신정변과 독립협회에서 주장하던 근대적 정치제도이다.
② 1896년에 일어난 일이다.
③ 동학농민운동의 성격이다.

기출 **17** 갑신정변의 14개조 혁신 정강의 내용이 아닌 것만 고른 것은?

> ㉠ 지조법을 개정한다.
> ㉡ 탐관오리 및 횡포한 부호를 엄징한다.
> ㉢ 재정기관을 호조로 일원화한다.
> ㉣ 혜상공국을 폐지한다.
> ㉤ 과부의 재가를 허용한다.
> ㉥ 정부와 원한을 씻고 서정에 협력한다.

① ㉠㉡㉣
② ㉠㉤㉥
③ ㉡㉤㉥
④ ㉢㉣㉥

14개조 혁신 정강은 급진개화파의 개화사상이 담겨있다.

18 강화도 조약의 결과로 옳지 않은 것은?

① 부산·원산·인천이 차례대로 개항되어 거류지 무역이 활성화 되었다.
② 일본에 치외법권을 인정해 주었다.
③ 조선은 국내 산업을 보호할 조치를 취하였다.
④ 일본의 항해자가 자유롭게 조선 해안을 측량할 수 있도록 허가되었다.

19 다음의 단체가 추구하였던 정치체제는?

> 1조. 외국인에게 의존하지 말고 관민이 동심합력하여 전제 황권을 공고히 할 것
> 2조. 광산·철도·석탄·삼림 및 차관·차병(借兵)과 모든 정부와 외국 사이의 조약에는 각부 대신과 중추원 의장이 합동으로 서명 날인하여 시행할 것
> 3조. 어떤 세금을 막론하고 전국 재정은 모두 탁지부에서 관장하여 다른 부서나 사회사(私會社)에서는 간섭할 수 없으며 예산·결산을 인민에게 공표할 것
> 4조. 어떤 중죄인이라도 자신을 변명할 기회를 주고 난 다음 재판을 통해 판결할 것
> 5조. 황제는 칙임관을 임명할 때의 정부에 자문하여 거기서 과반수를 얻은 자를 임명할 것
> 6조. 장정(章程)을 반드시 지킬 것

① 사회주의 체제　　　　② 입헌군주정
③ 입헌공화정　　　　　④ 전제군주정

다음과 관련된 설명으로 옳은 것은?

> • 탐관오리는 그 죄상을 조사하여 엄징한다.
> • 7종의 천인차별을 개선하고 백정이 쓰는 평량갓은 없앤다.
> • 무명의 잡세는 일체 폐지한다.
> • 왜와 통하는 자는 엄징한다.

① 구식군대의 차별대우로 인하여 발생하였다.
② 근대 국가 건설을 위한 최초의 정치개혁운동이었다.
③ 반봉건적 · 반침략적 민족운동이었다.
④ 법치주의와 기본권을 받아들였다.

제시문은 동학농민운동의 폐정개혁안 중 일부이다. 동학농민운동은 외세의 배격과 개혁 정치를 요구한 아래로부터의 반봉건적 · 반침략적 민족운동이다.
① 임오군란에 대한 설명이다.
② 갑신정변에 대한 설명이다.
④ 갑오개혁 당시 고종이 발표한 홍범 14조의 내용이다.

CHAPTER
07

민족독립운동의 전개

회독 | 1 | 2 | 3 | 정답 수 | 개 / 23개 |

1 일제강점기의 일본의 통치제도에 대한 설명으로 적절한 것은?

① 3 · 1운동은 일본의 통치 방법을 바꾸는 결정적인 계기가 되었다.

② 1910년대 일본은 우리 민족을 회유하기 위하여 문화통치를 펼쳤다.

③ 1920년대 실시된 회사령은 우리 민족의 기업 설립을 방해하였다.

④ 1930년대 이후 전쟁이 시작되면서 보통경찰제가 헌병경찰제로 바뀌었다.

3 · 1운동은 일본이 무력통치에서 문화통치로 통치방법을 바꾸는 결정적인 계기가 되었다.
② 1910년대 헌병경찰제(= 무단통치)를 펼쳤으며 3 · 1운동 이후 1920년대 보통경찰제로(= 문화통치)로 전환하였다.
③ 1910년에 회사령을 공포하여 한국인의 회사 설립을 억제하고, 한국 민족 자본의 성장을 억압하였으며 1920년대에는 회사령을 신고제로 전환하여 일본 기업의 진출을 용이하게 하였지만 한국인의 회사가 설립될 수 있었다.
④ 1931년 만주사변과 1937년 중 · 일 전쟁을 도발하여 대륙침략을 감행하고 한반도를 병참기지로 삼아 민족말살정책을 추진하였다.

2 3 · 1 운동에 관한 내용으로 적절하지 않은 것은?

① 일부의 계층만이 참여하여 이루어진 독립운동이다.

② 국내적 배경으로는 일본의 강제적 무단 통치에 대한 저항이 있었다.

③ 국외적으로는 신한청년당이 파리 강화회의에 김규식을 파견해 독립의 의지를 알렸다.

④ 학생 및 시민들이 탑골 공원에서 시위를 전개하였다.

3 · 1 운동 … 모든 계층이 참여한 민족 최대 규모의 독립운동이며 자주독립 의지를 세계적으로 알리게 된 운동이다.

3 해외 독립운동 기지와 관련되어 다음에서 설명하고 있는 지역은?

> • 대한광복군 정부가 수립되었다.
> • 권업회(勸業會)가 조직되어 항일투쟁을 전개하였다.
> • 3·1운동 이후 대한국민의회가 결성되어 독립운동의 새로운 방향을 모색하였다.

① 연해주
② 북간도
③ 밀산부
④ 미주

제시된 독립운동단체가 활동하고 있던 지역은 블라디보스토크를 중심으로 한 연해주이다.

기출 **4** 다음 자료는 어떤 단체의 활동이다. (　) 안에 들어갈 단체로 옳은 것은?

> (　)은/는 경주에서 대구로 향하던 일제의 수송 차량을 습격하여 거액의 현금을 빼앗은 뒤 이 자금으로 무기를 구입하였고, 각 지방 부호들의 재산 상태를 조사한 후 그 재산에 비례하여 독립 운동 자금을 납부하도록 배당하였다. 이 과정에서 (　)은/는 독립 운동에 비협조적이거나 자금 제공을 거부하는 자, 또는 일제에 밀고하는 친일파를 처단하여 광복의 의지를 온 세상에 밝혔다. 그 대표적인 사건이 전 관찰사 장승원과 도고 면장 박용하 사살 사건이었다.

① 조선 국권 회복단
② 의열단
③ 국민군단
④ 대한광복회

제시문은 대한광복회의 활동에 대한 서술이다.

① 조선국권회복단 : 1915년 1월 15일 독립군을 지원하기 위하여 결성한 항일 비밀결사단체로 의병계통의 박상진과 천도교 계통의 홍주일 및 은행원·변호사·선비 등 당시 각계의 계몽적 인물들이 주축이 되어 경상북도 지방의 유림들을 포섭하여 경상북도 달성군에서 조직하였다.

② 의열단 : 김원봉의 주도로 일제강점기인 1919년 만주에서 결성된 무정부주의 성격의 항일 무장 독립운동 단체이다.

③ 국민군단 : 1914년 6월 하와이 오하후섬 가활루지방의 아후이마누 농장에서 박용만의 주도로 창설된 항일군사단체이다.

5 1919년 9월에 통합된 대한민국 임시정부에 대한 설명으로 가장 적절한 것은?

① 초대 대통령은 이승만, 국무총리에 이동휘가 임명되었다.
② 3·1운동 이전에 설립되어 국내외의 3·1운동을 주도하였다.
③ 일본이 중·일전쟁을 일으키자 군사조직인 조선혁명군을 조직하여 무력으로 대항하였다.
④ 1925년 이승만을 해임시킨 뒤 두 번째로 헌법을 개정하여 주석제를 채택하였다.

대한민국 임시정부 … 1919년 4월 상하이에서 수립되었으며 13도 대표회의로서 결성된 한성 임시정부의 법통을 계승하고 러시아령에 소재한 대한국민의회와 상하이 임시정부 등과 통합하여 이승만, 이동휘, 김구, 안창호 등에 의해 1919년 9월 대한민국 단일 임시정부로 출범하였다.
② 3·1운동을 계기로 대한민국 임시정부가 수립되었다.
③ 일본이 중·일 전쟁을 일으키자 군사조직인 한국광복군을 조직하여 무력으로 대항하였다.
④ 1925년 이승만을 해임시킨 뒤 두 번째로 헌법을 개정하여 국무령제(내각책임 지도제)를 채택하였다.

기출 **6** 다음 단체 활동을 주도한 인물로 옳은 것은?

> • 의열단
> • 조선혁명 군사정치 간부학교
> • 민족혁명당
> • 조선의용대

① 홍범도
② 박상진
③ 김좌진
④ 김원봉

김원봉 … 항일 무장 투쟁에 앞장 선 독립운동가로 1919년 의열단을 결성하여 나석주, 김상옥 등으로 하여금 일제 식민 기관 파괴 활동을 전개하였다. 이후 1930년대에는 좌우 합작 성격의 민족혁명당 결성을 주도하고 조선의용대를 창설하여 충칭 임시정부 산하 한국광복군에 합류해 대일 전쟁을 전개하였다.
① 대한독립군을 이끌고 봉오동 전투에서 승리하였다.
②③ 대한광복회를 조직하여 국내에서 활동하였고, 이후 김좌진은 북로군정서군을 이끌고 청산리 전투에서 승리하였다.

7 일제의 토지조사사업에 관한 사항으로 적절하지 않은 것은?

① 실질적으로 식민 통치의 기초자료 및 총독부의 재정기반을 마련하는 것이 목적이었다.
② 정해진 기간 내에 토지를 신고하는 것이 원칙이다.
③ 지주제의 약화, 소작농의 감소라는 결과를 가져왔다.
④ 신고기간이 짧으며, 절차의 복잡성으로 인해 신고 기회를 놓친 사람들은 토지를 상실하였다.

토지조사사업으로 인해 지주제의 강화, 소작농의 증가, 농민층의 몰락이라는 결과를 가져오게 되었다.

8 다음 독립운동과 관련된 설명으로 적절하지 않은 것은?

> ㉠ 3 · 1 운동
> ㉡ 6 · 10 운동
> ㉢ 광주학생항일운동

① ㉠은 비폭력적 시위에서 무력적인 저항운동으로 확대되어갔다.
② ㉠으로 인해 일제는 식민통치방식을 무단통치에서 문화통치로 바꾸었다.
③ ㉡은 일제의 수탈정책과 식민지 교육에 대한 반발로 발생하였다.
④ ㉢은 3 · 1운동 이후 최대의 민족운동으로 신간회 설립에 영향을 주었다.

신간회는 1927년 2월 민족주의 좌파와 사회주의자들이 연합하여 서울에서 창립한 민족협동전선을 1929년 광주학생항일운동 이전에 결성되었으며, 광주학생운동에 진상조사단을 파견하기도 하였다.

9 다음은 어느 인물에 대한 설명이다. '그'와 관련이 있는 활동으로 가장 적절한 것은?

> '그'는 경상도 밀양 출생으로 1919년 만주 길림에서 다른 12명의 동지와 함께 의열단을 결성하였다. 곧 의열단은 국내에 대규모로 폭탄을 들여와 일본 관공서를 폭파하려고 하였으며, 침략에 앞장선 일본 군인들에 대한 저격에 나섰다. 해방 후 남한 단독정부 수립에 반대하여 월북한 후 요직을 맡았다가 연안파로 몰려 숙청을 당하였다.

① 북만주의 쌍성보 전투 등에서 일본군을 격퇴하였다.
② 한인애국단을 조직하여 적극적인 의열 투쟁을 전개하였다.
③ 조선민족혁명당이 이끄는 조선의용대의 일부가 한국광복군에 합류하였다.
④ 삼균주의 이론을 주창, 대한민국 임시정부의 기본이념과 정책노선으로 채택되었다.

10 다음 취지문을 발표하고 활동한 단체로 옳은 것은?

> 우리는 운동상(運動上) 실천으로부터 배운 것이 있으니 우리가 실지로 우리 자체를 위하여 우리 사회를 위하여 분투하려면 우리 조선 자매 전체의 역량을 공고히 단결하여 운동을 전반적으로 전개하지 아니하면 아니된다. 일어나라! 오너라! 단결하자! 분투하자! 조선의 자매들아! 미래는 우리의 것이다.
> 　　　　　　　　　　　　　　　　　　　－ 한국 근대 민족 해방 운동사 －

① 근우회
② 진단학회
③ 일진회
④ 조선 광문회

제시문에서 설명하는 인물은 약산 김원봉이다.
① 지청천이 지휘하는 한국독립군은 북만주 쌍성보 전투에서 승리를 거두었다.
② 한인애국단은 김구가 침체된 대한민국임시정부에 활력을 불어넣기 위해 결성하였다.
④ 삼균주의 이론은 조소앙이 1930년대 초에 내세운 정치노선으로, 자본주의와 사회주의를 적절히 배합하되 평등에 보다 역점을 두었다.

제시문은 근우회의 취지문이다.
② 진단학회는 1934년 청구학회에 반발하여 한국의 역사·언어·문학 및 주변국의 문화를 연구하기 위해 조직한 학술단체이다.
③ 일진회는 대한제국 말에 일본의 한국 병탄정책(倂呑政策)에 적극 호응하여 그 실현에 앞장선 친일단체(1904 ~ 1910)이다.
④ 조선 광문회는 1910년에 설치된 한국 고전 연구기관이었다. 원래 취지는 한국의 계몽을 불러일으키기 위한 것으로, 고전문학과 국사연구도 진행하였고 민족문화와 민족에 대한 연구를 하였다.

11 다음에 해당하는 정강을 갖는 단체와 관계없는 것은?

> • 단결을 공고히 한다.
> • 정치적, 경제적으로 각성한다.
> • 기회주의를 일체 부인한다.

① 일제가 이 단체를 합법 단체로 인정하였다.
② 조선인 본연의 위주로 교육할 것을 주장하였다.
③ 비타협적 민족주의자들이 사회주의자들과 결합한 단체였다.
④ 원산총파업, 물산장려운동, 단천농민투쟁을 지원하였다.

제시문은 1927년에 결성되어 1931년에 해상한 신간회의 강령이다.

원산총파업 … 1929년 1월부터 4개월에 걸쳐 원산의 전 노동자가 파업을 단행한 사건이다. 물산장려운동은 1923년에 일본으로부터 경제적으로 자립하기 위해 전개한 운동이며, 단천농민투쟁은 1930년 7월 함남 단천에서 단천삼림조합에 반대하여 농민들이 대규모 시위를 벌인 사건이다.

12 다음 중 일제강점기에 활동한 역사가와 그 업적이 가장 적절하게 짝지어진 것은?

① 신채호 – 1915년 근대적 역사인식에 입각한 최초의 한국근대사로 평가되는 「한국통사(韓國痛史)」를 저술
② 박은식 – 조선상고사(朝鮮上古史)에서 역사는 "인류사회의 아(我)와 비아(非我)의 투쟁"이라고 주장
③ 백남운 – 한국사의 발전법칙성을 추구하는 사회경제사학을 통해, 식민사학의 정체성론(停滯性論)을 비판
④ 정인보 – "국가는 멸할 수 있어도 역사는 멸할 수 없다"며 역사를 국혼(國魂)과 국백(國魄)의 기록이라 주장

백남운은 「조선사회경제사」, 「조선봉건사회경제사 상」 등을 저술하였으며 사회경제학자로서 식민사학을 비판하였다.
①④ 박은식에 해당되는 설명이다.
② 신채호에 해당되는 설명이다.

ANSWER
9.③ 10.① 11.④ 12.③

13 다음 글을 쓴 사람에 관한 설명으로 옳은 것은?

> 역사란 무엇이뇨, 인류사회의 아(我)와 비아(非我)의 투쟁이 시간에서 발전하여 공간까지 확대하는 심적 활동 상태의 기록이다.

① 간도에 서전서숙이라는 사립학교를 건립하였다.
② 발해를 한국사에 포함시켜 남북국시대론을 주장하였다.
③ 고대사 연구에 매진하여 조선상고사를 저술하였다.
④ 「한국통사(韓國通史)」를 저술하여 일본의 침략과정을 논하였다.

제시문은 신채호의 「조선상고사」의 머리말이다. 「조선상고사」는 우리 민족의 상고시대사를 서술한 것으로 단군조선부터 고구려·백제·신라의 삼국 시대까지를 다룬 고대사의 고전이다.
① 이상설에 해당하는 설명이다.
② 유득공은 「발해고」를 저술하여 발해를 신라와 대등한 국가로 인정하였다.
④ 박은식이의 「한국통사」는 일제의 한국 점령으로 주권을 상실하자 조국의 주권을 상실한 슬픈 역사를 적은 한국 최근세사에 대한 역사서이다.

14 다음은 국외에서 일어난 항일운동과 관련된 사건들이다. 일어난 순서대로 바르게 나열한 것은?

> ㉠ 봉오동 전투
> ㉡ 간도 참변
> ㉢ 청산리 전투
> ㉣ 자유시 참변

① ㉠ - ㉡ - ㉢ - ㉣
② ㉠ - ㉢ - ㉡ - ㉣
③ ㉢ - ㉠ - ㉡ - ㉣
④ ㉢ - ㉠ - ㉣ - ㉡

㉠ **봉오동전투**(1920. 6.) : 대한독립군(홍범도), 군무도독부군(최진동), 국민회군(안무)이 연합하여 일본군에게 승리한 전투이다.
㉢ **청산리전투**(1920. 10.) : 김좌진의 북로군정서군과 국민회 산하 독립군의 연합부대가 조직되어 일본군에게 승리한 사건이다.
㉡ **간도참변**(경신참변 1920. 10.) : 봉오동전투와 청산리 전투에서 독립군이 승리하자 이를 약화시키기 위해 일본이 군대를 파견하여 만주의 한민족을 대량 학살한 사건이다.
㉣ **자유시참변**(1921) : 밀산부에서 서일·홍범도·김좌진을 중심으로 대한독립군단을 조직한 뒤 소련 영토 내로 이동하여 소련 적색군에게 이용만 당하고 배신으로 무장해제 당하려하자 이에 저항한 독립군은 무수한 사상자를 내었다.

15 (가), (나)에 대한 설명으로 중 옳은 것은?

> (가) 일본을 상대로 무장 투쟁을 벌인다는 것은 공연한 힘의 낭비
> 입니다. 우리는 일본을 압박할 수 있는 강대국을 상대로 일
> 제의 부당성과 우리의 독립열망을 전하여 독립을 얻어내야
> 합니다.
> (나) 강도 일본이 정치·경제의 양방면으로 억압해 올 때 무엇으
> 로 실업을 발전시키고 교육을 진흥시킬 수 있습니까? 무장
> 투쟁만이 독립을 쟁취할 수 있습니다.

① (가)는 독립청원운동으로 임시정부정책의 기본방향이 되었다.
② (가)는 임시정부 창조파의 주장이다.
③ (나)는 조선의 절대 독립을 주장하였다.
④ (나)는 민족개조와 실력양성을 주장하였다.

(가)는 이승만을 중심으로 하는 외교독립론으로 열강에게 부탁하여 일본을 몰아내고자 한 독립청원운동이다. 외교독립론으로 인해 임시정부 내부에서 개조파와 창조파가 갈라지게 되었다. (나)는 이동휘를 중심으로 하는 독립전쟁론. 무장투쟁론으로 외교 독립론을 비판하고 무장투쟁을 통해 독립을 쟁취해야 한다고 주장하였다.
① 독립청원운동이외에도 무장투쟁론. 준비론 등의 주장으로 인하여 임시정부의 분열이 발생하였다.
② 임시정부가 분열되자 새로운 독립 추진기구를 만들자고 주장한 것이 창조파이다.
④ 타협적민족주의에 대한 설명이다.

16 다음에서 설명하는 조직의 강령이나 구호는?

> • 광주학생운동을 지원하였다.
> • 조선민흥회를 모태로 하여 정우회 선언을 계기로 창립되었다.
> • 노동쟁의, 소작쟁의, 동맹휴학 등과 같은 운동을 지도하였다.

① 배우자 가르치자 다함께
② 한민족 1천만이 한사람 1원씩
③ 우리는 기회주의를 일체 부인한다.
④ 내 살림 내 것으로 조선사람 조선 것으로

제시문은 좌·우익합작 노력에 의해 1927년에 결성된 신간회에 대한 설명이다.
① 브나로드 운동 구호이다.
② 민립대학설립운동 구호이다.
④ 물산장려운동의 구호이다.

ANSWER
13.③ 14.② 15.③ 16.③

17 (가), (나)에 대한 설명으로 옳은 것은?

> (가) 토지 소유자는 조선 총독이 정하는 기간 내에 주소, 씨명, 명칭 및 소유지의 소재, 지목, 자번호(字番號), 사표(四標), 등급, 지적 결수(結數)를 임시 토지조사 국장에게 신고해야 한다.
>
> (나) 회사의 설립은 조선총독의 허가를 받아야 한다.

① (가)는 화폐정리사업의 기반이 되었다.
② (가)를 시행하면서 자작농이 증가하였다.
③ (나)는 조선의 민족기업들의 자본축적을 막기 위해 시행되었다.
④ (나)는 일본의 경제대공황 타개책의 일환이었다.

(가)는 토지조사사업이고 (나)는 회사령이다.
① 화폐정리사업은 1905년에 시행되었으며, 토지조사사업은 1910년에 실시되었다.
② 일제가 정한 양식에 의해 신고를 하지 않으면 토지소유권을 인정해주지 않았으며 지주의 소유권만 인정하고 관습적으로 인정되던 개간권, 도지권과 같은 농민의 권리는 인정해주지 않았다. 또한 토지조사사업으로 식민지주제가 확립되었다.
④ 일제는 1920년대 후반 발생한 세계 경제 대공황을 타개하기 위해 병참기지화 정책을 실시하였다.

기출 **18** 다음 독립운동 단체들이 활동하던 시기에 나타난 일제의 식민통치 정책은?

> • 독립의군부　　　• 조선국권회복단
> • 대한광복회　　　• 송죽회

① 한국인의 회유를 위해 형식적으로 중추원을 설치하였다.
② 총동원령을 내려 징병, 징용 명목으로 한국인을 끌고 갔다.
③ 치안유지법을 제정하고 사회주의 활동을 억압하였다.
④ 회사령을 폐지하여 일본 기업의 한국 진출을 추진하였다.

제시된 단체들은 1910년에 활동한 비밀결사조직이다.
② 1930년대이다.
③④ 1920년대이다.

19 다음 설명 중 옳지 않은 것은?

① 진단학회를 중심으로 하여 문헌고증을 통해 개별적 사실을 객관적으로 밝히려 한 것은 실증주의사학이다.

② 신민족주의사학은 실증사학을 토대로 민족주의와 사회경제사학을 접목시켰다.

③ 조선 후기 실학은 1930년대 민족주의 사학에 영향을 미쳤다.

④ 백남운 등의 사회경제사학은 한국사의 발전이 세계사의 보편적인 발전법칙에 입각하여 이루어졌음을 강조하면서 식민사관의 정체성 이론을 반박하였다.

정인보, 문일평, 안재홍, 백남운 등은 학문적 주체성과 자주적 근대 사상을 조선 후기의 실학으로부터 찾아내어 실학을 연구하는 조선학운동을 펼쳤다.

20 1920년대 민족운동에 대한 설명으로 옳지 않은 것은?

① 의열단은 무정부주의와 무장투쟁론을 지향하는 테러조직이다.

② 신간회는 민족주의 진영과 사회주의 진영의 연합으로 결성된 민족운동단체이다.

③ 임시정부 내 개조파와 창조파의 갈등은 국민대표회의에서 해소되었다.

④ 물산장려운동, 민립대학설립운동 등 실력양성운동을 전개하였다.

독립운동 전체의 방향 전환을 논의하고 임시정부를 통일전선 정부로 만들기 위하여 국민대표회의가 개최되었으나 개조파와 창조파의 대립으로 인하여 국민대표회의는 성과를 거두지 못하였으며 창조파와 개조파는 임시정부에서 이탈한 뒤 서서히 세력을 잃고 말았다.

21 일제의 통치정책 일부이다. 이와 같은 내용을 모두 포괄하는 일제의 식민통치방법은?

> • 일본식 성명의 강요
> • 신사참배의 강요
> • 징병 · 징용제도의 실시
> • 부녀자의 정신대 징발

① 문화통치
② 헌병경찰통치
③ 민족말살통치
④ 병참기지화정책

일제는 태평양전쟁 도발 후, 한국의 인적 · 물적 자원의 수탈뿐 아니라 민족문화와 전통을 완전히 말살시키려 하였다. 우민화정책과 병참기지화정책도 민족말살통치의 하나이다.

22 광복 후의 우리나라 농지개혁에 대한 설명으로 옳은 것은?

① 농지개혁으로 모든 농민들이 영세농에서 벗어나게 되었다.
② 지주의 농지를 유상으로 매수하여 소작인에게 무상으로 분배하였다.
③ 미 군정기에 실시되었다.
④ 국가가 매수한 토지는 영세농민에게 유상으로 분배하였다.

농지개혁법 … 1949년에 제정되어 1950년에 실시되었고, 유상매수 · 유상분배의 원칙을 적용하였다. 하지만 지주 중심의 개혁과 한국전쟁으로 인하여 철저한 개혁이 이루어지지 못하였다.

23 대한민국 임시정부가 있었던 지역이 아닌 곳은?

① 충칭
② 난징
③ 우한
④ 광저우

대한민국 임시정부 ··· 1931년 3 · 1 운동 당시 독립선언을 계기로 건립된 임시정부로, 1919년 중국 상하이에서 시작되었으나 중일전쟁의 영향으로, 상하이(1919) → 항저우(1932) → 전장(1935) → 창사(1937) → 광저우(1938) → 류저우(1938) → 치장(1939) → 충칭(1940)로 이동했다.

CHAPTER 08 현대사회의 발전

회독 | 1 | 2 | 3 | 정답 수 | 개 / 15개 |

기출 1 다음은 한국의 광복 이후에 대한 회의 결정문이다. 이에 관한 내용으로 가장 적절한 것은?

> 1. 조선을 독립국가로 재건설하며 조선을 민주주의적 원칙하에 발전시키기 위한 조건을 조성하고 … 임시 조선 민주주의 정부를 수립할 것이다.
> 2. 조선 임시정부의 구성을 원조할 목적으로 … 남조선 미합중국 관구와 북조선 소연방국 관구의 대표자들로 공동위원회가 설치될 것이다. 그 제안을 작성하는 데 있어 공동위원회는 조선의 민주주의 정당 및 사회단체와 협의해야 한다.
> 3. 공동위원회의 제안은 최고 5년 기한으로 4개국 신탁통치를 협약하기 위하여 미국·영국·중국·소련 여러 나라 정부가 공동 참작할 수 있도록 조선 임시정부와 협의한 후 제출되어야 한다.
> 4. 남·북 조선에 관련된 긴급한 제문제를 고려하기 위하여 … 2주일 이내에 조선에 주둔하는 미국, 소련 양군 사령부 대표로서 회의를 소집할 것이다.

① 미국의 트루먼 대통령, 영국의 처칠 수상, 소련의 스탈린 등 3개국 정상들이 참석하였다.

② 이 회의에서 미·소 양국은 2항을 결정하는 과정에서 협의의 대상인 정당 및 사회단체 선정 문제를 놓고 진통을 겪었다.

③ 이 소식을 접한 김구, 이승만 등의 우익 세력은 즉각적으로 대대적인 신탁반대운동에 나섰다.

④ 미국과 소련은 회의 결정 안을 실천하기 위하여 미·소 공동위원회를 3차례에 걸쳐 실시하였다.

제시문은 모스크바 3상회의 내용이다. 모스크바 3국 외상회의 결정 이후 민족주의 진영은 반탁운동을 전개하였다.

① 미국, 영국, 소련의 외상(= 외무부 장관)들이 대표로 참석하였다.

② 모스크바 3국 외상회의 이전이 아닌, 결정 이후 남한 내에서 민족주의 진영은 반탁운동을, 공산주의 진영은 친탁운동을 전개함으로써 좌우대립이 치열해졌다.

④ 1946년 3월과 1947년 5월 두 차례에 걸쳐 서울의 덕수궁에서 미·소 공동회담이 개최되었다.

2 현대 문화의 성장과 발전에 대한 설명으로 옳지 않은 것은?

① 1970년대 이후 무비판적으로 수용하였던 서구 문화에 대한 반성이 일어나면서 전통 문화를 되살리는 노력이 펼쳐졌다.

② 1960년대 이후 정치적 민주화와 사회 경제적 평등을 지향하는 민중 문화 활동이 활발하였다.

③ 1987년 6월 민주 항쟁을 거치면서 언론에 대한 정부의 통제와 간섭은 줄어들고 언론의 자유는 확대되었다.

④ 1980년대 이후에는 고등 교육의 대중화를 위하여 대학이 많이 세워졌다.

1960년대에 문화 대중화 · 참여문학론이 대두하였고, 1970년대에 현실비판, 민주화 운동의 실천, 민족 통일 문제 등의 민중문학론이 대두하고 민중문학운동이 전개되었다.

3 정부 수립을 위한 노력 중 성격이 다른 하나는 무엇인가?

① 이승만이 정읍 발언을 주장하였다.

② 김규식, 여운형을 중심으로 좌우 합작 위원회가 결성하였다.

③ 유엔이 남북한 총선거를 통한 정부 수립을 결의하였다.

④ 김구와 김규식을 중심으로 남북 지도자 회의가 이루어졌다.

이승만의 정읍 발언은 남한만의 단독 정부 수립을 주장한 사건이다.
②③④ 남 · 북 통일 정부 수립을 위해 노력한 사건이다.

4 다음과 같은 주장을 한 단체와 관련이 없는 것은?

> • 전국적으로 정치범 · 경제범을 즉시 석방할 것
> • 서울의 3개월간 식량을 보장할 것
> • 치안유지와 건국을 위한 정치활동에 간섭하지 말 것

① 건국동맹을 모체로 한다.

② 송진우, 김성수 등이 주도하여 창설되었다.

③ 건국치안대를 조직하여 치안을 담당하였다.

④ 인민위원회로 전환되기도 하였다.

송진우, 김성수 등 민족주의 우파계열은 건국준비위원회에 참여하지 않았다.

5 (가), (나)에 대한 설명으로 옳은 것은?

> (가) 나는 통일된 조국을 건설하려다 38도선을 베고 쓰러질지언 정 일신의 구차한 안일을 위하여 단독정부를 세우는 데는 협력하지 않겠다.
>
> (나) 무기휴회된 미·소공동위원회가 재개될 기색도 보이지 않 으며 통일정부를 고대하나 여의케 되지 않으니 우리 남한만 이라도 임시정부 혹은 위원회 같은 것을 조직하여 38도선 이북에서 소련이 철퇴하도록 세계 공론에 호소해야 될 것입 니다.

① (가) : 삼균주의를 포함한 건국 강령을 채택하였다.
② (가) : 반민특위(반민족행위특별조사위원회) 활동에 직접 참여하 였다.
③ (나) : 상하이를 중심으로 무장독립활동을 전개하였다.
④ (나) : 모스크바 3상 회의에서 결정된 사항을 지지하였다.

6 대한민국의 민주화 여정에 대한 설명으로 옳은 것은?

① 1960년대 – 장기집권을 획책한 박정희의 사사오입개헌에 맞 서 학생들과 재야인사들이 그 반대투쟁을 전개하였다.
② 1970년대 – 유신개헌을 통해 평화적으로 민주화를 추진할 수 있는 법률적 기틀을 제공하였다.
③ 1980년대 – 6월 민주항쟁을 통해 군사정권을 종식시키고 선 거를 통해 문민정부가 출범하였다.
④ 1990년대 – 대선결과에 따라 평화적 정권교체가 실현되었다.

7 다음에서 설명하는 정부와 관련이 없는 것은?

> 이 정부는 '조국 근대화'의 실현을 가장 중요한 국정 목표로 삼아 경제성장에 모든 힘을 쏟는 경제제일주의 정책을 펼쳤다. 이로써 수출이 늘어나고 경제도 빠르게 성장함으로써 절대 빈곤의 상태에서 어느 정도 벗어날 수 있었다. 그러나 경제개발에 필요한 자본의 대부분은 외국에서 빌려온 것이었고, 개발을 효율적으로 추진한다는 구실로 국민의 자유를 억압하여 민주주의 발전을 저해하였다.

① 한 · 일 협정
② 남북적십자회담
③ 한 · 중 수교
④ 유신헌법제정

제5공화국(1963 ~ 1979)에 해당하는 박정희 정권에 대한 설명이다. 중국과 국교가 수립된 것을 1992년 노태우 정권 때이다.

① 1961년부터 진행되었으며 1965년 6월에 한 · 일 기본조약 및 제협정이 조인되었으며 그 해 8월 국회에서 통과되었다.

② 1971년 대한적십자사에서 남북한 이산가족 찾기를 위한 남북적십자회담을 북한의 조선적십자회에 제의하였으며, 북한의 동의에 의해 회담이 진행되었다.

④ 유신헌법은 7차 개정된 헌법으로 1972년 10월에 개헌안이 공고되었으며 11월에 국민투표를 거쳐 12월 27일에 공포 · 시행되었다.

★★★
기출 **8** 다음에 제시된 사건을 시기 순으로 바르게 배열한 것은?

> ㉠ 사사오입개헌
> ㉡ 발췌개헌
> ㉢ 거창사건
> ㉣ 진보당사건
> ㉤ 2 · 4파동

① ㉡ − ㉠ − ㉣ − ㉤ − ㉢
② ㉡ − ㉣ − ㉢ − ㉤ − ㉠
③ ㉢ − ㉡ − ㉠ − ㉣ − ㉤
④ ㉣ − ㉠ − ㉡ − ㉢ − ㉤

㉢ **거창사건**(1951. 2.) : 6 · 25 전쟁 중이던 1951년 2월 경상남도 거창군 신원면 일대에서 일어난 양민 대량학살사건이다.

㉡ **발췌개헌**(1952. 7.) : 이승만 대통령이 자유당 창당 후 재선을 위해 직선제로 헌법을 고쳐 강압적으로 통과시킨 개헌안이다.

㉠ **사사오입개헌**(1954. 11.) : 이승만 정권 시절, 헌법 상 대통령이 3선을 할 수 없는 제한을 철폐하기 위해, 당시의 집권당인 자유당이 사사오입의 논리를 적용시켜 정족수 미달의 헌법개정안을 불법 통과한 것이다.

㉣ **진보당사건**(1958. 1.) : 조봉암을 비롯한 진보당의 전간부가 북한의 간첩과 내통하고 북한의 통일방안을 주장했다는 혐의로 구속 기소된 사건이다.

㉤ **2 · 4파동**(1958. 12.) : 국회에서 경위권 발동 속에 여당 단독으로 신국가보안법을 통과시킨 사건이다.

기출 9 대한민국의 헌정사를 시대 순으로 나열한 것은?

① 제2공화국 수립 – 4월 혁명 – 발췌개헌 – 사사오입 개헌
② 발췌개헌 – 사사오입 개헌 – 4월 혁명 – 제2공화국 수립
③ 사사오입 개헌 – 발췌개헌 – 4월 혁명 – 제2공화국 수립
④ 사사오입 개헌 – 4월 혁명 – 발췌개헌 – 제2공화국 수립

㉠ **발췌개헌**(1957. 7.) : 이승만 대통령이 자유당 창당 후 재선을 위해 직선제로 헌법을 고쳐 강압적으로 통과시킨 개헌안이다.

㉡ **사사오입 개헌**(1954. 11.) : 이승만 정권 시절. 헌법 상 대통령이 3선을 할 수 없는 제한을 철폐하기 위해 당시의 집권당인 자유당이 사사오입의 논리를 적용시켜 정족수 미달의 헌법개정안을 불법 통과한 것이다.

㉢ **4월 혁명**(1960. 4.) : 제1공화국 자유당 정권이 이승만을 대통령에 당선시키고 이기붕을 부통령으로 당선시키기 위한 개표조작을 하자. 이에 반발하여 부정선거 무효와 재선거를 주장하는 학생들의 시위에서 비롯된 혁명이다.

㉣ **제2공화국 수립** : 1960년 4·19혁명으로 제1공화국이 붕괴된 후 1961년 5·16 군사정변 때까지 존속된 두 번째 공화헌정체제이다.

10 1995년 '역사바로세우기' 운동의 일환으로 철거된 일제 식민 통치 기관으로 옳은 것은?

① 조선총독부
② 조선은행
③ 통감부
④ 동양척식주식회사

'역사바로세우기' 운동 … 일제통치가 진행되던 1926년 광화문 앞에 지어진 조선총독부는 패망 직전의 상황까지 우리 민족에 대한 수탈의 상징물이었다. 당시 일제는 우리나라에 대한 통치의 위엄을 과시하려 경복궁의 근정전 바로 앞에 건물을 세우며 우리나라의 혼을 뺏으려 했다. 우리나라는 구 조선총독부 건물을 1986년부터 국립중앙박물관으로 사용했는데, 과거 자신들의 만행을 반성하는 것이 아닌 자부심을 가지고 일본인 관광객들이 필수 관광코스로 방문하여 논란이 되었다. 이에 역사학계에서는 아프고 치욕적인 역사도 남겨서 교육을 해야 한다는 의견과 민족의 정기를 말살하여 했던 건물을 철거를 해서 일제의 잔재를 뿌리 뽑아야 한다는 의견으로 나뉘었다. 결국 후자인 철거의 목소리가 높아 2년여 간의 논의 끝에 철거를 실행에 옮겼다.

11 다음은 통일을 위한 노력과 관련된 자료이다. 이와 같은 내용을 명문화한 문서로 옳은 것은?

> • 통일은 외세에 의존하거나 외세의 간섭을 받음이 없이 자주적으로 해결하여야 한다.
> • 통일은 서로 상대방을 반대하는 무력행사에 의거하지 않고 평화적인 방법으로 실현하여야 한다.
> • 사상과 이념, 제도의 차이를 초월하여 우선 하나의 민족으로서 민족적 대단결을 도모하여야 한다.

① 6 · 15 남북 공동 선언
② 7 · 4 남북 공동 성명
③ 한민족 공동체 통일 방안
④ 민족 화합 민주 통일 방안

① 6 · 15 남북 공동 선언 : 2000년 6월 15일 남북 정상이 회담을 갖고 채택한 공동성명으로 민족의 통일을 위한 원칙을 밝혔다.
③ 한민족 공동체 통일 방안 : 1989년 9월 11일 대통령 국회연설을 통해 발표된 노태우 정권의 통일방안이다.
④ 민족 화합 민주 통일 방안 : 1982년 1월 22일 대통령 전두환이 국정연설에서 발표한 통일방안이다.

12 울릉도와 독도에 관한 설명으로 가장 적절하지 않은 것은?

① 팔도총도는 울릉도와 독도를 별개의 섬으로 하여 그림으로 그려놓은 최초의 지도가 되었다.
② 세종실록지리지, 동국여지승람 등의 문헌에 의하면 울릉도와 함께 경상도 울진현에 소속되어 있었다.
③ 조선 숙종 때 안용복은 울릉도에 출몰하는 일본 어민을 쫓아내고 일본에 건너가 독도가 조선의 영토임을 확인받았다.
④ 19세기 말 조선 정부에서는 적극적으로 울릉도 경영에 나서 주민의 이주를 장려하였다.

「세종실록지리지」에서는 울릉도와 독도를 울진현 소속으로 구분하고 있다. 하지만 울진현은 오늘날 경상북도 울진군이 아니며, 조선 말기까지 강원도의 관할이었다.

※ 독도 … 경상북도 울릉군 울릉읍 독도리 1～96에 위치한 독도는 대한민국 정부 소유(관리청 : 국토교통부)의 국유지로서 천연기념물 336호(1982년 11월 문화재청)로 지정되어 있으며, 동도와 서도, 두 개의 섬으로 이루어져 있다.

기출 13 독도에 관한 설명으로 적절하지 않은 것은?

① 일본 막부는 1699년 다케시마(竹島 : 당시 일본에서 울릉도를 일컫던 말)와 부속 도서를 조선 영토로 인정하는 문서를 조선 조정에 넘겼다.

② 울릉도가 통일신라 시대 이사부의 우산국 정벌로 인해 신라 영토로 편입된 이후, 독도도 고려·조선 말까지 우리나라 영토로 이어져 내렸다.

③ 세종실록지리지 강원도 울진현 조(條)에서 "우산, 무릉 두 섬이 현(울진) 정동(正東) 바다 한가운데 있다"하여 독도를 강원도 울진현 소속으로 구분하고 있다.

④ 통항일람은 19세기 중반에 일본에서 기록한 사서로, 안용복에게 독도가 조선의 땅임을 인정하는 사료가 기록되어 있다.

신라 시대 지증왕 때에 512년 우산국(지금의 울릉도, 독도)을 정벌했다.

14 독도에 대한 설명으로 옳은 것은 모든 몇 개인가?

> ㉠ 신라 지증왕 때 우산국이 병합되면서 독도는 신라의 영토가 되었다.
> ㉡ 「세종실록지리지」에는 울릉도와 독도를 구분하지 않고 모두 우산이라 하였다.
> ㉢ 대한제국은 지방제도 개편 시 울릉도에 군을 설치하고 독도를 이에 포함시켰다.
> ㉣ 한국은 1945년 해방과 동시에 독도를 한국 영토로 하였다.
> ㉤ 조선 고종 때 일본 육군이 조선전도를 편찬하면서 울릉도와 독도를 조선 영토로 표시하였다.
> ㉥ 일본의 역사서인 「은주시청합기」에는 울릉도와 독도를 일본의 영토로 기록하고 있다.

① 1개
② 2개
③ 3개
④ 4개

㉡ 「세종실록지리지」 제153권에서는 강원도 삼척도호부 울진현에서는 "우산과 무릉, 두 섬이 현의 정동방 바다 가운데에 있다. 두 섬이 서로 거리가 멀지 아니하여, 날씨가 맑으면 바라볼 수가 있다."고 하여 별개의 두 섬으로 파악하였다.

㉣ 연합군 총사령부는 1946년 1월 29일 연합군 총사령부 훈령 제677호를 발표하여 한반도 주변의 울릉도, 독도, 제주도를 일본 주권에서 제외하여 한국에게 돌려주었다.

㉥ 1954년 일본 정부는 외교 문서를 통해 1667년 편찬된 「은주시청합기」에서 울릉도와 독도는 고려영토이고, 일본의 서북쪽 경계는 은기도를 한계로 한다고 기록하고 있다.

15 **중국의 동북공정에 관한 설명으로 옳지 않은 것은?**

① 중국은 동북 지방의 역사를 자국의 역사로 편입하려 하여 고구려와 발해를 중국의 지방 정권의 하나라고 주장하고 있다.
② 동북공정은 주변국들의 문제 제기로 인해 취소되었다.
③ 동북공정 연구는 중국의 사회과학원과 둥베이삼성의 성 위원회가 연합하여 추진하였다.
④ 한국에서도 중국의 역사왜곡에 체계적으로 대처하기 위해 2004년 3월 교육부 산하의 고구려연구재단을 발족하였다.

동북공정 … 2006년까지 5년을 기한으로 진행되었으나, 그 목적을 위한 역사왜곡은 지금도 진행중이다.

03

모의고사

본 PART의 구성

모의고사 활용한 학습 TIP

빈출 유형의 문제와 함께 최근에 공기업, 공공기관에서 시행했던 일반상식의 키워드를 수집하여 복원하였습니다. 해당 모의고사를 풀어보면서 일반상식이 어떠한 형식으로 출제되는지를 파악하는 것이 제일 중요합니다. 해당 모의고사에 출제된 유형의 키워드는 빈출 유형이므로 관련 이론에 대한 정의를 한번 더 숙지해 두는 것이 좋습니다.

제1회 모의고사

· 시험시간 : 40분   · 문항수 : 30문항   · 풀이시간 :   분   · 정답수 :   문항

1 우리나라 최초 노벨문학상 수상자 한강의 작품이 아닌 것은?

① 소년이 온다   ② 채식주의자
③ 흰   ④ 구토

2 제품을 구매할 때 소비자가 자신의 취향에 맞게 선택할 수 있도록 다양한 선택을 하도록 제공하는 경제모델을 의미하는 용어는?

① 토핑경제   ② 규모의 경제
③ 외부경제   ④ 공동경제

3 12대 중과실에 해당하는 교통사고가 아닌 것은?

① 어린이보호구역 안전운전의무 위반
② 중앙선 침범
③ 제한속도보다 10킬로미터 초과하여 운전한 경우
④ 신호위반

4 동학농민혁명운동에 대한 설명으로 옳지 않은 것은?

① 외국 문물의 수용을 요구하는 운동이었다.
② 최제우에 의해서 동학이 창시되었다.
③ 전봉준을 중심으로한 민란이다.
④ 전라감사 김학진과 전봉준은 집강소를 설치하였다.

5 2차 전지의 특징으로 적절하지 않은 것은?

① 1차 전지보다 자연 중에 방전이 다소 빠르게 진행된다.
② 양극 물질은 산화되고 음극 물질은 환원되면서 충전이 된다.
③ 니켈 카드뮴, 납산, 니켈 수소, 리튬 이온 등 전극재료와 전해질 조합이 사용된다.
④ 리모컨, 시계, 장난감 등에 주로 사용된다.

6 상담이나 교육 등을 받을 때 신뢰와 친밀감을 바탕으로 한 긍정적인 관계를 의미하는 용어는?

① 게슈탈트
② 방어기제
③ 합리화
④ 라포

7 대한민국 헌법에 대한 설명으로 옳은 것을 모두 고른 것은?

┌─────────────────────────────────────┐
│ ㉠ 국회는 헌법개정안이 공고된 날로부터 │
│   60일 이내에 의결하여야 하며, 국회의 │
│   의결은 재적의원 3분의 2 이상의 찬성 │
│   을 얻어야 한다.   │
│ ㉡ 헌법은 10차례 개정이 되었다.   │
│ ㉢ 헌법에 따라 입법권은 국회에 속한다. │
│ ㉣ 국회에서 탄핵의 심판을 관장한다.   │
│ ㉤ 대통령은 국가의 독립 · 영토의 보전 · 국가 │
│   의 계속성과 헌법을 수호할 책무를 진다. │
└─────────────────────────────────────┘

① ㉠
② ㉡㉢
③ ㉠㉢㉤
④ ㉡㉢㉤

8 우리나라 국회에 대한 설명으로 옳지 않은 것은?

① 국회는 국정을 감사하거나 특정한 국정사안에 대하여 조사할 수 있다.
② 국회의원의 임기는 4년으로 한다.
③ 국회는 정부의 동의 없이 정부가 제출한 지출예산 각항의 금액을 증가하거나 새 비목을 설치할 수 없다.
④ 국회의원과 정부는 법률안을 제출할 수 없다.

9 새로운 일자리를 찾기 위해 이직하거나 졸업 후 첫 직장을 찾는 과정에서 발생하는 일시적인 실업에 해당하는 것은?

① 구조적 실업
② 마찰적 실업
③ 경기적 실업
④ 계절적 실업

10 영국의 사회학자 피터 타운센드가 사회적 권리를 기반으로 제안한 5대안에 해당하지 않는 것은?

① 주거 권리
② 교육 권리
③ 의료 권리
④ 휴식 권리

11 형법의 적용범위에 대한 설명으로 옳지 않은 것은?

① 범죄의 성립과 처벌은 행위 예정 시에 법률에 따른다.
② 범죄 후 법률이 변경되어 그 행위가 범죄를 구성하지 아니하게 되거나 형이 구법(舊法)보다 가벼워진 경우에는 신법(新法)에 따른다.
③ 대한민국 영역 내에서 죄를 범한 내국인과 외국인에게 적용한다.
④ 대한민국 영역 외에서 내란의 죄를 범한 외국인에게 적용한다.

12 제로금리 정책을 시행하는 이유로 적절하지 않은 것은?

① 경기 부양
② 고용 창출
③ 환율 하락 유도
④ 인플레이션 방지

13 원하는 공간에서 업무와 휴가를 동시에 할 수 있는 근무제도를 의미하는 용어는?

① 스테이케이션
② 워케이션
③ 블레저
④ 워라밸

14 음력 2월에 해당하며 동면을 하는 동물이 깨어나며 날씨가 따뜻해지면서 싹이 돋기 시작하는 시기를 의미하는 절기는?

① 대설
② 처서
③ 망종
④ 경칩

15 다음에서 연극 3요소를 모두 고른 것은?

> ㉠ 배우
> ㉡ 티켓 가격
> ㉢ 무대
> ㉣ 관객
> ㉤ 공연시간
> ㉥ 대본

① ㉠㉢㉣
② ㉡㉤㉥
③ ㉠㉣㉥
④ ㉢㉣㉤

16 다음 중 사물놀이에 사용되는 악기가 아닌 것은?

① 꽹과리
② 태평소
③ 장구
④ 북

17 다음 철학자가 한 명언을 바르게 연결한 것은?

① 르네 데카르트 – 나는 생각한다, 고로 존재한다.
② 아리스토텔레스 – 신은 죽었다.
③ 소크라테스 – 인간은 사회적 동물이다.
④ 프리드리히 니체 – 너 자신을 알라

18 도심에서 주거 기능이 약화하면서 상주하는 인구의 밀도가 도시 외곽으로 이동하여 도시가 공동화되고 도시 외곽에 인구가 집중되는 것을 의미하는 용어는?

① 젠트리피케이션
② 투어리스트피케이션
③ 스마트시티
④ 도넛현상

19 과다한 음주로 발생하는 치매를 의미하는 것으로 혈액 속에 알코올이 뇌세포에 손상을 입히면서 발생하는 현상은?

① 화이트아웃 현상
② 블랙아웃 현상
③ 할로 효과
④ 스노볼 효과

20 선거를 진행할 때 자신이 속해있는 당에 유리하도록 선거구를 획정하는 것을 의미하는 용어는?

① 섀도 캐비닛
② 오픈프라이머리
③ 코커스
④ 게리맨더링

21 1019년 귀주대첩에서 고려군이 소배압이 이끄는 거란군을 크게 이긴 장군은?

① 서희
② 강감찬
③ 이성계
④ 김윤후

22 시끄러운 환경에서도 자신과 관련이 있는 정보를 선택하여 집중하는 현상으로 인간의 주의력이 특정 정보에 집중하는 능력을 가지고 있음을 의미하는 용어는?

① 플라시보 효과
② 스톡홀름 증후군
③ 칵테일파티 효과
④ 바넘효과

23 자신의 데이터를 직접 관리하고 통제하며 스스로 데이터를 선택해 활용할 수 있도록 하는 데이터 관리 개념은?

① 데이터 주권　　② 빅데이터
③ 블록체인　　　④ 마이데이터

24 중앙은행이 금리를 낮추는 이유로 가장 적절한 것은?

① 경제 위축　　② 수출 감소
③ 물가 안정　　④ 경기 활성화

25 자원의 배분이 효율적이고 다른 사람의 상황을 나쁘게 만들지 않으면서 자신의 상황을 개선할 수 없는 상태는?

① 파레토 최적　　② 기회비용
③ 한계효용　　　④ 수요 곡선

26 세포 호흡 과정에서 생성되는 최종 에너지원은?

① ADP　　② ATP
③ DNA　　④ RNA

27 태양계에서 자전 속도가 가장 빠른 행성은?

① 지구　　② 금성
③ 화성　　④ 목성

28 르네상스가 처음으로 시작된 도시는?

① 파리　　② 로마
③ 런던　　④ 피렌체

29 제1차 세계대전의 직접적인 발단이 된 사건은?

① 베르사유 조약 체결
② 사라예보에서의 오스트리아 황태자 암살
③ 나폴레옹 전쟁 발발
④ 독일과 프랑스의 국경 분쟁

30 지구 온난화로 인해 산호초가 백화 현상을 겪는 주요 원인은?

① 바닷물의 산성화
② 해수면 상승
③ 바다의 염분 증가
④ 바다의 온도 상승

제2회 모의고사

- 시험시간 : 40분   - 문항수 : 30문항   - 풀이시간 :   분   - 정답수 :   문항

1 심정지 환자 발생 시 골든타임을 지키기 위해 심폐소생술(CPR)을 몇 분 이내에 실시해야 하는가?

① 4분 이내
② 10분 이내
③ 15분 이내
④ 구조 대원이 온 후

2 SNS나 모바일 메신저로 특정인을 집단으로 괴롭히는 행위를 무엇이라고 하는가?

① 사이버불링   ② 이지메
③ 인사이더   ④ 아웃사이더

3 다음이 설명하는 뱅크시의 작품은?

> 옥션 하우스에서 약 104만 파운드(약 16억 원)에 낙찰된 직후, 분쇄기로 파쇄되어 큰 화제가 되었다. 현대 미술의 상업성을 꼬집는 퍼포먼스로 원래는 모두 파쇄될 예정이었지만 실전에서 분쇄기가 제대로 작동하지 않았다고 뱅크시 본인이 고백했으며, 이 퍼포먼스의 실패로 인하여 그 작품성과 화제성이 더욱 주목을 받아 고가에 거래되었다.

① 게임 체인저   ② 퇴화한 국회
③ 쇼 미 더 모네   ④ 풍선을 든 소녀

4 甲, 乙, 丙, 丁, 戊 다음으로 오는 한자로 옳은 것은?

① 己   ② 庚
③ 辛   ④ 壬

5 '임을 위한 행진곡'과 연관이 깊은 작가는?

① 박경리
② 황석영
③ 정채봉
④ 박완서

6 2026년 제23회 월드컵 개최지가 아닌 곳은?

① 미국
② 호주
③ 캐나다
④ 멕시코

7 아담 스미스의 절대우위론에 관한 설명으로 옳은 것은?

① 절대우위론은 한 나라가 모두 절대우위 혹은 절대열위에 있는 경우에 무역이 발생하는 현상은 설명하지 못하는 단점이 있다.
② 절대우위란 다른 생산자에 비해 같은 상품을 더 적은 기회비용으로 생산할 수 있는 능력을 말한다.
③ 절대우위는 곧 기회비용의 상대적 크기를 나타낸다.
④ 절대우위론에서 무역은 절대생산비의 차이에서 발생한다고 본다.

8 다음이 설명하는 것으로 옳은 것은?

> 1개월 정산 기간 내 일주일 평균 40시간을 초과하지 않은 범위에서 근로자가 근무시간을 자유롭게 조정하는 제도

① 탄력적 근로시간제
② 선택적 근로시간제
③ 재량근무제
④ 원격 근무제

9 아마존 창업자가 제시한 기업 성장 원리로 옳은 것은?

① M&A   ② 플립 러닝
③ 글로벌 경영   ④ 플라이 휠 효과

10 다음이 설명하는 장치로 옳은 것은?

> 의 장치는 운전자가 통학차량 맨 뒷좌석에 설치된 버튼을 눌러야 시동을 끌 수 있도록 한 시스템으로 폭염 속 통학버스에 방치된 아이가 죽는 안타까운 사고 발생이 계속되면서, 이 장치를 의무적으로 설치하도록 하였다.

① 차체자세제어장치
② 차선이탈경보장치
③ 슬리핑차일드 체크
④ 도어락 · 윈도우락

11 다음 정책을 실시한 인물에 관한 설명으로 옳지 않은 것은?

> • 47개소만 남겨놓고 전국의 서원 철폐
> • 비변사를 혁파하고 의정부와 삼군부의 기능 부활

① 경복궁 중건을 위해 당백전을 발행하고 부역 노동을 강화하였다.
② 삼정의 문란을 시정하고자 삼정이정청을 설치해 개혁을 추구하였다.
③ 국가 통치 기강 확립을 위하여 「대전회통」, 「육전조례」를 편찬하였다.
④ 프랑스를 이용하여 러시아의 남하 정책에 대비하고자 하였다.

12 다음 법령이 제정된 시기의 상황은?

> 제4장 대통령
> 제47조 대통령의 임기는 6년으로 한다.
> 제53조 대통령은 천재, 지변 또는 중대한 재정. 경제상의 위기에 처하거나, 국가의 안전보장 또는 공공의 안녕질서가 중대한 위협을 받거나 받을 우려가 있어 신속한 조치를 할 필요가 있다고 판단할 때에는 내정, 외교, 국방, 경제, 재정, 사법 등 국정 전반에 걸쳐 필요한 긴급조치를 할 수 있다.
> 제59조 대통령은 국회를 해산할 수 있다.

① 반공 우선주의를 내세우며 국가 안전을 위해 국가보안법이 제정되었다.
② 전국에 계엄령이 선포되고 국가 보위 비상 대책 위원회가 설치되었다.
③ 대통령 중임 제한에 관한 법 규정을 철폐하는 사사오입 개헌이 이루어졌다.
④ 통일주체 국민회의가 설치되어 대통령 직선제에서 간선제로 전환되었다.

13 원작이 있는 뮤지컬로 옳지 않은 것은?

① 드라큘라
② 캣츠
③ 팬텀
④ 맨 오브 라만차

14 취재원은 물론 내용까지 일체 보도해서는 안 된다는 원칙은?

① 딥 백그라운드
② 백그라운드
③ 오프 더 레코드
④ 온 더 레코드

15 매번 패스워드가 바뀌는 보안 체계는?

① OTP
② 방화벽
③ FIDO
④ 전자서명

16 연필 12자루를 말할 때 사용 가능한 우리말은?

① 다스
② 타
③ 축
④ 접

17 다음이 설명하는 것은?

> 일종의 기업집단으로 산업과 금융의 융합, 주식소유에 의한 지배(지주회사) 또는 융자, 중역파견에 의한 인적 결합 지배로 독립성이 유지되며 산업과 금융의 융합을 말하는 것으로 우리나라의 재벌이 이에 속한다.

① 트러스트
② 콘체른
③ 카르텔
④ 콤비나트

18 5·18 민주화운동에 관한 작품이 아닌 것은?

① 소년이 온다
② 광주 아리랑
③ 야구란 무엇인가
④ 순이 삼촌

19 여러 차례 동일한 공연을 관람한다는 뜻을 가진 뮤지컬 용어를 무엇이라고 하는가?

① 오픈런   ② 회전문
③ 커튼콜   ④ 리미티드런

20 순우리말이 아닌 것은?

① 도대체
② 깍쟁이
③ 술고래
④ 채신머리

21 우리나라 최초의 공산권 수교 국가는?

① 소련
② 중국
③ 쿠바
④ 라오스

22 다음 지문과 관련된 내용으로 적절하지 않은 것은?

> … 서쪽은 압록이 되고, 동쪽은 토문(土門)이 되므로, 분수령 위에 돌을 새겨 기록한다.

① 청 건국 후 조선과 청은 양국의 모호한 경계를 확정하기 위해 1712년 백두산정계비를 세웠다.
② 우리의 외교권을 빼앗은 일제가 1909년 간도협약을 체결하여 남만주의 철도 부설권을 얻는 대가로 간도를 청의 영토로 인정하였다.
③ 19세기 이후 간도가 우리 민족의 생활 터전으로 바뀌면서 청과의 영유권 분쟁이 발생하였다.
④ 조선의 관리들은 토문(土門)의 해석을 두만강이라고 주장하였다.

23 닐 스티븐슨의 소설 「스노 크래시」에서 등장한 개념으로 3차원 가상세계를 뜻하는 것은?

① 메타버스   ② 증강현실
③ 혼합현실   ④ 확장현실

24 다음에서 설명하는 보고서의 종류로 옳은 것은?

> 기업이나 기관 등에서 진행되었던 사안의 수입 및 지출 결과를 보고하는 문서

① 출장보고서   ② 업무보고서
③ 결산보고서   ④ 영업보고서

25 자신의 감정을 속이고 전시적 감정으로 고객을 상대해야 하는 노동은?

① 감정 노동
② 서비스 노동
③ 스마일 노동
④ 마스크 노동

26 대북정책에서 포용정책이 실패할 경우 봉쇄정책으로 전환하는 기준선을 의미하는 단어는?

① 블랙라인
② 그린라인
③ 옐로우라인
④ 레드라인

27 다음과 관련된 사실로 옳은 것은?

> 첫째, 통일은 외세에 의존하거나 외세의 간섭을 받음이 없이 자주적으로 해결하여야 한다.
> 둘째, 통일은 서로 상대방을 반대하는 무력행사에 의존하지 않고 평화적 방법으로 실현하여야 한다.
> 셋째, 사상과 이념, 제도의 차이를 초월하여 우선 하나의 민족으로서 민족적 대단결을 도모하여야 한다.

① 6 · 23 평화 통일 선언
② 7 · 4 남북공동성명
③ 남북기본합의서
④ 7 · 7 특별선언

28 다음이 설명하는 인물은?

> 미국의 심리학자로 인간의 욕구에는 5단계가 있다고 설명하였다. 정신분석과 행동주의 심리학 사이에 존재하는 제3의 세력으로서의 인본주의 심리학을 주장하기도 하였다.

① 아브라함 매슬로우
② 막스 베버
③ 장 자크 루소
④ 존 스튜어트 밀

29 다음이 설명하는 작품은?

> 노르웨이 표현주의 작가의 작품으로 1893년에 완성되었다. 이 작품은 현대인의 아노미를 상징하는 작품으로 유명하다. 배경 화면의 구성을 대담하게 사선으로 처리하였으며, 얼굴의 동적인 처리와 삼원색에 맞추어진 배색 등으로 형식적인 면에서 더욱 강렬한 효과를 나타낸다. 붉은 구름은 보는 이로 하여금 공포감을 조성하여 절망적인 심리상태를 표현하고 있다.

① 절규
② 자화상
③ 별이 빛나는 밤에
④ 게르니카

30 '아베 마리아'의 작곡가는?

① 베토벤
② 슈베르트
③ 모차르트
④ 헨델

제3회 모의고사

• 시험시간 : 40분   • 문항수 : 30문항   • 풀이시간 :   분   • 정답수 :   문항

1 고려 시대 사회와 경제생활과 관련된 것은?

① 고려 전기에는 사원을 중심으로 민영수공업 체제가 발달하였다.
② 건원중보, 삼한통보, 해동통보 등이 활발히 유통되었다.
③ 국제 무역항인 울산항을 통해 아라비아 상인과 주로 교류하였다.
④ 향도는 불교 신앙 조직에서 마을 농민 공동체로 활동이 확대되었다

2 다음과 관련 있는 사실로 옳지 않은 것은?

> 오등(吾等)은 자(慈)에 아(我) 조선(朝鮮)의 독립국(獨立國)임과 조선인(朝鮮人)의 자주민(自主民)임을 선언(宣言)하노라. 차(此)로써 세계만방(世界萬邦)에 고(告)하여 인류평등(人類平等)의 대의(大義)를 극명(克明)하며, 차(此)로써 자손만대(子孫萬代)에 고(誥)하여 민족자존(民族自存)의 정권(正權)을 영유(永有)케 하노라 …

① 비폭력 만세 운동으로 시작하여 전국으로 확산되었다.
② 기만적인 문화통치에 대한 민중의 반발이 원인이었다.
③ 윌슨의 민족자결주의와 레닌의 약소민족 해방 운동 지원의 영향을 받았다.
④ 중국의 5·4 운동, 인도의 비폭력·불복종 운동 등 약소 민족에 영향을 주었다.

3 이탈리아 베네치아 시내에 있는 운하를 운항하는 작은 배는 무엇인가?

① 곤돌라
② 페스퉁스반
③ 모노레일
④ 퓌니쿨레르

4 월드컵에서 최다 득점 선수에게 수여하는 상으로, 우리나라 손흥민 선수가 수상하여 화제가 된 상은?

① 골든 보이   ② 골든 부트
③ 푸스카스상   ④ 발롱도르

5 파이브아이즈, 오커스, 쿼드에 공통으로 가입되어 있는 국가는?

① 영국
② 일본
③ 인도
④ 미국

6 노동3권으로 옳지 않은 것은?

① 단결권
② 사회 보장권
③ 단체 행동권
④ 단체 교섭권

7 알트코인으로 옳지 않은 것은?

① 이더리움   ② 리플
③ 라이트코인   ④ 비트코인

8 유네스코 인류무형문화유산에 남북한이 최초로 공동 등재된 것은?

① 씨름
② 아리랑
③ 판소리
④ 남사당놀이

9 세계 최초로 여성 참정권을 부여한 나라는?

① 미국
② 프랑스
③ 뉴질랜드
④ 아르헨티나

10 사중창 또는 사중주를 이르는 말은?

① 콰르텟
② 트리오
③ 듀오
④ 퀸텟

11 없어도 이해에는 지장이 없지만 특정 동작이나 상황을 강조하기 위해 삽입하는 화면으로 옳은 것은?

① 맥거핀
② 인터커팅
③ 인서트
④ 플래시백

12 한국 프로스포츠 연맹과 종목이 바르게 연결된 것은?

① 골프 – KBL   ② 농구 – KOVO
③ 축구 – KL   ④ 배구 – KBO

13 소비자를 대상으로 경기에 대한 판단이나 전망 등을 조사하여 경제상황에 대한 심리를 종합적으로 나타내는 지표로 옳은 것은?

① 생산자물가지수   ② 소비자동향지수
③ 소비자물가지수   ④ 소비자심리지수

14 제주 4·3 사건을 최초로 다룬 소설책은?

① 한라산의 눈물
② 나무도장
③ 순이 삼촌
④ 당신은 설워할 봄이라도 있었겠지만

15 수은 온도계의 원리로 옳은 것은?

① 이온화   ② 삼투압
③ 열팽창   ④ 기화

16 야구 경기 중 한 명의 선수가 한 경기에서 1루타, 2루타, 3루타, 홈런을 모두 쳐낸 경우를 무엇이라고 하는가?

① 사이클링 히트   ② 더블 헤더
③ 트리플 플레이   ④ 퍼펙트 게임

17 다음 중 화가가 다른 그림은 무엇인가?

①

②

③

④

18 온실가스 배출량 감축을 확대한 교토의정서 후속 협약으로 옳은 것은?

① 파리 기후변화협약
② 몬트리올 의정서
③ 바젤 협약
④ 런던 협약

19 1419년 세종의 제3차 대마도 정벌 시 있었던 사실로 옳은 것은?

① 4군 6진이 개척되었다.
② 장용영을 설치하였다.
③ 국조오례의를 완성하였다.
④ 주자소를 설치하고 계미자를 주조하였다.

20 다음 중 특징이 다른 하나는?

① 구밀복검(口蜜腹劍)
② 견강부회(牽強附會)
③ 가담항설(街談巷說)
④ 혼비중천(魂飛中天)

21 다음이 설명하는 소비자는?

> 물건을 구매할 때 상품에 대한 호기심과 재미를 소비하는 소비자를 일컫는다. 최근 이러한 소비자를 겨냥하여 매직 음료, 우유팩 바디워시, 바둑알 초콜릿 등의 제품이 출시되고 있으나 안전상의 문제로 오인 가능성이 높은 상품은 생산 및 판매를 방지해야 한다는 목소리도 커지고 있다.

① 펀슈머
② 리뷰슈머
③ 트랜슈머
④ 프로슈머

22 교환사채에 대한 설명으로 옳은 것은?

① 발행회사가 보유하지 않은 다른 회사 주식으로 교환할 수 있는 권리가 붙은 사채이다.
② 전환대상 주식은 발행사의 주식이다.
③ 교환 가격은 교환대상 주식 기준 주가의 90% 이상이며, 교환비율은 100% 이내로 제한된다.
④ 기업이 투자하고 싶은 곳이 많아 국내이자율이 낮을 때 주로 사용하는 자금동원 방법이다.

23 다음 정책이 시행된 시기 이후에 해당하는 내용으로 옳은 것은?

> 제1조. 회사의 설립은 조선 총독의 허가를 받아야 한다.
> 제5조. 회사가 본령이나 본령에 의거하여 발하는 명령과 허가 조건에 위반하거나 또는 공공질서와 선량한 풍속에 반하는 행위를 할 때, 조선 총독은 사업의 정지와 금지, 지점의 폐쇄 또는 회사의 해산을 명할 수 있다.

① 보통 학교의 수업 연한을 4년으로 하는 등 조선인 차별 교육이 이루어졌다.
② 조선의 토지와 건물 등을 착취, 관리하는 동양척식 주식회사가 설립되었다.
③ 일제는 호남 의병을 소탕하기 위하여 남한 대토벌 작전을 전개하였다.
④ 안창호, 이승훈, 양기탁 등을 중심으로 신간회가 결성되어 계몽운동을 전개하였다.

24 상대국 외교관을 외교 당국 사무실로 불러 항의하는 것을 일컫는 말은?

① 초치
② 아그레망
③ 페르소나 그라타
④ 페르소나 논 그라타

25 일본이 일본군의 '위안부' 강제 동원 사실을 처음으로 인정한 담화는?

① 아베 담화
② 고노 담화
③ 스가 담화
④ 고이즈미 담화

26 1969년 8월 15일부터 3일 동안 미국 뉴욕주 인근 베델 평원에서 열린 것으로, 저항문화의 상징이 된 축제는 무엇인가?

① 아부 심벨 페스티벌
② 쾰른 카니발
③ 우드스톡 페스티벌
④ 노팅힐 카니발

27 다음이 설명하는 것으로 옳은 것은?

> 선거법에 의거하여 당선된 대통령, 국회의원, 지방 자치 단체의 단체장 등이 임기 중 사망하거나 기타 사유로 인해 자격을 상실하였을 경우 실시하는 선거이다.

① 재선거
② 총선거
③ 지방선거
④ 보궐선거

28 특정 정보를 언론에 흘려 여론의 동향을 탐색하는 수단을 가리키는 것은?

① 플로깅
② 발롱데세
③ 임픈나이트
④ 더 큰 바보 이론

29 SNS 등 온라인으로 피해자에게 접근하여 환심을 산 뒤 금전을 뜯어내는 사기수법은?

① 스푸핑
② 스니핑
③ 로맨스 스캠
④ 파밍

30 '잔망스럽다'의 뜻으로 옳지 않은 것은?

① 얄밉도록 맹랑한 데가 있다.
② 보기에 몹시 약하고 가냘픈 데가 있다.
③ 보기에 태도나 행동이 자질구레하고 가벼운 데가 있다.
④ 중요하게 여길 만하지 아니하고 예사롭다.

04

정답 및 해설

본 PART의 구성

다음 시험 출제가 예상되는 키워드는?

1. 엣지 컴퓨팅, 호모 프롬프트, 디지털 휴먼 등 디지털 및 AI 상식에 관련된 문항은 매번 시험에서 한 가지 이상은 출제되었습니다. 그에 대한 지식 파악해두는 것이 좋습니다.

2. 새로 시행되는 정책, 지원하는 기업에서 시행하는 업무계획 등에 대한 지식을 파악해두는 것이 좋습니다. 진행하는 업무에 관련한 상식과 관련한 문항이 빈번하게 출제됩니다.

3. 최근에 문화(영화, 문학, 스포츠 등)에서 수상을 받거나 새로 진행되는 경기가 있는 경우 출제될 확률이 높습니다.

제1회 모의고사 정답 및 해설

틀린 문제를 확인하고 오답 노트를 만들어 보세요.

정답 한 눈에 보기

문제 p.352

1	④	2	①	3	③	4	①	5	④
6	④	7	③	8	④	9	②	10	④
11	①	12	④	13	②	14	②	15	①
16	②	17	①	18	④	19	②	20	④
21	②	22	③	23	④	24	②	25	①
26	②	27	④	28	④	29	②	30	④

1 ④

①②③ 바람이 분다 가라, 채식주의자, 여수의 사랑, 작별하지 않는다, 서랍에 저녁을 넣어 두었다, 내 여자의 열매, 작별, 노랑무늬 영원, 흰, 검은 사슴, 소년이 온다, 희랍어 시간 등이 있다.

2 ①

② **규모의 경제** : 생산량이 증가할수록 단위당 비용이 감소하는 현상이다.

③ **외부경제** : 특정 경제 활동이 제3자에게 긍정적인 영향을 미치면서도 그에 대한 대가를 받지 않는 현상이다.

④ **공동경제** : 여러 경제 주체가 자원을 공유하고 협력하여 공동의 경제적 이익을 추구하는 시스템이다.

3 ③

③ 제한속도보다 20킬로미터 초과하여 운전한 경우에 해당한다.

※ **12대 중과실**

교통사고처리 특례법 제3조에 따라서 신호기가 표시하는 신호 또는 교통정리를 하는 경찰공무원등의 신호를 위반하거나 통행금지 또는 일시정지를 내용으로 하는 안전표지가 표시하는 지시를 위반하여 운전한 경우, 중앙선을 침범하거나 위반하여 횡단이나 유턴 또는 후진한 경우, 제한속도를 시속 20킬로미터 초과하여 운전한 경우, 앞지르기의 방법·금지시기·금지장소 또는 끼어들기의 금지를 위반하거나 고속도로에서의 앞지르기 방법을 위반하여 운전한 경우, 철길건널목 통과방법을 위반하여 운전한 경우, 횡단보도에서의 보행자 보호의무를 위반하여 운전한 경우, 운전면허 또는 건설기계조종사면허를 받지 아니하거나 국제운전면허증을 소지하지 아니하고 운전한 경우, 술에 취한 상태에서 운전을 하거나 약물의 영향으로 정상적으로 운전하지 못할 우려가 있는 상태에서 운전한 경우, 보도(步道)가 설치된 도로의 보도를 침범하거나 보도 횡단방법을 위반하여 운전한 경우, 승객의 추락 방지의무를 위반하여 운전한 경우, 어린이 보호구역에서 같은 조 제1항에 따른 조치를 준수하고 어린이의 안전에 유의하면서 운전하여야 할 의무를 위반하여 어린이의 신체를 상해(傷害)에 이르게 한 경우, 자동차의 화물이 떨어지지 아니하도록 필요한 조치를 하지 아니하고 운전한 경우에 해당한다.

4 ①

① 외국문물 수용과는 거리가 멀다. 반봉건, 반외세 운동으로 전봉준을 선두로 하여서 나타난 운동이다.

5 ④

④ 에너지 소비량이 적은 리모컨, 시계, 장난감 등보다는 에너지 소비량이 많고 지속적으로 사용을 해야 하는 노트북, 전기차 등에 주로 사용된다.

6 ④

① **게슈탈트** : 사물이나 사건을 개별적으로 분리된 요소가 아니라 전체로 지각하는 인간의 경향성을 의미한다.
② **방어기제** : 갈등에서 생긴 불안에 자아를 보호하기 위해서 심리적으로 사용하는 기제에 해당한다.
③ **합리화** : 죄책감이나 자책감에서 벗어나기 위해서 자신의 입장에 합리적이게 정당화하려는 심리적 방어기제에 해당한다.

7 ③

ⓛ 헌법은 1987년 10월 29일에 제9차 개정을 진행하였다.
ⓔ 대한민국 헌법 제111조 제1항 제2호에 따라서 헌법재판소에서 관장하는 것이다.
ⓐ 대한민국 헌법 제130조 제1항에 해당한다.
ⓒ 대한민국 헌법 제40조에 해당한다.
ⓜ 대한민국 헌법 제66조 제2항에 해당한다.

8 ④

④ 국회의원과 정부는 법률안을 제출할 수 있다.

9 ②

① **구조적 실업** : 산업 구조의 변화나 기술 혁신 등으로 특정 직업 수요가 감소하면서 발생하는 실업이다.
③ **경기적 실업** : 경기 침체로 기업에서 고용을 감소하면서 발생하는 실업이다.
④ **계절적 실업** : 특정 계절이나 시기에만 일자리가 존재하거나 감소하는 업종에서 발생하는 실업이다.

10 ④

영국 사회학자 피터 타운센드(Peter Townsend)의 사회적 권리를 기반으로 5대안 개념은 빈곤과 불평등 문제를 해결하기 위한 핵심적인 사회적 권리에 제시하였다. 5대안에는 주거권리, 교육권리, 의료권리, 사회보장권리, 일할권리가 있다. 타운센드는 이러한 기본 권리가 보장되어야 빈곤과 불평등 문제가 근본적으로 해결될 수 있다고 보았다.

11 ①

① 형법 제1조 제1항에 따라 범죄의 성립과 처벌은 행위 시의 법률에 따른다.

12 ④

④ 제로금리를 유지하면 물가 상승을 유도할 수 있다. 물가하락인 디플레이션을 방지하여 경제를 성장할 수 있도록 유도하는 것이 제로금리 정책의 주된 이유 중에 하나이다.

13 ②

① 스테이케이션 : 휴가를 주거지에서 멀지 않은 곳에서 보내는 사회현상을 의미한다.
③ 블레저 : 비즈니스와 레저의 합성어로 출장을 오면서 여가를 보내거나 출장 기간 전후에 개인의 휴가일정을 붙여서 휴가를 즐기는 것을 의미한다.
④ 워라밸 : 일과 삶의 균형을 이루는 것을 의미한다.

14 ④

① 대설 : 음력 11월 겨울에 해당하며, 눈이 가장 많이 내린다는 절기에 해당한다.
② 처서 : 음력 7월 가을에 해당하며, 여름이 가고 가을이 오는 계절의 순행을 의미한다.
③ 망종 : 음력 5월에 해당하며, 씨 뿌리기 좋은 시기라는 뜻으로 농촌에서 가장 바쁜 시기에 해당한다.

15 ①

연극의 3요소는 배우, 무대, 관객에 해당한다.

16 ②

사물놀이에서 사물은 꽹과리, 장구, 북, 징 네 가지 악기가 해당한다.

17 ①

② 프리드리히 니체 – 신은 죽었다.
③ 아리스토텔레스 – 인간은 사회적 동물이다.
④ 소크라테스 – 너 자신을 알라

18 ④

① 젠트리피케이션 : 낙후된 도심이 활성화되면서 기존의 원주민이 중산층 이상 계층으로 대체되는 현상이다.
② 투어리스트피케이션 : 주거지역이 관광지가 되면서 기존에 거주하던 원주민이 이주하는 현상을 의미한다.
③ 스마트시티 : 첨단 정보통신기술(ICT)을 이용해 교통, 에너지, 환경, 안전 등의 도시 문제를 효율적으로 관리하는 도시이다.

19 ②

① 화이트아웃 현상 : 눈이 많이 내리면서 하늘과 지면의 경계가 흐려져 시야가 확보되지 않는 현상이다.
③ 할로 효과 : 사람이나 사물의 긍정적인 특성 한 가지가 전체 인상에 좋은 영향을 주는 현상이다.
④ 스노볼 효과 : 작은 사건이 커지면서 큰 결과로 나타나는 현상이다.

20 ④

① 섀도 캐비닛 : 그림자 내각을 의미하는 것으로 야당에서 정권을 잡을 것으로 예상하면서 각료를 미리 예정해두는 것을 의미한다.
② 오픈프라이머리 : 정당에 소속되지 않은 유권자가 특정 정당의 후보를 선출하는 예비선거에 참여하는 방식이다.
③ 코커스 : 미국에서 정당의 지지자들이 모여 토론과 협의를 통해 후보자를 선출하는 방식의 예비선거이다.

21 ②

② 거란의 제3차 침략에 귀주대첩에서 소배압이 이끄는 거란군대를 대파한 장군은 강감찬장군에 해당한다.

22 ③

① 플라시보 효과 : 실제 약물이 아닌 가짜 약을 복용했을 때도 긍정적인 효과를 느끼는 현상이다.
② 스톡홀름 증후군 : 피해자가 가해자에게 심리적으로 의존하고 동조하게 되는 현상이다.
④ 바넘효과 : 누구에게나 적용될 수 있는 모호한 진술을 개인적인 설명으로 생각하는 현상이다.

23 ④

① 데이터 주권 : 개인이나 특정 국가가 자국민의 데이터를 통제하고 소유권을 주장할 수 있는 권리이다.
② 빅데이터 : 대용량의 데이터 집합을 의미한다.
③ 블록체인 : 블록 단위로 데이터를 묶어 체인처럼 연결한 분산형 데이터 저장 기술이다.

24 ④

④ 중앙은행이 금리를 낮추면 대출 금리가 내려가 소비와 투자가 촉진되어 경기 활성화에 도움을 준다.

25 ①

파레토 최적(Pareto Optimum)은 자원의 배분이 효율적이어서, 누구의 상황을 개선하려면 다른 사람의 상황이 나빠질 수밖에 없는 상태에 해당한다.

26 ②

② 세포 호흡은 생물이 영양소를 산화하여 에너지를 얻는 과정이다. ATP(아데노신 삼인산)는 이 과정에서 생성된 최종 에너지원이다. 세포 내에서 에너지를 저장하고 전달하는 역할을 한다.

27 ④

목성은 태양계 행성 중 자전 속도가 가장 빠르다.

28 ④

14세기 이탈리아 피렌체에서 르네상스가 시작되었다.

29 ②

제1차 세계대전은 1914년 오스트리아–헝가리 제국의 황태자 프란츠 페르디난트가 사라예보에서 암살되면서 시작되었다.

30 ④

④ 지구 온난화로 인해 바다의 온도가 상승하면서 산호초가 스트레스를 받아 하얗게 변하는 백화 현상이 발생한다. 산호는 높은 수온에 민감하며, 온도가 오르면 공생하는 조류(藻類)가 산호를 떠나기 때문에 색이 하얗게 변한다.

제2회 모의고사 정답 및 해설

틀린 문제를 확인하고 오답 노트를 만들어 보세요.

1	①	2	④	3	④	4	①	5	②
6	②	7	①	8	②	9	④	10	③
11	②	12	④	13	②	14	③	15	①
16	②	17	②	18	④	19	②	20	①
21	①	22	④	23	②	24	③	25	①
26	④	27	②	28	①	29	①	30	②

1 ①

심정지 환자가 발생 시 골든타임은 4분이며 4분 이내에 심폐소생술(CPR)을 실시해야 한다. 골든타임 4분이 지날 경우 뇌에 산소공급이 차단되어 뇌가 손상을 입거나 사망에 이르기까지 한다.

2 ①

사이버불링 ⋯ 사이버 공간에서 특정인을 지속적으로 괴롭히는 행위를 말한다. 2006년 13세 소녀 메건 마이어가 사이버불링을 견디다 결국 자살한 사건을 계기로 '메건마이어사이버불링방지법'이 제정되기도 하였다.

② **이지메** : 오래 전부터 일본에서 큰 사회문제로 대두되고 있는 폭력과 따돌림을 말한다. 왕따의 일본어라고 할 수 있으나 대체로 왕따보다 더 심한 경우를 이지메라고 표현하기도 한다.

③ **인사이더** : 원래 뜻은 내부관계자이나, 무리에 잘 섞이며 두루두루 잘 지내고 인기가 많은 사람을 의미한다.

④ **아웃사이더** : 인사이더의 반대말로 사회 틀에서 벗어나거나 무리에 잘 섞이지 못하는 사람을 말한다.

3 ④

뱅크시 ⋯ 스스로를 예술 테러리스트라고 칭하며, 신상에 관해서는 거의 알려진 바가 없다. 항상 얼굴을 드러내지 않고 남들이 보지 않을 때 작품을 만들고 사라지기 때문이다. 2018년에는 자신의 작품 중 하나인 '풍선을 든 소녀'가 백만 유로 이상으로 낙찰이 되자, 액자 밑에 미리 장치해둔 분쇄기를 가동하여 그림을 분쇄한 퍼포먼스로도 잘 알려져 있다. 정치적, 사회적 논평이 담긴 작품은 전 세계 거리, 벽, 다리 위에 제작되곤 했다. 한편 뱅크시는 영화감독으로도 활동하며 다큐멘터리 영화를 통해 2011년 아카데미 장편 다큐멘터리상 후보에 오르기도 했다.

4 ①

천간 ⋯ 십간(十干)이라고도 하며, 갑(甲) · 을(乙) · 병(丙) · 정(丁) · 무(戊) · 기(己) · 경(庚) · 신(辛) · 임(壬) · 계(癸)의 차례로 된 10개의 글자를 총칭한다.

5 ②

임을 위한 행진곡 … 1981년에 만들어진 민중가요로 소설가 황석영이 백기완의 옥중지 「묏비나리」의 일부를 차용하여 가사를 썼다. 1997년 5·18 민주화운동 기념일이 지정된 이후 2008년까지 5·18 기념식에서 제창되어 왔으나, 2009년 이명박 정부에서 '임을 위한 행진곡' 제창을 식순에서 제외시켰다. 야당 및 5·18단체는 본 행사 식순에 '임을 위한 행진곡'을 반영할 것을 지속적으로 요구했으며, 이에 2011년부터 '임을 위한 행진곡'이 본 행사에 포함됐으나, 합창단이 합창하고 원하는 사람만 따라 부를 수 있도록 하여 이를 둘러싼 논란은 계속됐다. 그러다 2017년 문재인 정부에 들어서 5·18 기념식에서는 2008년 이후 9년 만에 '임을 위한 행진곡'이 제창됐다. 한편 '임을 위한 행진곡'은 홍콩 민주화운동, 미얀마 민주화운동 등 민주화운동을 펼치고 있는 해외 곳곳에서 울려 퍼지고 있다.

6 ②

2026년 제23회 월드컵 개최지는 미국, 캐나다, 멕시코 공동 개최다.

※ 역대 월드컵 개최지

구분	개최지	구분	개최지
2022년 제22회	카타르	1978년 제11회	아르헨티나
2018년 제21회	러시아	1974년 제10회	서독
2014년 제20회	브라질	1970년 제9회	멕시코
2010년 제19회	남아프리카공화국	1966년 제8회	잉글랜드
2006년 제18회	독일	1962년 제7회	칠레
2002년 제17회	한국/일본	1958년 제6회	스웨덴
1998년 제16회	프랑스	1954년 제5회	스위스
1994년 제15회	미국	1950년 제4회	브라질
1990년 제14회	이탈리아	1938년 제3회	프랑스
1986년 제13회	멕시코	1934년 제2회	이탈리아
1982년 제12회	스페인	1930년 제1회	우루과이

7 ①

② 비교우위란 다른 생산자에 비해 같은 상품을 더 적은 기회비용으로 생산할 수 있는 능력을 말한다.
③ 비교우위는 곧 기회비용의 상대적 크기를 나타낸다.
④ 비교우위론에서 무역은 비교생산비의 차이에서 발생한다고 본다.

8 ②

① 탄력적 근로시간제 : 일정 단위 기간 중 업무가 많은 주의 근로시간을 늘리고 업무가 적은 주의 근로시간을 줄여 평균치를 법정 한도(주 52시간) 내로 맞추는 제도를 말한다.
③ 재량근무제 : 별도 계약에 따른 유연근무제로 실제 근무시간을 따지지 않고 성과에 따라 근로시간을 인정하는 제도이다.
④ 원격근무제 : 장소에 구애받지 않고 사무실과 떨어져 업무를 수행하는 제도이다.

9 ④

플라이 휠 효과 … 가격을 낮추면 고객이 모이고, 고객이 모이면 판매자가 많아지게 된다. 이로 인해 규모가 커지면 고정비용이 낮아져 비용을 절감할 수 있고, 효율성이 높아서 가격을 더욱 낮출 수 있는 선순환이 성립된다. 아마존 창업자이자 최고경영자 제프 베조스가 제시한 아마존의 성장 원리로 2000년에 위와 같은 순환구도를 냅킨에 그려 임원들에게 제시하였다고 전해진다. 아마존은 이를 적용하여 투자 13년 만에 흑자전환을 이룬 바 있다.

10 ③

① **차체자세제어장치** : 위급상황 때 엔진 출력을 자동 조절하거나 각 바퀴를 독립 제어해 빗길 및 빙판길에서 미끄러짐을 막는 안전장치이다.

② **차선이탈경보장치** : 운전자가 집중력 저하나 졸음 등으로 인해 방향지시등을 켜지 않고 차선을 이탈할 경우 진동이나 경고음 등으로 운전자에게 알리는 사고 예방장치이다.

④ **도어락 · 윈도우락** : 모든 문과 창문을 운전석에서만 제어할 수 있도록 하는 안전장치이다.

11 ②

흥선대원군 … 고종 즉위 후 세도정치의 폐단을 개혁하고 왕권을 강화하고자 하였다. 그 결과 비변사를 혁파하고 의정부와 삼군부의 기능을 부활했으며, 능력 위주로 관리를 선발하였다. 또한 왕실의 위엄을 높이기 위해 경복궁을 중건하고, 「대전회통」, 「육전조례」를 편찬하였으며 유교 질서 재확립을 위해 동학, 천주교 등 이단 사상을 탄압하였다.

② 삼정이정청은 조선 후기 철종 때 설치되었다.

12 ④

제시문은 1972은 10월에 제정된 유신헌법(7차 개헌)이다. 박정희 정권은 3선 개헌(1969)을 통한 장기 집권을 마련하기 위해 유신헌법을 제정하였다. 대통령의 임기는 6년으로 연장하고, 선출 방식은 통일주체 국민회의를 통한 간선제 방식을 도입하며 영구 집권의 토대를 마련하게 되었다.

① 국가보안법은 대한민국 정부 수립 직후인 1948년 12월에 제정되었다.

② 국가보위 비상대책 위원회(1980)는 전두환을 중심으로 한 신군부 세력이 12.12 사태 이후 계엄령을 선포하며 체제 안정을 위해 설치하였다.

③ 사사오입 개헌(1954)은 초대 대통령에 한하여 중임 제한을 철폐하는 것으로 이승만 정부 때 이루어졌다.

13 ②

캣츠 … 1981년에 뉴 런던 극장에서 초연하여 40주년을 맞이한 고양이 주제의 뮤지컬이다.

① **드라큘라** : 브램 스토커의 「드라큘라」가 원작이다.

③ **팬텀** : 가스통 르루의 「오페라의 유령」이 원작이다.

④ **맨 오브 라만차** : 미겔 데 세르반테스의 「돈키호테」가 원작이다.

14 ③

① **딥 백그라운드** : 보도할 경우 취재원이 누군지 알 수 없도록 해야 한다.

② **백그라운드** : 보도할 경우 취재원을 소식통이나 관계자 등으로 모호하게 서술한다.

④ **온 더 레코드** : 내용과 함께 취재원이 누군지 밝혀도 된다.

15 ①

OTP … 국내에서는 2007년 6월부터 서비스가 시작되었다. 고정된 비밀번호가 아닌 무작위로 생성되는 일회용 비밀번호를 통해 보안을 강화하기 위해 도입된 시스템이다. 주로 전자 금융거래에서 사용된다.

② **방화벽** : 네트워크 내부 또는 네트워크 간의 보안을 담당하기 위해서 특정 네트워크를 격리시키는 데 사용되는 시스템이다.

③ **FIDO** : 온라인 환경에서 신속하게 개인 인증을 하는 기술이다. ID나 비밀번호가 아닌 지문이나 홍채 등을 이용한 생체인식 기술을 통해서 빠르게 개인인증을 할 수 있다.

④ **전자서명** : 전자서명은 서명자만이 서명문을 생성 · 확인을 하여 위조가 불가한 인증방식이다. 한 번 생성된 서명은 재사용이 불가하다.

16 ②

타(打) … 물건 열두 개를 한 단위로 세는 말이다.

② 다스 : 물건 열두 개를 한 단위로 세는 말이나, 일본어에서 비롯된 언어로 순화 대상이다.

③ 축 : 오징어를 묶어 세는 단위로 한 축은 20마리이다.

④ 접 : 채소나 과일 따위를 묶어서 세는 단위로 한 접은 100개이다.

17 ②

① 트러스트 : 일종의 기업협동으로 다른 기업의 주식보유를 통한 지배와 시장 독점을 시도한다. 가맹기업의 독립성은 없고, 동일 산업부문 또는 기술적으로 관련된 수직적인 산업부문만의 자본 지배를 말한다.

③ 카르텔 : 경제적으로 일종의 기업연합이나, 법률적으로는 계약적 결합이며 법인격이 인정되지 않는다. 합리화 카르텔과 같이 시장지배나 경제제한을 목적으로 하지 않는 것도 있지만, 본래 어느 정도의 계약이나 협정의 범위 내에서의 경쟁 제한을 목적으로 발생하였다.

④ 콤비나트 : 콘체른과 같은 수직적 기업집단과는 달리 일정수의 유사한 규모의 기업들이 원재료와 신기술의 이용을 목적으로 사실상의 제휴를 하기 위하여 근접한 지역에서 대등한 관계로 결성하는 수평적 기업 집단(특정 공업단지 내의 기업집단)을 말한다.

18 ④

순이 삼촌 … 제주4 · 3사건을 소재로 한 현기영 작가의 작품이다.

① 소년이 온다 : 5 · 18 민주화운동을 소재로 한 한강 작가의 작품이다.

② 광주 아리랑 : 5 · 18 민주화운동을 소재로 한 정찬주 작가의 작품이다.

③ 야구란 무엇인가 : 5 · 18 민주화운동을 소재로 한 김경욱 작가의 작품이다.

19 ②

① 오픈런 : 공연이 끝나는 기간을 정하지 않은 상태에서 공연을 계속하는 것을 뜻한다.

③ 커튼콜 : 공연이 끝난 후 관객들이 환호성과 박수를 보내 퇴장했던 출연진들이 다시 무대에 나오게 하는 것을 말한다.

④ 리미티드런 : 공연이 끝나는 기간을 정하고 나서 공연을 하는 것을 의미한다.

20 ①

도대체(都大體) … '대체'보다 더욱 힘주어 강조하는 말이다.

21 ①

1990년 9월 30일 우리나라는 소련과 수교를 맺었다.

22 ④

제시문은 백두산정계비의 내용으로, 조선은 백두산정계비의 토문강이 송화강 상류로 해석하여 간도가 우리 영토임을 주장하였다.

23 ①

② 증강현실 : 실제 사물에 CG가 합해져서 디지털 콘텐츠를 표현한다.

③ 혼합현실 : 별도의 장치 없이 실감나는 CG를 볼 수 있는 것이다.

④ 확장현실 : VR, AR, MR, HR 등의 다양한 기술이 합해진 실감기술로 가상공간에서 제약 없이 활동할 수 있다.

24 ③

① 출장보고서 : 회사 외부에서 근무한 업무 내용과 그 결과를 보고 하는 문서이다.

② 업무보고서 : 업무의 진행 상황과 그 결과를 보고하는 문서이다.

④ 영업보고서 : 영업 상황을 기재하여 보고하는 문서이다.

25 ①

감정 노동 … 은행원이나 상담원 등 직접 고객을 응대할 때 자신의 감정을 드러내지 않고 서비스해야 하는 직업 종사자들이 이에 해당한다.

26 ④

레드라인 … 대북정책에 실정된 정책전환의 한계선이다. 북한과의 포괄협상을 1단계로 시도하지만 이것이 실패할 경우에는 2단계 봉쇄정책으로 전환을 검토해야 하며, 이때 정책전환을 위한 기준을 마련한 것이 레드라인이다.

27 ②

7 · 4 남북공동성명(1972) … 박정희 정부 때 자주 · 평화 · 민족적 대단결의 3대 통일 원칙에 합의한 남북 공동 성명으로 실무 진행을 위해 남북 조절위원회를 설치하였다.
① **6 · 23 평화 통일 선언**(1973) : 남북한 유엔 동시 가입 및 호혜 평등의 원칙에 대해 합의하였다.
③ **남북기본합의서**(1991) : 노태우 정부 때 남북 간의 화해와 불가침 교류협력에 관한 합의서로 남북한 유엔 동시 가입 이후 협정이 최종 체결되었다.
④ **7 · 7 특별선언**(1988) : 노태우 정부 때 공산권 국가들과의 관계 개선을 통한 남북관계의 개선을 선언하였다.

28 ①

② **막스 베버** : 사회 과학의 방법론을 전개한 독일의 사회학자이자 경제학자이다.
③ **장 자크 루소** : 18세기 프랑스 사상가이자 소설가이다. 대표 작품으로 「참회록」, 「에밀」 등이 있다.
④ **존 스튜어트 밀** : 19세기 영국의 철학자이자 경제학자이다. 질적 공리주의 사상을 발전시켰다.

29 ①

절규 … 뭉크의 1893년 작품 절규는 현대인의 아노미를 상징한다. 첫 번째 작품에 "미친 사람에 의해서만 그려질 수 있다"라는 낙서가 발견되어 오랜 시간 궁금증을 내비쳤다. 2021년 AP통신에 따르면 노르웨이 국립미술관은 뭉크의 일기장과 편지 글씨와 대조한 결과 뭉크가 직접 낙서를 쓴 것이라고 밝혔으며, 작품을 완성한 후 덧붙인 것으로 1895년 처음 전시될 때 쓰였을 가능성이 있다고 전했다. 당시 이 작품으로 뭉크는 정신상태에 대한 악평을 들었으며, 작품에 대한 평가에 대응해 추가했을 가능성이 있다고 덧붙였다.

30 ②

슈베르트 … 오스트리아 작곡가로 31년의 짧은 생애 동안 약 1,000곡의 작품을 남겼다. 주로 빈에서 활동하였으며 대표 작품으로 '송어', '마왕', '아베 마리아' 등이 있다.

제3회 모의고사 정답 및 해설

틀린 문제를 확인하고 오답 노트를 만들어 보세요.

1 ④

향도 … 매향 활동과 불상, 석탑을 제작하는 경우 노동력과 비용을 제공하는 불교 신앙 조직이었다. 하지만 이러한 활동이 영역을 확장해 나가며 마을의 공동 의식을 주관하는 농민 공동체로의 역할을 담당하였고 이는 조선 시대로 이어졌다.

① 고려 전기에는 관청수공업이 중심이었고, 사원 수공업은 고려 후기에 유행하였다.

② 고려 시대에는 건원중보, 삼한통보, 해동통보, 은병 등의 화폐가 주조되었지만 활발히 유통되지는 못했다.

③ 고려 시대 대표적 국제 무역항은 예성강 하구 벽란도였다.

2 ②

기미독립선언서(1919) … 종교계 민족 지도들은 종로 태화관에서 독립선언서를 낭독하였고, 이후 3 · 1 운동의 도화선이 되었다. 대내적으로 무단통치에 대한 반발, 대외적으로는 제1차 세계대전이 끝나고 윌슨이 민족자결주의를 주장하고, 러시아에서는 볼셰비키 혁명을 통해 레닌이 약소민족 해방 운동을 적극적으로 지원하겠다는 주장을 하면서 3 · 1 운동에도 영향을 주었다. 비폭력 만세 운동으로 시작한 3 · 1 운동은 전국 농촌으로 확대되면서 폭력 운동의 성격을 보이게 되었고 계급을 초월한 전 민족적 운동으로 확산되었다. 그 결과 상하이에서는 대한민국 임시정부가 수립되고, 국외의 약소국 독립 운동에도 영향을 주었다.

3 ①

② **페스퉁스반** : 오스트리아 오버외스터라이히주 잘츠부르크에서 운행되는 등반열차이다.

③ **모노레일** : 선로가 단 하나인 철도를 말한다.

④ **퓌니퀼레르** : 캐나다 퀘백주 퀘벡에서 운행되는 케이블카이다.

4 ②

① **골든 보이** : 유럽에서 뛰는 젊은 선수들 중 한 해 가장 뛰어난 활약을 보인 유망주 선수에게 수여하는 상이다.

③ **푸스카스상** : 전년 11월부터 해당 연도 10월까지 1년간 전 세계의 경기에서 나온 골 중 가장 멋진 골을 기록한 선수에게 수여하는 상이다.

④ **발롱도르** : 한 해 최고의 활약을 펼친 선수에게 수여하는 상이다.

5 ④

파이브아이즈, 오커스, 쿼드는 미국이 주도하고 있다. 파이브아이즈에는 미국, 영국, 호주, 캐나다, 뉴질랜드가 가입되어 있고, 오커스에는 미국, 영국, 호주, 쿼드에는 미국, 인도, 일본, 호주가 가입되어 있다.

6 ②

노동3권 … 노동자가 헌법상의 기본권으로 가지고 세 가지 권리를 말한다. 근로 3권이라고도 하는데, 우리나라 헌법 제33조 제1항에 '근로자는 근로조건의 향상을 위하여 자주적인 단결권, 단체 교섭권 및 단체 행동권을 가진다.'가 명시되어 있다. 단결권은 근로자들이 단결할 수 있는 권리로 노동조합을 결성할 수 있는 권리이다. 단체교섭권은 노동조합이 근로자들을 대표하여 교섭할 수 있는 권리이며, 단체 행동권은 근로자들이 파업을 비롯한 태업 등 단체 행동을 할 수 있는 권리이다.

7 ④

알트코인 … 비트코인을 제외하는 모든 가상화폐를 의미한다. 이더리움, 리플, 라이트코인이 대표적이다.

8 ①

씨름 … 2017년 국가무형문화재로 지정되어 보존·전승되고 있으며, 2018년 유네스코 인류무형문화유산 대표 목록으로 최초로 북한과 공동 등재되었다.
② **아리랑** : 2015년 국가무형문화재로 지정되어 보존·전승되고 있으며, 2012년 유네스코 인류무형문화유산 대표 목록으로 등재되었다.
③ **판소리** : 2003년 인류구전 및 무형유산 걸작으로 선정되었으며, 2008년 유네스코 인류무형문화유산 대표 목록으로 등재되었다.
④ **남사당놀이** : 1964년 국가무형문화재로 지정되어 보존·전승되고 있으며, 2009년 유네스코 인류무형문화유산 대표목록으로 등재되었다.

9 ③

1893년 9월 9일에 세계 최초로 뉴질랜드에서 여성에게 참정권을 부여하였다. 여성 투표권 획득에 앞장선 기독교여성금주동맹은 원래 술 판매 금지 목적으로 만들어진 단체이지만 케이트 셰퍼드의 주도로 여성 투표권을 요구하는 청원서를 1892년 의회에 제출하였다. 상원이 이를 거부하자, 1893년에 청원을 다시 제출했고, 여성에게 투표권을 허용하는 법안이 9월 8일 가까스로 통과됐다. 9월 19일에 비로소 선거권이 보장되었지만, 피선거권이 주어진 것은 1919년이었으며 1933년이 되어서야 여성 의원이 탄생하였다.

10 ①

② 트리오 : 삼중주
③ 듀오 : 이중주
④ 퀸텟 : 오중주

11 ③

① 맥거핀: 극의 초반부에 중요한 것처럼 등장했다가 사라져버리는 장치를 의미한다.
② 인터커팅 : 두 장소에서 동시에 발생하는 동작을 교대로 편집하여 구성하는 것을 의미한다. 인터커팅을 사용하면 두 장면 사이의 시간을 압축해 간결하게 보여주거나 반대로 길게 연장해 실제 시간보다 더 길고 자세하게 보여줄 수 있다.
④ 플래시백 : 과거의 회상을 묘사하여 나타내는 장면을 의미한다.

12 ③

주요 한국 프로스포츠 연맹

구분	내용
농구	한국농구협회(KBL)
축구	한국프로축구연맹(KL)
배구	한국배구연맹(KOVO)
야구	한국야구위원회(KBO)

13 ④

① 생산자물가지수 : 국내 생산자가 내수시장에 공급하는 상품 및 서비스의 가격 변동을 종합한 지수이다.
② 소비자동향지수 : 소비자의 경제전망에 대한 인식과 향후 소비지출계획 등을 조사한 지수로, 한국은행에서는 이 중 6개 주요 개별지수를 합성하여 소비자심리지수를 추가로 산출한다.
③ 소비자물가지수 : 도시가계가 일상생활을 영위하기 위해 구입하는 상품 가격과 서비스 요금의 변동을 종합적으로 측정한 지수로, 전체 도시 가구의 평균적인 영향을 나타낸다.

14 ③

순이삼촌 … 1978년 9월 제주 출신 현기영 작가의 중편소설로 4·3 사건 당시 벌어진 학살사건을 모티브로 집필하였다. 이 작품을 통해 고향에서 일어난 대량 학살의 참혹함과 후유증을 최초로 고발하였으며 당시에는 금서로 지정되기도 하였다.

15 ③

수은 온도계 … 열기가 수은에 전달되면 수은이 팽창하는 열팽창 원리를 이용하는 온도계이다.

16 ①

② 더블 헤더 : 두 팀이 같은 날 계속해서 두 경기를 치르는 것을 말한다.
③ 트리플 플레이 : 수비 팀이 연속된 동작으로 세 명의 공격 팀 선수를 아웃시키는 플레이를 말한다.
④ 퍼펙트 게임 : 선발 등판한 투수가 한 명의 타자도 진루시키지 않고 끝낸 게임을 말한다.

17 ③

씨름도 … 단원 김홍도의 작품으로 '도원풍속도첩' 속에 있는 보물 527호이다. 계층 사회였음에도 신분을 넘어 양반에서 천민까지 한데 어울려 승부를 겨루는 당시 대중들의 놀이 문화를 엿볼 수 있다.
① 신윤복의 '단오풍정'
② 신윤복의 '미인도'
④ 신윤복의 '무무도(화첩)'

18 ①

② 몬트리올 의정서 : 프레온가스의 생산과 사용 규제를 제정하는 것으로 1989년에 체결하였다.
③ 바젤 협약 : 유해 폐기물의 국가 간 이동과 처리에 관한 협약으로 1992년에 체결하였다.
④ 런던 협약 : 해양 오염 방지에 관한 협약으로 1975년에 체결하였다.

19 ①

평안도(압록강)에 4군을 설치하고 이어, 함경도(두만강)에 6진을 설치하여 방어선을 구축하였다.
② 정조 12년에 왕권 강화를 위해 왕의 친위 부대인 장용영이 설치되었다.
③ 성종 5년에 길례(吉禮), 가례(嘉禮), 빈례(賓禮), 군례(軍禮), 흉례(凶禮)에 대한 국조오례의를 완성하였다.
④ 계미자는 조선에서 처음으로 주조된 금속활자로, 태종 3년에 다양한 서적을 널리 보급하기 위해 주자소를 설치하고 계미자를 주조하였다.

20 ④

혼비중천(魂飛中天) … 혼이 중천에 떴다는 뜻으로, 정신(精神)이 없이 허둥지둥거리는 것을 이르는 말이다.

① 구밀복검(口蜜腹劍) : 입 속에 꿀이 있고 배에는 칼이 있다는 뜻으로, 입에서는 달콤한 말을 하지만 속으로는 음해할 생각을 하는 것을 이르는 말이다.

② 견강부회(牽強附會) : 가당치 않은 말을 억지로 자신에게 유리하게 함을 이르는 말이다.

③ 가담항설(街談巷說) : 길거리나 세상 사람들 사이에 떠도는 이야기, 소문을 이르는 말이다.

21 ①

② 리뷰슈머 : 인터넷에 전문적으로 상품의 평가 글을 올리는 소비자를 말한다.

③ 트랜슈머 : 이동하는 소비자를 의미하는 합성어로 자유롭게 전 세계를 여행하며 쇼핑하는 소비자를 말한다.

④ 프로슈머 : 제품 개발에 소비자가 참여하는 것을 말한다.

22 ③

교환사채 … 사채권자의 의사에 따라 다른 유가증권으로 교환할 수 있는 사채이다. 투자자가 보유한 채권이 일정시일 경과 후 발행회사가 보유 중인 다른 회사 주식으로 교환할 수 있는 권리가 붙은 사채로, 전환대상 주식은 발생사가 아닌 다른 회사의 주식이다. 주식 교환권을 부여해 장래에 주식 가격상승에 따른 투자수익을 기대할 수 있으나 통상적으로 이자율은 낮다. 교환사채를 발행할 수 있는 법인은 상장회사로 발행이율, 이자지급조건, 상환기한 및 전환기간 등은 자율화되어 있다. 기업이 투자하고 싶은 곳은 많지만 국내이자율이 높아 국내에서 조달하기 힘들 때 유리한 자금동원 방법이라 할 수 있고, 발행회사는 자기회사 지분율이 변하는 위험을 없애면서 보유주식을 보다 비싼 값에 팔 수 있는 이점이 있으나 교환대상 주식을 발행한 기업이 동의해야만 교환사채를 발행할 수 있다.

23 ①

회사령(1910) … 일제는 독립운동을 저지하기 위하여 회사 설립을 위해 허가제로 규정하였다. 1910년대에는 헌병경찰에 의한 강압적 무단통치가 시행되었다. 헌병경찰에게 즉결처분권 부여, 공무원과 교사에게 제복과 착검 강요, 조선 태형령 실시 등을 통해 무단통치의 실상을 엿볼 수 있다. 한편 조선인의 교육을 억압하기 위하여 제1차 조선교육령을 제정해 식민지 차별교육을 시행하였다.

② 동양척식 주식회사는 1908년에 설립되었다.

③ 일제는 호남 의병을 소탕하기 위하여 남한 대토벌 작전을 전개하였다.

④ 안창호, 이승훈, 양기탁 등을 중심으로 결성된 단체는 신민회이다.

24 ①

초치 … 상대국 때문에 문제가 발생한 경우 상대국 외교관을 외교 당국 사무실로 불러내 항의하는 것을 말한다.

② 아그레망 : 외교 사절을 파견할 때 상대국에게 얻는 사전 동의를 말한다.

③ 페르소나 그라타 : 외교 사절을 받아들이는 국가에서 호의를 가지고 받아들이는 사람을 말한다.

④ 페르소나 논 그라타 : 외교 사절을 받아들이는 국가에서 받아들이기를 기피하는 사람을 말한다.

25 ②

고노 담화 … 1993년 당시에 관방장관이었던 고노 요헤이는 "군 요청에 의해 '위안부'를 설치하였으며, 관리 및 '위안부' 이송에 일본군이 관여하였다."고 일본군의 '위안부' 강제 동원 사실을 처음으로 인정하였다.

26 ③

우드스톡 페스티벌 … 반전과 민권에 대한 관심이 고조되었던 시기, 록·포크 부문 최고 가수였던 재니스 조플린과 지미 헨드릭스, 조앤 바에즈 등이 사흘 동안 반항 정신을 음악으로 표출하였으며 많은 사람이 모여 역사상 가장 큰 규모의 축제로 기록된 바 있다. 지난 2019년에 50주년을 맞이했다.

① 아부 심벨 페스티벌 : 매년 두 차례 태양 빛이 신전 안쪽의 성소를 비추는 현상을 기념하는 축제로, 이집트 아부 심벨에 있는 람세스 2세의 태양 신전에서 열린다.

② 쾰른 카니발 : 독일 쾰른에서 매년 11월에 열리는 전통 축제이다.

④ 노팅힐 카니발 : 영국 런던 노팅힐에서 매년 8월 마지막 주말에 열리는 유럽 최대의 거리 축제이다.

27 ④

① 재선거 : 선거 자체에 문제가 있는 경우, 당선자가 없는 경우 다시 한 번 치르는 선거를 말한다.

② 총선거 : 의회를 처음으로 구성하거나 전원을 경신하기 위해 실시하는 선거를 말한다.

③ 지방선거 : 지방 자치법에 따라 지방의회 의원 및 장을 뽑은 선거이다.

28 ②

① 플로깅 : 조깅을 하면서 동시에 쓰레기를 줍는 운동을 말한다.

③ 임픈나이트 : 코로나19 백신 접종자에 대한 부러움을 나타내는 용어이다.

④ 더 큰 바보 이론 : 가격 상승의 기대감을 가지고 실제보다 높은 가격으로 구매한 '바보'가 '더 큰 바보'가 나타나 자산을 구매할 것이라고 생각하는 현상을 말한다.

29 ③

① 스푸핑 : 임의로 웹사이트를 구성하여 이용자를 방문하게 한 뒤 사용자 정보와 시스템 권한을 빼가는 수법이다.

② 스니핑 : 네트워크 내에 패킷 정보를 도청하는 장치를 말한다.

④ 파밍 : 해당 사이트가 공식적으로 운영하고 있던 도메인 자체를 중간에서 탈취하는 수법이다.

30 ④

④ 범상하다의 설명이다.

※ 잔망스럽다

㉠ 보기에 몹시 약하고 가냘픈 데가 있다.

㉡ 보기에 태도나 행동이 자질구레하고 가벼운 데가 있다.

㉢ 얄밉도록 맹랑한 데가 있다.

빈출 일반상식

모의고사

성명

생년월일	년	월	일

번호	정답	체크
1	① ② ③ ④ ⑤	
2	① ② ③ ④ ⑤	
3	① ② ③ ④ ⑤	
4	① ② ③ ④ ⑤	
5	① ② ③ ④ ⑤	
6	① ② ③ ④ ⑤	
7	① ② ③ ④ ⑤	
8	① ② ③ ④ ⑤	
9	① ② ③ ④ ⑤	
10	① ② ③ ④ ⑤	
11	① ② ③ ④ ⑤	
12	① ② ③ ④ ⑤	
13	① ② ③ ④ ⑤	
14	① ② ③ ④ ⑤	
15	① ② ③ ④ ⑤	

번호	정답	체크
16	① ② ③ ④ ⑤	
17	① ② ③ ④ ⑤	
18	① ② ③ ④ ⑤	
19	① ② ③ ④ ⑤	
20	① ② ③ ④ ⑤	
21	① ② ③ ④ ⑤	
22	① ② ③ ④ ⑤	
23	① ② ③ ④ ⑤	
24	① ② ③ ④ ⑤	
25	① ② ③ ④ ⑤	
26	① ② ③ ④ ⑤	
27	① ② ③ ④ ⑤	
28	① ② ③ ④ ⑤	
29	① ② ③ ④ ⑤	
30	① ② ③ ④ ⑤	

번호	정답					체크	번호	정답					체크
1	①	②	③	④	⑤		16	①	②	③	④	⑤	
2	①	②	③	④	⑤		17	①	②	③	④	⑤	
3	①	②	③	④	⑤		18	①	②	③	④	⑤	
4	①	②	③	④	⑤		19	①	②	③	④	⑤	
5	①	②	③	④	⑤		20	①	②	③	④	⑤	
6	①	②	③	④	⑤		21	①	②	③	④	⑤	
7	①	②	③	④	⑤		22	①	②	③	④	⑤	
8	①	②	③	④	⑤		23	①	②	③	④	⑤	
9	①	②	③	④	⑤		24	①	②	③	④	⑤	
10	①	②	③	④	⑤		25	①	②	③	④	⑤	
11	①	②	③	④	⑤		26	①	②	③	④	⑤	
12	①	②	③	④	⑤		27	①	②	③	④	⑤	
13	①	②	③	④	⑤		28	①	②	③	④	⑤	
14	①	②	③	④	⑤		29	①	②	③	④	⑤	
15	①	②	③	④	⑤		30	①	②	③	④	⑤	

절 취 선

빈출 일반상식

모의고사

성명

생 년 월 일						
⓪	⓪	⓪	⓪	⓪	⓪	⓪
①	①	①	①	①	①	①
②	②	②	②	②	②	②
③	③	③	③	③	③	③
④	④	④	④	④	④	④
⑤	⑤	⑤	⑤	⑤	⑤	⑤
⑥	⑥	⑥	⑥	⑥	⑥	⑥
⑦	⑦	⑦	⑦	⑦	⑦	⑦
⑧	⑧	⑧	⑧	⑧	⑧	⑧
⑨	⑨	⑨	⑨	⑨	⑨	⑨

번호	정답					체크
1	①	②	③	④	⑤	
2	①	②	③	④	⑤	
3	①	②	③	④	⑤	
4	①	②	③	④	⑤	
5	①	②	③	④	⑤	
6	①	②	③	④	⑤	
7	①	②	③	④	⑤	
8	①	②	③	④	⑤	
9	①	②	③	④	⑤	
10	①	②	③	④	⑤	
11	①	②	③	④	⑤	
12	①	②	③	④	⑤	
13	①	②	③	④	⑤	
14	①	②	③	④	⑤	
15	①	②	③	④	⑤	

번호	정답					체크
16	①	②	③	④	⑤	
17	①	②	③	④	⑤	
18	①	②	③	④	⑤	
19	①	②	③	④	⑤	
20	①	②	③	④	⑤	
21	①	②	③	④	⑤	
22	①	②	③	④	⑤	
23	①	②	③	④	⑤	
24	①	②	③	④	⑤	
25	①	②	③	④	⑤	
26	①	②	③	④	⑤	
27	①	②	③	④	⑤	
28	①	②	③	④	⑤	
29	①	②	③	④	⑤	
30	①	②	③	④	⑤	

절 취 선